Las nacionalidades

Francisco Pi y Margall

Las nacionalidades
Francisco Pi y Margall
Colección Lecturas hispánicas
1ª Edición: 2 febrero de 2014
© Para esta edición: Servando Gotor, 2014

Lecturas hispánicas
http://www.lecturas-hispanicas.com
Zaragoza (España)

ISBN-13:978-1495975004
ISBN-10:1495975002

ÍNDICE

AL SEÑOR DON ENRIQUE PÉREZ DE GUZMÁN EL BUENO.................... 9
PRÓLOGO 11

LIBRO PRIMERO
1 los grandes y los pequeños pueblos 15
2 Idea de la formación de grandes naciones.
Esfuerzos por la unidad de Italia y Alemania.................................. 21
3 Criterios para la formación de grandes naciones.
La identidad de lenguas. Las fronteras naturales................................ 25
4 El criterio histórico. Las naciones en general.
España. Francia. Inglaterra 29
5 El criterio histórico. Italia... 31
6 El criterio histórico. Alemania.. 39
7 El criterio histórico. Holanda. Bélgica. La Escandinavia. Rusia 43
8 El criterio histórico. Austria. Turquía 49
9 El criterio de las razas 55
10 El equilibrio europeo. Combinación de los diversos criterios 59
11 Estado de fuerza en que vive aún Europa. Polonia 65
12 Solución del problema. Cómo cabe reconstituir las naciones.......... 71
13 Argumentos. Refutaciones 79
14 ¿Son preferibles las grandes o las pequeñas naciones?.................... 95

LIBRO SEGUNDO
1 Idea y fundamento de la federación.
La ciudad, la nación, las nacionalidades 103
2 Atribuciones del poder federal. El comercio y sus consecuencias 113
3 Atribuciones del poder federal. Las cuestiones entre los pueblos
confederados. La libertad y el orden.. 119
4 Atribuciones del poder federal. Igualdad de derecho y deberes
dentro de los dos pueblos. 125

5 Atribuciones del poder federal. Relaciones exteriores 129

6 Atribuciones del poder federal. Las que, sin serle esenciales,
le han concedido algunas naciones. 131

7 Medios que se ha de conceder al poder federal para el ejercicio
de sus atribuciones.- Los tribunales federales 137

8 Medios que se han de conceder al poder federal para el ejercicio
de sus atribuciones.- El ejército y la armada................................... 141

9 Medios que se han de conceder al poder federal para el ejercicio
de sus atribuciones.- La Hacienda 147

10 los poderes federales.- Cuántos y cuáles deben ser.-
Qué relaciones deben unirlos.. 153

11 los poderes federales.- Organización de cada uno de los tres
que admito 161

12 Cuestiones importantes.- Conclusión.. 171

LIBRO TERCERO

1 Aislamiento de los pueblos en España en la Antigüedad.-
Reunión de los mismos por la conquista.-
Manera cómo se disgregaron de nuevo en la Edad Media 177

2. Cómo se fueron reuniendo los diversos reinos de España 185

3 Conflictos a que dio lugar la unidad por la manera como
la realizaron los reyes.- Separación de Portugal 193

4 Cómo se habrían podido evitar estos y otros trastornos.
Por qué fuimos al absolutismo 199

5 Efectos del absolutismo.- Derogación de los fueros de Aragón,
Cataluña y Valencia 203

6 Cómo se mantuvo, sin embargo, en las provincias el espíritu de
independencia, junto con el sentimiento de unidad nacional.
Guerra del año 1808.. 207

7 Reflexiones.- Tendencias marcadas de España a la federación.
Revoluciones de este siglo 213

8 Consecuencias de haberse adoptado el principio unitario
contra la tendencia de nuestros pueblos.- Política.- Hacienda.
Administración. 219

9 Ineficacia del principio unitario para dar a España la unidad
que se buscaba.- Portugal 225

10 Influencia del principio unitario.- Las provincias vascas 229

11 Ineficacia del principio unitario.- Legislación foral de Vizcaya.
Navarra, Cataluña y Mallorca.- Fueros en las mismas provincias de

Castilla 233
12 Ineficacia del principio unitario.- Diversidad de lenguas, de
costumbres, de pesas y medidas 243
13 En qué se ha establecido hasta ahora la unidad 247
14 Efectos de la unidad política y administrativa.-
Provincias vascas 249
15 límites que debería tener la autonomía de las provincias
y la de los municipios.- Quién ha de fijarlos.- Contestación a
varios argumentos hechos en España contra la federación 253
16 En qué se debe y en qué no se debe respetar la unidad
 establecida.- Código penal.- Código de Comercio.- Legislación civil.-
Ley hipotecaria.- Ley de aguas.- Leyes de enjuiciamiento 265
17 Federación española.- Procedimiento para organizarla 275
18 Aplicación de lo escrito en el libro segundo.- Atribuciones del
poder federal.- Cuestiones incidentales.- Si ha de tener el poder
federal delegados en las provincias.- Si ha de estar la enseñanza
a cargo y cuenta del Estado 281
19 Otras cuestiones.- Tribunales.- Ejército y Armada. Hacienda 287
20 Organización de los poderes federales.- A cuál ha de confiarse
el derecho de paz y de guerra 295
21 Administración pública 301
22 Objeto y fin de este libro.- Conclusión 307

APÉNDICES
APÉNDICE PRIMERO
Constitución del Imperio Alemán 313
APÉNDICE SEGUNDO
Constitución de los Estados-Unidos de América 331
APÉNDICE TERCERO
Leyes fundamentales del Imperio Austríaco 351
APÉNDICE CUARTO
Constitución de la República Federal de Suiza 369
APÉNDICE QUINTO
El pacto 391
APÉNDICE SEXTO
Programa del Partido Federal 399

Al Señor
Don Enrique Pérez de Guzmán el Bueno

En el seno de la intimidad y la confianza me ha manifestado usted repetidas veces el deseo de ver explanadas en un libro mis ideas políticas, con las que estuvo usted siempre conforme. Ahí tiene usted el libro. Aunque humilde en la forma y en el fondo, se lo dedico a usted como testimonio de la antigua amistad que nos une. Desea que estas páginas llenen las esperanzas de usted, su afectísimo,

F. Pi y Margall

Prólogo

Este libro es el desarrollo de ideas indicadas en otros escritos. Busco hace tiempo en la federación el organismo interior y exterior de las naciones, y no abandono una empresa que considero todos los días más grande y fecunda. Está, en mi juicio, perturbada Europa principalmente por no reconocer que cada orden de intereses políticos presupone y reclama la existencia de un poder autónomo que lo dirija y gobierne.

Si defiendo un error, culpa será, no de mi voluntad, sino de mi entendimiento. Digo lo que pienso y creo justo, sin modificarlo ni velarlo por mi propia conveniencia ni la de mi partido; y pues trato de convencer, no de seducir, lo digo en el lenguaje sencillo y claro que a la verdad corresponde. Nadie busque aquí, por lo tanto, ni párrafos estudiados ni artificiosas teorías. Deseoso de estar lo más posible en la realidad, hasta he seguido el método opuesto al que generalmente se emplea. En vez de partir de hipótesis más o menos admitidas, he observado atentamente los hechos, y por el examen de las leyes a que obedecen he llegado a las doctrinas que sostengo.

Quizá no sea éste el método más acomodado a la viva imaginación del pueblo. Es sin duda alguna el que más le importa. Tiempo es ya de que aprendamos en la Historia la verdadera causa de nuestros males y el régimen político a que nos llaman las circunstancias con que se han ido reuniendo los diversos elementos de la nacionalidad española. La razón puede engañarnos; no ya fácilmente, si resisten sus afirmaciones a la experiencia, que es su piedra de toque.

Porque aquí la razón y la tradición están de acuerdo, tengo la esperanza de que se realice mi idea. ¿No lo estarán tal vez? Lea el que dude, y falle.

Madrid, 14 de noviembre de 1876.

LIBRO PRIMERO

CRITERIOS PARA LA REORGANIZACIÓN DE LAS NACIONES

1 LOS GRANDES Y LOS PEQUEÑOS PUEBLOS

Confieso que no estoy mucho por las grandes naciones, y estoy menos por las unitarias. Los vastos imperios de Oriente han sido todos regidos por déspotas. Asia no conoce aún la libertad de que gozan ha tiempo Europa y América. Sus pueblos están atrasadísimos. Necesitan para salir de su estado que otros pueblos los dominen.

Quiso en otro tiempo uno de los grandes imperios de Oriente, el de los persas, extender su acción a Europa; y, a pesar de sus innumerables ejércitos, se vio detenido por unos pocos hombres en las Termópilas, vencido y humillado en Salamina y Platea. En cambio, un siglo después, un pequeño reino, el de Macedonia, no sólo ponía la Persia a los pies de los caballos de Alejandro, sino que también llevaba sus armas vencedoras hasta las márgenes del Indo.

El empuje, el movimiento y la propagación de las ideas han venido siempre de los pequeños pueblos. A las puertas mismas del Asia, en las costas orientales del Mediterráneo, en lo que es hoy Siria, había antiguamente multitud de reinos y repúblicas que no eran sino ciudades. A treinta y un reyes nos dice la Biblia que venció y mató Josué en el solo espacio que media de las faldas del Seir al pie del Líbano. Entre los habitantes de aquellas reducidas naciones, los fenicios, a quienes se dice inventores del alfabeto y la escritura, quince siglos antes de Jesucristo, colonizaron ya el Occidente y llamaron a la vida culta a los pueblos de Europa y África. Intrépidos navegantes y codiciosos mercaderes, atravesaron osadamente el

Estrecho, y costeando el Océano, llegaron a los mares del Norte. Ellos fueron los que pusieron en relación las costas del antiguo continente.

En la misma Asia y en el extremo oriental de Europa había otra multitud de naciones constituidas también por ciudades rodeadas de pequeñas villas. Allí florecieron por primera vez la libertad y el derecho. Allí nació la filosofía, y se emancipó del dogma la ciencia. Allí tuvo la belleza sus más espléndidas manifestaciones y se elevaron a su más alta expresión formal la poesía y el arte. Allí encontró su barrera el despotismo asiático. Allí tomó su mayor vuelo y se cernió sobre el mundo el espíritu del hombre.

No se limitaron tampoco aquellos Estados a vivir dentro de sí mismos. Colonizadores los griegos, como los fenicios, se establecieron a lo largo de las costas septentrionales del Mediterráneo y en las orientales del Atlántico. Llevaron sus armas al corazón del Asia. Influyeron en la marcha del pueblo de Israel y en la suerte de Egipto. Vencidos, se impusieron a sus vencedores, y aun hoy contribuyen por sus filósofos y sus poetas a regir los destinos de gentes que no conocieron.

¿Quién los venció y los sojuzgó? Roma, otra ciudad, otra pequeña república. Esta sola ciudad ha puesto en relación más gentes y ha hecho más por la unidad del mundo que las más grandes naciones. Ha sido la cabeza de un imperio más dilatado y más sólido que los constituidos en la antigüedad por Alejandro, en la Edad Media por Carlomagno, en los tiempos modernos por Carlos V y Bonaparte. A la muerte de Diocleciano dominaba en Asia toda la tierra al Mediodía del mar Negro con Siria, Fenicia, Palestina y la Arabia de Occidente; en África, toda la de Egipto y todas las playas del Norte; en Europa, todos los pueblos entre el Mediterráneo y las márgenes del Rin y el Danubio, más las islas de la Gran Bretaña. Sostuvo durante siglos su dominio sobre tan diversas y apartadas provincias; y a todas comunicó sus leyes y sus costumbres, cuando no su lengua.

Halló Roma en su camino un pueblo que le disputó el imperio de Occidente, y aun vencido en Sicilia y España, le derrotó en Italia y llevó a los mismo pies del Capitolio el rumor de sus armas. ¿Quién era también ese rival temible? Otra ciudad, otra pequeña república, Cartago, unos mercaderes fenicios establecidos de antiguo en las costas septentrionales de África. Tuvieron estas dos solas ciudades por más de cien años removido el suelo de África y Europa, levantados en todas partes los espíritus, en expectación el mundo.

Véase ahora dónde encontró Roma mayor y más prolongada resistencia. Más de tres siglos hubo de luchar por la conquista de Italia; cerca de dos, para uncir al yugo a la indomable España; más de ochenta años para hacer suya a Grecia, desgarrada ya por la discordia. Italia estaba dividida en multitud de Estados; España, en cincuenta naciones, que no unía ningún vínculo político; Grecia, en pequeñas repúblicas, la mayor, entonces, la de los aqueos. Peleó en vano Roma siglos y siglos por reducir el Norte de Europa, ocupado también por muchedumbre de pueblos; tuvo allí primero una tumba para sus legiones; más tarde su propio sepulcro.

Cayeron esos muchos pueblos sobre el imperio romano independientes unos de otros; ni siquiera se concertaron para destruirlo. Bajó cada cual cómo y por dónde pudo; y, lejos de prestarse ayuda, se empujaron y se arrojaron de los puntos que habían escogido por asiento, dando las más sangrientas batallas que recuerda la Historia.

Constituyéronse entonces grandes naciones bajo el régimen de la monarquía, pero con gérmenes de mal que no tardaron en desarrollarse. Por la consolidación de la propiedad y la autoridad fueron todas, cuál más, cuál menos, y cuál más lenta, cuál más rápidamente, al feudalismo. Los pueblos quedaron separados unos de otros, no por la independencia, sino por la división del poder; y como antes iban por la disgregación a la libertad, caían ahora en la servidumbre. Cada terrateniente era, dentro de su propiedad, un verdadero monarca; los hombres que en ella habitaban, unos vasallos, otros siervos, formaban un verdadero pueblo. Era general la esclavitud y general la tiranía, sin que bastasen a destruirla, ni aun a moderarla, los reyes, vana sombra de lo que al principio fueron.

¿Cómo salió Europa de tan triste estado? Precisamente por la reconstitución de pequeñas naciones, ya dentro, ya fuera de las grandes monarquías. Las de Alemania, Francia e Inglaterra, al amparo del poder real, se erigieron, para todo lo que se refería a su vida interior, en Estados autónomos. En España, merced a la reconquista del suelo contra los árabes, lo que fueron por las cartas-pueblas y los fueros, no sólo las ciudades, sino también muchas villas. Las ciudades tenían en todas estas naciones su Gobierno, sus leyes, sus tribunales, su fuerza pública. Sucedió pronto a la inacción el movimiento; al *statu quo*, el progreso. La industria volvió a tomar vuelo; el comercio, a poner en contacto los más apartados pueblos.

A fines de la Edad Media surgió de nuevo en Europa la idea de los grandes Estados. Con ella nació al punto el absolutismo, que ha pesado por más de tres siglos sobre los pueblos de nuestra raza.

¿Dónde halló entonces la libertad un refugio? En los pueblos de origen germánico, donde el espíritu de independencia de los pequeños Estados, sostenido y aun favorecido por el de la Reforma, prevaleció sobre el de la unidad, que dominaba en los pueblos latinos, alentados por el Catolicismo; en Alemania, dividida, como durante la Edad Media, en multitud de ducados y reinos, que sólo para la dirección de sus comunes intereses reconocían un emperador y tenían una Dieta; en Holanda, que nunca fue nación unitaria, y, al salir de las garras de Felipe II, constituyó la República de las Siete Provincias; en Inglaterra, donde aun hoy el condado y el municipio son casi autónomos. Cuando teníamos aquí más esclavo el pensamiento y se lo condenaba a vivir encerrado en las páginas del Evangelio, volaba allí libre por las regiones de la ciencia, y abría un período filosófico sólo comparable con el que en la antigua Grecia empezó por Tales y Pitágoras y acabó por la escuela de Alejandría.

Hoy mismo están más respetados los fueros de la humanidad en las pequeñas que en las grandes naciones, en las naciones federales que en las unitarias. Rusia, la más vasta del mundo, es la más autocrática. El zar reúne allí en su mano todos los poderes: es a la vez emperador y pontífice. Ningún derecho político para los súbditos, ninguna garantía. No hace diez años, once millones de rusos eran todavía siervos. Turquía, Estado aún de mucha extensión, es otra autocracia. También allí es el sultán monarca y pontífice; tampoco allí tiene el vasallo asegurados su libertad ni sus derechos. La misma Francia, con haber sido el nuevo Sinaí de la Humanidad, no ha llegado todavía a un orden de cosas permanente. En menos de un siglo ha pasado por tres repúblicas, tres monarquías y dos imperios. Bajo ninguna forma de gobierno ha gozado de la verdadera libertad ni del orden que nace del solo respeto de las leyes. Sufre, si no tan frecuentes, más hondas perturbaciones que nosotros. No creo necesario hablar de España. De las grandes naciones unitarias, Italia es sin disputa la más ordenada y libre; pero sólo por causas accidentales y pasajeras. Se formó, por decirlo así, ayer, contra reyes déspotas como el de Nápoles, autoridades como la del Papa, dominadores extranjeros como el Austria. Está, como vulgarmente se dice, prendida con alfileres: la pueden desgarrar, o cuando menos poner en peligro, la cuestión religiosa, un cambio de situación en Europa, la restauración de los Borbones. El sentimiento de la unidad y el temor de caer de nuevo bajo el yugo, ya del absolutismo, ya de la Iglesia, ya del extranjero, contienen a los partidos. ¿Qué sucederá cuando ese temor desaparezca?

No hablaré de las naciones de Asia. Vuelvo los ojos a las pequeñas de Europa y a las que, aun siendo grandes, no son unas en el sentido de las hasta aquí nombradas. Portugal tiene cien veces más asegurada la libertad y el orden que nuestra desventajada patria. Bélgica vive, desde que es nación, la vida de la democracia, y en cincuenta años no ha visto un solo día turbada por las revoluciones la paz de que goza; no ha participado jamás de los sacudimientos políticos que tanto han hecho estremecer a la vecina Francia. Suiza ha llegado, después de la guerra de Sonderbund, a los extremos límites de la libertad y el derecho; y desde entonces, desde el año 1846, tampoco ha visto jamás violadas sus leyes ni por sublevaciones militares ni por tumultuosas muchedumbres. Holanda vive constitucionalmente y con la más amplia libertad religiosa; Suecia y Dinamarca, bajo monarquías templadas por Dietas. Alemania, cuna de la Reforma y patria del libre examen, marcha con paso firme a la democracia y a la justicia sin recurrir a las armas, ni aun puesto el rey en lucha con el Parlamento. Inglaterra es el modelo de las naciones libres dentro de la monarquía, los Estados Unidos, el de las naciones libres dentro de la república. Por el solo ejercicio de los derechos individuales, caen allí seculares abusos y se verifican las más trascendentales reformas. La opinión domina a los reyes y las asambleas; el pueblo es verdaderamente soberano.

No difieren bajo el solo punto de vista político estos dos grupos de naciones. Alemania va a la cabeza de Europa; los Estados Unidos, a la de América; aquélla más por su pensamiento que por su acción; éstos por su actividad sin límites. Es Alemania la reina del mundo de la filosofía, en ciencias, en artes; y los Estados Unidos, en la aplicación de los progresos del entendimiento a las necesidades de la vida. Si se escapa a la una o a la otra nación el cetro, se lo verá, de seguro, en manos de Inglaterra. Inglaterra participa de la actividad de los norteamericanos, que son sus hijos, y de la fuerza intelectual de los germanos, que son sus padres, sin ser ni tan realista como los unos, ni tan inclinada como los otros a la abstracción y al idealismo. No se crea, sin embargo, que Alemania deje de estar adelantada en la industria. Aun en esto se la ha reconocido superior a muchos pueblos de Europa en las Exposiciones de París y Viena. Pero en la industria y el comercio los dos grandes rivales de hoy son los Estados Unidos e Inglaterra, que están en todos los mares y en todos los mercados. Son aún grandes por su comercio, Holanda; por su industria, Bélgica; notable por el general bienestar y por la casi universal instrucción de sus habitantes, Suiza. El movimiento de la primera enseñanza ha llegado en Suiza, como en Alemania y los Estados Unidos, a la más apartada aldea y a las últimas clases del pueblo. Francia, con ser una de las primeras naciones, está en los material por debajo de Inglaterra, en lo intelectual por debajo de Alemania. Desenvuelve con brillantez y difunde las ideas ajenas; no abunda en las propias. Quiso dominar y ha dominado en Europa por su influencia y sus armas; y perdió ya ese predominio.

2 Idea de la formación de grandes naciones. Esfuerzos por la unidad de Italia y Alemania

Querrá decir esto que yo desee la reconstitución de las pequeñas repúblicas? Responderé más tarde. Declaro, por de pronto, que soy decidido adversario de la formación de grandes naciones por los distintos criterios que hoy prevalecen en Europa.

La revolución de 1848, que tanto agitó y conmovió a los pueblos, dio vida y cuerpo a la teoría de las nacionalidades, hasta entonces aspiración algún tanto vaga, y la hizo bandera de guerra. Carlos Alberto, rey de Cerdeña, se propuso dar unidad a Italia, y no vaciló en proteger abiertamente a Lombardía y Venecia, sublevadas contra el Austria, ni en prestar su auxilio a Parma y Módena, que se habían levantado contra los Borbones. Batió a los austriacos en diversos campos de batalla y les tomó a Pescara y Pizzighettona; pero, derrotado a su vez, primero en San Donato y después en Novara, no sólo tuvo que desistir de su empresa, sino que también abandonó su reino, abdicando la corona en favor de su hijo.

Federico Guillermo de Prusia tuvo también el pensamiento de dar unidad a Alemania, no la misma decisión ni el mismo arrojo. Quiso convocar un Parlamento nacional, y se dejó ganar la mano por una reunión en Heidelberga de representantes de diversos Estados germánicos. Codiciaba la corona del Imperio; y cuando se la ofrecieron, vaciló en tomarla. Se negó a recibirla, y más, al saber que Rusia terciaba en las contiendas de Austria con Hungría. El Parlamento alemán se había abierto, sin embargo, en Francfort y redactado una Constitución alemana: la idea de la unidad había entrado en las vías de hecho. Fracasó aquí la empresa merced a la cobardía del rey de Prusia, a la resistencia de los demás soberanos a respetar la obra del Parlamento, a la reacción que se verificó en Europa al caer de los italianos y los hurgaros. Se encargó el mismo Federico Guillermo de ahogar en sangre las protestas armadas que con esta ocasión se hicieron dentro y fuera de su reino.

No se volvió a hablar en mucho tiempo de la reconstitución de las dos naciones. La idea, con todo, iba ganando el ánimo de uno y otro pueblos, y halló al fin hombres de Estado capaces, por su habilidad y su energía, de irla realizando: al conde de Cavour, en Italia; al de Bismarck, en Alemania. El de Cavour interesó a Francia en favor de su pensamiento, y le debió sus primeras victorias contra el Austria; el de Bismarck logró adormecerla. Hoy es ya un hecho Italia; otro hecho, Alemania.

Mas ¡qué de sangre y lágrimas para llegar a este resultado! Tres guerras con Austria costó la unidad de Italia: mas sin fruto, la del año 48; otra para ganar a Lombardía, la del año 59; otra para libertar a Venecia, la del año 66, en que venció Víctor Manuel perdiendo en dos combates. En la primera lucharon los italianos solos; en la segunda, unidos con los franceses, dieron las tremendas batallas de Magenta y Solferino; en la última, favorecidos por los prusianos, lucharon en Lissa y Custozza. Y hubo de invadir Garibaldi con sus voluntarios las Dos Sicilias y llamar en su auxilio los ejércitos del rey para arrojar de Gaeta a Francisco de Nápoles. Y hubo de echar por la fuerza de las armas a los duques de Parma y Módena y ocupar los Estados del Papa.

No fue menos costosa la unidad de Alemania. En 1848 intervino ya Prusia en las cuestiones de los ducados del Schleswig-Holstein con Dinamarca, tomando por motivo el principio de las nacionalidades y peleando como instrumento y brazo de la Confederación Germánica. Si fue afortunada por tierra, sufrió por mar grandes reveses; por tierra distó de alcanzar victoria en la batalla de Flensburgo, que fue la postrera. Hubo de retirarse, al fin, ante la actitud amenazadora de Suecia y la mediación de Inglaterra y Rusia, sin obtener más que el derecho de nombrar a dos de los cinco comisarios que habían de constituir en adelante el Gobierno de los ducados.

En 1863 se renovó la guerra. La Dieta de Alemania se decidió por la independencia del Schleswig-Holstein, y Prusia se lanzó otra vez a la lucha. Fue a los ducados con Austria, que la temía; y aun así, hubo de pelear recia y bravamente por arrancarlos a Dinamarca. Se los arrancó; y si al principio los compartió con su aliada, los poseyó después exclusivamente por el tratado de Gastein en 1865.

Un año después, el 66, estallaba la guerra entre Prusia y Austria: guerra sangrienta y feroz, en que Prusia, unida con Italia, tenía a su enemiga entre dos fuegos. En la sola batalla de Sadowa perdieron los austriacos, entre muertos y heridos, hasta 42.000 hombres; no menos de 12.000 los prusianos. No hablaré de los soldados que sucumbieron en los combates de Podol, Nachod, Trentenau, Buguersdorf, Skalitz, Munchengraetz, Sarornirz y Gitschin, ni de los que perecieron en la campaña del Mein, donde luchaba Prusia con otros Estados de Alemania. Austria, en todas partes vencida y con el enemigo a las puertas de Viena, hubo de capitular con el rey Guillermo, sin salvar más que sus propios Estados. Declaró disuelta la Confederación Germánica, se adhirió a la reorganización que se hiciera de Alemania, se excluyó de la nueva nación y se reservó el solo derecho de ser consultada sobre los lazos que pudieran establecerse entre la Confederación del Sur y la del Norte. De la del Norte hizo, desde luego, árbitra a la vencedora Prusia.

Fue, sin embargo, necesaria otra guerra más larga y más costosa para asegurar la unidad de Alemania. Francia empezaba a espantarse de las consecuencias de su impremeditada política para con Italia: veía ya, no sin inquietud, la formación en torno suyo de tan poderosas naciones. Se preocupó, sobre todo, cuando vió desvanecida la esperanza y tal vez eludida la promesa de llevar a las márgenes del Rin sus fronteras del Nordeste. Supo luego que, merced a tratados especiales, componían indistintamente el ejército alemán las tropas de los Estados del Mediodía y las del Norte, y no podía ya reprimir ni su despecho ni sus iras. Necesitaba sólo un pretexto para lanzarse a la guerra. Dejó pasar el de la cuestión del Luxemburgo, y aprovechó el de haberse tratado de poner a un Hohenzollern en el trono de España. Grande y terrible fue esta lucha. Tantas batallas para Francia, perdidas como empeñadas; rendiciones en masa de ejércitos formidables; Napoleón, después del desastre del Sedan, corriendo a los brazos del rey Guillermo; Metz, capitulando con una guarnición de 100.000 hombres; París, sitiado, bombardeado y ganado por hambre; la paz obtenida por los franceses con la condición de entregar las provincias de Alsacia y Lorena y tener al enemigo en sus plazas fuertes ínterin no le diesen cinco mil millones de francos. Calcúlese ahora los sacrificios de Alemania para alcanzar tan brillantes triunfos: la nación, toda en armas; las riquezas de la nación, puestas al servicio de los ejércitos; la sangre de la nación, vertida a torrentes.

¡Si con esto se hubiese cerrado siquiera el período de las guerras

hijas de la reconstitución de Alemania e Italia! No permiten creerlo
así ni la actitud ni el carácter de Francia. Francia espía la ocasión de
vengarse. Repara sus fuerzas, rehace sus ejércitos, aprovisiona sus
arsenales y sus parques y se apresta a la lucha. No es fácil que se
resigne ni a verse burlada ni a perder el predominio que venía
ejerciendo en Europa. Por no perderlo se deshizo de Luis Felipe y
derribó el segundo Imperio. Se hará, si así le conviene, brazo del
Catolicismo para herir a las dos nuevas naciones, cosa de no extrañar,
atendidos su tradición y sus hábitos. ¡Y qué! ¿Valía la pena de tantas y
tan calamitosas guerras la unidad de Italia y de Alemania?

3 Criterios para la formación de grandes naciones. La identidad de lenguas. Las fronteras naturales

Busco el motivo de las nacionalidades, y no sé encontrarlo racional ni legítimo. Presentan muchos como tal la identidad de lengua. Por la identidad de lengua definen, efectivamente, los alemanes los límites de su patria en uno de los cantos modernos que más los apasionan. No circunscriben para ellos la patria, las montañas, ni los ríos: se extiende la patria a toda la tierra en que se habla alemán.

Resultan así incompletas las dos naciones. Le faltan a Italia parte del Tirol, la costa de Dalmacia y el cantón del Tesino. Le faltan a Alemania los cantones de Berna, Basilea, Zurich y todo el oriente de Suiza; el Austria propiamente dicha; los ducados de Salzburgo, Estiria, Carintia, Friul y Carniola; el litoral alemán del territorio de Trieste; parte del Tirol con Voralberga; el margraviato de Moravia y parte de Silesia; algo de Rusia. ¿Como cuántas guerras serán necesarias para que Italia y Alemania se completen? Suiza va a quedar hecha pedazos. Austria estará reducida a Hungría, Bohemia y Polonia.

Ya en el Parlamento de Francfort de 1848 se habló extensamente de si Austria debía o no formar parte de Alemania. Estuvieron unos por que se la incluyese en la nueva nación; otros por que se la excluyese. Prevalecieron los últimos, a quienes se calificaba desdeñosamente de partidarios de la pequeña Alemania: pero ¿quién duda que hoy sueñan todos con la incorporación del archiducado de Austria? Siguen cantando que toda tierra en que se habla la lengua alemana, ésa es la patria del alemán.

¡La identidad de lengua! ¿Podrá nunca ser ésta un principio para determinar la formación ni la reorganización de los pueblos? ¡A qué contrasentidos no nos conduciría! Portugal estaría justamente separado de España; Cataluña, Valencia, las islas Baleares deberían constituir naciones independientes. Entre las lenguas de estas provincias y la de Castilla no hay, de seguro, menos distancia que entre la alemana y la holandesa, por ejemplo, o entre la castellana y la de Francia. Habrían de vivir aparte, sobre todo los vascos, cuya lengua no tiene afinidad alguna ni con las de la Península ni con las del resto de Europa. En cambio, deberían venir a ser miembros de la nación española la mitad de la América del Mediodía, casi toda la del Centro y gran parte de la del Norte. Habrían de formar éstas, cuando menos, una sola república. Irlanda y Escocia habrían de ser otras tantas naciones; Rusia, Austria, Turquía, descomponerse en multitud de pueblos. ¡Qué de perturbaciones para el mundo! ¡Qué semillero de guerras!

Buscan otros el criterio para la formación de las naciones en lo que llaman las fronteras naturales. Pretenden que los pueblos tienen lindes marcadas por la misma tierra: aquí una cordillera allí un río, más allá las aguas de los mares. No llegan por este criterio a menos contrasentidos que los otros. Les sería por de pronto difícil explicar cómo, siendo naturales, no está determinada ninguna nación por esas pretendidas fronteras. Las nuestras son, según ellos, el mar y los Pirineos. Casi nunca ha habido un solo pueblo dentro de estos límites. Tampoco lo hay ahora. Y, nótese bien, en muchos y largos períodos nos hemos derramado por la otra vertiente de los montes Galibéricos. El Rosellón ha formado durante siglos parte de España.

Si, por otra parte, son los Pirineos la frontera natural de la Península, ¿por qué no había de poderla dividir en dos naciones, una a Oriente, otra a Occidente, la cordillera Ibérica? ¿Por qué no dividir la de Occidente en otras la cordillera Pirenaica, la Carpeto-Vetónica, la Oretana, la Mariánica, la Penibética? Fronteras naturales son también los ríos. Las cuencas del Ebro, del Júcar, del Segura, podrían constituir dentro de la España Oriental hasta tres naciones; cinco en la España Occidental, las cuencas del Miño, del Duero, del Tajo, del Guadiana, del antiguo Betis. Dado este principio, Portugal es, a no dudarlo, una de las naciones de formación más lógica. El Miño es su curso de Este a Oeste, el Duero y el Guadiana en su marcha de Norte a Sur y el Océano Atlántico son, en parte, y podrían ser del todo, las naturales fronteras de Lusitania. ¿Se habrá olvidado en Europa que más de una vez se ha tratado de extender el territorio de Francia hasta las márgenes del Ebro? Después de la batalla de Leipzig, del

Rin al Ebro concedían las potencias a Napoleón, si renunciaba a lo demás de su Imperio.

Podría hacer observaciones análogas sobre Francia, sobre Italia, sobre Alemania, sobre los demás pueblos. He preferido fijar la atención del lector en España, tanto porque la conoce más, como porque es la nación que más parece tener fronteras naturales. No alcanzo, a la verdad, por qué han de vivir sólo dos pueblos en las faldas de una cordillera, ni por qué no ha de ocupar uno solo las dos vertientes. Alcanzo menos por qué no se han de establecer aunque sea veinte naciones en la misma orilla de un río. Es tan arbitrario ese principio de las fronteras naturales, que, por él, lo mismo cabría dividir a Europa en pequeñas repúblicas que reducirla a dos o tres grandes imperios. Sin contar sus inmensas posesiones de Asia, Rusia ocupa hoy más de la mitad de Europa. Es una perpetua amenaza para las demás naciones del Continente, un peligro tal, que para conjurarlo fortificó Luis Felipe a París y promovió Luis Napoleón la guerra de Crimea. En Europa no puede tener, sin embargo, fronteras mejor marcadas por la naturaleza: al Norte, el Océano Glaciar Ártico; al Oriente, los montes Urales, el río Ural y el mar Caspio; al Mediodía, el Cáucaso y el mar Negro; al Occidente, el mar Báltico, el golfo de Botnia y el río Tornea, que la separa de Suecia. No son convencionales sus fronteras sino en la parte Sudoeste, en sus lindes con Prusia, Austria y Turquía; y podría muy bien, prevaliéndose de este mismo criterio que combato, avanzar hasta los montes Cárpatos y los Balcanes y apoderarse de Constantinopla. Obsérvese ahora, como de paso, que no podría la nación francesa tener por frontera el Rin desde el punto en que le falta la cordillera de los Alpes, sin tomar buena parte de Alemania, toda Bélgica y la mitad de Holanda.

4 EL CRITERIO HISTÓRICO. LAS NACIONES EN GENERAL. ESPAÑA. FRANCIA. INGLATERRA

No yerran menos los que buscan en la Historia el principio de las nacionalidades. Nada hubo tan movedizo como las naciones de Europa. Fueron casi en todos tiempos obra de la violencia: por la violencia nacieron, por la violencia se conservaron y por la violencia perecieron. Ni Grecia, ni Italia, ni Francia, ni Inglaterra formaron un solo cuerpo mientras no cayeron bajo el yugo de Roma. No fueron entonces naciones, sino provincias: primero colonias de la gran República; después, miembros del grande Imperio. Aun después de haber invadido los bárbaros el Mediodía de Europa, distaron las provincias romanas de constituir naciones. Las espantosas luchas de los unos con los otros y la resistencia que a todos oponían los restos del moribundo Imperio trajeron revueltos y confusos por más de dos siglos a los pueblos de Europa.

El feudalismo y los árabes volvieron pronto a dividir las naciones. Sabemos todos lo que sucedió en España. En España se fueron organizando pequeños Estados a medida que se reconquistaba el suelo contra los musulmanes. Los musulmanes mismos desgarraron el califato de Córdoba y lo dividieron en emiratos independientes. No hubo aquí una sola nación hasta el año 1580; sesenta años después había ya las de ahora: Portugal y España.

Francia sufrió aún más dilaceraciones. Bajo los monarcas merovingios estuvo distribuida en cuatro reinos: Austrasia, Neustria, Borgoña y Aquitania; bajo los carlovingios, en ochenta condados, que fueron poco a poco emancipándose de la Corona; al subir los Capetos, en sesenta y un feudos, que sólo nominalmente dependían del monarca; bajo el gobierno de Luis VI, en Estados del dominio real y Estados autónomos. Los Estados del rey se hallaban reducidos, al caer los carlovingios, a los territorios de Laons, de Reims y de Compieña; Hugo Capeto les añadió, el año 987, el ducado de Francia.

Hasta el último tercio del siglo XVIII no ganó la Corona el último de los Estados independientes. ¿Los reunió todos el pacto? Los más, la conquista. Francia, durante la Edad Media y aun durante los tres primeros siglos de la Moderna, no constituyó una sola nación sino en dos brevísimos períodos: en los cuatro últimos años del reinado de Clodoveo, y del año 771 al 817.

La nación inglesa es antigua; pero la Gran Bretaña es también moderna. No estuvo definitivamente unida Escocia a Inglaterra hasta el año 1603, en que Jacobo VI, que la mandaba, se ciñó por derecho de sucesión la corona de los Tudores. Conservó otros cien años su administración, su Parlamento y sus leyes; no los perdió hasta 1707. Hasta el siglo XII no se apoderó de parte de Irlanda Enrique II de Inglaterra; los irlandeses que permanecieron libres resistieron durante siglos. Lucharon hasta el año 1603, hasta el siglo XVII. Vencidos ya, ¡qué de veces no han intentado sacudir el yugo! Han sido constante motivo de perturbación para Inglaterra, e Inglaterra para ellos un verdadero azote. Es proverbial la miseria de Irlanda.

Cada uno de los tres reinos de la Gran Bretaña estuvo, por otra parte, dividido en los primeros siglos de la Edad Media. Cuatro establecieron los sajones en Inglaterra a mediados del siglo V; tres, en el siglo VI, los anglos. Dos había desde la expulsión de los romanos en Escocia; cinco, por lo menos, en Irlanda. Los siete reinos de Inglaterra no se fundieron en uno hasta el siglo XI, en que los acercó el valor y las altas dotes del rey sajón Egberto. Refundiéronse en el mismo siglo los de Escocia por haberse reunido las dos coronas en la cabeza de Kenneth II. Tardaron algo más en formar un solo cuerpo los de Irlanda: como seis siglos.

5 EL CRITERIO HISTÓRICO. ITALIA

Pues ¿y esas mismas Italia y Alemania que tanto han conmovido y ensangrentado a Europa para constituirse en naciones? Seré aquí más extenso.

Empiécese por observar que tardó en venir comprendida bajo el nombre de Italia gran parte del actual territorio. La Italia primitiva tenía al Norte, por frontera, no los Alpes, sino los Apeninos. Todas las llanuras entre estas dos cordilleras y los Abruzzos constituían la Galia Cisalpina, la patria de aquellos terribles galos que tantas veces llevaron el pavor al corazón de Roma, y para matarla no vacilaron en unir sus armas con las de Aníbal. Las crestas de los Apeninos y la margen izquierda del Rubicón, hoy río Pisatello, eran entonces los límites septentrionales de Italia. Porque era el Rubicón el paso de las Galias a Italia, no podían cruzarlo con sus ejércitos los generales romanos; lo hizo César y bastó para que se le considerase en abierta rebelión contra la República. El espacio entre Sinigaglia y Rímini pasó a formar parte de Italia un siglo antes de Jesucristo; el valle del Po, antes de la nueva era. Y en verdad que así cabía tomar por fronteras naturales de Italia los Apeninos como los Alpes; tan relativo y arbitrario es el criterio de las fronteras naturales. Augusto fue el primero que extendió Italia a los Alpes y la dividió en once regiones.

No ocupaba, por cierto, una sola raza ni un solo pueblo la primitiva Italia. Mommsen, apoyándose en la filología, descubre en aquella región tres razas: la de los yapigas, la de los etruscos y la de los italiotas. La de los italiotas se dividió, según él, en dos grandes ramas: la de los latinos y la de los umbríos, de la que derivaban, entre otros pueblos, los marsos y los samnitas.

En los primeros tiempos históricos fue pronto a juntarse con esas razas la de los helenos, fundadores en Italia de tal número de colonias, que se daba a gran parte de la del Mediodía el nombre de

Magna Grecia. Ni dejaron tampoco de aumentar los fenicios y los celtas las razas itálicas. Téngase en cuenta que dejo a un lado la Galia Cisalpina.

Las naciones independientes que había en la verdadera Italia el siglo IV antes de Jesucristo eran aún numerosísimas. Descollaban entre todas el Lacio, la Etruria y el Samnio, que se disputaron mucho tiempo la preeminencia y tuvieron por siglos indecisa la victoria.

Trescientos años de guerra, como llevo dicho, necesitó Roma para someter a esas tres naciones y a las demás de Italia. Sin contar las pequeñas, había a la sazón en aquella tierra, además del Lacio, la Etruria y el Samnio, la Umbría, el Piceno, los Sabinos, la Apulia, la Campania, la Lucania, la Calabria, los Abruzzos, Sicilia, Cerdeña y Córcega. Componíase cada una de otras que había unido o la federación, o la conquista. Tales eran, en el Lacio, los Equos, los Volscos y los Hérnicos; en la Umbría, los Sennones; en el Piceno, los Pelignos y los Marsos, etc., etc. No hablo aquí tampoco de la Galia Cisalpina, dividida en Traspadana y Cispadana, y repartida en multitud de pueblos, los principales Liguria y Venecia.

Constituyó al fin Italia un solo pueblo; pero como las demás regiones que conquistó Roma, Italia fue, ni más ni menos que Francia y España, una provincia de la gran República. Suponen algunos historiadores que Roma la consideró desde luego como parte y extensión de sí misma; pero no permiten creerlo ni la oposición del Senado a concederle los derechos de ciudadanía, ni la sangrienta lucha que, con el nombre de guerra social, se sostuvo antes de otorgárselos, ni el hecho de seguírsela sorteando después de la guerra para darle pretor que la mandara, ni el de haber designado Augusto cabalmente doce ciudades de Italia para recompensa de sus veteranos. Las demás provincias obtuvieron también, aunque más tarde, los derechos políticos de la Metrópoli.

Durante la Edad Media Italia sólo fue nación durante el reinado de Odoacro y el de los Ostrogodos, desde el año 476 al 533, unos cincuenta y siete años. Del 553 al 568 estuvo en poder de los griegos, y no fue más que una provincia del imperio de Oriente. En 568, invadida por los lombardos, se hizo ya pedazos. Los lombardos la daminaron por más de dos siglos, pero no toda. Su reino se extendía de los Alpes a los Apeninos y bajaba por las vertientes occidentales de esta cordillera hasta muy cerca de Roma. Abrazaba al Mediodía parte de lo que ha sido después reino de Nápoles; pero ese territorio, como alejado y separado del centro por el de otros pueblos, era poco menos que autónomo. En las fronteras del reino lombardo empezaba la Italia griega, que regía, desde Rávena, un exarca en nombre de los emperadores de Constantinopla. La formaban las costas septentrionales y occidentales del Adriático, los ducados de Nápoles y Roma y las playas de la Liguria, hoy golfo de Génova. Había, además, en Italia, una república: la de Venecia.

En el siglo VIII, el año 726, existía ya otro Estado independiente. Roma, a consecuencia del furor iconoclasta de León III, se había emancipado de Constantinopla y erigídose en una como república bajo la protección de los Papas. Vióse a poco amenazada por los lombardos, que acababan de apoderarse de gran parte de la Italia griega; y los Papas impetraron el auxilio de los francos. Con los francos quedó más dividida Italia. Arrancó Carlomagno a los lombardos gran parte de lo que en ella poseían, pero no el ducado de Benevento, que sólo pudo reducir a la condición de tributario. No tomó tampoco las costas del Mediodía. Hubo, así, en Italia, un reino franco, un ducado lombardo, un Estado romano, no ya del todo independiente, la República de Venecia, y, aunque más reducida que antes, una Italia griega. Los Papas mandaban no sólo en Roma, sino también en las playas del Adriático; mas reconociendo la soberanía de Carlomagno, que les había cedido el dominio útil de tan extenso territorio.

Habían nacido estas divisiones, cuando menos en parte, de causas ajenas a la voluntad de los habitantes; pero no tardaron en demostrar los sucesos que palpitaba el sentimiento antiunitario en el corazón de la misma Italia. Dominaron en ella los carlovingios hasta el año 888. Débil la autoridad de muchos de estos reyes, se fueron poco a poco los feudos emancipando de la Corona; tanto, que, al destronamiento de Carlos el Gordo, sostuvieron largas y sangrientas guerras civiles. Esas guerras, que vino a complicar la irrupción de los húngaros y los sarracenos y agravó la tiranía de los vencedores, se prolongaron hasta el siglo X y condujeron a los italianos a buscar un escudo en Otón el Grande, emperador de Alemania, que, por de pronto, se ciñó la corona de Lombardía. Tres veces bajó Otón a Italia: el año 945, el 961 y el 971; la última era ya dueño de todas las posesiones lombardas.

Había entonces en Italia, por una parte, la Monarquía de Otón el Grande y la República de Roma; por otra, el ducado de Benevento y el principado de Salerno; por otra, Venecia; por otra, las posesiones del imperio de Oriente, entre las cuales estaban las ya florecientes Repúblicas de Gaeta, Nápoles y Amalfi. Reconocían aún estas Repúblicas la soberanía de los emperadores de Constantinopla, como la de Roma la autoridad de los de Alemania; pero sin dejar de gobernarse por leyes propias. Formáronse pronto otras Repúblicas. Reinando los Otones, surgieron y se organizaron las de Pisa y Génova; contribuían a fomentar el espíritu de independencia los mismos emperadores, que dieron amplios fueros a las ciudades para hacerlas servir de contrapeso al feudalismo y tenerlas más dispuestas a rechazar a los sarracenos y los húngaros. Extinguida la familia de los Otones, hubo gran confusión en Italia, y se multiplicaron las Repúblicas. Sólo en Lombardía se establecieron las de Milán, Como, Novara, Pavía, Lodi, Cremona y Bérgamo. La tendencia a la división era tal, que Crema, no yo ciudad, sino villa dependiente de Cremoria, quiso también ser autónoma, y lo consiguió aliándose con los milaneses. Creció de día en día el número de las Repúblicas; y los pueblos que no lo eran constituían Estados también autónomos con el nombre de condados, marquesados, ducados o principados.

Todas esas Repúblicas, lejos de vivir unidas por lazos políticos, eran rivales y se hacían frecuentemente la guerra. Lucharon Génova y Pisa, Milán y Pavía, Como y Milán, Milán y Lodi, Crema, Milán y Cremona, Sólo la guerra entre Como y Milán duró diez años. Confederábanse alguna vez aquellos diminutos Estados; mas sólo para la común defensa, cuando no para su propia ruina. En la guerra de Como se pusieron al lado de Milán casi todas las Repúblicas de Lombardía. Verificábase en tanto cierta reacción al Sur de la misma Italia; pero no por la voluntad de los italianos, sino por las armas. Sobre las ruinas de las Repúblicas de Gaeta, Nápoles y Amalfi, fundaban a la sazón, los normandos, el reino de Sicilia.

A mediados del siglo XII sucumbieron las Repúblicas de Lombardía a las armas de Federico Barbarroja, que, deseoso de reivindicar la autoridad de sus mayores, bajó a Italia con numerosos y brillantes ejércitos. Opuso Milán una resistencia heroica; tanto, que el emperador, en 1155, hubo de retirarse sin tomarla, y en 1162, a pesar de sus 100.000 infantes y sus 15.000 caballos, la entró sólo después de tres años de lucha; pero cayó, al fin, arrastrando consigo la libertad y la independencia de la comarca. ¿Se restableció por esto la unidad de Italia? Ni las victorias de Barbarroja, ni las resoluciones de las asambleas de Roncaglia y el campo de Boloña, encaminadas todas a reducir el poder de las ciudades y aumentar el de los emperadores, pudieron contener sino por tiempo la fuerza de disgregación de los anteriores siglos.

Quedaron en pie Venecia, Génova y Pisa, y revivieron pronto las disueltas Repúblicas. Acercó entonces la opresión común a ciudades que se odiaban de muerte; hasta las que por celos de sus rivales habían apoyado a Barbarroja, no vacilaron en confederarse. Verona, Vicenza, Padua, Treviso, fueron las primeras en unirse para romper el yugo; apenas habían tomado parte en la pasada guerra y estaban, sin embargo, sometidas como las otras a duros vejámenes. En 1167 tenían ya otra vez a Barbarroja en Italia cuando convocaron a las demás ciudades a una Dieta que había de celebrarse en el monasterio de Puntido, entre Milán y Bérgamo. Acudieron al llamamiento Cremona, Bérgamo, Brescia, Mantua, Ferrara y algunos milaneses que ardían en deseos de ver restablecida su patria. Aliáronse allí todas por veinte años, comprometiéndose a socorrerse contra el que atacapa sus libertades e indemnizarse los perjuicios que sufriesen por defenderlas. Entró en la liga Venecia; y poco después de la toma de Lodi, entraron también Plasencia, Parma, Módena y Boloña. Barbarroja, sintiéndose débil para atacarlas de frente, después de una guerra de escaramuzas, repasó los Alpes. Se apresuraron entonces a formar parte de la liga Novara, Verceil, Como, Asti, Tortona y aun algunos feudatarios del Imperio.

Esta entonces formidable liga fue la que, fundando la ciudad de Alejandría en la confluencia del Tanaro Y la Bormida, rechazando de los muros de esta plaza a Barbarroja, y batiéndole en Lignano, aseguró, primero por la tregua de Venecia y luego por la paz de Constanza, firmada en 1183, la vida y la independencia, no sólo de sus Repúblicas, sino también de las demás de Italia. El emperador, por el tratado de Constanza, cedió a todas las ciudades de la liga y aun a otras que les dio como aliadas, entre ellas Pavía y Génova, todas las regalías que le correspondieran y hubiese adquirido por la prescripción y el uso, asegurándoles el derecho de elegir a los magistrados, ejercer la jurisdicción civil y criminal, fortificarse y levantar ejércitos. ¿Qué valían ya los insignificantes actos de soberanía que sobre ellos se reservaba?

Trabajaron, como se ve, los italianos, no por unirse en cuerpo de nación, sino por dividirse; y si ahora y más tarde se confederaron, fue para sostener la autonomía de las pequeñas Repúblicas. Sus ciudades por un lado y los barones por otro, mantuvieron durante la Edad Media a Italia dividida en multitud de pueblos. Los lazos que los unían al Imperio eran por demás flojos; y aun éstos se desataron después de las violentas y largas luchas entre los guelfos y los gibelinos. Celebráronse durante siglos, en Roncaglia, las citadas asambleas generales, pero con escasísima influencia sobre tan reducidas naciones. Como hace observar Sismondi, si con ellas se congregaba Italia, con ellas se disolvía. Para la vida de Italia servían aún menos que no sirvió para la de Grecia el Consejo de los Anfictiones en su época de decadencia. Como este Consejo, fueron cayendo en desuso y desaparecieron; las convocadas por Barbarroja fueron las últimas.

No hablaré ahora de las vicisitudes por que pasaron estas y otras Repúblicas que nacieron más tarde, como la de Luca, Siena y Florencia, ni de las frecuentes agregaciones y disgregaciones que sufrieron, ni de las mudanzas que ocurrieron en el reino de Sicilia, obra de los normandos. ¿Fue tampoco Italia nación a la caída de las Repúblicas? Campo de batalla primero de las casas de Anjou y de Aragón, luego de las de Francia y España, más tarde de las de Borbón y Este, fue siempre, no una nación, sino un grupo de naciones. Antes de las campañas de Bonaparte había en Italia el reino de Cerdeña, el ducado de Módena, el de Parma, el de Toscana, los Estados de la Iglesia, el reino de Nápoles y dos Repúblicas que habían logrado sobrevivir a la general ruina: la de Génova y la de Venecia. Ni durante la República ni durante el Imperio reunió tampoco Bonaparte en un solo cuerpo las naciones de Italia. En 1801 incorporó a Francia Saboya y el Piamonte, formó con el Milanesado la República Cisalpina, cedió al Austria Venecia, a cambio de la Lombardía, creó el reino de Etruria, respetó el de Nápoles, el de Cerdeña y los Estados de la Iglesia. En 1805, después de la batalla de Austerlitz, unió, por el Tratado de Presburgo, Venecia a la República Cisalpina y la transformó en reino de Italia; añadió a su imperio el Estado de Génova y arrancó a Fernando IV el de Nápoles, dejándote sólo la isla de Sicilia. En 1808 y 1809 aumentó el Imperio con Etruria, el Tirol Meridional y los Estados del Papa. Aun dentro de reinos tan limitados, dejó otros más diminutos: el principado de Luca y de Piombino, por ejemplo, que regaló a su hermana Elisa.

Los Tratados de Viena, por fin, no dieron mayor unidad a Italia.

El Papa recobró sus Estados; el rey de Cerdeña, el Piamonte, Saboya y Niza con Génova; Austria, a Lombardía y Venecia; Fernando IV, a Nápoles. Contó, además, Italia, cuatro ducados: el de Toscana, el de Módena, el de Parma y el de Luca. ¿Es, después de esto, posible buscar en la Historia la actual Italia? Nápoles y Sicilia han vivido independientes del resto de la península nada menos que ocho siglos, hasta el año 1861. Venecia lo fue desde 697 a 1797, en que se la cedió al Austria por el Tratado de Campo Formio; Génova, desde el siglo X hasta 1805. ¿No eran estos períodos bastante largos para formar de aquellos Estados verdaderas naciones?

6 El criterio histórico. Alemania

Fijémonos en la nación alemana. Por lo que leo en Tácito no son hoy sus límites los de la antigua Germania. Tenía ésta por fronteras: a Mediodía, el Rin y el Danubio; a Oriente, los montes Cárpatos y bosques sin nombre; a Norte y Occidente, el mar Báltico; baja hoy aquélla más acá del Danubio y del Rin y no llega de mucho a los montes Cárpatos. ¿Quién ocupaba la antigua Germania? Según el mismo Tácito, una raza autóctona, dividida en multitud de pueblos independientes, que se distinguían por la diversidad de sus instituciones, sus leyes y sus costumbres. Cita el grande historiador, entre otras gentes, a los bátavos, que poblaban en su tiempo la isla del Rin y una estrecha faja en las orillas del mismo río; a los callos, que estaban a la entrada de la selva Hircinia, y eran, entre los bárbaros, los únicos que sabían hacer la guerra; a los teucteros, que vivían en las riberas del Rin y eran los más diestros en montar y pelear a caballo; a los frisones, que se extendían a lo largo del mismo río hasta el mar del Norte; a los caucos, que desde la costa se metían tierra adentro hasta dar con las fronteras de los cattos; a los ceruscos, que lindaban con los cattos y los caucos y había hecho la paz flojos y cobardes; a los temidos cimbrios, que desde las playas del Océano, donde moraban, habían bajado hacía más de dos siglos a Italia y España, llevado el terror a Roma y engrandecido por sus derrotas el nombre de Mario; a los suevos, grupo de pueblos de la Germania central; unos, adoradores de Herta, la madre tierra; otros, de un dios a quien sacrificaban víctimas humanas en sagrados bosques; a los hermonduros, a los nariscos, a los marcomanos, a los cuados, que tenían su asiento en las márgenes del Danubio; a los marsignos, a los gotinos, a los osíos, a los burios, que estaban más al Norte y eran ya mezcla de otras naciones; a los ligios, otro grupo de ciudades donde predominaba la de los arios, que, por la ferocidad de su rostro y lo lúgubre de sus armaduras, ponían espanto al enemigo; a los suiones, por fin, que vivían, según él, en el mismo Océano, probablemente en las islas de la bahía de Pomerania. Allí, como en España, constituía casi cada ciudad, ya una República, ya un reino.

Desde Tácito al siglo V habían sufrido estos pueblos, a no dudarlo, hondas transformaciones. Encontramos en aquel siglo a los unos distribuidos en grandes grupos: alemanes, francos, bávaros, frisios y sajones; a los otros, como separados de su antiguo tronco y viviendo independientes. Citaré entre éstos a los lombardos, en quienes no veía Tácito sino una rama de los suevos. Comoquiera que fuese, la división seguía; continuaban viviendo en Germania diversas naciones que, lejos de estar unidas por lazos políticos, se miraban con recelo y se hacían frecuentemente la guerra. No llegaron los germanos a reconocer una autoridad común hasta que se la impuso Carlomagno, ni a constituir definitivamente el imperio alemán hasta los tiempos de 0tón el Grande.

Alemania, no por esto dejaba de estar dividida en Estados que gozaban de vida propia. Tenían todos sus casas o dinastías reinantes, sus instituciones especiales, sus leyes; y no era raro que invadieran el territorio de sus vecinos y aun llevaran a otras naciones sus armas. Antes y después de Otón había en Alemania seis grandes ducados: el de Sajonia, el de Baviera, el de Suavia, el de Franconia, el de Lorena y el de Turingia; además, arzobispados, que eran otros tantos reinos, como el de Maguncia y el de Colonia; además, considerable número de feudos. El imperio no era sino la jefatura suprema de todos esos Estados, jefatura de gran fuerza cuando la ejercía un Otón, un Barbarroja y un Carlos V; en los demás tiempos, impotente.

Sería ahora tarea larga y enojosa decir las agregaciones y disgregaciones que esos Estados sufrieron, del siglo X hasta nuestros días, los que desaparecieron y los que de nuevo se crearon, las diversas formas que tuvieron, las mil y una vicisitudes por que pasaron. Tomaré al azar uno o dos, y haré rápidamente su historia.

Sajonia era en los tiempos de Otón un ducado extenso, sito al Noroeste, que corría por el Norte del río Lippe desde las márgenes del Ems hasta más allá de las del Elba, y se extendía hacia el Septentrión a las orillas del Eyder y al mar Báltico. Tuvo por soberanos, mientras subsistió el ducado, primero la casa de Billung, luego la de Suplimburgo, más tarde la de los Güelfos. En el siglo X se engrandeció con las marcas de Misnia y Brandeburgo; en el XI ocupaba ya el Mecklemburgo y la Pomerania. Empezó el XII por dividirse en dos ducados; y aunque logró recobrar su unidad, la perdió otra vez hasta el punto de descomponerse en unos veinte feudos.

Renació el 1180 el ducado, pero escaso y pobre, reducido tan sólo a los territorios de Wittemberga y Lauemburgo. Tuvo entonces por príncipes la casa de Ascanio, que, habiéndose dividido ochenta años después en dos líneas, desgarró todavía en dos tan miserable Estado. Así continuó hasta el siglo XV, en que, entrando a poseer a Wittemberga la casa de Wettin, se aumentó el ducado con la Misnia, la Turingia, Coburgo y el palatinado de Sajonia, que formaba Estado aparte desde los tiempos de los Carlovingios. El ducado de Lauemburgo siguió, en tanto, autónomo.

No hablaré de los círculos de la Sajonia Alta y la Baja; dos de los diez en que un siglo más tarde se dividió el Imperio. Estos círculos no eran Estados, sino grupos de Estados. De veintidós Estados nada menos se componía el de la Sajonia Alta. El de la Baja comprendía, entre otros, los dos ducados de Mecklemburgo, los dos del Holstein, el de Lauemburgo y las ciudades de Lubeck y Brema, también autónomas.

El ducado de Sajonia estaba a la sazón partido en dos, por haberse bifurcado la tasa de Wettin en dos ramas: la de Ernesto y la de Alberto. Estas dos ramas, sin embargo, primero la Ernestina y luego la Albertina, engrandecieron el ducado hasta llevarlo a los límites que tiene hoy el reino del mismo nombre, sito no ya al Noroeste, como el primer ducado, sino en el centro de Alemania.

¿Fueron mudanzas ésas? ¿Pudo haberla mayor que la de pasar el ducado del Occidente al Centro? Baviera no sufrió tampoco escasas vicisitudes. Al advenimiento de Otón el Grande había sido ya reino y ducado: reino con los descendientes de Carlomagno; ducado con el margrave Arnoul, hijo de Luitpoldo. Como reino, había sido vastísimo: abrazaba, además de sus propios dominios, la Carintia, la Carniola, la Istria, el Friul, la antigua Pannonia, la Moravia y la Bohemia. Quedó reducida como ducado a estrechos límites, y subió y bajó como Sajonia. En 1180 cayó en poder de los sucesores de Arnoul, después de haber sido gobernada por otras cuatro familias; creció entonces considerablemente. A la muerte de Otón el Ilustre, fue dividida en Alta y Baja. En 1312 recobró su unidad y ganó el Tirol, la Islandia, la Holanda y el Brandeburgo. Repartiéronsela luego los hijos de Luis III, el que más había hecho por engrandecerla, y no volvió a formar cuerpo de nación hasta el año 1507. No experimentó otro cambio de importancia en este siglo; pero sí en el XVIII, donde ganó por la espada de Carlos Alberto la Bohemia y el Austria. ¡Conquistas, por cierto, bien efímeras! Las perdió Carlos Alberto junto con su ducado, y no tuvo que hacer poco su hijo para recobrar a Baviera. Baviera disminuyó aún por la paz de Lunneville y creció por la protección de Bonaparte antes da llegar a ser lo que es desde 1806, uno de los más vastos reinos de Alemania.

Gracias a esas frecuentes agregaciones y disgregaciones por que pasaron otros pueblos, además de los de Sajonia y Baviera, ha sido siempre para los alemanes extremadamente movedizo el suelo de la patria. Sería larga la simple enumeración de los que existieron, por más o menos tiempo, en aquella tierra desde la extinción de los Carlovingios. Hubo reinos, principados, ducados, condados, langraviatos, margraviatos, arzobispados, obispados, feudos y subfeudos de todo género, ciudades imperiales o libres. Aun en este siglo constituían cuatro reinos, cinco grandes ducados, seis ducados y diecinueve principados la Confederación Germánica.

¿Dónde están, pregunto, los signos históricos de la unidad alemana? La tendencia a la división es tan grande aquí como en Italia: las guerras de pueblo a pueblo, tanto o más frecuentes; las fronteras de cada Estado, tan vagas y fugitivas. Es verdad que durante siglos hubo en Alemania emperadores; pero no lo es menos que casi nunca pudieron contener ese espíritu de división, ni impedir esas guerras, ni determinar esas fronteras. No pudieron nunca dictar leyes para todos los Estados, ni siquiera regular el ejercicio de su propio poder político. Añádase a todo que forman hoy parte de Alemania pueblos que jamás la formaron, y dejan de serlo vastas comarcas que lo fueron por siglos.

7 EL CRITERIO HISTÓRICO. HOLANDA. BÉLGICA. LA ESCANDINAVIA. RUSIA

Por la Historia no se determinará, a buen seguro, mejor las demás naciones de Europa. Holanda fue a los ojos de toda la antigüedad parte de Germania; en ella estaban los frisios y los bructeros, y, principalmente, los bátavos. Una mientras vivió subyugada, ya por los latinos, ya por los francos, se dividió, como los demás pueblos del Continente, en Estados autónomos apenas se lo permitió la debilidad de los sucesores de Carlomagno. Tuvo condes en la Holanda propiamente dicha, obispos soberanos en Utrecht, duques, en Güeldre; señores, en Frisia y Brabante. Volvió a formar cuerpo en el siglo XV; pero no por su voluntad, sino por la de los duques de Borgoña, que la incorporaron a sus vastos dominios. Pasó después de la casa de Borgoña a la de Austria, de la de Austria a la de España; y hubo de verter raudales de sangre para ser independiente. Se constituyó, al conseguirlo, en república federal, no en nación unitaria. No fue unitaria mientras no la convirtieron en monarquía, primero, Napoleón, y después, el tratado de Viena, que la reunió a Bélgica y creó con las dos naciones el reino de los Países Bajos. ¿Cuáles eran los verdaderos límites de Holanda? ¿Bélgica o Francia? Holanda entendería, probablemente, que debía tenerlos en Francia, cuando tan cara hizo pagar a Bélgica la independencia. Y en verdad que, ni por la naturaleza, ni por la diversidad de lenguas, ni por la misma Historia, se explica la separación de los dos pueblos. La capital de Bélgica está en Brabante, que fue parte de Holanda.

Por ninguno de los criterios adoptados para definir las naciones, podría realmente constituir una el pueblo belga. Jamás fue Bélgica dueña de sí misma. Después de haber pasado por la dominación de los latinos y los francos, hoy formó parte de Austria, mañana, de Lotaringia; al otro día, de Lorena. Cuando la Lorena se dividió, dividida pasó a ser feudataria del Imperio; cuando la Lorena se volvió a reunir en manos de los duques de Borgoña, borgoñona fue, y como tal entró en los dominios de la casa de Austria. De la casa de Austria vino a la de España, de la de España, volvió a la de Austria, y de la de Austria no salió sino para ser francesa o bátava. ¿Qué le separa, por otra parte, ni de Francia ni de Holanda? En lengua es mitad francesa, mitad flamenca.

Hay en esa misma parte de Europa naciones que parecen formadas por la naturaleza, y desde el punto de vista histórico ofrecen las mismas dificultades. Me refiero a la Escandinavia; es decir, a Dinamarca, Suecia y Noruega. Dinamarca es una península entre el mar Báltico y el del Norte, cuya base está entre las bocas del río Drave y las del Elba; Suecia y Noruega, otra península entre el golfo de Botnia, el Océano Atlántico y el Ártico, cuya base, aunque no tan bien definida como la de Dinamarca, lo está casi del todo por la embocadura del río Tornea y la del Tana. Se presentan estas dos penínsulas como destinadas a formar un solo cuerpo con la de Finlandia, fronteriza de la de Suecia y Noruega. Alguna vez las hallamos unidas en la Historia, pero ¡cuán poco tiempo! Lo estuvieron sólo desde 1397 a 1523; y aun dentro de este periodo, Suecia, que miraba la unión como un yugo, luchó repetidas veces por romperla, y lo consiguió en 1448. Se renovó el pacto de Calmar, a que debía la unión su origen, en 1454, en 1465 y en 1520, y se lo rasgó tres años más tarde. No formaron una sola nación ni siquiera Suecia y Noruega. No la formaron sino mientras duró la unión de Calmar, y cuando Bonaparte regaló Noruega a Suecia en pago de servicios a Francia. Noruega, y es más, después de roto el pacto de Calmar, continuó unida a Dinamarca, de cuyas manos no salió sino para caer en las de Suecia. Ya dividida en pequeños Estados, ya constituida en reino bajo el cetro de diversas dinastías, había vivido, sin embargo, del siglo IX al XIV con toda independencia. ¡Y qué! ¿Le negaba acaso la naturaleza motivos para estar separada de Suecia? Corre de Sur a Norte, entre los dos pueblos, una de las más altas cordilleras de Europa, los montes Dofrines, cubiertos de nieves eternas. He dicho ya cuán fácilmente se encuentra, para disgregar naciones, fronteras naturales dentro de las que podrían unirlas.

En cambio, Suecia se extendió por más de seis siglos a toda la península de Finlandia, que no habría tal vez perdido si el año 1792 no se hubiese empeñado Gustavo IV en una guerra verdaderamente insensata con Francia y Rusia. Y poseyó, aunque por muchos menos años, a Estonia y Livonia, provincias rusas del mar Báltico, parte de Pomerania, los ducados de Brema y Verden, las bocas del Oder, hoy prusianas, y algunas regiones de Dinamarca.

Dinamarca, lejos de vivir en paz, estuvo con Suecia en lucha. Orgullosa por sus antiguas conquistas, quiso tenerla a sus plantas, y le hizo sentir largos siglos el peso de su grandeza. De Dinamarca y Noruega bajaron esos terribles normandos que en el siglo IX asolaron a Francia, Alemania y España, redujeron a sus armas casi toda Inglaterra, la conquistaron por segunda vez en el siglo XI y la dominaron cerca de treinta años. Aunque, bajo la dinastía de los Estrítidas, fue Dinamarca feudo de Alemania, recobrada su independencia, adquirió en el siglo XII la isla de Rugen, la Eslavonia y el Mecklemburgo, y en el XIII, la Pomerelia y la Estonia. No quiso, por la unión de Calmar, ser ya la compañera, sino la señora de Suecia y Noruega. De ahí que tan pronto se rompiera aquel pacto. Aun roto, ¡qué prepotencia tuvo Dinamarca sobre toda la Escandinavia! Se quedó, como dije, con Noruega, y además, con cinco provincias marítimas de Suecia, provincias que Suecia no recobró hasta el año 1660. Era ya entonces dueña del Holstein y de todo el archipiélago de su mismo nombre.

La guerra de los treinta años fue el principio y la causa de la decadencia de Dinamarca. Dinamarca perdió por de pronto las provincias suecas; siglo y medio después, a Noruega, y no hace aún trece años, los ducados del Elba: Schleswig, Holstein y Lauemburgo. Schleswig, Holstein y Lauemburgo forman parte de la península en que está sentada: se los arrebató, no obstante, Alemania, invocando el principio de las nacionalidades. Así, en virtud del mismo principio, según el criterio con que se lo aplica puede un mismo territorio pertenecer a dos pueblos.

Rusia es hoy, como he dicho, el más vasto imperio del mundo, la nación monstruo. Se extiende por la mitad de Europa y Asia desde el Báltico al Pacífico. El mar Blanco es todo suyo; suyos los golfos de Finlandia y Riga; suyas las playas orientales del de Botnia; suyas las septentrionales del mar Negro; suyas casi todas las occidentales del Caspio; suyo todo el mar de Azof, el de Kara y el de Okhotsk; suya una buena parte del mar del Japón; suyas todas las costas asiáticas del estrecho de Behring. Cuenta setenta y cinco millones de habitantes, más de un millón de soldados. ¿Ha de ser ésta, por la Historia, la nación rusa? ¿Cuáles son, de no, sus límites? Lejos de creer que los haya traspasado, se afana Rusia por retirarlos. Tres veces intentó apoderarse de Constantinopla. Rebasó el Cáucaso, y está ya en las orillas del Aras, el antiguo Araxes. ¿Se detendrá mucho tiempo en las del Amur, que la separa de China?

No ignoro que respecto a Rusia se está, no por la agregación, sino por la disgregación de pueblos. Mas Rusia tiene también su criterio sobre las nacionalidades. En el de las fronteras naturales podría, como dije, hallar motivo bastante para corregir sus límites de Occidente y llevarlos a los montes Balcanes y los Cárpatos; lo halla para ensancharlos todos en la teoría de las razas. "Yo soy -dice- la raza eslava: los eslavos todos me pertenecen." Fueron eslavos todos los que fundaron los reinos de Bohemia y Hungría; y eslavos son los que pueblan la Servia, la Lituania y la que fue Eslavonia. Lo son en gran parte los habitantes de la misma Prusia, de Pomerania, de Lusacia, de Silesia, de Moravia, de Bosnia, de Valaquia; cuando menos lo son por mitad los de Meklemburgo y Brandeburgo. ¿No deberemos darnos por satisfechos con que Rusia no lleve más allá sus conquistas?

Por ser eslavo en su origen y en su base el reino de Polonia, se cree Rusia con doble derecho a ocuparlo; por ser en el fondo eslavas Moldavia, Valaquia y Servia, las casi emancipó de Turquía no hace medio siglo y las mantiene bajo su protección y escudo; por ser en gran parte eslava Herzegovina, la amparó en la reciente lucha con la Puerta. No combate, antes fomenta la idea del *paneslavismo*; pretende sólo que ha de ser la cabeza y el corazón de todos los pueblos de la raza. Criterio que, de ser admitido, vendría a descomponer lo que por otro se compuso.

Pero no debo abandonar aún el examen del criterio histórico. Afirmo que por él no es menos difícil determinar la nación rusa que las otras. Inútil buscar antecedentes en los antiguos tiempos. Del Cáucaso al Océano Ártico no se distinguían entonces sino dos grandes pueblos: uno, al Mediodía, los sármatas; otro al Norte, los escitas, que se extendían por Asia. Teníase a los sármatas por los habitantes primitivos de aquellas regiones, tanto que se los creía empujados del Septentrión al Mediodía por los escitas. Los sármatas eran precisamente los eslavos de que hablaba.

En el siglo III ocurrió la primera invasión de los godos, que venían de la Escandinavia. Bajaron por la Escitia y la Sarmacia hasta el mar Negro, y fundaron un imperio que tenía al Sur por limites el Don, el Volga, el Dniéper y el Niemen. Era ya este imperio casi de la extensión que ahora Rusia tiene en Europa; pero en el siglo IV fue destruido por los hunos, y en más de cuatrocientos años objeto de sucesivas irrupciones y campo de batalla de casi todos los pueblos bárbaros. Creo excusado decir que en todo este tiempo, lejos de constituir Rusia cuerpo de nación, estuvo dividida en multitud de naciones de mal seguras lindes. Sólo allá, por el siglo IX, acertó Ruric, jefe de los Varegos, a fundar un Estado sobre bases sólidas. Ese Estado era entonces reducidísimo. Comprendía, cuando más, desde el golfo de Finlandia y los lagos de Ladoga y Onega a las márgenes del Dwina. Lo fueron agrandando los sucesores de Ruric, pero sólo por la violencia. En el siglo X se extendía mucho hacia el Austro. No tenía como antes por capital a Novgorod, que está en el lago Ilmen, sino a Kiew, que está en las orillas del Dniéper.

No se crea, sin embargo, que desde entonces caminó aquel Estado a la constitución del vasto imperio que hoy conocemos. Descompúsose el siglo XI en pequeños principados, gracias a la costumbre que tenían los monarcas de distribuir el reino entre sus hijos; y en el XII vinieron a aumentar la división las sucesivas invasiones de Oriente. En el XIII pasaron los mongoles el Volga, se apoderaron de gran parte de la Rusia Meridional y fundaron el ya no pequeño Estado de Khaptchak, o de la Horda de Oro; Estado que, luego de tomada Kiew, se extendió a la Padolia, a la Volhynia y a la parte oriental de Galitzia. Los reyes de la Rusia del Norte pasaron entonces a ser vasallos de los jefes de los mongoles, y sólo el principado de Moscú quedó con absoluta independencia.

Moscú puede decirse que fue dos siglos más tarde el origen y el núcleo del actual imperio. Vióse repetidas veces amenazada y aun saqueada por los mongoles ; pero consiguió en el siglo XV arrojarlos definitivamente de sus fronteras y les tomó sin descanso Novgorod, Pskov, Biarmia y aun parte de Siberia. En el siglo XVI llegaba ya por el Sudoeste más allá del Dniéper, y por el Este y el Sudoeste hasta las riberas del Ural y del mar Caspio. De Siberia ocupaba ya lo más, y en cambio, no podía al otro lado conquistar la Livonia, a pesar de grandes esfuerzos.

Perdió Moscovia mucho a fines del mismo siglo, extinguida la dinastía de los Ruric; pero no tardó en reponerse apenas subieron los Romanovs al trono. Miguel III conquista en el siglo XVII la Siberia, de que se habían hecho señores los polacos. Pedro el Grande, en el mismo siglo, domina del mar Báltico al mar Negro. Catalina II, en el XVIII, adquiere la Lituania, la Curlandia, la Crimea, el Cáucaso y la mitad de Polonia. Alejandro I se apodera en nuestros mismos días de Finlandia, del Oriente de Botnia, de Besarabia y de Georgia, y llega a ser dueño de las dos terceras partes de la desgraciada nación de Poniatowski. Nicolás I arranca al shah de Persia lo más de Armenia, y al sultán de Turquía, el bajalato de Akhaltiriski y las bocas del Danubio.

Por una serie de conquistas se ha ido formando ese formidable Imperio. ¿Lo habremos de dejar en sus actuales límites? Por el criterio de la unidad de razas y el de las fronteras naturales, ya hemos visto que deberíamos permitirle que los ensanchara. Si hay en él multitud de pueblos de distinto origen, predominan los de la raza eslava, que siguen más allá de Rusia. No podríamos ya consentirle igual extensión por el criterio de la unidad de lenguas. Son, por lo menos, treinta las que se hablan dentro de Rusia. Mas ¿habría, por este criterio, división racional posible? Tratemos de aplicar el de la Historia, y no sabremos en qué época fijarnos. Si tomamos por norma los tiempos del imperio romano, apenas hallaremos nada que cercenar a la Rusia de Europa; si el período de la dominación de los godos, sólo podremos formar nación aparte con las tierras que cerca el Don, el Volga, el Dniéper y el Niemen; si el reinado de los primeros Rurics, tendremos que encerrar a Rusia entre el Dniéper y los lagos Onega y Ladoga; si los siglos medios posteriores, dividir esa misma Rusia en pequeños Estados, que unirían, cuando más, reyes de nombre; si la época de la ocupación por los tártaros o mongoles, crear un Estado alodial al Sur y otro feudal al Norte, constituyendo a Moscovia en principado independiente; si los primeros años de la reconquista, dejar reducida a Moscovia toda Rusia; si los tiempos sucesivos, ¿en qué Rusia nos detendremos? ¿En la de Miguel III, en la de Pedro el Grande, en la de Catalina II o en la de Alejandro? Es muy para tenido en cuenta que Rusia, antes de ser vencida por los mongoles, no formaba cuerpo de nación ni tenía de mucho, aun contando como uno de los pueblos en que se había dividido, los límites que después ha tenido y tiene; que no sucedía con ella como con España, que nación había sido, y de la misma o mayor extensión que ahora, al ser invadida por los árabes.

8 El criterio histórico. Austria. Turquía

Por la Historia es aún menos posible definir los límites de Austria. Por ella se podría más bien llegar a la total disolución de este Imperio. Compónese en la actualidad del Austria propiamente dicha, de Estiría, de Carintia, de Carniola, de Istria, del Tirol y de Salzburgo; de Bohemia, de Lusacia, de Silesia y de Moravia; de Galitzia, de Bulkowina, de Hungría, de Transilvania, de Eslavonia, de Croacia y de Dalmacia.

Y bien: ¿ha sido libre y espontánea la reunión de tantos pueblos? ¿No tuvieron nunca vida propia? ¿La gozaron por escaso tiempo? Bohemia fue nación independiente nada menos que por ocho siglos, desde principios del VIII hasta el año 1526, en que su corona pasó a las sienes de Fernando de Austria. Eran entonces suyas la Moravia, la Silesia y la Lusacia. Hungría fue también nación desde el siglo IX al XVI, en que ese mismo Fernando de Austria la ganó en la batalla de Casovia. Hungría abrazaba entonces la Dalmacia, la Croacia, la Eslavonia y la Transilvania. Galitzia es la parte de Polonia que ocupó el Austria al ser aquella heroica e infeliz nación despedazada por las potencias del Norte. La Bukowina formó siempre parte de Moldavia, y no hace todavía un siglo que pertenece al Austria. Pertenecen al Austria desde mucho antes, algunas provincias: desde el siglo XV, parte del Friul; desde mediados del XIV, el Tirol, Carniola y Carintia; desde el XII, Estiria y parte de Istria; pero la Istria toda y todo el Tirol, sólo desde 1797; Salzburgo, sólo desde 1814. Queda el archiducado de Austria, núcleo de tan grande Imperio, y éste, desde los tiempos de Carlomagno formó parte de Alemania.

Obsérvese ahora que el Tirol se levantó en este mismo siglo contra el Imperio; que Hungría hizo otro tanto y sucumbió sólo por la intervención de Rusia; que Bohemia pugna por obtener su independencia y quizá no esté lejos de conseguirla; que Galitzia, como el resto de Polonia, protesta cuando y como puede contra su inicuo reparto. Añádase a esto que una es la lengua de los austríacos, otra la de los bohemios, otra la de los húngaros y otra la de parte de los tiroleses; que los bohemios pertenecen a una raza, los húngaros a otra y a otras y muy otras los tiroleses y los galitzianos; que todas estas provincias difieren, por fin, en religión, en costumbres y en leyes.

Disolvamos, en consecuencia, el imperio de Austria; ¿y después? Bohemia, como indiqué, es, en el fondo, eslava; ¿la entregaremos a Rusia? ¿La reservaremos, cuando menos, para la confederación eslava que algunos concibieron? No se olvide que mientras fue nación reconoció casi siempre la soberanía de los emperadores de Alemania y fue por mucho tiempo uno de los siete Estados que tuvieron el derecho de elegirlos. ¿No nos la reivindicará el emperador Guillermo? Si por otra parte la declaramos independiente, ¿cuáles serán sus límites? ¿No será justo, que la devolvamos la Lusacia, la Silesia y la Moravia, puesto que con ella vivieron durante siglos y con ella fueron a refundirse en los Estados de Austria? ¡Qué desgracia! La mayor parte de Silesia pasó hace ya más de cien años a poder de Prusia. Tendremos que exigírsela a Guillermo y tomársela de grado o por fuerza.

A Hungría le sucede lo mismo. Ducado desde el siglo IX, reino desde el XI, tuvo, ya libre de los eslavos y los búlgaros, sus épocas de ambición y de engrandecimiento. Se apoderó no sólo de Transilvania, de Eslavonia, de Croacia, de Dalmacia, sino también de Bosnia, de Servia, de Moldavia, de Valaquia, de Bulgaria: de las primeras, en los tiempos de Esteban el Santo; de casi todas las demás, en los de Carlos Roberto. Subsisten aquéllas en poder de Austria, y sería fácil devolverlas a los húngaros; no ya éstas, que pertenecen hace siglos a los turcos. Fueron casi todas, a la verdad, conquistas pasajeras; pero ¿y la Bosnia? Hungría la poseyó tranquilamente desde el año 1129 al 1370, y poco antes de caer en manos de Austria la había recobrado de los turcos a fuerza de armas; ¿no tendría tanto derecho a reivindicarla, como Bohemia la Silesia? Hago caso omiso de la parte de Croacia que está en poder de los otomanos.

La dificultad subiría de punto cuando se quisiese fijar la suerte de las pequeñas provincias de Austria, alguna, de las cuales ha pasado de una a otra nación sin tomar en ninguna arraigo. La Carintia, por ejemplo, era un margraviato dependiente del Friul en tiempo de Carlomagno; un ducado autónomo, en 880; parte de Baviera, en 887; ducado otra vez en 977, durante el imperio de Otón II; Estado de la casa de Zehringen, en 1058, junto con la marca de Verona;

patrimonio de la de Murzthal, en 1073, y de la de Ortemburgo, en 1127; provincia de Bohemia en 1269; parte del condado del Tirol en 1286, y al fin, en 1336, del Austria. Sólo en Austria ha logrado hacer asiento. El Tirol y Carniola forman también parte de Austria nada menos que desde el siglo XIV; Estiria, desde el siglo XII. ¿Qué debería hacerse de estas provincias? ¿Qué del Tirol, parte alemán, parte italiano? ¿Qué del reducido Salzburgo, regido desde el siglo XII por arzobispos independientes?

Basta decir que vuelvo los ojos a Turquía para que se ocurran al lector observaciones análogas. Turquía, con sus Estados tributarios, es todavía una nación vastísima: se extiende por Europa, Asia y África. En Europa va de Sur a Norte desde el Mediterráneo, las fronteras de Tesalia, el Archipiélago, y el mar de Mármara hasta las riberas del Sava y el Danubio, los montes Cárpatos y el río Pruth en su marcha a Oriente; de Este a Oeste, desde el mar Negro y las orillas del Pruth en su curso a Mediodía hasta el mar Adriático. En Asia ocupa toda la península formada por el Mediterráneo y el mar Negro, y se interna, recortando la Arabia, por Occidente y Oriente hasta el estrecho de Bab-el-Mandeb y el golfo de Persia. En África lleva su imperio por todo el Egipto y las regiones de Trípoli y Túnez. Tiene aún en el Archipiélago, entre otras muchas islas, la de Creta, la de Rodas, la de Kos, la de Khíos, la de Mitilene, y no hace cincuenta años tenía a toda Grecia.

Este grande imperio es sólo fruto de la conquista y de conquistas nada antiguas. Tardaron mucho los turcos en parecer por Europa y aun por el territorio que dominan en Asia: hasta el siglo X de nuestra Era no abandonaron su patria. Se apoderaron entonces rápidamente de Persia y de algo del Asia Menor, y sólo cuatro siglos después, cuando la tuvieron ya completamente sojuzgada, pusieron el pie en Europa. Invadieron primeramente el Norte de Grecia, lo que en otros tiempos constituía a Tracia y Macedonia, luego la Albania, la Bulgaria y la Servia; habrían bajado sin parar hasta Constantinopla sin la invasión de Tamerlán y la derrota de Bayaceto. Tomáronla más tarde, a mediados del siglo XV, y siguieron ya sin obstáculos su marcha. Dieron cima a la conquista de Grecia; volviendo al Norte, ocuparon la Bosnia, la Valaquia, la Pequeña Tartaria y penetraron en Italia. En el siglo XVI, al paso que se difundieron por Asia y África, por Siria, por Palestina, por Armenia, por Arabia, por Egipto, por las vecinas costas, acometieron en Europa al Austria, le arrebataron parte de Hungría, la Transilvania, la Eslavonia, la Moldavia y llegaron a acampar enfrente de los muros de Viena. Se hicieron, al fin, dueños de las más importantes islas del Archipiélago.

Si pueblo hay en Europa destinado a desaparecer, es verdaderamente el que describo. Como tuvieron que volver a sus primitivas viviendas los árabes y los tártaros, y nosotros, los españoles, hemos debido abandonar las dos Américas sin guardar sino dos islas que se nos escapan, es muy probable que los turcos hayan de retroceder más o menos tarde al fondo del Asia, de que salieron. No es otra la suerte de los conquistadores que no han sabido asimilarse a los vencidos. Obsérvese que desde el siglo XVII van los turcos perdiendo, y hoy están en rápida decadencia. De sus conquistas en Austria, no les queda más que parte de Croacia. Moldavia, Servia, Montenegro, Valaquia, les pagan aún tributo; pero viven autónomas y están bajo la protección de Rusia. Egipto ha llegado a ser para ellos un peligro. Sólo tributarios les son también Trípoli y Túnez. Argel ha dejado de pertenecerles en absoluto desde que lo ocupó Francia. Grecia, desde Tesalia al mar, es hace cuarenta y seis años reino independiente. Independientes son también desde 1839 las islas Jónicas, hoy parte de Grecia. Pasaron de los turcos a los rusos las vertientes meridionales del Cáucaso, y de los turcos a los ingleses, la isla de Chipre.

Descompongamos también el imperio turco. ¡Ah! De seguro nos ayudará Rusia en la tarea. Nadie trabaja con más interés hace años por enflaquecerlo y destruirlo. Es ella quien alienta la insurrección de Grecia; ella quien emancipa a los servios, a los moldavos, a los válacos, a los montenegrinos. Si le prestó un día sus armas contra Mehemet-Alí, fue para más quebrantarlo, haciéndose abrir el paso del Bósforo y obligándole a cerrar para las demás naciones el de los Dardanelos. No solamente lo ha ido royendo por el Cáucaso; le ha tomado, además, en Europa, a Besarabía y la pequeña Tartaria, y en Asia, gran parte de Armenia. Como antes dije, ya por tres veces en este mismo siglo ha debido detenérsela en su marcha a Constantinopla. Emancipa hoy para adquirir mañana. Así lo hizo con Tartaria: ¿y quién sabe si no lo hará otro día con los principados del Danubio? No dejarían de ser rusos si entrasen en la capital de Turquía.

Pero supongamos que se logra disolver el imperio turco en provecho, no de los zares, sino de las provincias que lo componen.

¿Cómo las distribuiremos? La actual Grecia tiene de la antigua la propiamente llamada tal: la Hélada y el Peloponeso. ¿Le agregaremos lo que fue Epiro y Tesalia y hoy es Tesalia y Albania? Grecia, como he dicho, no fue una sino bajo la dominación de otros pueblos. En la Edad Media, cuando después de cien invasiones cayó en poder de los cruzados, se dividió y subdividió en multitud de naciones que mandaron hombres de distintas gentes. No volvió a ser una sino con los turcos. Le repugnó siempre serlo; y nos lo demuestran hoy mismo los albaneses o epirotas, que suspiran, como en todos tiempos, no por ser provincia de otra nación, sino por su independencia. La Albania, por otro lado, no es toda griega: abraza parte de la antigua Iliria. ¿En qué tradición, en qué periodo histórico nos apoyaremos para unir esta parte de Turquía a Grecia?

Si a la comunidad de origen atendiésemos, deberíamos llevar a Grecia hasta la Rumelia. La Rumelia ocupa el territorio de Tracia y Macedonia, habitadas por los pelasgos como las demás naciones griegas. Pero tracios y macedonios fueron siempre considerados en Grecia como extranjeros; contra los últimos, armó la elocuencia de Demóstenes aquella famosa liga a cuyo frente se pusieron Atenas y Tebas. Constituyeron unos y otros Estado aparte, se rigieron por reyes y vivieron vida propia hasta que fueron vencidos por Roma. No se prestaron ni siquiera a constituir un solo pueblo. Formaron los tracios parte del reino macedónico, pero escaso tiempo: reivindicaron en cuanto pudieron su independencia. Por el criterio histórico no sería posible ni unirlos a Grecia ni formar con ellos un Estado.

Determíneseme ahora históricamente los limites de Bulgaria. Los búlgaros, al bajar de los montes Urales, de donde se les cree oriundos, se sabe que se establecieron en las márgenes del Volga. Arrojados del Volga en el siglo V, se dirigieron a las playas del mar de Azoff y del mar Negro, y avanzaron hasta el Danubio. Hicieron desde allí frecuentes invasiones en el imperio bizantino griego; pero no lo dominaron. En el siglo VI se hubieron de someter a los ávaros. Sólo en el VII, libres ya de estos dominadores, entraron en lo que es hoy territorio turco. Pasaron el Dniéper y el Dniester, se adelantaron hasta el Pruth y se fijaron por de pronto en las orillas. Ocuparon luego la Mesia Inferior y fundaron un reino que duró tres siglos. Distaba de tener éste los límites de la actual Bulgaria. Por Occidente llegaba sólo hasta las riberas del Zibritza, cuando la Bulgaria de hoy va hasta los montes Lepenatz y Kopronik. Fue incorporado en el siglo X al imperio bizantino; y a poco los búlgaros fundaron en Macedonia otro, a que después añadieron la Servia. Hallábase ya esa nueva nación enteramente fuera del territorio de la provincia turca. Destruida a su vez en el siglo XI, levantaron otra los búlgaros, la actual Bulgaria. ¿Qué términos habíamos de dar al nuevo Estado que se constituyese?

La Bosnia, finalmente, no tiene, por la Historia, derecho alguno a la autonomía. Fue siempre parte de otras naciones: primero, de Pannonia; luego, de Eslavonia; después, de Hungría; y aun cuando tuvo sus reyes, hubo de reconocer la soberanía, hoy de los húngaros, mañana, de los turcos. No fue, además, reino sino desde el año 1376 al 1443, en que murió sin hijos varones su segundo monarca. ¿La habríamos de agregar a la ya poderosa nación de los húngaros?

No quiero continuar tan enojoso examen. Escribo para Europa, hondamente removida y en peligro de nuevas luchas por el principio de las nacionalidades; y dejo a un lado hasta las provincias asiáticas de Turquía y Rusia. No hablaré tampoco de América, que no deja de sentir la perniciosa influencia de este principio. América se aplicará fácilmente lo que se diga de Europa, y hoy, como siempre, tomará de esta parte del mundo ejemplo y escarmiento. Por la Historia no hallaría, de seguro, menos dificultades para distribuir en grupos sus territorios y sus gentes. Allí como aquí la Historia no es guía más segura que las llamadas fronteras naturales y la identidad de lengua.

9 EL CRITERIO DE LAS RAZAS

Pero hay aún, para la aplicación de la teoría que combato, otro criterio que ya menté: las razas. Encuentran algunos tan violento aglomerar en una sola nación razas diversas, como separar una raza en dos o más naciones. De aquí las ideas de paneslavismo, pangermanismo, panlatinismo, etc. No creo tampoco admisible este criterio.

Haeckel, uno de los más célebres naturalistas de nuestro siglo, divide el género humano en doce especies. Una de éstas, para circunscribirme en lo posible a Europa, es la mediterránea. De ella derivan, cuatro razas principales: la vasca, la caucásica, la semítica y la indo-germánica. La vasca está reducida, como sabe el lector, a cuatro provincias del Norte de España y una pequeña parte de Francia; la caucásica, a unos pocos pueblos de la cordillera del Cáucaso. En cambio, la semítica se extiende por Siria, Caldea, Arabia, Egipto, las costas septentrionales y gran parte de las occidentales de África; la indo-germánica, por toda Europa. Es evidente que si se hiciera de esas razas cuatro naciones, resultaría una división, sobre muy desigual, absurda.

Veamos las distintas ramificaciones de estas razas. No las hay de importancia ni en la caucásica ni en la vasca; pero sí en las otras. En la semítica distinguen, por de pronto, los naturalistas, la egipcia y la arábiga; en la indo-germánica, la eslavogermana y la ariorromana. Deteniéndonos en estas subdivisiones, tendríamos todavía una distribución de pueblos monstruosa. Por un lado, el pequeño grupo de los vascos; por otro, el no mucho mayor de los caucasianos; por otro, el de los que habitan desde el Bósforo y el mar Negro al golfo de Arabia y ocupan, en las costas orientales de África, la Abisinia; por otro, el de los que desde las fronteras septentrionales de la Nubia corren por las playas del Mediterráneo y del Atlántico hasta el golfo de Guinea y pueblan las islas Canarias; por otro, el de los que se extienden al Océano Ártico desde el Cáucaso, los Balcanes, los Alpes, las fronteras al Norte de Francia y el canal de la Mancha; por otro, el de los que desde esta línea bajan a bañarse en las aguas del Mediterráneo. En los últimos cuatro grupos no había de ser posible que viviesen unitariamente gobernadas y confundidas tantas y tan diversas gentes como los componen, atendidas las prevenciones y los odios que las separan, la diversidad de sus lenguas, de sus religiones y de sus costumbres, su diferente grado de cultura, la variedad de climas y aun de zonas bajo que muchas viven y el extenso espacio que ocupan.

Subdividamos otra vez, y no hemos de hallar todavía punto de reposo. No hablemos ya de la raza semítica, puesto que no tiene asiento en Europa. Los eslavogermanos se distinguen en germanos antiguos y eslavoletones; los ariorromanos, en grecorromanos y arios. Como antes contábamos dos, contamos ya en Europa cuatro grupos, prescindiendo de los vascos. La división dista de ser satisfactoria. En el grupo de los antiguos germanos van comprendidas Bélgica, Holanda, Suiza, Alemania, Dinamarca, Suecia, Noruega e Inglaterra; en el de los eslavoletones, Bosnia, Servia, Moldavia, Valaquia, Eslavonia, Hungría, Bohemia, Silesia, Polonia, Rusia, Lituania, Pomerania y hasta el Brandeburgo; en el de los grecorromanos, toda la actual Grecia, Rumelia, Italia, España, Francia, Escocia e Irlanda; en el de los arios, sólo la Albania, ¿Le parece aún posible al lector la unión de pueblos tan heterogéneos? Para realizarla sería preciso descomponer a Turquía, Austria, Prusia y la Gran Bretaña, agrandar aún más ese monstruo que se llama Rusia, y buscar en el mar del Norte el complemento del mundo grecorromano.

Si subdividimos de nuevo, en nada menguan las dificultades. Los arios eran un pueblo de Asia. Los que se establecieron en Europa fueren los antiguos tracios. De ellos se dice que derivaron como de un solo tronco los albaneses y los griegos. Así como los griegos llegaron a gran cultura y se derramaron por todas las costas septentrionales del Mediterráneo, los albaneses, si adelantaron, retrocedieron después y no salvaron las fronteras de su patria. Por este solo hecho, ¿habríamos de formar de sólo la Albania un pueblo y confundir luego en otro todas las naciones en que fue a reflejarse el espíritu helénico? No es ya, como se ve, posible dividir el grupo albanés o ario. Podemos subdividir el grecorromano en griego e itálico, pero sin fruto. Separaremos lo afín y dejaremos unido lo discorde. Pondremos a un lado la actual Grecia y Rumelia; al otro, el resto del mundo grecorromano. El grupo itálico seguirá extendiéndose por los Alpes y el canal de la Mancha a Irlanda. Ni importará gran cosa que dividamos el grupo eslavoletón en letones y eslavos; no arrancaremos con esto al mundo eslavo sino los pueblos situados en las riberas orientales del Báltico. No haremos tampoco más con dividir a los antiguos germanos en alemanes y escandinavos; quitaremos al grupo germano sólo la península de Suecia y Noruega, patria de los godo.

Podemos seguir subdividiendo; pero ¿a qué cansarnos? ¿Qué esperar de un criterio por el cual habríamos de formar una nación del pequeño grupo vasco, otra del grupo albanés, otra de los eslavos del Báltico, y, en cambio, abrazar en otra todos los demás pueblos eslavos y en otra todos los latinos con inclusión de parte de la Gran Bretaña? Una nueva división, antes aumentaría que disminuiría las dificultades. Se subdivide, por ejemplo, el grupo itálico en italianos y celtas; el eslavo, en eslavos del Sudeste, eslavos del Sur, eslavos del Este y eslavos del Oeste; el alemán, en alemanes del Norte y alemanes del Mediodía. Si seguimos esta subdivisión, nos vemos ya obligados a descomponer las viejas y las nuevas naciones: por la del grupo itálico, Italia, Francia y la Gran Bretaña; por la del grupo eslavo, Rusia, Austria y Prusia; por la del grupo alemán, la nueva Alemania. ¿Se me podrá dar, por otro lado, una regla medianamente racional para saber en qué subdivisión de las razas, es decir, en qué grado de la escala habré de pararme al determinar cada una de las naciones de Europa? Esta escala, téngase muy en cuenta, es indefinida. ¿Quién es capaz de apreciar, por ejemplo, las ciento y una variedades del grupo itálico? Para que nos cerciorásemos de si esas variedades abundan, bastaría que nos fijásemos en uno de los pueblos que lo componen. ¡Cuántas no encontraríamos sólo en España!

¡Si después de todo, esas razas se conservasen puras! Mas ¿cómo han de estarlo después de las invasiones de tan apartadas gentes, ya de Asia, ya de África, como se han establecido en Europa; después de tantas irrupciones de nuestros mismos pueblos del Norte sobre los del Mediodía? Existen entre nosotros restos de la raza semítica. Circula sangre germana por casi todos los pueblos latinos. Los mogoles, que constituyen, no ya una raza, sino una especie, tienen hoy mismo sus ramificaciones en los finlandeses y los lapones de Rusia, en los magiares de Hungría y en los osmanlis turcos. Al Norte de Prusia viven juntas y aun confundidas la raza germánica y la raza eslava; en Escocia, los sajones, variedad de la raza germánica, y los celtas, que lo son de la raza itálica.

Los hombres, además, no porque pertenezcan a una misma raza sienten más inclinación a unirse y asociarse. Conocidas son las frecuentes y encarnizadas guerras entre los pueblos latinos, entre los germanos, entre los eslavos; las ha habido, y no pocas, en este mismo siglo. Pero no es aún ésta la más palpable demostración de lo que estoy diciendo. Los vascos difieren de los demás pueblos de Europa, no sólo por la raza, sino también por la lengua. A pesar de hallarse reducidos a tan pequeño espacio, están distribuidos en cuatro regiones y jamás han querido formar un solo cuerpo. Tenemos otro ejemplo en los portugueses. Son de nuestra raza, hablan una lengua que es casi la nuestra, han sido españoles durante siglos, y son ahora para nosotros tan extranjeros como los alemanes y los rusos.

10 El equilibrio europeo. Combinación de los diversos criterios

No creo necesario hablar de otro criterio, por mucho tiempo en boga, y hoy casi en olvido: el del equilibrio europeo. Sin la disgregación de Rusia, este equilibrio es de todo punto imposible: la prueba está en que no mueve aquel Imperio el pie que no hayan de concertarse dos o más naciones para detenerlo y conseguir la neutralidad de las otras. Si para alcanzar este equilibrio hubiéramos de partir la Rusia en distintos pueblos, ¿qué razón habría para no proceder a la reorganización general de Europa? Este criterio, que ni de tal merece el nombre, sería tan arbitrario como el de las fronteras naturales. Por él podríamos también llegar lo mismo a la formación de naciones como Francia y Alemania, que a la de las repúblicas en que, tomando por norma la extensión de Holanda, pretende dividir a Europa la escuela de Augusto Comte. Este equilibrio, por otra parte, se destruiría, no diré de siglo a siglo, sino de decenio a decenio. Lo alteraría frecuentemente la desigualdad con que se desarrollan en los pueblos la población y la riqueza, y, por lo tanto, el poder político. Mantenerlo sería, por lo menos, tan difícil como establecer y conservar entre los hombres bajo el principio individualista la igualdad de fortunas.

No falta quien diga que, si por ninguno de los referidos criterios es posible definir las naciones, lo es combinándolos todos. Esto, sobre no ser científico, no es tampoco cierto.

La Gran Bretaña ¿es una verdadera nacionalidad? No habrá, de seguro, quien eche los ojos sobre el mapa de Europa y esté por las grandes naciones, que no considere las islas Británicas dignas de formar grupo. Inglaterra y Escocia son una sola isla. Irlanda dista de ella muchísimo menos que de España las Baleares. Las Hébridas están, por decirlo así, pegadas a. Escocia. De Escocia a las Hébridas e Irlanda hay menos distancia que de Ibiza a Mallorca. De Mallorca a Ibiza hay cincuenta kilómetros; de Escocia a Irlanda, treinta y cinco; de las Hébridas a Escocia, veinticinco escasos. ¿A quién habrá de parecer violento que las islas Británicas formen un solo cuerpo? Tres siglos hace ya que lo forman Escocia, Inglaterra e Irlanda. Las Hébridas vienen de mucho antes siendo escocesas. Rígese Escocia, además, por las instituciones de Inglaterra desde el año 1707; Irlanda, desde 1800. La lengua oficial es en todas partes la misma, la inglesa.

¿Bastará esto para condenar la separación de Irlanda? Irlanda es una isla de considerable extensión, que mide 450 kilómetros de Norte a Mediodía, y 280 de Oriente a Occidente. Contiene cerca de seis millones de habitantes. Ha vivido autónoma durante siglos, y sólo durante siglos de combate sucumbió, como hemos visto, a las armas de Inglaterra. Tasca aún con impaciencia el freno, odia a los vencedores y arde en deseos de emanciparse. Suyos son esos terribles fenianos que en nuestros mismos días han llevado tantas veces el espanto al corazón de Inglaterra. La separan de ella mares de sangre, agravios que no olvida ni perdona, la lengua, la religión, la raza. Los irlandeses son de origen, no germanos, sino celtas; y como todos los antiguos druidas, fervientes católicos. Hablan todavía una lengua céltica: el *erse*. Combínense como se quiera los distintos criterios de que hablé, ¿por qué nos resolveremos por que continúe unida Irlanda a la Gran Bretaña, o por que forme nación aparte?

En Francia tenemos un pueblo parecido, el de la península que forman el canal de la Mancha y el golfo de Vizcaya: los bretones, una de las más conocidas ramas de la familia de los celtas, que aun hoy hablan una lengua céltica. Aunque incorporados a Francia desde 1515, conservan todavía sus antiguos hábitos, sus costumbres, sus trajes, su fisonomía. No odian a los franceses, pero tampoco los siguen de buen grado. En 1793 y 1799 sostuvieron junto con sus circunvecinos esas largas guerras de la Vendée, que tantos conflictos crearon a la República; guerras que estuvieron por retoñar a la caída del Imperio y retoñaron y habrían dado quehacer al advenimiento de los Orleanes, si no las hubiera cortado la tan oportuna como inesperada prisión de la duquesa de Berry.

Al otro extremo de Francia, en la vertiente septentrional de los Pirineos, hay otro pueblo aun menos partícipe de la vida general de la nación, los vascos, procedentes de los de España. He dicho ya que se los considera como una de las cuatro razas del hombre mediterráneo. Son, efectivamente, un tipo distinto de los demás de Europa, cuya filiación es hoy más que nunca objeto de serios estudios y rudas controversias. Más aún que por su tipo, se distinguen por sus costumbres. Vivieron también independientes de Francia hasta los últimos años del siglo XVI, en que Enrique IV los incorporó a la Corona.

¿Qué deberemos hacer de los dos pueblos? No son franceses ni por la lengua, ni por la raza, ni por las costumbres, ni por las ideas, ni por los sentimientos. Lo son por las instituciones y las leyes, y están dentro de las que llamamos fronteras naturales de Francia. Fronteras naturales podría decirse que tienen también los dos pueblos: entre las márgenes del Adour y los Pirineos, los vascos; entre el canal de la Mancha y el golfo de Vizcaya, los bretones. La Historia, por otra parte, si los presenta unidos a Francia durante siglos, durante muchos más les da con vida propia. ¿Cómo resolver el conflicto?

Es todavía más difícil el de las provincias de Alsacia y Lorena. Francia las perdió hace cinco años, vencida por Prusia. Quién las considera alemanas, y quién francesas. Son, a no dudarlo, francesas, si el Rin ha de ser la frontera de la vecina república. Por el Este, Alsacia tenía en las orillas del Rin su término; por el Norte, Lorena se extendía desde Alsacia a las riberas del Mosa. Pero si está Francia por el criterio de las fronteras naturales, Prusia, que está por el de la unidad de lengua y el de la Historia, sostiene que deben ser alemanas las dos provincias. Alsacia perteneció, efectivamente, a Germania bajo el yugo de Roma. Después de la invasión de los bárbaros formó parte del imperio de Alemania, no del de los francos. Fue de los francos sólo desde Carlomagno a Otón el Grande, que la tomó el año 955. No dejó de ser alemana hasta el 1648, en que pasó a poder de Luis XIV. Luis XIV no pudo, con todo, entrar en Estrasburgo ni otras ciudades sino treinta años después, cuando la paz de Nimega. Tardó más Lorena todavía en ser francesa; no lo fue definitivamente hasta el año 1766, a la muerte del rey de Polonia, Estanislao Leczinski, suegro de Luis XV. Tuvo también, allá en los siglos IX y X, su período franco, pero no de más duración que Alsacia. Así, lo mismo en Alsacia que en Lorena prevalecía la lengua alemana cuando la guerra entre Francia y Prusia. ¿Qué criterio ha de predominar aquí? Alsacia y Lorena eran ya francesas por más que no lo fuesen ni su historia ni su lengua. Vivían bajo la legislación y el régimen político de Francia; y por Francia habían peleado heroicamente en las guerras de la República y del Imperio. Estaban identificados con ella cien veces más que los bretones.

En España la cuestión de los vascos es mucho más grave que en Francia. No los une a los demás pueblos de la Península ni la raza, ni la lengua, ni el carácter, ni las costumbres, ni las leyes. Forman hace siglos parte de España; pero conservando hasta el año 1876 su autonomía, rigiéndose por instituciones administrativas propias y sin contribuir a los gastos generales del Estado. Navarra, desde 1841, daba al Tesoro nacional millón y medio de reales, y en hombres o en dinero su contingente para el Ejército; las provincias Vascongadas ni un soldado ni un céntimo. No estaban obligadas a tomar las armas sino en las guerras internacionales. ¿Por qué criterio pertenecen los vascos a España? Sólo porque viven entre el mar y los Pirineos. Mas ellos tienen también sus fronteras naturales: al Norte, los Pirineos y el golfo de Vizcaya; al Mediodía, el Ebro.

Téngase ahora en cuenta que los vascos son para España lo que para Francia los bretones. No siguen el movimiento político del resto de la nación; están por el antiguo régimen. En lo que va de siglo, dos guerras han sostenido ya por don Carlos, que representa el absolutismo y la unidad religiosa. Duró la primera nada menos que siete años: del 33 al 40; ha durado la segunda cuatro: desde el 72 al año en que escribí este libro. Vencidos, se les ha arrebatado con los fueros la exención del servicio militar y de los tributos. ¿Son por eso más españoles? ¿Participan más de nuestras ideas y sentimientos? Es indudablemente resultado natural de la diversidad de razas ese antagonismo que entre ellos y nosotros existe. A poco que se combinen aquí los distintos criterios para la teoría de las nacionalidades, tengo para mí que se habrá de estar por la independencia de los vascos. ¿La consentiría España?

El problema de Portugal comprenderá fácilmente el lector, por lo que de este pueblo he dicho, que presenta muy otro aspecto. Portugal tiene con España afinidad de raza, de lengua, de instituciones, de ideas, de tendencias. Está dentro de la Península y en su territorio van a morir nuestras cordilleras centrales, y en sus mares a desaguar nuestros caudalosos ríos el Tajo y el Duero. ¿Será esto bastante para declararlo miembro integrante de España? Habla una lengua, aunque parecida, diferente de la nuestra, y ha escrito en ella libros inmortales. Tiene, como he dicho, fronteras marcadas por la

Naturaleza. Dejando aparte los sesenta años de dominación por los Felipes de España, vive independiente hace siete siglos. Aunque siempre en extensión pequeño, ha sido por sus hechos grande. Ha dejado como nación alguna del mundo páginas brillantísimas en la historia de la navegación y del comercio. Aun hoy, decaído como está, ¡qué de importantes posesiones no conserva en diversos mares y continentes! En ese mismo Atlántico, las islas Azores, las de Madera y las de Cabo Verde; en las costas occidentales de África, sus factorías del Congo, la isla de Santo Tomás y la capitanía general de Mozambique; en Asia, Díu, Daman, Goa, Macao, parte de la isla de Timor y una de las de la Sonda. Tuvo al Brasil hasta el año 1822, y aun hoy lo ve gobernado por emperadores de la familia de sus propios reyes.

¿Qué criterio habrá de prevalecer aquí? ¿Cómo resolveremos el problema? España desea unirse a Portugal, pero no Portugal a España. Tiene Portugal, como he dicho, cien veces más asegurados que nosotros la libertad y el orden; y no olvidará nunca que precisamente cuando lo mandaron los Felipes entró en su período de decadencia. Recordará siempre que entonces fue cuando lo arrojaron del Japón y perdió las Molucas y otros dominios de Asia, y estuvo a punto de ver caer el Brasil en manos de los holandeses.

En todos los pueblos hay problemas análogos. La combinación de criterios distintos, no sólo no los resuelve, sino que los complica. Lo acabamos de ver en las naciones que parecen mejor determinadas y más firmemente constituidas; lo entrevimos en Rusia, en Turquía, en Austria; lo podríamos ver en todas. Quiero, no obstante, suponer que esa combinación fuese posible; quiero suponer, y es más, que pudiera llegarse a establecer una regla para la formación o la reorganización de las naciones. ¿Quién había de establecerla? ¿Qué autoridad imponerla sin recurrir a las armas? ¿Donde estaría el Tribunal para decidir las cuestiones que sobre la aplicación de la regla surgiesen? ¿Dónde los medios coercitivos para la ejecución de los fallos?

11 Estado de fuerza en que vive aún Europa. Polonia

Recorro la historia de Europa y no veo más que una larga y no interrumpida serie de mutuas invasiones. Ningún pueblo desperdicia jamás ocasión de ensanchar su territorio. No le importa que al efecto deba agregarse gentes de otra lengua, de otra raza, de otra religión, de otras leyes, de otras costas, de otros continentes. Inglaterra ocupa sin rubor parte de Francia; Francia, Alemania y España, parte de Italia; España, los Países Bajos; Rusia no halla ni en ríos ni en mares ni en montañas fronteras que la detengan. Se disputan a veces dos o más naciones el territorio de otra; y allá, sobre el cuerpo de la víctima, se baten y se despedazan. Hay siempre en Europa uno o dos pueblos que pretenden ejercer sobre los demás cierto predominio, una como hegemonía parecida a la que sobre las ciudades de los antiguos griegos procuraron tener hoy Atenas, mañana Esparta, al otro día Tebas: de ordinario antojadizos y soberbios, dan margen a frecuentes usurpaciones y guerras. Cuando no las promueven ellos, las suscita ya el temor de los amenazados, ya el furor de los oprimidos, ya el general deseo de atajar la creciente tiranía.

Creerá tal vez el lector que todo esto, si acontecía en los pasados tiempos, no sucede ya en los presentes, donde más seguras las nociones de derecho, se respeta más la autonomía y la independencia de las naciones. Pero en este mismo siglo hemos visto invadidas y ocupadas por Francia, no sólo España, sino también otros pueblos del Continente; a casi toda Europa, hecha jirones al capricho de Bonaparte; a los reyes del Norte, coligándose contra el imperio napoleónico y rasgándole con ira dentro de los muros de Vienaí a Rusia, avanzando sobre el Cáucaso y el mar Báltico y unciendo al yugo viejas naciones; a Inglaterra y Francia, deponiendo sus odios y uniendo sus enemigas banderas para atajar el paso de los zares a Constantinopla; a Alemania, arrancando a Dinamarca los ducados de Elba; a Francia y Prusia, disputándose las orillas del Rin y la prepotencia en Europa. Hoy, como ayer, existen naciones que pretenden tener a las otras como en tutela; y hoy como ayer, las hay que son para las demás un constante peligro. ¿Qué hemos adelantado con formar grandes pueblos? Reemplazar las pequeñas por las grandes guerras; entregar la mitad de Europa a una sola familia; y, para mayor riesgo, permitir que Rusia extienda sus dominios al Sur y al Norte de Asia, y corra por el estrecho de Behring, a darse la mano con América. ¿Quién detendrá al coloso?

Se reproduce hoy la teoría de las nacionalidades; y, ¡ay!, no se ve que sólo se busca en ella medios de superioridad y de engrandecimiento. Obsérvese la conducta de Prusia en la reconstitución de Alemania. Alemania era ya, bien o mal organizada, una confederación, un pueblo. Tenía, si no un emperador, una Dieta que le servía de núcleo. Pero estaban en la confederación Prusia y Austria, y quería cada cual que su voto pesara más en la balanza de los negocios. Prusia pensó, ante todo, en deshacerse de su rival, y por ahí comenzó su obra. Vencedora en Sadowa, se apresuró a declarar disuelta la antigua confederación y excluir de la nueva al Austria.

No limitó aquí su ambición el rey de Prusia. Con el propósito de asegurar para más adelante su decisiva influencia sobre Alemania, no perdonó medio para engrandecer sus propios Estados. Hizo completamente suyo el Schleswig-Holstein; se apoderó de la ciudad libre de Francfort, del ducado de Nassau, de la Hessse-Electoral, de todo el reino de Hannover, y ganó de un golpe 1.300 millas cuadradas de terreno, 4.000.000 de súbditos. Si quería de buena fe la nueva confederación, si pensaba unirla con vínculos más fuertes de los que nunca tuvo, si ya ningún alemán había de ser extranjero en tierra alemana, ¿a qué esas inicuas usurpaciones y violentos despojos?

Quiso Prusia ser la nación preponderante de Alemania para hacer después de Alemania la nación preponderante de Europa. ¿Quién se lo había de estorbar? ¿Francia, que estaba entonces realmente a la cabeza de las demás naciones? Se aprestó cautelosamente a luchar con Francia, y luego que pudo, fue a humillarla en los campos de batalla. La tenía vencida en Sedán y habría podido imponerle humillantes condiciones; pero quiso abatirla más presentándola a los ojos del mundo rota y destrozada por los píes de sus caballos, y continuó la guerra. ¡Siempre la misma lucha! ¡Siempre el mismo afán por levantarse unas sobre otras las naciones!

Italia, no lo dude ei lector, abriga los mismos pensamientos. No los descubre porque siente aún vacilar el suelo bajo sus plantas. Sí no los tuviera, se los harían concebir por otra parte los recelos de las demás naciones de su raza. Napoleón III, en un momento de entusiasmo, quizá más para quebrantar al Austria que para favorecer los intentos de los reyes de Cerdeña, pasó con sus soldados los Alpes, resuelto a emancipar a Italia. De repente, vencida el Austria en Solferino, firmó, contra lo que esperaba Europa, la paz de Villafranca, y se limitó a enlazar con la corona de los sardos la de Lombardía. ¿Qué le asustó? ¿Qué le detuvo? ¡Oh! No fueron ni la revolución ni el catolicismo: fue, sí, el temor de levantar una nación que pudiera ser un día rival de Francia. Se encontró ya Napoleón sin fuerza para contener el movimiento a que, poco previsor, había dado impulso; pero le suscitó uno tras otro obstáculos. El fue quien detuvo a la casa de Saboya cuando, ya señora de Parma, de Módena, de parte de los Estados Pontificios, de Nápoles, de Venecia, quería marchar sobre Roma y restablecer el Capitolio. No pudo Víctor Manuel entrar en la ciudad del Tíber sino después de rotos en Sedán los ejércitos de Francia.

No era sólo Napoleón el que temía en Francia la unidad de Italia. Porque la temía la combatió Proudhon; y porque la temía la miraba Thiers con malos ojos. Roma ha sido en la antigüedad la domadora de los pueblos y la cabeza del imperio de Occidente: dadas las ideas de predominio que agitan aún el mundo, no sería de extrañar que pretendiese llevar como a remolque las gentes de su raza. No ha mucho tenia sentado en el trono de España a un hijo de sus reyes; hoy tiene aún en el de Portugal a una de las hijas. Y no perdona medio ni pierde coyuntura para terciar en las cuestiones y hacerse oír en los Consejos de Europa.

Si Italia y Prusia estuvieran con sinceridad por la reconstitución de las naciones, si lo estuviera sobre todo Prusia, ¿habíamos de ver aún sin reparación y sin castigo uno de los más grandes crímenes que registra la historia de los pueblos? Hace un siglo que está descuartizada Polonia y repartida entre las naciones del Norte. Por tres veces se la dividieron Rusia, Austria y Prusia con escándalo del orbe. Vanas fueron las protestas de los infelices polacos: Europa los abandonó y se hizo sorda a la voz del derecho y la justicia. No les tendió la mano ni cuando les vió alzarse en armas contra los opresores y pelear como héroes a la sombra de Poniatowski o de Kosciusko.

Creó Napoleón el gran ducado de Varsovia; pero ni con esto organizó a Polonia ni dio fuerzas a los polacos para que reconquistasen y mantuviesen íntegro el suelo de la patria. El ducado fue distribuido de nuevo entre Rusia y Prusia por el Congreso de Viena.

Siquiera aquel Congreso exigió de Rusia que conservara la autonomía de Polonia, es decir, de la parte de Polonia que se le entregaba. Obedecieron los zares y concedieron a sus polacos hasta el derecho de votar en una Dieta las contribuciones y discutir las leyes; pero ¿cómo no habían de sobreponer su autoridad a la de la Asamblea monarcas que no la tenían limitada en lo demás de su imperio? La sobrepusieron, provocaron otra rebelión, y al sofocarla, borraron hasta los últimos vestigios de la nacionalidad polaca. Callaron las potencias todas de Europa, como si no vieran rotos los tratados de Viena: ni una voz tuvieron para condenar el brutal furor con que se había tratado a los insurrectos. Callaron en 1831 y callaron en 1863, postrer esfuerzo de los polacos por su independencia.

¡Y qué! ¿No era Polonia una nación tanto o más respetable que las mejores del mundo? Databa, cuando menos, del siglo VIII. Ya bajo la corona ducal, ya bajo la monarquía hereditaria, ya bajo la electiva, llevaba diez siglos de existencia. Tenía límites bastante bien definidos: ocupaba el territorio comprendido de Mediodía a Norte entre el mar Negro y el Báltico; de Oriente a Occidente, entre el Dniéper y el Oder. Su población era eslava, de la rama de los letones; su lengua, especial; especiales su constitución, sus leyes y sus costumbres. No se había formado tan vasto reino de un golpe, había tenido sus anexiones y sus desmembramientos, pero siempre la misma base. Había ganado en el siglo XIV a la Lituania y no había dejado de poseerla. Poseía también desde el siglo XV la parte occidental de Prusia.

Prusia, que es hoy la primera en invocar la teoría de las nacionalidades, ¿por qué no empieza por desprenderse del ducado de Posen? Posen, ¿es acaso alemán? ¿Hablan alemán sus hijos? Ya que no le sea posible arrancar el resto de Polonia a Rusia y Austria, ¿no podría por lo menos Prusia entablar en el terreno diplomático la cuestión de reorganizar aquel pueblo, y, en tanto que se la resolviese, declarar autónomo a Posen? ¡Ah! No lo hará, que harto dejó conocer su ambición y su pensamiento. No renunciará ni a Posen, ni a Lituania, ni a metro alguno de tierra que haya bien o mal adquirido, y usurpará en cambio lo que pueda.

12 SOLUCIÓN DEL PROBLEMA. CÓMO CABE RECONSTITUIR LAS NACIONES

Se extrañará tal vez que abogue tan calurosamente en favor de Polonia. Esto me lleva como por la mano a decir lo que sobre las nacionalidades pienso. Los pueblos deben ser dueños de sí mismos. Contra los extraños que los dominan entiendo yo, como los antiguos romanos, que tienen constante derecho: *Adversus hostem aeterna auctoritas esto.* Debe, en mi opinión, ser así, y así es: hallo sobre este punto de acuerdo la razón y la historia. Por esto he dicho antes que los turcos están destinados a desaparecer de Europa. Por la misma razón sostengo ahora que deben abandonar la tierra de Polonia austríacos, prusianos y rusos.

A veces, sin embargo, los pueblos renuncian a este derecho contra sus dominadores: pudiendo rechazarlos, no los rechazan. Veamos cuándo sucede. Sucede cuando, asimilables dominadores y dominados por la identidad o la afinidad de raza, llegan a la larga a fundirse. Sucede cuando esta fuerza de asimilación, lejos de venir contrariada, viene favorecida por la política de los Gobiernos; cuando los Gobiernos establecen igualdad de condiciones y de derechos para dominados y dominadores. Sucede principalmente cuando los dominadores respetan la autonomía de los pueblos vencidos y no la menoscaban sino para la dirección y el régimen de los intereses comunes. Desaparecen entonces los signos de la dominación, se acepta de buen grado lo que por la violencia se impuso; y sí no cesa el derecho contra los conquistadores, cesa por lo menos la razón de ejercerlo.

Por esto italianos, franceses, españoles y griegos fuimos al fin romanos; por esto nosotros más tarde nos identificamos con los godos; por esto hoy pueblos agregados de ayer a la República de Washington viven con ella voluntariamente, a pesar de la diversidad de raza y de lengua.

La fuerza de asimilación de los romanos para con los europeos nadie se atreverá a negarla. Establecieron entre ellos y los italianos igualdad de condiciones y derechos ya antes de caer la República; entre ellos y los demás pueblos sometidos a sus armas, sólo en los tiempos de Caracalla, pero después de haber concedido tan profusamente, sobre todo desde Julio César, el titulo de ciudadano de Roma, que ya bajo el imperio de Claudio, en el primer siglo de la Iglesia, lo disfrutaban, según Tácito, más de 5.600.000 hombres; según Eusebio, cerca de 7.000.000. Otorgaban con facilidad a los vencidos las prerrogativas de la ciudadanía y no les imponían jamás ni su religión ni su lengua. No solían imponerles ni siquiera sus leyes: a los Municipios les dejaban la libertad de regirse por las propias hasta en lo político. Yerra grandemente el que crea que, llevados de la unidad, no bien conquistaban una nación, la sometían, ya que no a un solo culto, a un solo derecho: aun dentro de cada nación toleraban y hasta reconocían variedad de fueros. Acá, en España, Itálica era uno de tantos Municipios. Quiso en tiempo de Adriano entrar en el derecho general de las colonias, *in jus coloniarum* y lo solicitó en forma. Adriano, lejos de aplaudirlo, manifestó en el Senado la extrañeza que le causaba ver a su ciudad natal desprendiéndose de la autonomía. Aun bajo el imperio, había aquí pueblos que no eran sino confederados de Roma, La unidad que más tarde consiguieron la dejaron aquellos conquistadores a la acción del tiempo, a la excelencia de sus instituciones y su idioma, a la autoridad judicial de sus pretores, al aumento de relaciones con los indígenas, a la mezcla cada día mayor de vencedores y vencidos, a la circunstancia de estar abiertos para los hombres de todas las provincias el Senado, las magistraturas y hasta el trono de los Césares. Los pueblos sojuzgados, considerándose de día en día latinos, aceptaron al fin un yugo que algunos, como el nuestro, habían rechazado durante siglos.

La conducta de los godos era aún más eficaz que la de los romanos para la fusión de vencidos y vencedores. Al invadir los godos a España reservaron a los vencidos la tercera parte de la tierra. Escribieron a poco el Código de Eurico y declararon que era sólo para los vencedores. A los vencidos no sólo les dejaron las antiguas leyes, sino que también se las resumieron en el *Breviario de Aniano*. Fueron de cada día acomodándose al Derecho de Roma, que era el de los vencidos, e hicieron así posible la sumisión de los dos pueblos a un solo código; hecho que se verificó en tiempo de Chindasvinto. Tomaron de Roma hasta las instituciones políticas y la lengua, nuevo medio de confundirse con los indígenas. Habían prohibido en un principio el matrimonio entre personas de las dos razas; lo autorizaron en tiempo de Recesvinto.

Aceleró otro hecho la fusión de los españoles y los godos. Cuando vinieron los godos a España, habían abrazado ya el cristianismo, pero eran arrianos. Católicos los españoles, los miraban como herejes y tenían un motivo más para no quererlos. Leovigildo, abjurando el arrianismo al borde del sepulcro, decidió a los suyos en favor del catolicismo, y acercó por la unidad religiosa los corazones de entrambos pueblos. Recaredo, su hijo, llevó a más las cosas: dio grande importancia a los concilios y los hizo un verdadero poder político. Ahora bien: los obispos eran españoles; los españoles llegaron por ahí a compartir con los grandes, que eran godos, la gobernación del reino. Derribadas así una por una las vallas que separaban a dominadores y dominados, apenas formábamos ya más que un pueblo al venir los árabes.

Todos estos recursos eran, sin embargo, lentísimos al lado del que hoy emplea la República de Washington. No contaba esta República federativa, al constituirse, más que trece Estados; hoy cuenta treinta y cinco. Entre los nuevos, proceden algunos de haberse dividido en dos los antiguos; otros, de colonias establecidas en tierras incultas que han ido creciendo, extendiéndose y formando pequeñas naciones. Los hay, empero, adquiridos ya por compra, ya por la guerra. En 1803 compró la República, a Francia, la Luisiana; en 1820 compró a España la Florida, Por la guerra tomó, en 1796, Michigan, a los ingleses, y los obligó, en 1848, a cederle del Oregón todo lo que hoy forma el Estado del mismo nombre; por la guerra tomó, en 1848, a Méjico, la Nueva California. Dos años antes se había hecho con Tejas por la libre voluntad de los que la habitaban.

Fuera de los treinta y cinco Estados, posee la República inmensas comarcas que adquirió asimismo ya por contrato, ya por la fuerza. En 1848 no se satisfizo con arrancar a los mejicanos la Nueva California; les arrebató Nueva Méjico y toda la tierra al Oriente del rio Norte. Ahora, recientemente, ha comprado la América rusa.

Calcúlese la diversidad de razas, de lenguas, de religiones, de costumbres, que ha de haber en aquella República. Auméntala aún la constante emigración de gentes de todas las naciones de Europa que van a buscar allí un alivio al pauperismo que nos aflige. No hay, con todo, un pueblo que suspire por su independencia; todos aceptan pronto el yugo de la Metrópoli. El procedimiento de que se vale la República para obtener este resultado nace del principio que la constituye; es sencillísimo. Que se trate de pueblos comprados, que de pueblos vencidos, la nación no les priva un solo momento ni de la religión que profesan, ni de la lengua que hablan, ni de las leyes por que se rigen. Les impone, y sólo temporalmente, autoridades que los gobiernen y los mantengan en la obediencia. Los eleva pronto a la categoría de *territorios*, con lo que les da el derecho de enviar al Congreso Central delegados con voz en todos los negocios que a ellos se refieran, y la facultad de elegirse un cuerpo legislativo, cuyos acuerdos son válidos mediante la aprobación de aquella Asamblea. Los erige más tarde en Estados y los pone a nivel de los demás de la República. Tienen ya desde entonces completa autonomía en lo que no ha reservado la Constitución a los poderes federales; tienen Gobierno propio.

Así las cosas, ¿qué podría encender en aquellas gentes el deseo de separarse de la República? En nada sienten menoscabada su autonomía, y tienen más segura la existencia, más protegido el orden y el comercio, más fácil la contratación, más extensos los mercados, más vida, más sombra, más grandeza. Como, por otra parte, es democrática la República, gozan, de amplia libertad de pensamiento y de conciencia, don que sólo pueden estimar los que lo disfrutaron y perdieron. No rinden tributo a sus antiguos señores; contribuyen sólo en la proporción que ellos a las cargas generales del Estado; pagan, como todos los pueblos libres, los servicios que del Estado reciben.

Sólo pudo serles penoso el tiempo que tardaron en ser Estados, y éste no le prolonga la República como cuenten más de 6.000 habitantes. Michigan, adquirido, como he dicho, en 1796, era, en 1805, territorio; en 1836, Estado. La Luisiana, comprada en 1803, era Estado en 1812. La Florida lo era en 1845. California, tomada en 1848, lo era en 1850. El Oregón, cedido en 1846, era territorio en 1850. Estado en 1858. Quizá no tarden mucho en ser Estados los nueve *territorios* que hoy existen, ni en ser territorio la América rusa. No hablo de territorio indio, porque éste, como destinado a refugio de las tribus indígenas que se arroja de los Estados, está fuera del sistema de la República. Viven y se gobiernan allí las tribus a su albedrío.

Se me dirá que intentaron, en 1861, separarse de la nación no uno, sino muchos Estados. Pero éstos, en primer lugar, no se alzaron cada uno por su independencia, sino para formar la Confederación del Sur, enfrente de la del Norte. Tratábase de la cuestión de la esclavitud, que afectaba mucho menos los intereses del Septentrión que los del Mediodía; y los Estados del Mediodía, viendo amenazadas sus fortunas, prefirieron romper los vínculos de la federación a ver abolida de improviso la servidumbre. ¿Se sublevaron porque contra su voluntad hubiesen pasado a formar parte de la República? Figuraban entre los separatistas las dos Carolinas, Georgia y parte de Virginia, que pertenecían al grupo de los Estados primitivos; entre los federales, Oregón y Michigan, unidos a la nación más tarde. En el hecho de seguir todos los Estados del Norte una bandera y otra los del Mediodía, está la prueba inequívoca de que para nada influía en la actitud de unos y otros su respectivo origen.

Todo esto es, a no dudarlo, significativo. Si los pueblos pueden aceptar aun lo que más instintivamente rechazan, su violenta agregación a otro pueblo; si para que la acepten basta que se les respete su género de vida y se los ponga en igualdad de condiciones y derechos con los vencedores; si aun sin fusión de ninguna clase pueden, por el sistema norteamericano, vivir en buena paz y armonía con usurpadores de que los separe la raza, la lengua, la religión y las leyes, es evidente que no está la base y el criterio de las nacionalidades ni en la identidad de leyes, ni en la de lengua, ni en la de raza; tanto menos cuando, según hemos visto, aquí pueblos de igual familia, allí pueblos que hablan un mismo idioma, más allá pueblos que adoran a un mismo Dios y se rigen por los mismos códigos, viven separados, no sólo por las fronteras, sino también, con harta frecuencia, por la rivalidad y el odio.

Dentro de la misma Europa hay una nación que corrobora lo que estoy diciendo. Me refiero a Suiza, compuesta de veintidós cantones o Estados. De estos cantones, unos son por su origen alemanes, otros franceses, otro italiano; unos son protestantes, otros católicos; unos entraron libremente en la Confederación, otros por la fuerza; unos empezaron por ser meros aliados de la República, otros meros súbditos. Viven, sin embargo, formando todos tranquilamente un solo cuerpo, sobre todo desde que establecieron en toda su pureza los principios democráticos, y como los Estados Unidos, les dieron la nación por salvaguardia y escudo. Se habían declarado independientes algunos en tiempo de Bonaparte y recibieron luego hasta como un favor que se les volviera al seno de su antigua patria.

¿Por qué aquí también esa unión voluntaria de pueblos tan heterogéneos? Porque hay en Suiza la misma organización política que en la República de Washington; porque aquí también tiene cada Estado su Constitución y su Gobierno, y es en su vida interior completamente autónomo; porque la acción del poder federal está aquí también limitada a los comunes intereses, y los cantones reciben del Gobierno Central más de lo que en tiempo alguno les concedieron.

¿A qué, pues, empeñarnos en reconstituir las naciones por ninguno de los criterios que he examinado y combatido? ¿Qué conviene más: que acuartelemos, por decirlo así, las razas, o las mezclemos y confundamos? ¿Que separemos a los hombres por las lenguas que hablen, o los unamos y por este medio enriquezcamos todos los idiomas? ¿Que dividamos a los pueblos por las leyes que los rijan, o los agrupemos y por los conflictos que de la diversidad surjan hagamos sentir la necesidad de un solo derecho? ¿Que nos acostumbremos a ver en las cordilleras, los mares y los ríos muros insuperables, o no veamos en ellos sino accidentes de la Naturaleza, sin influjo alguno en la distribución de nuestro linaje? ¿Que disgreguemos al fin a los hombres por la religión que profesen, medio el más a propósito para que se establezca y afirme en todas partes la intolerancia, o hacinemos a los sectarios de todos los dogmas para que, mutuamente, se respeten y comprendan que la moral tiene su más firme asiento en la conciencia?

Derribar y no levantar vallas debe ser el fin de la política. Tengo para mí que aun siendo aplicable a la formación de las naciones alguno de los criterios de que me hice cargo, debería rechazársele como por él hubiésemos de separar más a los pueblos. Por grandes que hoy fuesen nuestros afanes, no habríamos de conseguir que el hombre tomase la Humanidad por familia y la Tierra por patria; abstengámonos, por lo menos, de hacer nada que contraríe la realización de ese bello ideal de la vida. Agrandemos en los espíritus la noción de la patria, ya que no podemos generalizarla; enseñemos a nuestros semejantes a vivir con hombres de otras razas y aun de otros colores, no sólo en relación de comercio, sino también en comunidad de ideas y de sentimientos.

El medio es conocido. Como en Suiza y los Estados Unidos de América se han acercado y son miembros vivos de una misma República hombres y pueblos de distintas razas, lenguas y leyes, se pueden acercar y ser miembros de un mismo cuerpo social otros pueblos y otras naciones. Se resuelven así fácilmente todos los problemas que he planteado, y no es difícil llegar a la formación de un poder europeo. Dejarían de seguro de ser los irlandeses una perturbación y un peligro para Inglaterra, los bretones para Francia, los vascos para España, los sicilianos para Italia, los bohemios para Austria, los polacos para Rusia, como todas estas naciones reconociesen la autonomía de los distintos pueblos que las componen y les asegurasen la libertad y el derecho. Ni sentirían entonces la repugnancia que ahora Portugal para formar parte de España, Bélgica para ser francesa, los principados del Danubio para unirse a Rusia, la misma Herzegovina para seguir bajo el imperio de Turquía. Ni ¿qué había de importar entonces a la Alsacia y la Lorena pertenecer a Francia o Alemania? Si Alemania, que es federal, llega a dejarlas regir por sí mismas en todo lo que sea lorenés o alsaciano, ¡ah!, no lo duden nuestros vecinos, serán pronto más alemanas que francesas.

Realizado el principio dentro de las naciones, no dejaría de llevarnos a ulteriores consecuencias. Está universalmente reconocido que hay un derecho de gentes. Cuántas violaciones sufra este derecho por no existir poderes encargados de aplicarlo y hacerlo cumplir, nos lo enseña una dolorosa práctica. De aquí nacen principalmente los conflictos internacionales y las guerras.

La vida de una nación no está, por otro lado, circunscrita a la nación misma; necesita para ser plena y regular del concurso de los demás pueblos. Lo necesita, por ejemplo, para empalmar sus ferrocarriles, enlazar el servicio de sus correos y el de sus telégrafos, corregir con acierto el arancel de sus aduanas, privar de asilo a sus criminales, navegar libremente por todo el curso de ríos y mares interiores que vayan más allá de sus fronteras, abrirse pasos como el del Sund y estrechos como el de los Dardanelos, extender a tierras extrañas la circulación de sus productos, facilitar y activar los cambios.

Revela todo esto desde luego que hay un orden de intereses superior al de los nacionales; y es evidente que por la sola razón de que existen y constituyen categoría aparte, reclaman un orden especial de leyes, tribunales y poderes. Dado el sistema, ¿no sería lógico crear un poder internacional que, conociendo exclusivamente de esta clase de intereses, dejase intacta la autonomía de las naciones?

Sienten las naciones la falta de este poder y se ven

frecuentemente obligadas a suplirla, ya por tratados, ya por congresos, ya por arbitrajes. Pero ¡son todos estos paliativos tan ineficaces! Esta es la hora en que, a pesar de los esfuerzos de Napoleón III, en quien no cabrá negar nunca miras generales, no ha sido posible llegar a la adopción de un solo sistema monetario para toda Europa. Hoy, con escándalo de la justicia, no son aún válidos los fallos de nuestros Tribunales en las demás naciones, ni los de los Tribunales extranjeros en España. Hoy no tenemos aún garantida la propiedad literaria en pueblos que hablan nuestra propia lengua. Hoy, para reparar los agravios internacionales, no disponemos todavía de otro procedimiento que el de la guerra, si los pueblos interesados no se avienen a someter a juicio de árbitros la decisión de sus discordias.

Pero no nos elevemos a tanta altura. No pensemos en organizar ni a la Humanidad ni a Europa mientras no tengamos definitivamente formadas las naciones. Hemos visto lo inaplicables que son los criterios hasta aquí propuestos para determinarlas, y lo eficaz que es, en cambio, para atraer y congregar pueblos el principio sobre que descansan en Europa Suiza, en América los Estados Unidos. Yo estoy por que, en vez de agitar el mundo para reconstituir naciones, fundándonos ya en la identidad de razas, ya en la de lengua, ya en la de creencias, ya en las llamadas fronteras naturales, agitación que no puede menos de traer incesantemente perturbado el orbe, se trabaje en todas partes por que se restituya la autonomía a los grupos que antes la tuvieron, dejándolos unidos a los actuales centros sólo para la defensa y el amparo de sus comunes intereses. Cuando esto suceda, no vacilo en decirlo, me parecerán insensatas e injustas cuantas guerras se promuevan bajo el pretexto o con el motivo más o menos fundado de corregir antiguas o fundar nuevas naciones; no tendré por racionales sino las que emprendan pueblos invadidos contra invasores que no hayan hecho lo necesario por asimilárselos, o aun haciéndolo, no lo hayan conseguido, o les impidan gobernarse por sí mismos. Me parecerían hoy santas las insurrecciones de Polonia; no ya justificadas las de Hungría, que sólo por vínculos federales permanece unida al Austria. El pacto purgó aquí el vicio de origen que pudo haber en la reunión de las dos naciones.

13 Argumentos. Refutaciones

Oigo ya la voz de mis contradictores. "¿Queréis resolver el problema por la federación? —me dicen—. La federación sería hoy un anacronismo. Pudo ser buena cuando estaban, las sociedades en la infancia, no ahora, que son adultas. El mundo camina a la unidad, y la historia política no es sino la serie de los esfuerzos que se hizo por conseguirla. Ved que vais a destruir la obra lenta de los siglos y hacernos retroceder a la Edad Media, cuando no a los tiempos de la antigua Grecia. Enhorabuena que, por la federación, tratéis de reunir en un haz todas las naciones de Europa —utópico o realizable, éste es un doble deseo—; pero si no queréis desorganizarlas, no la llevéis al gobierno de cada nación, no inoculéis en los pueblos ese germen de disolución y de muerte. La podríamos tolerar en los que de nuevo se formasen, no en los ya formados. La federación es la impotencia; la unidad, la fuerza. La federación es el predominio de los intereses pequeños; la unidad, el de los grandes intereses."

Estas objeciones andan hoy en boca de muchos y pasan por indestructibles. Examinémoslas. Uno de los pueblos, como antes dije, más activos y más poderosos del mundo, el primero en haber realizado el ideal de la democracia, el más genuino representante de la vida moderna, son los Estados Unidos de América; están, como acabamos de ver, federalmente constituidos. La nación que hoy predomina en Europa, no sólo por sus armas, sino también por sus letras, es Alemania; aunque reorganizada de ayer, sobre el principio federal descansa. ¿Son una y otra pequeñas naciones? ¿Son la voz de pequeños intereses? Cuenta la primera treinta millones de habitantes; algunos millones más, la segunda. Es aquélla el portaestandarte de la libertad política; ésta, el de la libertad religiosa. Recuérdese ahora cómo han resuelto la pavorosa cuestión de la esclavitud los Estados Unidos. ¿Qué nación ha mostrado ni más grandeza, ni más energía, ni más audacia? Han debido arrostrar una de las más sangrientas luchas civiles; y la han arrostrado sin perdonar sacrificio por que prevaleciera su generoso pensamiento. Y hoy millones de esclavos son ya no sólo hombres, sino también ciudadanos. Y ¿es la federación un anacronismo? Y ¿son los pueblos federales eco de mezquinos intereses?

Además de estas dos naciones, son federales, en Europa, Suiza, en América, Méjico, Venezuela, Colombia y las Repúblicas del Plata. Lo es aquí la misma Austria, sobre todo en sus relaciones con Hungría. Hungría, como se dijo, se levantó en 1848 por su independencia; y aunque fue vencida, no dejó de ser para el Imperio una perturbación y un peligro. Austria, para acabar con tan antiguas contiendas, no encontró mejor medio que devolverle la autonomía, irse a coronar en Pesth y dejarla unida sólo por lazos federales al Gobierno de Viena. Le concedió que se rigiera por sus propias leyes, tuviera su administración y su Parlamento, y fuese, dentro de su vida interior, completamente dueña de sí misma. Acaso no esté lejos el día en que haga otro tanto con Bohemia.

Y ¿es la federación un anacronismo? ¿Qué nación tenéis por la más unitaria? ¿Francia? Bonaparte, uno de sus genios, disuelta la Confederación alemana, la restableció bajo el nombre de Confederación del Rin. Luis Napoleón quiso, después de la batalla de Solferino, confederar a los pueblos de Italia. Se me dirá que no querían este régimen para su patria; pero no lo verían, cuando lo empleaban, tan contrario al espíritu de los tiempos. La nación misma estaba sin saberlo, y tal vez sin quererlo, impregnada de la idea del federalismo. Allá en su bello y grandioso movimiento del año 1789, celebraba sus triunfos revolucionarios con la brillante fiesta de la Federación, la más imponente que ha concebido la imaginación de los pueblos. En su célebre Convención tenía un partido que, si no era federal, acariciaba la esperanza de encontrar en la organización de las provincias un escudo contra la tiranía de París sobre la Asamblea. En 1871 vio de improviso a ese mismo París levantarse armado y entusiasta por su autonomía, proclamar la federación y caer por ella envuelto en fuego y sangre. ¿Cuándo ni dónde se ha visto mayor explosión de federalismo de la que entonces hubo en la capital de la vecina República?

Quizá dude el lector de la significación de tales hechos. La gran fiesta de la Federación se celebró en el Campo de Marte, el día 14 de julio de 1789. Fueron allí de todos los puntos de Francia hasta 60.000

hombres, bajo las banderas de sus respectivas provincias. Estas banderas, lo mismo que la oriflama nacional, fueron bendecidas por el obispo de Autun desde el altar de la patria. Habló La Fayette por los 60.000 delegados, por sí y por el Ejército, y juró ser fiel a la *nación*, al rey y a las leyes. Ni entonces ni después se dio a esos representantes de las provincias otro título que el de confederados. Que los girondinos tendían al federalismo nos lo confiesa en sus *Memorias* Madame Roland, que lo era y trata de sincerarlos. Por ella sabemos sus ideas sobre las provincias y las razones con que defendía Buzot este sistema de gobierno. De todo lo que se dice se infiere que, si sostenían la unidad y la indivisibilidad de la República, era sólo por creerlas en aquel momento necesarias para hacer frente a Europa. Nos lo acaba de probar la conducta que siguieron después de su caída. Fueron entonces a buscar realmente en la coalición de las provincias un medio de acabar con la omnipotencia de París. Hechos más claros aún revelan el carácter federal de la revolución de 1871. El municipio que entonces se nombró en París no fue ya un cuerpo administrativo, sino un verdadero poder; legisló y decretó para la ciudad como habrían podido hacerlo para toda la nación el Gobierno y la Asamblea. Se declaró autónomo, se presentó a los ojos de Francia como el modelo de los demás municipios; y para que no cupiera dudar de su naturaleza ni de sus propósitos, dijo, al constituirse, por boca de Beslay, su presidente: "De hoy más ha de hallar en la República cada uno de los grupos sociales su completa libertad de acción y su independencia. De todo lo que sea local debe conocer la ciudad; de lo regional, la región; de lo nacional, el Gobierno"; fórmula tan breve como completa del federalismo.

La federación, lejos de ser una idea de otros días, es la de los nuestros. Montesquieu, que no pertenecía por cierto a la antigüedad ni a la Edad Media, la consideraba como el único sistema capaz de obviar los inconvenientes de las pequeñas y las grandes naciones, conciliar las ventajas de la República con la grandeza de la monarquía y ser a la vez amparo de la libertad y garantía del orden. (*Espíritu de las leyes*, libro IX, cap. I.) Proudhon terminó por hacerla su programa de gobierno. La miraba como la solución de todas las antinomias políticas, como el más firme valladar de las usurpaciones del Estado y la idolatría de las muchedumbres, como la más solemne expresión de la dignidad del hombre, como el único sistema por el que descansan en equilibrio indestructible la paz y la justicia. (*Del Principio Federativo*.)

Gervino, uno de los más sensatos y perspicaces historiadores del siglo, cree que sólo por ella cabe asegurar la libertad y la paz de Europa. Ya, en 1852, anunciaba el actual engrandecimiento de Alemania; y para cuando éste se verificase le daba por fin político transformar en federaciones los grandes Estados, cuya unidad, decía, es tan ocasionada a peligros. (*Introducción a la Historia del siglo XIX*, Sección V, párrafo último.)

Sólo desconociendo cómo las ideas se desenvuelven y toman cuerpo, se puede sostener que la federación sea un retroceso. Toda idea es eterna y pasa por una larga serie de evoluciones antes de llegar a realizarse en todo su contenido y en toda su pureza. Las vemos por este motivo reaparecer con frecuencia en el curso de los acontecimientos. Las instituciones en que se encarnan, los hechos por que se manifiestan, las formas que revisten, distan, no obstante, de ser las mismas. Cambian de siglo a siglo y hasta de pueblo a pueblo. Cambian principalmente según el lugar que ocupan y la importancia que alcanzan entre las demás del mismo orden, y son cada vez más perfectas. Esto es lo que ha sucedido y no podía menos de suceder con la federación, antigua como el mundo. La distinguimos ya en los primeros albores de la Historia. La hallamos primeramente entre los israelitas y los fenicios; después, en Grecia e Italia; más tarde, en la misma Italia, en Alemania, en Holanda; al fin, en las naciones que van hoy a la cabeza del mundo. Distaba en la antigüedad y en la Edad Media de ser, como hoy, el principio generador de todo un sistema; distaba de parecer aplicable a vastas sociedades y a todo el humano linaje. Se han ido agrandando de siglo en siglo sus horizontes y haciéndose a la luz de la democracia cada vez más esplendorosos. En la historia de la federación que me propongo escribir verá el lector las enormes diferencias que hay, por ejemplo, entre el Consejo de los Anfictiones de la antigua Grecia y el Senado de la moderna República de Washington, entre la Liga Anseática de la Edad Media y la que han formado y quieren realizar en el terreno social y político los trabajadores de Europa y América.

Los trabajadores se afanan hoy por sobreponerse a las clases medias, como éstas lo hicieron durante un siglo por sobreponerse a la aristocracia. Desean ser independientes, y, por lo tanto, propietarios; y para conseguir sus propósitos pretenden apoderarse del gobierno de las naciones. Desde 1848 acá no hay revolución donde no manifiesten por hechos este vehementísimo deseo. Aquel mismo año dieron en París a los poderes constituidos la más sangrienta batalla que haya podido darse en el recinto de ciudad alguna. Se han organizado después, han discutido y formulado en Congresos internacionales su programa, y han llevado el espanto al corazón de las demás clases. Por sus propias discordias y las medidas de sus enemigos se presentan hoy menos temibles; pero no arrepentidos ni impotentes. Como pudieron más en 1871 que en 1848, a pesar del silencio a que se los redujo, podrán mañana más que en 1871, porque está en la lay del progreso que desaparezca la última forma de la servidumbre y caiga el feudalismo industrial, como cayó el feudalismo guerrero. Son la revolución del porvenir. ¡Y qué! ¿No dice nada que, unánime y espontáneamente, hayan buscado en la federación su arma de combate para hoy y sus instituciones para mañana? No la habrían adoptado a buen seguro si realmente fuese una idea ya agotada y muerta.

Es la federación la idea más viva de nuestro siglo y llegará a ser un hecho en todos los pueblos, siga o no Alemania la política que le dictan sus intereses y le aconseja Gervino. ¿Qué importa sea otro el principio sobre que se hayan formado y descansen ciertas naciones? Lo hemos visto ya: se las ha compuesto y descompuesto veinte veces en el dilatado curso de la Historia. Cuando así no fuese, es obvio que no habríamos de pararnos en una organización irracional sólo porque ya la tuvieran. Porque vamos sin tregua de lo irracional a lo racional somos hombres. ¿Qué no hemos dicho de los antiguos que sacrificaban el individuo al Estado? Como de la personalidad del Estado hemos distinguido y emancipado la nuestra, es justo que distingamos y emancipemos la de la ciudad, que ha sido el primero y el más natural de los grupos políticos, y la de las provincias, que fueron antes naciones. Es por demás ilógico que se respete sólo la autonomía de los dos extremos de la serie. Lo es tanto más cuando se considera que cada grupo debe su origen a diverso orden de necesidades, y tienen todos por la misma razón distinto círculo en que moverse. La organización más racional ha de ser, naturalmente, la que permita la libre acción, dentro de sus respectivos círculos, no sólo de estos grupos, sino también de cuantos se formen para llenar los diversos fines de nuestra vida. Y pues todas estas cosas permite la federación, por ella hemos de reconstituir los Estados que por la unidad se formaron y en la unidad siguen viviendo.

Yerra el que crea que por esto se hayan de disolver las actuales naciones. ¿Qué había de importar que aquí en España recobraran su autonomía Cataluña, Aragón, Valencia y Murcia, las dos Andalucías, Extremadura, Galicia, León, Asturias, las provincias Vascongadas, Navarra, las dos Castillas, las islas Canarias, las de Cuba y Puerto Rico, si entonces como ahora, había de unirlas un poder central armado de la fuerza necesaria para defender contra propios y extraños la integridad del territorio, sostener el orden cuando no bastasen a tanto los nuevos Estados, decidir las cuestiones que entre éstos surgiesen y garantir la libertad de los individuos? La nación continuaría siendo la misma. Y ¿qué ventajas no resultarían del cambio? Libre el poder central de toda intervención en la vida interior de las provincias y los municipios, podría seguir más atentamente la política de los demás pueblos y desarrollar con más acierto la propia, sentir mejor la nación y darle mejores condiciones de vida, organizar con más economía los servicios y desarrollar los grandes intereses de la navegación y el comercio; libres, por su parte, las provincias de la sombra y la tutela del Estado, procurarían el rápido desenvolvimiento de todos sus gérmenes de prosperidad y de riqueza: la agricultura, la industria, el cambio, la propiedad, el trabajo, la enseñanza, la moralidad, la justicia. En las naciones federalmente constituidas, la ciudad es tan libre dentro de la provincia como la provincia dentro del cuerpo general de la República; tendría España un verdadero foco de vida hasta en el último de sus municipios. Merced a la autonomía de que gozaron, tuvieron en otros tiempos largos períodos de grandeza y gloria muchas de nuestras ciudades.

Otro tanto sucedería en Francia si se devolviese a sus provincias la vida de que disfrutaron, y en Italia si se declarase autónomos sus antiguos reinos y repúblicas, y en la misma Inglaterra si lo fuesen Escocia e Irlanda. Siempre que los nuevos Estados quedaran unidos por los vínculos de la federación, Inglaterra, Italia y Francia seguirían siendo las naciones de ahora, con más íntima cohesión entre sus distintos miembros, con más centros de vida de los que jamás tuvieron, sin el temor de que pensaran un día en su independencia allí Irlanda, aquí Niza y Saboya, acullá Toscana y Nápoles.

Se dice que se rompería cuando menos la unidad de las naciones; pero nada más inexacto. Son unas las naciones mientras siguen formando un todo orgánico. No porque el organismo cambie, la unidad se rompe. Se rompe sólo cuando desaparece la fuerza que mantenía dentro del todo las partes. Aquí en España, por ejemplo, el año 1808, se descompuso de repente nuestro organismo político. Abandonáronla sus reyes, que eran todo el poder de aquel tiempo, cuando la tenían ya invadida las tropas de Bonaparte. Gracias a la fuerza de cohesión que existía entre las provincias, no bastaron ni tan extraordinarios sucesos a romper la unidad de la patria. Se reorganizó la nación primero por la Junta Central y luego por unas Cortes, que variaron esencialmente la Constitución del Estado. Antes, como después de esta mudanza, siguió una España.

Sé que muchos entienden de otro modo la unidad de las naciones. No las consideran unas sino cuando forman un solo cuerpo de ciudadanos y tienen para todos unos mismos poderes y unas mismas leyes; cuando las provincias y los pueblos no son más que entidades administrativas sin realidad de ningún género; cuando el Estado es la fuente de toda autoridad y de todo derecho y por los gobernadores y los alcaldes, sus agentes, puede extender su acción a la más apartada aldea y hacerla sentir en todos los ámbitos del reino. Pero esta idea de la unidad es inadmisible. Los pueblos y las provincias son, por lo menos, tan reales como las naciones. Es verdaderamente quimérico buscar la unidad en la negación de estas realidades. Si se las niega, ¿en qué descansará la realidad de las naciones mismas? ¿Por qué no podrán, a su vez, ser meras entidades administrativas dentro de imperios como el de Napoleón o como el de Carlomagno?

Esta idea de la unidad nos lleva, además, como por la mano, al absolutismo, ¿A qué la multiplicidad de poderes? ¿A qué ese antagonismo entre los reyes y los Parlamentos? ¿Por qué no desde luego un dios, un monarca y una ley para las naciones? Aunque no hasta sus últimas consecuencias, ha determinado esta idea la marcha de algunos pueblos. Los efectos han sido desastrosos. Ella es la que ha llevado a las capitales la vida de las provincias; ella la que ha paralizado la iniciativa de las ciudades y las ha reducido a esperarlo todo de la omnipotencia de los Gobiernos; ella la que ha puesto a merced de los ejércitos la libertad de los ciudadanos; ella la que ha condenado las naciones a fluctuar entre la reacción y la revolución y las mantiene en perpetuo estado de guerra.

Los elementos constitutivos de las naciones son hoy el individuo, el pueblo y la provincia. No es destruyéndolos ni privándolos de las naturales condiciones de su existencia como se los ha de llevar a la unidad, sino subordinándolos, tales como son, a una fuerza que los oblige a moverse dentro de la vida de la nación a que correspondan. Los planetas, no porque hayan de girar alrededor del Sol y de él reciban luz y calor, tienen todos unos mismos movimientos ni una misma vida. Es cada planeta una variedad dentro de la unidad del sistema. Esta variedad en la unidad, o lo que es lo mismo, esta unidad en la variedad, es general en la Naturaleza, donde obedecen a la sola ley de la necesidad todos los seres, excepto el espíritu del hombre. Y ¿habríamos de oponernos a la variedad, tratándose de reducir a la unidad seres que nacieron libres?

La unidad en la variedad, y no otra, es la posible en la organización de las sociedades. La variedad, después de todo, existe, y sería locura empeñarse en olvidarla. A pesar de las invasiones, de la mezcla de razas, de los esfuerzos por borrar diferencias de pueblo a pueblo, hay dentro de cada nación provincias con carácter y fisonomía propias que el hombre menos observador distingue, apenas encuentra ocasión de compararlas. Ni por la lengua, ni por los hábitos, ni por el traje, ni por las facciones es posible confundir aquí a un castellano con un catalán, ni a un valenciano con un aragonés, ni a un andaluz con un vasco. Donde falta la diversidad de leyes, queda la de usos y costumbres. Nadie confundirá tampoco en Francia al provenzal con el bretón, ni a los gascones con los parisienses; ni en Inglaterra a los irlandeses con los anglos; ni en Austria a los alemanes con los bohemios o los húngaros; ni en Rusia a un finlandés con un cosaco. Separa a todos estos pueblos y a otros cientos que pudieran citarse, no sólo la Naturaleza, sino también la Historia.

Se dice que marcha el mundo a la unidad; veamos si es cierto. No lo es en el terreno religioso, donde la división es cada día mayor y la libertad de cultos se impone como elemento de orden a todos los Gobiernos. A las mil y una sectas que se disputan las conciencias, hay que añadir la del escepticismo, que todo lo disuelve. Mata la duda las antiguas creencias y la razón no las reemplaza; la discordia aumenta. No lo es tampoco en el terreno filosófico, donde bajo cien formas y nombres luchan eternamente el espiritualismo y el materialismo, sin que ninguno de los dos se dé por vencido ni carezca de vigor para reponerse de sus derrotas. Dentro de cada uno de los dos campos la división es infinita: *tot capita quot sensus*. Ni la religión ni la filosofía logran hoy establecer unidad de sentimientos ni de ideas entre los ciudadanos de un mismo pueblo. No sin razón se ha dicho por los que vuelven los ojos a los buenos días del catolicismo que las sociedades están disueltas. Esta misma disolución de las sociedades ha contribuido a que haya alguna más unidad en el terreno político. En la imposibilidad de unir los espíritus por una doctrina ni por un dogma, se ha venido a reconocer casi en todas partes la autonomía del hombre y se la ha hecho la piedra angular de la Constitución del Estado. No están, sin embargo, sometidos en todas partes a las mismas reglas la libertad del pensamiento y el derecho de voto; ni falta quien les niegue en Europa, cuanto más en Asia. Ni puede decirse que prevalezca todavía ninguna forma de gobierno. Aquí se vive bajo la monarquía, allí bajo el imperio, acullá bajo la República, Aquí hay el régimen absoluto, allí el democrático, más allá el mixto. Y dentro de cada nación hay partidos y fracciones de partido.

¿Dónde está esa marcha a la unidad que tanto se encarece? Desde el triple punto de vista que acabo de considerar las sociedades, es indudable que nunca hubo menos unidad que ahora. La falta de una creencia común o de una común doctrina no podía, naturalmente, dejar de reflejarse en todas las manifestaciones de nuestra vida. Pero tal vez se me diga que se habla de la unidad en el sentido de congregación de pueblos. En este mismo siglo hemos visto la mitad de América desgajarse de España y dividirse en multitud de naciones, no pocas veces en guerra. Unos años antes se habían separado de Inglaterra los Estados Unidos. El imperio napoleónico ha durado aún menos que el de Alejandro; el emperador ha sobrevivido a su imperio. Bélgica ha dejado de formar parte de Holanda. Austria ha sido arrojada de Alemania. Turquía se está desmembrando. Noruega pasó de las manos de Dinamarca a las de Suecia; los ducados del Elba, de las de Dinamarca a las de Prusia; la Finlandia, de las de Suecia a las del autócrata ruso.

¿Qué pueblos son, por fin, los que se han acercado? De los de Alemania podrá decirse que han estrechado los vínculos que los unían, no que los han establecido, como hice notar en otro párrafo, existía antes del 66, y más vasta que ahora, la Confederación Germánica. Se ha reconstituído Italia: ésta es toda la tendencia a la unidad que se ha revelado por hechos en este siglo. Y ¿basta esto para decir pomposamente que marcha a la unidad el mundo? Ved las naciones todas: de la más pequeña a la más grande están celosas de su independencia, y las unas para con las otras llenas de rivalidades y desconfianzas. El patriotismo es todavía lo que hace vibrar con más fuerza las fibras del corazón del hombre, lo que más nos lleva al heroísmo y al sacrificio. Acá en nuestra misma Península, en los confines de España y Francia, en las vertientes de los Pirineos Orientales, hay una diminuta República que no llega a contar de mucho mil kilómetros cuadrados de territorio. Puesta entre dos grandes naciones, se ve frecuentemente amenazada de muerte. Hace prodigios de habilidad por no caer en manos de sus vecinos. No le habléis de incorporarse a Francia ni a España; la subleva la idea de perder su autonomía.

¿Es, además, un bien toda agregación de pueblos? Si lo es, debemos aplaudir la conducta de Rusia, que se va sin cesar derramando por los pueblos de sus fronteras; debemos alentar a los zares a que realicen la monarquía universal y pongan bajo su cetro a todas las naciones de Europa. No pretendemos, se dirá, que se las reúna por la espada; mas si no quieren renunciar a su independencia, ¿queda otro medio que el de la federación? La admitimos, se contestará quizá, para reunir las naciones; pero antes del 59 ¿no eran aún naciones muchos de los pueblos que hoy forman parte de Italia? ¿No lo eran Nápoles, Parma, Módena, Toscana, Cerdeña? Se suele convenir en que el principio federativo era aplicable a la reconstitución de Italia; mas ¿cómo no se ve que las provincias de Inglaterra, de Francia, de España, de Austria, de Rusia, fueron naciones como lo eran hace quince años Cerdeña y Nápoles? El hecho, ¿mata el derecho? Todas esas provincias fueron incorporadas a sus respectivas naciones, o por la fuerza, o dándoles la seguridad de que seguirían gobernadas en su vida interior por sus instituciones y leyes. ¿Por qué la federación para las unas y no para las otras?

Yo estoy porque el mundo, si no marcha, debe marchar a la unidad; no a esa unidad absurda que consiste en la destrucción de toda variedad; pero sí a esa unidad en la variedad que descubrimos en la Naturaleza. Y bien: precisamente porque quiero esa unidad, soy partidario acérrimo de la federación. En política no se me presentará, a buen seguro, un sistema de más general aplicación ni más flexible. Lo mismo sirve para reunir ciudades que para enlazar naciones. Lo mismo se adapta a las monarquías que a las Repúblicas. Lo mismo lo podemos emplear para la organización social que para la política. Dentro de cada federación política pueden, por ejemplo, confederarse sin dificultad las diversas categorías del trabajo: la agricultura, la industria, el comercio, la ciencia, las artes. La unidad se va formando de abajo arriba por la escala gradual de los intereses;

intereses locales, provinciales, nacionales, europeos, continentales, humanos. Y se realiza sin violencia y sin esfuerzo, porque dentro de sus particulares intereses conserva cada grupo su independencia.

¡Los intereses!, exclamará tal vez alguno. Comprendo en primer lugar bajo este nombre lo mismo los morales que los materiales. Sólo ellos caen, además, bajo la acción de los Gobiernos. ¿Se ignora acaso cual ha sido el origen de los pueblos? El de la tribu, los vínculos de la sangre; el de las ciudades, el cambio. El cambio agrupó las familias en pueblos. ¿Cuál fue el objeto de la autoridad que con ellos nació más tarde? Primeramente regular las condiciones de este mismo cambio; después extenderlo a otros servicios. La autoridad se encargó de los que eran comunes a todos los vecinos, y éstos de pagárselo con parte de sus productos. De aquí los servicios públicos, de aquí las contribuciones. De aquí el gobierno; de aquí la justicia. Esto y no otra cosa son en mayor escala las provincias y las naciones; esto sería mañana la confederación europea.

Obsérvese ahora qué es lo que allana el camino a la futura unión de los pueblos. Son principalmente los intereses. Abate el comercio las fronteras y une el ferrocarril lo que separan los odios de nación a nación y las prevenciones de raza. Ponen en contacto el correo y el telégrafo las más apartadas gentes. Llaman las Exposiciones universales a una sola capital los productos de la industria del mundo. Nadie es ya extranjero para beneficiar la riqueza de otros pueblos. Se celebran sin cesar tratados de navegación y de cambio. Se conciertan las naciones para los semáforos. Quedan muchas vallas por destruir y reclaman mucho más los intereses; pero ¿quién no ve ya, en lo que se está haciendo y en lo mismo que está por hacer, la necesidad de crear un gobierno superior al de cada una de las naciones? Unen los intereses hasta lo que la guerra desune; y tengo para mí que más o menos tarde han de lograr que prevalezca la diplomacia sobre la espada, el derecho sobre la fuerza, los fallos de los Tribunales sobre los juicios de Dios.

No olvido que los intereses han sido una de las principales y más poderosas causas de la guerra; no por esto dejaré de creer que puedan impedir mañana lo que ayer promovieron y fomentaron. En el fondo de todas las guerras de la antigüedad se ve realmente la codicia. Se combate por acumular riquezas, hacer esclavos, ganar tierras que aumenten, ya el patrimonio de la ciudad, ya la fortuna de los que la habitan. Cuando un Estado, leo en Platón, ha crecido de manera que no le bastan ya sus tierras para la vida de los ciudadanos, hay que robarlas a los vecinos; tal es —añade— el origen de ese funesto azote que llamamos guerra (libro II de *La República*). En la Edad Media no solía ésta presentar otro aspecto. Los bárbaros bajaban simplemente a buscar tierras en que establecerse. Ya antes de Jesucristo habían invadido el Mediodía de Europa los cimbrios, que venían del corazón de Dinamarca. Ofrecían la paz a Roma, en quien llegaron a poner espanto, bajo la condición de que les diesen tierras en Italia. Tierras y sólo tierras pedían cinco siglos después esa multitud de pueblos que, como ellos, abandonaron en busca de mejores climas los bosques y las montañas del Norte. Con el mismo fin entraron más tarde, primero los mogoles y los tártaros, luego los turcos. Vinieron los árabes movidos por el sentimiento religioso, pero no menos aguijoneados por la sed de goces y el afán de lucro. No hay por qué hablar de las guerras feudales, verdaderas guerras de pillaje.

En la Edad Moderna empezaron a prevalecer sobre los intereses materiales los políticos. Para satisfacer el espíritu de dominación y de codicia, se fue a buscar en otros continentes los campos de batalla. La guerra tuvo aquí principalmente por objeto, ya la preponderancia o la independencia de un pueblo, ya el triunfo de un principio. La Reforma, las rivalidades entre las naciones y la Revolución francesa han sido ios semilleros de casi todas las guerras de la edad presente. El interés particular ha entrado cada día por menos en esas deplorables luchas. Véase si no cuál ha sido el carácter y el fin de las que han ocurrido después de la muerte de Napoleón Bonaparte. Algo han ganado con ellas los intereses, pero más los generales que los de los pueblos vencedores. Citaré dos ejemplos. Rusia, por servicios prestados a Turquía cuando la insurrección de Egipto, había obtenido del sultán, según hemos visto, que cerrara el mar Negro a las demás naciones. La guerra de Crimea dio por resultado el libre paso del Bósforo y los Dardanelos, no sólo para los aliados, sino también para todos los pueblos. China, como es sabido, se incomunicó con el resto del mundo; tenía cerrados sus puertos a nuestros buques. Inglaterra y Francia los abrieron por dos veces a cañonazos, y abiertos están para todos los europeos.

Ese decaimiento de las guerras de interés particular y ese predominio de los intereses generales, unidos a la mayor y más clara conciencia que de ellos se va teniendo, me hacen esperar que acá, en Europa, los intereses mismos pongan término a la guerra. ¿Qué falta para que tal suceda? Lo he dicho y lo repito: que tengan un poder político que los represente y los defienda; que haya una confederación de naciones, además de la confederación de las provincias y de los pueblos.

Enhorabuena, se me podrá decir, por fin, que busquéis la unidad por la organización de los intereses; enhorabuena que deseéis la unidad en la variedad, y no esa unidad por la que se pretende vaciarlo todo en un solo molde. ¿Podréis querer que continúe la anarquía de hoy en la moneda, en las pesas y las medidas, y sobre todo en el derecho? Si ahora, bajo el sistema unitario, se resisten las provincias a que desaparezca, ¿qué no harán cuando estén unidas por los solos vínculos de la federación? El error está en creer que la federación sea una dificultad para que los pueblos o las provincias lleguen a un mismo derecho, a un mismo sistema métrico y a un mismo sistema monetario. En Grecia, junto al Golfo de Corinto, hubo antiguamente una confederación que llevaba el nombre de Liga Aquea. Componíase en un principio de doce ciudades, pero se fue poco a poco extendiendo a todo el Peloponeso. En tiempo del historiador Polibio, que pertenecía a la Liga, se habían ya confundido de tal modo los confederados, que no sólo tenían unas mismas leyes, unas mismas medidas, unos mismos pesos y una misma moneda, sino también unos mismos magistrados, unos mismos senadores y unos mismos jueces. Para que el Peloponeso se parezca a una sola ciudad, apenas le falta, decía aquel escritor, sino una muralla que lo circunvale. (*Historia General*, libro II, capítulo XXXVII.) Vuélvase ahora los ojos a España. Cerca de cuatro siglos hace ya que las provincias todas, a excepción de Portugal, forman un solo reino. Hay todavía quince que no se rigen por el derecho de Castilla. La unidad monetaria es un hecho reciente. La de pesas y medidas no ha bajado de las regiones oficiales.

No; la dificultad de estas reformas no está en el federalismo; está en la índole de las reformas mismas. Son y serán siempre difíciles las que afecten la propiedad o el cambio. Hieren la vida íntima de los pueblos, modifican más o menos los intereses generales, alteran los hábitos y las costumbres; y la sociedad, conmovida como no lo será nunca por las más trascendentales reformas políticas, les opone una tan vigorosa como obstinada resistencia. Id a decir al aragonés o al navarro que renuncien a su libertad de testar y se sometan al régimen de la sucesión forzosa; os contestarán que no lo consiente ni su autoridad como jefes de casa, ni sus derechos de ciudadano. Id y decidles que sus viudas no podrán, en adelante, gozar del usufructo de sus bienes; os contestarán que disolvéis la familia, rompiendo los lazos que la pueden mantener unida a la muerte del padre. Id y decidles que, en cambio, sus viudas harán suya la mitad de los bienes que hayan ganado durante el matrimonio; lo creerán injusto y hasta lo considerarán como una usurpación a los hijos. Id y decid ahora a la generalidad de los españoles que cuenten por kilogramos y no por libras, por metros y no por varas, por hectáreas y no por fanegas, por céntimos y no por cuartos. Pasarán años y años sin que lleguen a comprender la relación entre los nuevos y los antiguos sistemas, y en medio siglo no dejarán de contar por los antiguos. Hace más de ochenta años que el sistema métrico decimal es ley en Francia; el pueblo, sobre todo en los departamentos, sigue fiel a las antiguas prácticas.

¿Qué se requiere principalmente para que estas reformas se acepten? Que se convenzan de que son justas y útiles los que hayan de recibirlas, que sean hijas de la espontaneidad social, que las leyes y sistemas que se trate de derogar hayan sido entre los mismos a quienes rijan materia de discusión y controversia; que entre ellos haya por lo menos un partido que sostenga la necesidad del cambio. Bajo el régimen unitario es imposible que esto suceda en nuestras provincias aforadas. Como no tienen la facultad de alterar sus códigos, ni la nación de corregírselos sino por leyes generales, no hay ni puede haber en ellas movimiento jurídico. Se piensa en conservar el fuero, no en reformarlo, y la legislación está, por decirlo así, petrificada. Sólo por la federación se la puede volver a la vida y hacerla entrar en vías de progreso. Arbitras, entonces, aquellas provincias, de acomodar sus leyes a las ideas y las necesidades del siglo, no tardarán en querer enmendarlas, y darán margen a la contradicción y al debate. Resonarán sus deliberaciones y sus reformas en toda España, y algo más se ha de hacer en años por la unidad de derecho, que no se hizo en siglos de unitarismo. No hablo yo de la métrica ni de la monetaria, porque ley de la nación, es sólo obra del tiempo que vayan bajando a las últimas capas del pueblo.

Ei principio federal, lejos de dificultar la resolución de ningún problema, la facilita. He hablado en otro párrafo de la tendencia general de los jornaleros a sobreponerse a las clases medias y apoderarse del gobierno. Yerran cuando creen que de un golpe cabe refundir las sociedades como en una turquesa; pero es indudable que, al denunciar las injusticias de que son víctimas, han levantado pavorosas cuestiones que urge decidir, si se quieren evitar grandes peligros y tal vez próximos conflictos. Estas cuestiones, aunque en todas partes las mismas, presentan distinto aspecto, no sólo en las distintas naciones del mundo, sino también en sus distintas provincias. Aquí, por ejemplo, la cuestión de la propiedad de la tierra, una de las más arduas que, como acabo de indicar, puedan tocarse, dista de tener los mismos términos en el Norte que en el Mediodía, en el Oriente que en Occidente. No depende esto de que se rijan las provincias por la ley común o por el fuero; depende de causas, unas naturales, otras históricas. Aquí está la tierra excesivamente aglomerada y allí extremadamente dividida. Aquí domina el principio individualista y allí lucha con el comunista. Aquí se conserva íntegro el dominio y allí está dirimido por el foro y la enfiteusis. Aquí está la tierra en poder de colonos y allí en el de los propietarios. Aquí se la ha repartido con justicia y allí ha sido objeto de usurpaciones que sublevan el alma. Aquí basta, por fin, media hectárea para la vida de una familia y allí no bastan dos hectáreas. ¿Quién podrá con más acierto resolver el problema: la nación o las provincias? ¿Es aquí posible dictar reglas generales? ¿No exige el mal, según sus diversas causas, distintos remedios?

La federación es, pues, el mejor medio no sólo para determinar y constituir las nacionalidades, sino también para asegurar en cada una la libertad y el orden y levantar sobre todas las provincias un poder que, sin menoscabarles en nada autonomía, corte las diferencias que podrían llevarlas a la guerra y conozca de los intereses que les sean comunes. No comprendo, a la verdad, ni por qué la han abandonado tan fácilmente muchos que ayer la enaltecieron, ni por qué la presentan otros como un monstruo que amenaza devorar la patria. Extrañábase el girondino Buzot de que la considerasen los montañeses una herejía política; ¿qué diría si oyese hoy el concierto de imprecaciones que sobre ella arrojan aun los que blasonan de liberales y de sensatos? Si una causa pudiera desacreditarse por los desórdenes y aun los crímenes que a su sombra se cometiesen, lo más santo merecería el general anatema. Es una verdadera puerilidad condenar la federación por hechos que soy el primero en lamentar; pero han distado de ser tan graves como los que precedieron al triunfo de ideas menos fecundas.

No se crea, sin embargo, que dé aquí por acabada la defensa de mi principio. Lo desarrollaré y sistematizaré en la segunda parte de este mismo libro, y de ahí resultará su mejor defensa. Voy ahora a contestar a una pregunta que me hice al emprender el examen de la teoría de las nacionalidades. ¿Debemos estar por la reconstitución de los pueblos en pequeñas Repúblicas?

14 ¿Son preferibles las grandes o las pequeñas naciones?

Después de lo escrito comprenderá fácilmente el lector que esta cuestión es casi ociosa. Diré algo sobre ella, tanto para completar este pequeño trabajo como para desvanecer prevenciones e ideas que sólo existen ya en las viejas naciones de Europa.

Los escritores de la antigüedad estaban generalmente por las ciudades, Aristóteles creía que en las naciones era casi imposible el gobierno. Veía de todo punto insostenible el orden hasta en las ciudades muy populosas. Donde los ciudadanos, decía, no se conocen, no pueden los magistrados juzgar con acierto ni repartir bien los destinos del Estado; las decisiones y las sentencias son necesariamente malas. Tenía por la mejor ciudad la que contenía el suficiente número de artesanos para abastarla y los hombres necesarios para defenderla. (*Política*, libro IV, cap. III.) Platón opinaba en el fondo lo mismo. Para verlo no hay más que leer el libro segundo de su *República* y el quinto de sus *Leyes*, donde llega a decir que no debe pasar de 5.040 el número de ciudadanos.

Estas doctrinas, muy propias de los tiempos en que se escribieron, no han dejado de encontrar eco en los nuestros, aun después de establecidas las actuales naciones. Montesquieu se mostraba partidario de la federación precisamente porque entendía que, si las pequeñas Repúblicas perecían a impulsos de extrañas fuerzas, morían corroídas las grandes por un vicio interior, sin que pudieran impedirlo ni las mejores aristocracias ni las mejores democracias. (*Espíritu de las Leyes*, libro IX, cap., I.) Encontraba bien las monarquías de Francia y España, pero desde el punto de vista de la defensa. (Cap. VI.)

Rousseau estaba aún más decidido que Montesquieu por los pequeños Estados. "Si yo —decía en uno de sus mejores libros— hubiese debido elegir el punto de mi nacimiento, habría escogido una sociedad acomodada a la extensión de las facultades humanas, donde, bastándose cada cual para su empleo, no se hubiese visto nunca obligado a confiar a otros las funciones de que estuviese investido; una sociedad donde por conocerse todos los ciudadanos no hubiesen podido sustraerse a las miradas ni al juicio del público ni la modesta virtud ni los oscuros manejos del vicio; una sociedad donde ese dulce hábito de verse y tratarse hiciese del amor a la patria el amor a mis semejantes, más bien que el amor a la tierra." (*Discurso sobre el origen y los fundamentos de la desigualdad entre los hombres. Dedicatoria a la República de Ginebra.*)

Repetía Buzot esta última idea de Rousseau, y la robustecía añadiendo que, sin esto, no se hubiesen prestado los atenienses a dejar su ciudad y embarcarse a las órdenes de Temístocles, que no se podía amar bien sino lo que se conocía, y no era posible que el entusiasmo de hombres separados por doscientas leguas fuese común, uniforme y vivo como el de los habitantes de un pequeño territorio. (*Memorias de Madame Roland*, tomo I.)

Estas sencillas ideas, aunque nada dicen contra las grandes naciones, son, a no dudarlo, exactas. Hemos visto al principio de este libro cuán poderosa fue en todos los tiempos la iniciativa de las ciudades, cuánto contribuyeron a la civilización general y cuán difíciles empresas llevaron a término. Esto debe reconocer alguna causa, y la causa es, para mí, la siguiente: En los pueblos de poca extensión, sobre todo si están democráticamente regidos, el Estado y la sociedad se compenetran en todas sus partes y casi se confunden. No recibe el Estado una herida que la sociedad no sienta, ni un ultraje que la sociedad no tome por suyo, ni un beneficio que la sociedad no comparta. El Estado vive de la vida de la sociedad y la sociedad de la del Estado. Así, la sociedad está siempre dispuesta a sacar al Estado de todo compromiso y a sacrificar por él su oro y su sangre. Suele acontecer lo contrario en las grandes naciones, donde el Estado parece algo ajeno a la nación misma. Es verdad que en las crisis de estas naciones se han visto también actos de abnegación que admiran; pero conviene observar que están casi siempre circunscritos a las capitales, que son las que, por tenerlo más cerca, participan más de la vida del Estado. En los pueblos reducidos, lo repetiré para que mejor se me comprenda, el Estado es para todos los ciudadanos un ser real que a todas horas ven y palpan; en los grandes, una abstracción que apenas se les hace tangible más que en el pago de los tributos.

Añádase a esto que en las pequeñas naciones todo talento tiene ocasión de manifestarse y facilidad de abrirse camino a las más altas regiones del Gobierno; no hay allí hombre de genio que no pase por el Estado y no arroje luz sobre la sociedad entera; no hay aptitud administrativa o política que no encuentre más o menos tarde aplicación y empleo. Esa misma facilidad de darse a conocer aviva y estimula los espíritus; y no faltan nunca hombres ni para la paz ni para la guerra, ni para los días de tempestad ni para los tiempos de bonanza. ¡Qué de grandes e ilustres varones en los pueblos de la antigua Grecia, en las ciudades de Cartago y Roma! La República de Roma halló en todas sus crisis un hombre que la salvara y la levantara del abismo al cielo; y aun en los días de su decadencia contaba entre sus hijos a las Gracos, a Mario, a Sila, a Cicerón, a Pompeyo y a César. Así el Estado tenía en todas aquellas sociedades algo de deslumbrador que las arrastraba a lo que para otros habría sido o parecido imposible.

A consecuencia del íntimo enlace entre la sociedad y el Estado, la política de los pueblos reducidos es, por otra parte, firme y constante. El personal del Estado cambia; el Estado continúa el mismo. Recuérdese con qué tenacidad siguieron su ideal Roma y Cartago. El cambio de la monarquía por la República, las luchas entre el patriciado y la plebe, las brillantes victorias de Aníbal en Italia, las guerras civiles, el mismo establecimiento del Imperio, nada bastó a distraer a Roma de la política iniciada por sus primeros reyes. Cartago permaneció fiel a sus principios aun después de vencida por Escipión el Africano. Ni dieron las ciudades helénicas menos pruebas de lo que estoy diciendo. Atenas y Esparta, agitadas por cien revoluciones, no abandonaron nunca el pensamiento de predominar en Grecia. Corinto, o por mejor decir, la Liga Aquea, tuvo sus dudas y sus contiendas sobre si debía buscar o no la alianza de los reyes de Macedonia; la buscó al fin llevada de su perenne idea de hacer suyo el Peloponeso.

A esto principalmente se deben las grandes cosas que hicieron aquellas Repúblicas. Otras, aunque ya de orden inferior, son todavía las ventajas de las pequeñas naciones. Lo que han dicho Aristóteles y Rousseau es innegable. En una nación pequeña se conocen y se aman los hombres; el amor a los ciudadanos constituye el amor a la patria. En las grandes, la patria es el suelo. Que masas de españoles abandonen aquí nuestras costas por las de África; que numerosas familias levanten sus hogares y vayan a establecerlos en las orillas del Mississippi, del Plata o del Amazonas; que familias extranjeras pueblen nuestras ciudades o nuestros campos, ni nos preocupa ni nos importa; un pie de tierra que nos arrancaran nos haría poner el grito en el cielo. Y, la verdad sea dicha, si de algún modo hemos de dar cuerpo a la idea de la patria, no se lo pueden dar sino en la tierra los pueblos que, como el nuestro y los más de Europa, están compuestos de tantas y tan diversas gentes. Prescíndase, si no, por un momento, de que andaluces y vascos, catalanes y extremeños, ocupan una misma tierra. ¿Por qué se han de amar los unos a los otros más que un español a un francés o a un ruso?

En las pequeñas naciones, por el mismo hecho de estar más en contacto las ciudades, tardan más en corromperse las costumbres. El hombre, en sus extravíos, no tiene mayor freno, después del de su conciencia, que las miradas de los que le conocen. Vive en las naciones pequeñas bajo la constante inspección, no sólo de la autoridad, sino también de todos sus compatricios, y es fácil que se contenga. Si súbdito, cela a los magistrados; si magistrado, es a la vez agente y objeto de vigilancia para los súbditos; y con dificultad se pueden cometer injusticias que no se hagan públicas ni malversaciones de caudales que no se manifiesten. No es allí el Tesoro un mar sin fondo, como en las grandes naciones, ni está la contabilidad del Estado fuera del alcance de la muchedumbre. Todos los ciudadanos saben y ven en qué se invierten sus tributos, y pueden sin trabajo fiscalizar la gestión de sus administradores. Suele haber así en la sociedad y el Estado moralidad y economía.

En las pequeñas naciones, por fin, todo se presenta más fácil: la organización de los servicios, la resolución de las cuestiones que surgen en el terreno de la economía y la política, el progreso, la realización de las ideas. La sociedad es menos compleja, más compacta; y así el Estado como el individuo encuentra menos resistencia, tanto para decidir a la acción como para difundir los nuevos principios. El orador, bien sea un general que la quiera llevar a la paz o a la guerra, bien un tribuno que pretenda lanzarla por no trilladas sendas, tiene ocasión de hacerse oír de todas las clases y llevar su palabra al más apartado rincón de la República. Es rápida la discusión, rápido el acuerdo; la ejecución, rápida.

No me propongo hacer ahora una detenida crítica de las grandes naciones. El destino de las unitarias es ser o turbulentas o despóticas.

Dista en ellas la cultura de ser uniforme, los intereses de ser iguales, la opinión de moverse al mismo compás y con la misma medida. Si no las lleva del freno una autoridad absoluta, marchan estimuladas por contrarias fuerzas y viven casi siempre gobernadas por minorías. Hoy avanzan y mañana retroceden, experimentan los más bruscos y repentinos cambios y son teatro de incesantes luchas. Cuando llega el mal a su apogeo, no tienen más recurso que echarse en brazos de los dictadores. En la absoluta imposibilidad de concordar las voluntades y aquietar los ánimos, han de acudir a la fuerza y no logran sino una paz efímera. Estallan a la larga las pasiones comprimidas y retoña la guerra.

La vida, la actividad política, está principalmente en las capitales; allí acuden y se mueven todas las ambiciones. No prevalecen de ordinario los ciudadanos más aptos, sino los más audaces. Los hombres llenos de vicios escalan no pocas veces los primeros destinos del Estado, y algunos por el apoyo de los mismos pueblos, que les confieren, porque no los conocen, el derecho de representarlos. No es raro que, aun a sabiendas, los antepongan las provincias a ciudadanos modestos, de indisputable mérito. Como para todo necesitan del poder supremo, y en todo le están sometidas, prefieren a los osados, porque les procuran más el favor oficial y las escudan mejor contra las iras del Gobierno. Aumentan los que codician el mando, se multiplican los partidos, y se va, por fin, a la política del pandillaje.

Por todos estos motivos me inclino más a las pequeñas que a las grandes naciones. Si el lector ha recorrido las anteriores páginas, fácilmente comprenderá, sin embargo, que ni las he de querer absorbentes y conquistadoras, como las de Cartago y Roma, ni aisladas y rivales como las de la antigua Grecia y las que hubo en la Italia de la Edad Media. No hay que buscar la unidad por la violenta agregación de los pueblos, pero tampoco imposibilitarla por la sola y exclusiva organización de los intereses locales. Debemos organizarlos todos y crear una representación y un poder para cada uno de sus grados, si deseamos que la humanidad llegue a ser algo real en el mundo. Organizarlos, lo he dicho ya, es para mí confederarlos.

Y que dentro de la federación pierde mucho de su importancia la cuestión de si han de ser pequeñas o grandes las naciones, ¿quién ha de ponerlo en duda? Por la federación, lo mismo pueden subsistir en paz imperios tan grandes como el de Rusia, que repúblicas tan pequeñas como la de Suiza. Por la federación, lo mismo pueden estas naciones dividirse en doce que en veinte Estados. ¿Son sus provincias más que grupos de pueblos que vivieron antes independientes y conservan todavía un carácter y una fisonomía propios? Lo racional es que haya mañana en cada una tantos Estados como hay provincias. ¿Aconsejan otras razones aun la división de esas provincias? ¿Qué inconveniente ha de haber en que se la verifique, si los nuevos Estados han de vivir unidos por el lazo federal a su antigua patria, si con esto en nada se ha de reducir ni turbar el círculo en que se muevan los poderes centrales?

Trece eran, como llevo dicho, los primitivos Estados de la república de Washington. Se dividieron cinco en menos de medio siglo. El de Vermont nació del de Nueva York; el de Tennessee, del de la Carolina del Norte; el de Kentucky, del de Virginia; el del Mississippi y el de Alabama, del de Georgia, el de Maine, del de Massachusetts. De parte del de Luisiana, que no era ya de los primitivos, se formó después el de Missouri. El de Virginia, por fin, del que había salido antes el de Kentucky, se dividió no hace quince años en Virginia de Oriente y Virginia de Occidente. En la terrible guerra de 1860 se había declarado la mitad de aquel Estado por el Sur y la otra mitad por el Norte; restablecida la paz, no se creyó prudente volver a unir lo que habían desunido años de lucha.

¿Ha modificado esto en algún modo la vida política, de los Estados Unidos? No; la nación ha permanecido íntegra: su Constitución no ha sufrido la menor mudanza. Se dirá que esto podría llevarnos a divisiones y subdivisiones sin número hasta dejar desmenuzadas y reducidas a polvo las naciones; pero ¿será posible no se advierta que, admitido el principio de la federación, no pueden hacerse esas divisiones y subdivisiones sin previo consentimiento del cuerpo general de la República? Yo, nación, admití en mi seno a un Estado: ¿quién me ha de obligar a reconocer en él dos o más cuando yo no quiera? La federación, ¿no es acaso un pacto? ¿Qué pacto puede disolverse ni innovarse sin la voluntad de las dos partes? Ninguna de esas divisiones de que acabo de hablar se hizo sin el conocimiento y la aprobación de los poderes constituidos en Washington.

Suiza no reconoce nuevos Estados; pero consiente que los ya reconocidos se dividan para su régimen interior como les aconsejen sus simpatías o sus intereses. Así están divididos en dos el de

Appenzell, el de Unterwaid y el de Basilea, y en tres el de los Grisones. Cada uno de estos cuatro Estados es, por decirlo así, una federación especial dentro de la general de Suiza. Y ¿en qué ha de alterar tampoco este procedimiento la vida ni la marcha regular de la república? Como la nación es o debe ser la federación de las provincias, ¿no ha de ser la provincia la federación de los Municipios?

Tenemos de la unidad nociones falsísimas, y de ahí que nos espante lo que para estas repúblicas nada significa. La unidad, lo repito, está en la existencia de unos mismos poderes para cada orden de intereses, no en la absorción de todos los intereses por un solo poden. Así como, partiendo de este principio, se puede sin violencia llegar a recoger en un haz la humanidad entera, partiendo de la contraria, no se llegará jamás, ni aun dentro de cada nación, a sofocar las protestas de las provincias ni de los pueblos. No será sólo el individuo el que reivindique eternamente su autonomía; reivindicarán la suya todos los grupos sociales, y no faltará en tanto que la alcancen ni causas de anarquía ni gérmenes de guerra.

La federación, sólo la federación puede resolver en nuestros días el problema político. Pasemos a examinar la manera de realizarla.

LIBRO SEGUNDO

LA FEDERACIÓN

1 IDEA Y FUNDAMENTO DE LA FEDERACIÓN. LA CIUDAD, LA NACIÓN, LAS NACIONALIDADES

La federación es un sistema por el cual los diversos grupos humanos, sin perder su autonomía en lo que les es peculiar y propio, se asocian y subordinan al conjunto de los de su especie para todos los fines que les son comunes. Es aplicable, como llevo dicho, a todos los grupos y a todas las formas de gobierno. Establece la unidad sin destruir la variedad, y puede llegar a reunir en un cuerpo la humanidad toda sin que se menoscabe la independencia ni se altere el carácter de naciones, provincias ni pueblos. Por esto, al paso que la monarquía universal ha sido siempre un sueño, van preparando sin cesar la federación universal la razón y la Historia.

Descansa la federación en hechos que son inconcusos. Las sociedades tienen, a no dudarlo, dos círculos de acción distintos: uno en que se mueven sin afectar la vida de sus semejantes; otro en que no pueden moverse sin afectarla. En el uno son tan autónomas como el hombre en el de su pensamiento y su conciencia; en el otro, tan heterónomas como el hombre en su vida de relación con los demás hombres. Entregadas a sí mismas, así como en el primero obran aislada e independientemente, se conciertan en el segundo con las sociedades cuya vida afectan, y crean un poder que a todas las represente y ejecute sus comunes acuerdos. Entre entidades iguales no cabe en realidad otra cosa; así, la federación, *el pacto*, es el sistema que más se acomoda a la razón y la naturaleza.

Consideraré la federación principalmente desde el punto de vista político. La primera y más sencilla sociedad política es la ciudad, el pueblo: examinémoslo.

La ciudad es un grupo de familias que acercó la necesidad del cambio. Constituye en su principio un todo completo e independiente. Es una nación en pequeño. Tiene su culto, sus leyes, su gobierno, su administración, sus tribunales, su hacienda, su ejército; tiene su organismo, su Estado. Así nos dice la razón que debieron de ser las primeras ciudades del mundo, y así nos dice la Historia que fueron las que siglos antes de Jesucristo ocupaban gran parte de Europa, las costas de África y aun el Occidente de Asia. No fueron solo Cartago y Roma las ciudades-naciones; lo fueron las más, principalmente las de Grecia y Siria.

Es verdad que en los más apartados tiempos históricos vemos ya en Asia vastas y poderosas monarquías de que las ciudades no son más que insignificantes miembros; pero no lo es menos que se desconoce enteramente cómo se formaron y crecieron. La Historia no ha podido hacer sino después del alfabeto, de la escritura y de haber llegado la humanidad a tal grado de civilización, que se sintiera la necesidad de buscar en lo pasado la norma de lo presente y consignar lo presente para guía de lo futuro; y allá en Asia, cuna de nuestra especie, ¡hubieron de experimentar los pueblos tales mudanzas y revoluciones antes, que no pudiese la Historia recogerlas! Lo cierto es que dondequiera que la Historia ha podido seguir periodo por periodo la formación y el desarrollo de los imperios, ha visto ante todo la nación en las ciudades, ya se tratara de pueblos cultos, ya de pueblos bárbaros.

Esforzáronse las ciudades en conservar su autonomía aun después de sojuzgadas; y allá, a los siglos mil, cuando tras las guerras de las Cruzadas se decidieron a sacudir el vergonzoso yugo del feudalismo, se alzaron, según vimos, a reconquistarla como si la hubiesen perdido ayer y no hubiesen podido olvidar por el transcurso del tiempo su esclarecido origen. Autónomas fueron entonces las de casi toda Europa. Aunque bajo la autoridad de los reyes, gozaban todas de independencia. Las hubo, principalmente entre las marítimas, que no florecieron ni dejaron menos rastros de gloria que las de los antiguos griegos.

Aun hoy, después de constituidas las grandes naciones, hay ciudades autónomas que se levantan como una protesta contra la servidumbre de las otras. Libres son todavía en Alemania las de Lubeck, Hamburgo y Brema; libre era hace diez y seis la de Francfort, en otro tiempo cabeza del Imperio. Tienen asimismo estas ciudades su gobierna propio, su cuerpo legislativo, su Senado, sus burgomaestres, sus soldados y sus buques de guerra.

¿Dejan de suspirar las demás por su autonomía? Pugnan todas por arrancar derechos a la nación de que dependen. Son casi autónomas las de la república de Washington, sobre todo las del Norte. Gozan de grandes facultades en Inglaterra. Las eslavas de Rusia apenas están unidas al Imperio más que por el culto y el servicio de las armas. Aquí en España se sublevaron el año 1840, porque se quiso arrogar la Corona la facultad de nombrar a sus alcaldes. En Francia, en la centralizadora Francia, había perdido la de París bajo Napoleón III sus franquicias municipales, e hizo por conquistar su autonomía la revolución comunal de 1871, la más sangrienta que registran los anales del siglo. París entonces peleó, no sólo por su independencia, sino también por la de todas las ciudades de la República.

La ciudad es la sociedad política por excelencia, y no se resigna a ser esclava. Bajo todas las formas de gobierno, aun bajo la del absolutismo, pretende gobernarse por sí como en sus primeros días. Le repugnan las autoridades extrañas; no se siente bien sino al calor de sus costumbres y a la sombra de sus magistrados. Desea ser, brillar, sobresalir, y no quiere que nadie la coarte, ni aun a título de protegerla. Le bastan para todo sus propios hijos, que la aman como a ningún otro grupo. Estos ¿cómo no habían de amarla? En ella se meció su cuna, y en ella está el sepulcro de sus padres. En ella desenvolvieron las facultades de su cuerpo y de su espíritu. En ella, al salir del seno de sus familias, se sintieron hombres y entraron en la vida pública. En ella concibieron y despertaron los más dulces afectos, y contrajeron los más santos vínculos. En ella está el centro de sus almas, la verdadera patria.

Reales serán, a no dudarlo, las demás colectividades políticas; ninguna tan real como la ciudad a los ojos de todas las gentes. Es una, indivisible, definida, concreta. Se la ve, se la palpa, y no parece sino que en ella hasta las ideas más vagas toman vida y cuerpo. La idea de Estado, la misma idea de patria, dejan de ser en la ciudad meras abstracciones.

Temprano, con todo, pasaron las ciudades a ser miembros de otra sociedad política. ¿Cuál pudo ser la causa? En remotos días la familia había sido también un grupo aislado e independiente. Se acercó a otras y fue parte de un pueblo cuando sintió necesidades que no podía satisfacer por sí misma y hubo de acudir al trabajo ajeno. Se estableció entre dos o más primero el cambio de servicios, luego el de productos, y nació la división de funciones. La ciudad fue la consecuencia indeclinable de este desarrollo económico; y no bien se halló materialmente constituida, cuando tuvo por órgano el Estado. Como ciudad, necesitaba de alguien que velase por su conservación y su defensa; como conjunto de ciudadanos, de alguien que estableciese la igualdad y la buena fe en los contratos, exigiese el cumplimiento de las obligaciones contraídas y garantiese a todos el derecho; el Estado fue una consecuencia tan obligada de la ciudad como la ciudad lo había sido del cambio.

Se escandalizan algunos de que se dé esta base a las sociedades; mas no acierto a ver la razón del escándalo. No dijeron más los grandes maestros de la antigüedad, aun hoy objeto de general encarecimiento. Sócrates, Platón, Aristóteles, hablaban del origen puramente económico de la ciudad como de cosa que no admitía duda. Tomaban en cuenta la natural sociabilidad del hombre, pero sólo como es, como una virtualidad que necesita de hechos exteriores para realizarse. Hoy, después de dos mil años, hay todavía en el mundo hombres que, a pesar de su sociabilidad, no han salido de la vida salvaje. Continúan encerrados en el seno de sus familias, y no los decide a constituirse en ciudad ni aun el contacto de pueblos cultos. Hallan en la Naturaleza sobrados medios de satisfacer sus escasas necesidades, y se resisten a trocar sus hábitos de independencia por la disciplina que toda sociedad exige.

Si la ciudad hubiera podido vivir siempre por sí misma, tampoco se habría unido a otras ciudades. Pero se desnivelaron poco a poco su producción y su consumo, y se vió obligada al cambio con otros pueblos. Surgió entonces un nuevo orden de intereses. Se debieron facilitar las comunicaciones entre ciudad y ciudad; fijar reglas para el cumplimiento de los pactos entre ciudadanos sometidos a diversas leyes; buscar árbitros que decidiesen las cuestiones de aguas, de pastos, de límites. Se hubo de crear, en una palabra, otro Estado; Estado que, paulatinamente, fue conociendo de todo lo que tocaba a la vida de los pueblos unidos por el lazo económico, como el Estado de la ciudad conocía de lo que afectaba la común vida de las familias; Estado que concluyó también por tener sus instituciones, su hacienda y su ejército.

Desgraciadamente, no siempre se verificó esta unión por el común acuerdo de las ciudades. El desnivel entre la producción y el consumo de una ciudad, sobre todo el de la población y los medios de subsistencia, fueron, como observó Platón, una de las primeras y principales causas de la guerra. La ciudad escasa no encontró medio más eficaz de subvenir a sus necesidades que el de apoderarse de ajenos campos, y usurpó los de sus vecinas por la fuerza de las armas. Pero esta fue la excepción, no la regla. Generalmente hablando, los pueblos buscaron solícitos esa unión que reclamaban sus intereses. Las mismas guerras de ciudad a ciudad se la hicieron desear más vivamente.

La Biblia nos presenta ya las independientes tribus de Israel unidas primero por caudillos, luego por sacerdotes, más tarde por jueces y por reyes. Diodoro y Arriano nos hablan de una asamblea que de vez en cuando celebraban en Trípoli los jefes de las ciudades fenicias para la resolución de los comunes negocios. Las antiguas historias consignan las muchas ligas en que estaban distribuidos los pueblos de Grecia uno y dos siglos antes de Jesucristo.

Aunque fueron imperfectísimas muchas de esas ligas y con facilidad se deshicieron y reorganizaron, no dejan de revelar la fuerza de la causa que las produjo. La imperfección procedía ya del carácter de muchas de aquellas gentes, refractarias a toda unidad política, ya de la naturaleza general de la Humanidad, que procede lenta y contradictoriamente así en su constitución como en la realización de sus ideas. Es el hombre foco de virtualidades contrarias y teatro de incesantes luchas; ¿cómo no se habían de reproducir esos antagonismos en los pueblos, y, por consecuencia, en la formación de las naciones? Hubo, sin embargo, en la misma Grecia sólidas reuniones de ciudades en un solo cuerpo. Allí estaba la liga beocia, allí la etolia, allí la ya citada de los aqueos. Llegó, como dije, esta confederación (véase el cap. XIII, libro I) a la unidad social y política; vivió largo tiempo próspera y llena de gloria, y al sonar la hora de la esclavitud helénica, fue el último baluarte de la libertad de Grecia contra las legiones de Roma.

En Italia, alrededor del golfo de Tarento, había otra liga aquea, oriunda de la primera, que llegó también a grande unidad y esplendor, floreció principalmente en las artes y, como dice Mommsen, habría podido ejercer grande influencia sobre los pueblos de los Apeninos, si por falta de resistencia de los indígenas no se hubiese dormido sobre sus laureles y entregado al deleite. No era la única liga de Italia. Son conocidísimas en la Historia la de los latinos, la de los samnitas y la de los etruscos. Treinta ciudades componían la del Lacio; Alba era al principio la capital; el Monte Albano, el lugar en que se reunían cada año para inmolar a su Dios un toro; la fuente Ferentina, el punto en que celebraban sus *consejos* y deliberaban sobre los negocios generales de la República. Dirimía un poder central las cuestiones que entre las ciudades surgían, y castigaba con la pena de muerte al que violaba el derecho común. Roma se puso con el tiempo por encima de Alba; y después de haber ejercido sobre las treinta ciudades una larga hegemonía, terminó por avasallarlas.

Unidas estaban también las de Samnio, aunque por vínculos de menos fuerza. No tenían capital determinada ni otro poder central que el de sus asambleas, donde había delegados de todos los municipios rurales y en caso de guerra se nombraba a los generales que hubiesen de acaudillar el ejército. Fueron, sin embargo, poderosas para disputar un día a Roma la preeminencia; y la habrían tal vez conseguido si no se hubiesen relajado los vínculos que las unían cuando se estrechaban los de las ciudades del Lacio.

Las de los etruscos estaban distribuidas en tres ligas: la del Po, la de Campania y la de Etruria. Constaba cada liga de doce ciudades y tenía su capital; pero sin que dejaran de formar las tres una confederación superior, cuya cabeza estaba en Volsena. Separadas una de otras por pueblos extraños, era débil el lazo que las unía. No por esto dejaron de florecer menos que las demás ligas, a las cuales, por lo contrario, superaban en riqueza y cultura. Los etruscos es sabido que fueron, después de los griegos, los maestros de Italia.

Ni son éstas las solas reuniones de ciudades que había entre los Alpes y el Adriático. Una ciudad completamente aislada quizá no la hubiese en toda Italia al empezar Roma la conquista del mundo. Las ligas debieron de ser numerosas, la forma varia, desigual la fuerza de los poderes centrales. No nos lo permite dudar el carácter de la guerra que sostuvieron contra la misma Roma los pueblos de aquella península. No eran jamás una, sino muchas las ciudades que sostenían la lucha con la señora del Lacio.

Otro tanto sucedía en Francia y en España, a pesar de lo inferiores que eran en cultura a Italia y Grecia. No se habla en España de otra confederación que la de los celtíberos; pero debió de haber otras, y hubo, a no dudarlo, gran número de naciones compuestas de muchos pueblos. Los cántabros, los lusitanos, la Turdetania, la Laletania, no estaban en una, sino en muchas ciudades. La Celtiberia era ya una confederación de muchas naciones, como la Liga Etrusca.

En todas las comarcas de Europa existen al empezar la conquista romana grupos de ciudades unidas por vínculos políticos. Acá, en España, se indica por los antiguos geógrafos hasta la ciudad en que se reunían y celebraban sus asambleas generales los turdetanos. Que había grupos análogos en Francia y en Alemania, no lo permiten dudar los *Comentarios*, de César. Por ellos sabemos también que los había en Suiza. En Suiza debía existir ya entonces algo parecido a los actuales cantones. No podía ser otra cosa el *pago* de que nos habla el mismo Cayo Julio.

Lo que no había aún en aquellos tiempos era naciones como las de ahora. No había una nación griega, ni una nación italiana, ni una nación francesa, ni una nación española, ni una nación alemana, ni una nación británica; había sólo naciones británicas, naciones germanas, naciones galas, naciones ibéricas, naciones itálicas, naciones helénicas o griegas. Las griegas tuvieron desde muy temprano un lazo de unión en su célebre *Consejo de los Anfictiones*, donde todas o las más estaban representadas; pero con un lazo débil, más bien religioso que político. Sirvió el Consejo para encender tres guerras sagradas, nunca para evitar las civiles; y sólo cuando ocurrió la invasión persa logró reunir a casi todos los griegos contra los soldados de Jerjes. No tenía ya influencia ninguna cuando Roma fue a Grecia. Fue éste, con todo, el solo conato que hubo en la antigua Europa por constituir una nación como las de nuestros días. Se habla también de una confederación general de las naciones galas para combatir a Cesar; pero aquello fue, no una confederación, sino una coalición para el solo objeto de la guerra. En las demás naciones no sucedió ni tanto. No bastó a congregarlas ni aun la necesidad de la común defensa. Porque no podía Viriato decidir a las de España a que luchasen contra los romanos, las castigaba con tanto o más furor que a los invasores.

Las pequeñas y numerosas naciones distribuidas en la antigüedad por cada región de Europa, conviene repetirlo, no llegaron espontáneamente a formar juntas verdaderos seres políticos. Si los formaron con los latinos y los bárbaros, fue sólo, según dije, como grupos de pueblos vencidos. Se descompusieron en la Edad Media, y no es difícil encontrar la causa. Hijas las grandes naciones sólo de la violencia, no de la necesidad, como las pequeñas, era natural que se deshicieran luego que faltase o se relajase la fuerza que las conservaba unidas, luego que, por cualquier suceso, pudieron sus distintos elementos reconstituirse conforme a su índole y su tendencia. Formáronse por esta razón sólo pequeñas naciones, en que las ciudades apenas estaban unidas por otro lazo que la débil autoridad de los reyes.

Volvieron estas naciones a reunirse; pero unas por la espada, otras por entronques de dinastías, casi ninguna por su voluntad y su gusto. Tendieron sin cesar las vencidas a separarse de las vencedoras; callaron las otras sólo mientras se las respetó la autonomía. En cuanto se la atacaron, surgió la protesta.

Si las grandes naciones se hubiesen constituido y conservado sin menoscabar la autonomía de las pequeñas, ¿habrían pasado por tantas vicisitudes? Alemania no dejó de formar nación desde los tiempos de los Carlovingios. Varia en su constitución, sufrió grandes mudanzas en sus diversos Estados; pero permaneció íntegra hasta el presente siglo. ¿Por qué? Porque se mantuvieron siempre autónomas las muchas naciones de que consta, y sólo para los intereses a todas comunes debieron reconocer un emperador y una Dieta. No estaban unidas al poder central por vínculos bastante fuertes, y vivían agitadas por frecuentes guerras; pero conservaban la independencia en su vida interior, y no pensaron jamás en disgregarse ni dejaron de tener el suelo alemán por patria. Recuérdese que observamos el mismo fenómeno en Suiza y la República de Washington. Lejos de desmembrarse estas dos naciones, han ido sin cesar ganando nuevos territorios.

¿Qué nos dicen tan significativos hechos? Que la necesidad económica acercó las familias y dió origen a la ciudad, el primero y más natural de los grupos políticos; que la ciudad es la nación por excelencia, y naciones fueron en un principio, y siempre que pudieron, todas las ciudades; que si nuevas razones económicas no hubiesen obligado a las ciudades a contratar unas con otras, por la voluntad de los pueblos no se habría llegado nunca a la formación de naciones múltiples; que esas naciones múltiples, debidas a la necesidad, fueron siempre pequeñas, y la acción de sus poderes públicos no llegó nunca a la vida interior de las ciudades que las constituían; que las grandes naciones fueron siempre hijas de la violencia y se disgregaron apenas desapareció o disminuyó la fuerza que las unía; que sólo viven sin solución de continuidad las federalmente organizadas, es decir, las que dejan autónomos los Estados que las constituyen; que si esto basta para que no se disgreguen, no basta para que tengan aseguradas la paz y el orden; que para conseguirlo es indispensable que los diversos Estados de cada nación estén unidos por fuertes vínculos, y sus diversos grupos debidamente coordinados y subordinados sin mengua de su autonomía.

Cuáles hayan de ser esos vínculos y en qué consista esa subordinación es materia para tratada en otros capítulos con detención y discernimiento. Por de pronto sabemos que la federación descansa en la naturaleza del hombre y la sociedad, y toda nación unitaria, por el solo hecho de violar la autonomía los diversos grupos que en su seno existen, está condenada a vivir bajo perpetua servidumbre o en continua guerra. Veamos ahora cuáles son en toda federación los atributos del poder público, y cuál es la mejor manera de organizarlo.

2 Atribuciones del poder federal. El comercio y sus consecuencias

Me he propuesto escribir un libro claro y esencialmente práctico. Procederé por vía de ejemplos.

Dos ciudades o dos naciones, que para el caso es lo mismo, están contiguas y viven, sin embargo, aisladas e independientes. Si entran mañana en relaciones de comercio, tropiezan al punto con serias dificultades. No es igual en las dos el signo de cambio. No son iguales las pesas y las medidas. No lo son las leyes por que se rigen los contratos. Si surgen diferencias entre ciudadanos de los dos pueblos sobre la manera de entender o de cumplir lo que pactaron, no hay medio de resolverlas. Los fallos dictados en una ciudad no son en la otra válidos.

El comercio altera, por otra parte, en cada una de las dos naciones la vida de muchas industrias, la relación que guardan unos con otros los valores, la cuantía y la distribución de la riqueza: aquí trae la abundancia, allá tal vez lleve la miseria. Alarmadas las dos y deseosas cada cual de restablecer el equilibrio, hoy dictan leyes prohibitivas, mañana erizan de aduanas la frontera, al otro día ponen trabas a la navegación por las costas y a la entrada en los puertos. En el calor de la lucha y el afán de sobreponerse la una a la otra, no es raro que, como puedan, se cierren ya la boca de un río, ya el paso de un estrecho.

Exige, además, el comercio que se establezcan entre los dos pueblos comunicaciones fáciles y rápidas. Al través del territorio de entrambos han de hacerse calzadas, levantarse puentes, abrirse canales, establecerse correos, extenderse, ahora que se los conoce, los alambres del telégrafo. Se ha de procurar que haya seguridad en los caminos, que no se viole el secreto de la correspondencia, que ni por los habitantes de arriba en perjuicio de los de abajo, ni por los agricultores, en daño del mismo comercio, se abuse de las aguas que corran por el término de las dos naciones. Puntos sobre los cuales no es tampoco fácil el acuerdo.

Ahora bien: si esas dos naciones o ciudades se unen, es obvio que han de empezar por someter a la federación todo este orden de intereses. Se trata de intereses que les son comunes, de hechos que corresponden, no a la vida interior de cada grupo, sino a la vida de relación de entrambos; y por la idea que de la federación di en los primeros párrafos del anterior capítulo, caen de lleno bajo la competencia de los poderes federales.

Corresponde, por lo tanto, a la Confederación:

I.º EL COMERCIO ENTRE LOS DOS PUEBLOS; y, como consecuencia:

a) La legislación mercantil.

b) La de aduanas.

c) La fluvial.

d) La marítima.

e) La acuñación y la ley de la moneda.

f) La determinación del tipo para las pesas y las medidas.

g) Los caminos y los canales.

h) Los correos.

i) los telégrafos.

Corresponden todas estas atribuciones a la confederación, pero adviértase bien, no todas en absoluto. En absoluto sólo la legislación de aduanas y la de mar, la moneda, las pesas y las medidas. La legislación y los tribunales mercantiles, sólo para la contratación entre individuos de los dos pueblos; los ríos y las leyes fluviales, los caminos, los correos, los telégrafos, sólo cuando corran por ambos territorios; cada pueblo queda luego en libertad de hacer dentro de su respectivo término las carreteras y los ferrocarriles que crea convenientes, abrir canales, multiplicar los telégrafos y correos, disponer de los ríos que no salgan de sus fronteras y conservar para las relaciones entre sus ciudadanos su especial derecho. Conviene no perder de vista que la federación debe respetar en la vida interior de los pueblos que se confederan la autonomía de que gozaban al confederarse.

No están organizadas con ese rigorismo los actuales confederaciones; van unas más allá y quedan otras más acá del término que la razón prescribe; pero se ve claramente que ésta ha sido para todas la norma en materia de comercio. La moneda es en todas de la exclusiva competencia de los poderes federales; si no su acuñación, por lo menos su ley, su sistema, su valor en sí y en relación con la extranjera. En Suiza lo es la misma acuñación; también en los Estados Unidos. Se hace más en todos los pueblos federales; se reserva al poder central el establecimiento de las condiciones bajo que hayan de emitirse y pagarse los billetes de Banco. En Alemania y en Austria, aun las leyes sobre los Bancos son del dominio de la Confederación.

En todas las confederaciones pertenece asimismo a la nación legislar sobre las pesas, las medidas y las aduanas. Desaparecieron en algunas, por el solo hecho de la confederación, las aduanas de Estado a Estado; pero ya que subsistan, las limita el poder central y las somete a reglas. En Suiza perciben aún los cantones derechos sobre varios de los artículos que se importan en su respectivo territorio; la Constitución federal (art. 32) prescribe que desde 1890 no los puedan cobrar sino sobre los vinos y las demás bebidas espirituosas. Aun para la imposición de tales derechos dicta condiciones. La Constitución alemana dispone a su vez (art. 33) que todo artículo de libre comercio en un Estado pueda entrar en los otros sin pagar impuesto, como no lo paguen en éstos los productos similares indígenas. Los Estados Unidos no tienen aduanas interiores.

La vejación corre también a cargo del poder central en todas las confederaciones. Por la Constitución de Alemania los buques de particulares de todos los Estados forman una sola marina mercante. Se los admite sin distinción y con perfecta igualdad de condiciones en todos los puertos, ríos y canales germánicos. Los cubre un mismo pabellón; están sujetos, en cuanto a su cabida, arqueo y patente, a las mismas reglas (art. 54). Organizan, por fin, los poderes federales todo lo relativo a los transportes por agua, sin excluir los derechos que puedan cobrarse, ya en los puertos, ya en los canales, para castos de construcción y de conservación (art. 4.°, párrafo 7.°). Las demás Constituciones son menos concretas, pero no menos explícitas. La de Austria (art. 11) declara simplemente que compete el reglamento de la navegación el Reichsrath; es decir, a las Cortes federales. Rigen los Estados Unidos la navegación por reglamentos mercantiles, y tienen dispuesto en la misma Constitución que no se pueda bajo concepto alguno dar preferencia a los puertos de un Estado sobre los de otro, ni obligar a ningún buque a que tuerza o suspenda su rumbo para reconocerlo ni para cobrarle derechos en los puertos del tránsito (art. 1.°, secciones 8.ª y 9.ª).

Respecto al comercio en general, la Constitución que más se ajusta a los principios federales es la de los Estados Unidos. Faculta al Centro sólo para regular el comercio de Estado a Estado, el que se haga con las tribus indias y el que se extienda a otras naciones. Le confía, sin embargo, y esto es ya una desviación del principio, la legislación sobre bancarrotas (art. 1.º, sección 8.ª). Va mucho más allá la Constitución suiza, que confiere en absoluto al poder federal, no sólo toda la legislación mercantil, sino también la relativa a la contratación de cosas muebles (artículo 64). Otro tanto dispone la de Alemania (art. 4.º, párrafo 13). La de Austria no dice sino que pertenece a la Confederación regular el comercio.

Absolutas por demás son también las Constituciones de Suiza y Alemania en materia de correos y telégrafos. Declarar que los correos y telégrafos son del dominio federal, y al tesoro federal corresponde cuanto producen (C.S. art. 36, C.A. artículos arts. 48 y 49). La de Austria, por el contrario, sólo confiere al Imperio el derecho de regirlos (II, Art. 11). Menos centralizadora aún la de los Estados-Unidos, no otorga a la Confederación sino la facultad de establecer administraciones de correos y vías postales (art. 1.º, sección 8ª).

Lo notable es el silencio que guarda esta Constitución sobre los caminos. Allí donde se ha unido por un ferrocarril el Atlántico y el Pacífico, no dice nada la ley fundamental ni sobre las vías férreas ni sobre las ordinarias. Sobre las ordinarias, tampoco es muy explícita la Constitución de Suiza; pone en cambio terminantemente las férreas bajo las leyes de la Confederación (art. 26). Por su artículo 23 no cube, sin embargo, dudar que puede la Confederación, si quiere, hacer toda clase de caminos o conceder subvenciones para que se los construya, pues goza de esta facultad para todas las obras públicas que interesen a regiones considerables de Suiza. Respecto a los ferrocarriles, adelanta mucho más la Constitución de Alemania. No sólo da a la confederación el derecho de vigilarlos y legislarlos, sino también el de construir u otorgar con el beneficio de la expropiación cuantos crea necesarios, ya para facilitar las comunicaciones generales, ya para la defensa del territorio (Arts. 4° y 41). La encarga, además, del examen de las tarifas con el objeto de que las uniforme y procure la mayor baratura posible en el transporte de las primeras materias, tanto para la agricultura como para la industria (Art. 45); y ordena que en los casos de carestía pueda el Emperador, a petición del Consejo Federal, obligar a las administraciones a rebajar provisionalmente el precio de conducción de los víveres (Art. 46). Los caminos ordinarios se limita a ponerlos bajo la inspección y las leyes de la Dieta (Art. 4°, párrafo 8°). La Constitución de Austria, mucho menos concreta, dice sólo que compete a la Confederación dictar reglamentos sobre las vías férreas y cualquiera otra clase de comunicaciones (II, Artículo 11, párrafo *d.*).

Las formas, como se ve, son varias; el fondo, el mismo. El principio capital de la federación domina en los cuatro códigos.

3 ATRIBUCIONES DEL PODER FEDERAL. LAS CUESTIONES ENTRE LOS PUEBLOS CONFEDERADOS. LA LIBERTAD Y EL ORDEN

Sigamos el ejemplo de las dos ciudades o las dos naciones. Independientes y aisladas, pueden hallar motivo de discordia hoy en sus respectivos límites, mañana en el uso de las aguas o de los pastos, al otro día en injurias de obra o de palabra inferidas de pueblo a pueblo, más tarde en su fervor religioso o en la ambición de sus magistrados. Aun después de estar en relaciones mercantiles, pueden hallarlos en las rivalidades y odios que engendra el mismo comercio. Las guerras económicas no son, a buen seguro, menos frecuentes en la Historia que las políticas. Faltas las dos naciones o ciudades de un poder que dirima sus contiendas, no ha de ser sino muy común que vengan a las manos. Esta fue, tanto en la Antigüedad como en la Edad Media, la suerte de las ciudades que vivieron sin el lazo de la federación; esta la de las naciones en que estuvo dividida España durante la Reconquista.

Si las dos ciudades se unen, es también obvio que han de someter a la Confederación estas cuestiones, sobre todo las que puedan provocar conflictos y engendrar la guerra. Hijas de la vida de relación y no de la vida interior de las dos naciones, caen de lleno bajo la competencia de los poderes federales.

Corresponden, por lo tanto, a la Confederación:

2.º TODAS LAS CUESTIONES QUE SURJAN ENTRE PUEBLO Y PUEBLO; Y como consecuencia

j. *La represión por medio de las armas de toda lucha que entre los dos pueblos se suscite.*

Corresponde esto a la Confederación en absoluto, y así está consignado en todas las Constituciones. La de Suiza, la más clara y terminante, previene en su artículo 14 que, si nacen diferencias entre dos o más cantones, se abstengan los Estados de hacer armamentos, las sometan a las autoridades federales y acaten la resolución que las decida. Si ocurriese de súbito un conflicto, añade el artículo 15, el gobierno del cantón amenazado lo pondrá desde luego en conocimiento del de la Confederación y reclamará el auxilio de los demás cantones, sin perjuicio de tomar las medidas que exija la gravedad del caso. Los cantones están obligados a prestarle socorro; los gastos corren a cuenta de la Confederación. Por los artículos 16 y 102 puede, además, el Gobierno Federal acudir por sí, y sin previa reclamación ni aviso, a cortar esta clase de contiendas.

La Constitución de Alemania es poco menos explícita. Juzgará el Consejo Federal a petición de parte, dice el arto 76, de todas las cuestiones de carácter público que se promuevan entre los Estados; y en cualquier parte del territorio en que estuviese amenazada la seguridad pública, añade el 68, el Jefe Federal. de guerra proclamará el estado de sitio. Por la Constitución austriaca se crea un tribunal del Imperio, llamado, entre otras cosas, a resolver cuantas pretensiones tengan uno contra otro los diversos reinos y territorios de la Corona; y está a cargo del Reichsrath la legislación sobre las relaciones entre todos los Estados (VI, artículo 3.°- II, Art. 11, párrafo *n.)* El Emperador, como jefe supremo de la fuerza armada, acude adonde quiera que estalle la guerra.

La Constitución de los Estados-Unidos, como que da por supuesto ese deber de la Confederación a intervenir en las contiendas de los Estados. Entre las atribuciones de su Congreso está la de llamar al servicio activo de la República las milicias locales para rechazar todo género de invasiones y sofocar las revueltas (Artículo 1.0, sección 8.ª). El poder judicial, allí grande, se extiende, por otra parte, a todas las controversias entre dos o más Estados (Art. 3.°, sección 2.ª).

Esto en la federación es esencialísimo. Porque no impedían ni contenían las guerras entre sus diferentes Estados, fueron tan agitadas e infecundas, así la Confederación Germánica de la Edad Media, como la mayor parte de las antiguas confederaciones de Italia y Grecia.

Pero dos ciudades o dos naciones que se unan se deben garantir algo más que los intereses materiales. Los morales son de tanta o mayor trascendencia. ¿Qué había de importar que tuvieran seguros las dos su paz y su comercio si, devoradas interiormente por la anarquía, no se hubiesen de prestar mutuo apoyo para el restablecimiento del orden? ¿Qué había de importar que estuviesen ricas si, perdido el goce de la libertad, no hubiesen de trabajar de consuno por restaurarla? Sin el orden, es decir, sin la sumisión a las leyes, decaen los más grandes Estados, se corrompen y se hacen estériles las más sabias instituciones y perecen en un mismo naufragio la libertad y el derecho. Sin la libertad, es decir, sin el respeto a la conciencia, al pensamiento, a la personalidad del hombre, se estancan y se envilecen las sociedades y viven bajo el terror p tienen en constante peligro el orden. En las sediciones de los Gracos tuvieron origen la dictadura de los Silas y el despotismo de los Césares; en el despotismo de la casa de Austria lo tuvo aquella decadencia rápida que hizo de la culta España la más atrasada de las naciones de Occidente.

No pertenecen el orden ni la libertad a la categoría de los hechos que constituyen la vida de relación de las dos naciones; pero es indudable que la afectan. Un pueblo no puede menos de resentirse, tanto en sus relaciones económicas como en las políticas, del estado de anarquía de su vecino. Cuanto más unidos estén los dos, tanta mayor intranquilidad han de producir en el uno los desórdenes del otro. Lo mismo sucede con el despotismo. El de una de las dos naciones es para la otra una perpetua amenaza. Sobre ser de suyo invasor, coarta la libertad, no sólo en el Estado donde se ejerce, sino también en el confederado. Aunque así no fuera, el orden y la libertad son intereses comunes a los dos pueblos: caen de lleno bajo la competencia de los dos poderes federales.

Corresponden, por lo tanto, a la confederación:

3.º LA LIBERTAD Y EL ORDEN, Y como consecuencia

k. *La intervención armada del poder federal, así en las rebeliones de un pueblo contra las leyes del Estado, como en las de un Estado contra las libertades del pueblo.*

Respecto a las últimas, el derecho de intervención es absoluto: el gobierno federal no debe esperar la instancia ni el consentimiento de nadie para decidirse a reprimirlas. Siendo el poder el rebelde, ¿de quién había de obtener la autorización para ir a levantar del polvo la libertad hollada? No es ya tan absoluto este derecho cuando se trata de las rebeliones de los pueblos, como no sean de índole tal, que comprometan la suerte de toda la República. Si la autoridad del Estado en que ocurren se siente con fuerza para sofocarlas, a ella y sólo a ella debe dejarse tan penoso encargo. Sólo cuando se reconozca o se la vea impotente para cumplirlo, debe la Confederación bajar a socorrerla.

Los Estados-Unidos tienen consignados en la Constitución federal todos los derechos inherentes a la personalidad humana: la libertad de cultos, la de la prensa, la de reunirse, la de pedir, la prohibición de todo género de servidumbre, etc., etc. Los han puesto así bajo la salvaguardia de la Confederación, que garantiza, además, a cada Estado la república como forma de gobierno (Art. 4.° sección 4.ª Arts. 1.°, 4.° y 13 de las Enmiendas). En cuanto a los desórdenes interiores, está la Confederación en el deber de prestar su auxilio al Estado que lo pida, bien por el poder legislativo, bien por el ejecutivo, si está aquél en vacaciones (Articulo 4.°, sección 4.ª).

Suiza ha escrito también en su Código Federal los derechos y las libertades del pueblo y les ha dado la Confederación por garantía (Arts. 5.°, 49, 50, 55, 56 Y 57), y no consiente en los Estados otra forma de gobierno que la república (Art. 6.°). Interviene en los disturbios interiores por su propio consejo, si comprometen su seguridad o no se halla el Gobierno del cantón donde ocurran en estado de reclamar socorro; a petición de parte, en cualquiera otro caso (Art. 16). Su Consejo Federal está encargado de velar, no sólo por la independencia de la patria, sino también por la tranquilidad y el orden (Art. 102, párrafo 10).

Por la Constitución de Austria los derechos de los ciudadanos están asimismo al amparo de la Confederación. Sólo al Reichsrath incumbe legislar sobre las libertades; sólo por el voto unánime de las dos terceras partes de sus individuos cabe reformar las condiciones a que están sujetas (II. Art. 11, letras *b* y *m;* Artículo 15, párrafo 2.°). Corre el orden, en primer término, a cargo del gobierno de los Estados; luego al del Emperador, que es el jefe supremo de todas las fuerzas de mar y tierra (IV, Arts. 5.° y 11).

Singular era sobre este punto la primitiva Constitución de Alemania. Nada disponía sobre la libertad individual, y la dejaba, por lo tanto, A merced de los Estados. La de 16 de Abril de 1871 ha corregido, aunque no del todo, este defecto. El Imperio legisla sobre la libertad de asociación y la de la prensa (Art. 4.°, párrafo 16). Respecto al orden, hay, como se ha dicho, un jefe de guerra de la Confederación, que puede declarar en estado de sitio cualquier punto del Imperio donde esté amenazada la seguridad pública (Art. 68).

Se considera hoy los derechos y las libertades individuales como anteriores y superiores a toda ley escrita, y por consecuencia fuera del alcance de todos los poderes, así de los Gobiernos como de los

Parlamentos. En toda confederación democrática es ahora rigurosamente lógico buscar en el poder central la garantía de tales derechos; no la condición, adviértase bien, sino la garantía. Así, prefiero en éste, como en muchos otros puntos, la Constitución de los Estados-Unidos. Prefiero, en lo que toca al orden, la de Suiza cuando se trata de pueblos acostumbrados a las revueltas. ¿Tendré necesidad de añadir que es indiscutible el derecho del poder federal a combatir por su propia autoridad las rebeliones de los Estados contra la Constitución o las leyes federales?

4 Atribuciones del poder federal. Igualdad de derecho y deberes dentro de los dos pueblos.

Sería aun imperfecta la unión de las dos ciudades si los que en la una habitaran fuesen mirados en la otra como extranjeros; si no tuvieran la libertad de fijar en ambas su domicilio, ejercer su industria y adquirir bienes, tanto muebles, como raíces; si no gozaran en cada una de los derechos de que allí disfrutasen los ciudadanos; si no hallaran en las dos la protección de los gobiernos y los tribunales y no pudiesen vivir en cada una al amparo de las leyes por que se rigiese. La dificultad que experimentan en sus mutuas relaciones las ciudades sin vínculo político es lo que principalmente las lleva a confederarse: faltaría la federación a su objeto, si no facilitara esas relaciones estableciendo para los diversos ciudadanos reciprocidad de deberes y derechos. No importa que en las dos ciudades sean distintos los códigos, la administración de justicia, el régimen industrial, las condiciones de vecindad o de ciudadanía; importa, sí, que no lo sean dentro de cada ciudad para los moradores de la otra que en ella traten o fijen su domicilio. Importa, sobre todo, que las providencias de los tribunales de cada pueblo sean en ambos válidas y ejecutivas. ¡Qué de obstáculos, si no, para el cumplimiento de los contratos! ¡Qué cebo para la mala fe de los contratantes!

Toca esto aún a la vida exterior de las dos ciudades o naciones, y cae, por lo tanto bajo la jurisdicción de los poderes federales. Corresponde así a la confederación:

4° La igualdad de derechos y deberes dentro de cada Estado para los ciudadanos de aquel Estado y los habitantes del otro; y como una de tantas consecuencias

1. *La validez y el carácter ejecutivo, dentro de todos los Estados, de las providencias que en cualquiera de ellos dicten los tribunales de justicia.*

Carecía de esta igualdad de condiciones la antigua Confederación Germánica, y era, por lo mismo, insuficiente. La actual dista de adolecer de tan grave falta. Su Constitución es en este punto categórica. Para todo el territorio federal, dice el art. 3.º, hay un *indigenato* común. Todo hombre que, bien como súbdito, bien como ciudadano, pertenezca a uno de los Estados, tiene la facultad de obrar en los demás como el que los habite, y por consiguiente establecerse en ellos, ejercer su profesión, desempeñar destinos, adquirir fincas, ganar vecindad y ejercer cualesquiera otros derechos análogos bajo las mismas condiciones que los indígenas. Ni el Estado a que corresponde ni los demás pueden coartarle el ejercicio de tales derechos. Quedan sólo en vigor las disposiciones de los municipios para la admisión y manutención de pobres y los convenios entre distintos pueblos sobre recepción de emigrados, cura de enfermos e inhumación de cadáveres. Por el párrafo 1.º del art. 4.º está, además, bajo la inspección y las leyes de la Dieta, es decir, de la Confederación, el ejercicio de todas las industrias, inclusos los seguros.

Bajo la inspección y las leyes de la Dieta caen también las medidas para la recíproca ejecución de las sentencias y requisitorias de los tribunales. Existe sobre esto una ley federal: la de 21 de Junio de 1869.

No es menos explícita la Constitución de Austria. Existe, dice el art. 1.º, un derecho general de ciudadanía para todos los que pertenecen a los reinos y territorios representados en el Resichsrath. Todo ciudadano, leo en el art. 6.º, puede fijar su residencia y establecer su domicilio en cualquier punto del Imperio, adquirir en él toda clase de bienes raíces, adminístralos libremente y ejercer todo género de industrias. Es absolutamente libre, dice el art. 4.º, la entrada de personas y la introducción de bienes en el territorio del Estado. Todos los ciudadanos que residan accidentalmente en un municipio donde paguen impuestos por sus fincas, su industria o sus rentas, tienen el mismo derecho que los vecinos, a elegir y ser elegidos concejales. Las leyes sobre la naturalización y la ciudadanía están, además, a cargo de las Cortes federales: a cargo de las mismas, las bases orgánicas para la administración de justicia (II, Art. 11, letras *g* y *l*). En esas bases está la mutua correspondencia de los tribunales todos, que tienen un superior común en el Supremo y en el de Casación de Viena (V, Art. 12).

La Constitución de Suiza es también categórica. Por el art. 6.º los cantones deben, en materia de legislación y en todos los negocios jurídicos, tratar a los ciudadanos de los demás Estados como a los propios. Por el 61 las sentencia civiles dictadas en un cantón son ejecutorias en todos. Por el 67 las leyes federales son las que fijan los casos de extradición de los delincuentes de uno a otro cantones. Por el 45 todo ciudadano suizo tiene el derecho de establecerse en el punto del territorio que mejor le parezca. Ningún cantón puede rechazarle como no sea por sentencia judicial, por haber cometido reiterados crímenes o por haber caído en su cantón o en su municipio de un modo permanente a cargo de la Beneficencia y haberle esta negado el suficiente socorro. Por el art. 31 puede cada cantón dictar las leyes que estime convenientes sobre el ejercicio de las profesiones industriales y mercantiles; pero sin faltar en ninguno al principio de la libertad de comercio y de industria, garantido por la Confederación en toda la República. La Confederación, por el art. 33, hasta facilita medios para que sean válidos en todo los cantones los títulos profesionales.

La Constitución de los Estados-Unidos es aquí más sintética. Los individuos de cada Estado dice la sección 2.ª de su art. 4.º, gozarán en los demás Estados de todos los privilegios e inmunidades de que en ellos disfruten los habitantes. No habla con tanta precisión de la validez de las providencias judiciales en todo el territorio de la República; pero es indudable que se la da en la sección 1.ª del mismo artículo. No permite que ningún Estado sirva de asilo al hombre que haya cometido en otro delitos graves, ni al que se haya escapado de otro por no cumplir el servicio o el trabajo a que le obliguen las leyes (párrafos 2.º y 3.º de la misma sección y del mismo artículo).

5 Atribuciones del poder federal. Relaciones exteriores

No basta aún que las dos ciudades o naciones tengan mutuamente asegurados el comercio, el orden, la libertad, la reciprocidad de derechos. Por causas iguales o parecidas a las que indiqué en otro capítulo, pueden ser objeto de extrañas invasiones. No se han de amurallar, como China, contra los demás pueblos. Solicitarán o les solicitarán el cambio de productos y entrarán en relaciones económicas con otras gentes: tendrán desde luego necesidad de que haya allí alguien o algo que les proteja personas, buques y mercancías. Por las relaciones comunes irán después a las políticas; y para las unas como para las otras deberán celebrar tratados. Los intereses son aquí también comunes a entrambas naciones, y afectan, si no la vida de relación entre las dos, la vida de relación de las dos con otros pueblos de la tierra. No cabe tampoco dudar ni por un momento que caigan bajo la competencia de los poderes federales. Naciones que se unan o hayan unido para garantirse mutuamente la paz y el comercio, unidas con más razón deben estar para garantidos contra ajenos obstáculos y ajenas agresiones. Sobre que, en cuanto se confederan, forman un ser colectivo, que es a su vez autónomo.

Corresponde, por lo tanto, a la confederación:

5.º LAS RELACIONES EXTERIORES, ÓSEA

ll. *El comercio exterior y los consulados;*

m. *La paz y la guerra;*

n. *La diplomacia y la celebración de toda clase de tratados, tanto económicos como políticos.*

Estas atribuciones de la Confederación son también absolutas. En absoluto las confieren las Constituciones todas a los poderes federales, y algunas hasta llegan a prohibir terminantemente a los Estados que se entiendan particularmente con naciones extranjeras. Toca al Congreso, leemos en la Constitución de los Estados-Unidos, regular el comercio con los demás pueblos, definir y castigar los delitos cometidos en alta mar y las ofensas al derecho de gentes, declarar la guerra, conceder patentes de corso y dictar reglas sobre las presas de mar y tierra; y no podrá Estado alguno celebrar tratados, hacer alianzas ni confederarse con otras naciones, ni empeñarse siquiera en guerras para su defensa, como tenga ocasión de poner en conocimiento del poder federal su estado de peligro (artículo 1.°, secciones 8.ª y 10.ª). Sólo la Confederación, dice la ley fundamental de Suiza, tiene el derecho de declarar la guerra, hacer la paz y celebrar con los demás Gobierno, pactos de alianza (Art. 8.°). Por el Art. 9.° conservan los cantones la facultad de negociar tratados con otros pueblos, pero excepcionalmente, sobre cosas relativas sólo a la economía pública y a las relaciones de vecindad y de policía, y previa la aprobación del Consejo Federal, cuando no de la Asamblea (Art. 102, párrafo 7.° - Art. 85, párrafo 5.°).

Austria es una confederación a su vez confederada con el antiguo reino de Hungría. En el pacto entre los dos pueblos se reservan a las delegaciones del Reichsrath y a la Dieta húngara los negocios extranjeros, entre los que se declara incluidos la representación diplomática y comercial en las demás naciones y los tratados internacionales (III, Art. 1.°, letra *a.*). Los tratados que no hayan de afectar a Hungría los celebra el Emperador por sí, como no versen sobre el comercio, ni impongan nuevas obligaciones a los ciudadanos, ni agraven las cargas de la Confederación ni las de los Estados que la componen; previa aprobación del Reichsrath, si tal sucede (II, arto 11, letra a. - IV, art. 6.°).

Al Presidente de la Confederación, es decir, al Emperador, corresponde por la Constitución de Alemania declarar la guerra, firmar la paz, celebrar alianzas y tratados con otras naciones, y nombrar y recibir agentes diplomáticos. No siempre puede el Emperador obrar por sí en tan graves negocios; pero es siempre la confederación la que los decide: ya el Consejo, ya el Reichstag, o lo que es lo mismo, las asambleas federales (Art. 11). Los cónsules son también de nombramiento del Emperador, previa audiencia de la comisión del Consejo Federal para el comercio y la industria. No podrán ya nombrarlos en lo sucesivo los Estados (Art. 56). Inútil es decir que pertenece también a la Confederación regular el comercio exterior. Entra en las atribuciones de la Dieta, según el párrafo 7.° del art. 4.°, organizar la protección del comercio alemán en el extranjero.

6 ATRIBUCIONES DEL PODER FEDERAL. LAS QUE, SIN SERLE ESENCIALES, LE HAN CONCEDIDO ALGUNAS NACIONES.

Llevadas del ya citado principio de igualdad, las Constituciones que examino otorgan a los poderes centrales otros derechos, principalmente el de legislar para toda la confederación sobre ramos importantísimos de la Administración y el Derecho. La de Alemania entrega a la Dieta nada menos que todo el derecho de las obligaciones, el mercantil y el penal y los procedimientos civiles (Art. 4.°, párrafo 13); y la Dieta, en uso de tan vastas atribuciones, ha dado a toda Alemania un código penal y multitud de leyes, ya sobre las letras de cambio, ya sobre las sociedades por acciones, ya sobre la emisión de billetes de Banco y toda clase de papel moneda, ya sobre la tasa del interés, ya sobre el establecimiento de un tribunal superior para los asuntos comerciales. La Dieta ha hecho una ley hasta sobre el embargo de estipendios a los criados y jornaleros. La Constitución otorga aún a la Dieta otras facultades: bajo la autoridad de la Dieta están los privilegios de invención, la propiedad literaria, el otorgamiento y la eficacia de los documentos públicos y las medidas de sanidad lo mismo para el hombre que para los demás seres animados (Art. 4.°, párrafos 5.°, 6.°, 12 Y 15)' Formuló ya la Dieta una ley sobre la propiedad intelectual y otra sobre la peste bovina.

La Constitución de Austria extiende también el poder legislativo de su Reichsrath, no sólo a todas las materias del derecho mercantil y marítimo, sino también a las minas y a los feudos, y del derecho civil a todo lo que no esté expresamente reservado a los poderes de las provincias. Somete también al Reichsrath los privilegios industriales, las marcas de fábrica, la sanidad, los tribunales de corrección y de policía y las bases orgánicas de las leyes sobre funcionarios públicos (II, Art. 11, letras *e, f, k y l*).

Por la Constitución de Suiza es aún más extensa la autoridad del poder central. Son de la competencia de la Confederación la capacidad civil de los ciudadanos, todas las materias de derecho relativas al comercio y a las transacciones sobre cosas muebles, la propiedad literaria y artística, la persecución de quebrados y deudores, la extradición de delincuentes, la expulsión de los extranjeros que comprometan la seguridad interior o exterior de la República (Artículos 64, 67 y 70). Son aún de su competencia las medidas sanitarias contra las epidemias y las epizootias (Art. 69). Está bajo su protección el derecho al matrimonio (Art. 54); bajo su Inspección, la policía de los diques y del alto monte (Artículo 24); bajo sus leyes, el ejercicio de la caza y de la pesca (Art. 25). A la Confederación pertenece aún dictar las convenientes disposiciones sobre el trabajo de los niños en las fábricas, la duración del jornal de los adultos y la protección que haya de darse a los jornaleros contra las industrias insalubres y peligrosas; a ella, velar y aún legislar sobre las agencias de emigración y las sociedades de seguros (Art. 34). La Confederación goza, por fin, el derecho de tener, además de su escuela politécnica, una universidad federal y otros establecimientos literarios, y el de tomar las medidas necesarias contra los cantones que no procuren la primera enseñanza; enseñanza que debe ser civil, obligatoria, gratuita, accesible a todas las sectas y organizada de modo que no sufran la conciencia ni la fe de los alumnos (art. 27).

La Constitución de Suiza ha resuelto, además, para todos los Estados de la Confederación una multitud de cuestiones: ha establecido la igualdad de todos los ciudadanos ante la ley, abolido los privilegios de localidad y de sangre, prohibido las casas de juego, expulsado a los jesuitas, impedido la fundación de nuevos conventos y el restablecimiento de los antiguos, puesto a cargo de las autoridades civiles el registro personal y los cementerios, suprimido la prisión por deudas y con todas las penas aflictivas la de muerte (artículos 4.º, 35, 51, 52, 59 y 65).

La Constitución de los Estados Unidos es más parca. No deja, sin embargo, de contener bastantes disposiciones generales, fuera de las políticas, ni de conceder a los poderes de la nación atribuciones análogas. No cabe en Estado alguno conceder títulos de nobleza, ni dar efecto retroactivo a las leyes, ni dictar ninguna que invalide las obligaciones de los contratos o imponga la admisión de otros valores que el oro y la plata en pago de deudas (art. 1.º, secciones 9ª y 10).

Los documentos públicos hacen plena fe en todos los Estados; el Congreso determina las condiciones que han de reunir y los efectos que surten (art. 4.°, sección 1.ª). El privilegio del auto de *Habeas corpus* no puede ser suspendido sino en los casos de rebelión o invasión en que lo exija la seguridad pública (art. 1.°, sección 9.ª). Todo ciudadano tiene derecho a la seguridad de su persona, casa, papeles y efectos contra injustificadas pesquisas y embargos (enmiendas, art. 4.°). Nadie tiene obligación de responder a ninguna acusación grave que no proceda de un jurado; nadie puede, por un mismo delito, correr dos veces peligro de la vida o de alguno de sus miembros, ni ser compelido a declarar contra sí mismo, sin perder, sin formación de causa, la existencia, la libertad ni los bienes, ni verse expropiado, sin la debida indemnización, por causa de utilidad pública (enmiendas, artículos 5.° y 14). Todo procesado tiene derecho a que se le juzgue pronta y públicamente por el jurado del distrito en que se haya cometido el crimen, se le entere de la naturaleza   la causa de la acusación, se le caree con los testigos que contra él depongan, se le faciliten los medios de descargo, y se le dé abogado que le defienda (enmiendas, art. 6.°). No se puede exigir jamás fianzas exageradas, ni imponer multas excesivas, ni infligir crueles y desusados castigos (enmiendas, art. 8.°). En materia penal corresponden al Congreso sólo las leyes sobre bancarrotas, traición contra los Estados Unidos, piraterías y demás violaciones del derecho de gentes (Constitución, art. 1.°, sección 8.ª, y art. 3.°, sección 3.ª); en materia administrativa, promover el progreso de las ciencias y las artes útiles, asegurando por tiempo limitado a los autores e inventores el exclusivo derecho a sus escritos y descubrimientos (art. 1.°, sección 8.ª).

Nada de esto es esencial en la federación, pero tampoco inconveniente. Hallo, por de pronto, utilísimo que se ponga bajo la égida del poder federal todo ese conjunto de derechos que tienden a garantir contra la tiranía la personalidad del hombre. Como hemos visto que lo está la libertad, bueno será que lo esté lo que es, por decirlo así, su complemento: la seguridad personal, la igualdad ante la ley, la defensa contra los juicios injustos, la abolición de penas que destruyan, mutilen o degraden. A ese orden de garantías pertenecen aún, a mi modo de ver, las leyes sobre el trabajo de los niños y los adultos. El trabajo, ya prematuro, ya excesivo, es un evidente ataque a la personalidad del obrero. Aplaudo la Constitución suiza por haber otorgado a la Confederación la facultad de regularlo.

Respecto al Derecho, la conducta más ajustada a los principios de la federación entiendo que es la de los Estados Unidos. Reservan a los poderes federales sólo los delitos contra la nación y las demás naciones; dejan los otros a los Estados y se limitan a consignar para la seguridad de los presuntos reos las bases esenciales del procedimiento, las indicadas garantías. En materia civil hacen aún más: declaran inviolables los pactos y los ponen fuera del alcance de la autoridad de los Estados. En los negocios de comercio, ya lo vimos en otro párrafo, no legislan sino sobre las relaciones entre ciudadanos de diversos Estados o de diversas gentes. Sientan luego el principio general de derecho, nunca bastante arraigado en la conciencia de los pueblos; el de que las leyes no pueden tener efecto retroactivo.

Estoy, sin embargo, lejos de condenar y aún de censurar la conducta de las demás confederaciones. Son tantas y de tal importancia las relaciones jurídicas que entre habitantes de diversos Estados engendra el comercio, que no puede menos de ser beneficiosa para toda nación la unidad de las leyes mercantiles. Sobre que la federación no es en ningún modo contraria a la unidad, antes la busca por donde cabe más sólidamente fundarla, por la libre y espontánea voluntad de los pueblos. Respeta la federación la variedad donde quiera que exista, como no vea en ella un obstáculo a su propia existencia; pero acepta y favorece también la unidad donde quiera que la produzcan especiales circunstancias o el natural desarrollo de la vida de las naciones. Circunstancias especiales hacen, por ejemplo, en Suiza de general interés los diques y los bosques, la caza y la pesca, la abolición de las manos muertas: la federación no impide que haya en Suiza una sola legislación sobre pesca y caza, bosques y diques, ni que por un solo artículo de la Constitución se cierre a ciertas órdenes religiosas las puertas de la República. El desarrollo del derecho hace, por otra parte, posible en Alemania la unidad de las leyes criminales y de procedimiento: la federación se apresura en Alemania a realizarla. Si el día de mañana en una confederación cualquiera llegaran los pueblos a sentir la necesidad de estar regidos en lo civil por un solo Código, ¿por qué se había de oponer tampoco la federación a que el Código se escribiera y por él se rigieran todos los ciudadanos y por él juzgaran todos los tribunales? La federación va a la unidad sin imponerla, y no la establece que no la vea desde luego asegurada; los sistemas unitarios, que la imponen, no suelen verla asegurada sino después de mucho tiempo y de una serie de perturbaciones y conflictos.

Así, no porque yo examine en este libro qué negocios deben estar necesariamente bajo el dominio de la confederación, se ha de entender que me oponga a que le confíen otros los pueblos confederados. A lo que decididamente me opongo es a que, forzando la marcha de las cosas, se quiera la unidad donde no la consientan la diversa vida y tal vez los encontrados sentimientos de las provincias. A nada tienen tanto apego los pueblos como a sus costumbres y a esas mismas leyes civiles de que acabo de hacer mérito; consienten fácilmente el cambio de las penales o las de comercio, no el de las que determinan la propiedad y rigen las sucesiones. En ninguna confederación se ha llegado todavía a la unidad de estas leyes; y sería para mí antifederal que se la impusiera. Antifederal y antipolítico, porque la ley civil afecta, como he dicho, la vida íntima de las sociedades, y toda reforma cuya necesidad no reconozcan, las subleva y perturba. ¿Por qué no hemos de esperar a que el tiempo vaya borrando las diferencias que en esto separan a las antiguas naciones?

En otro orden de leyes, véase cuán sin esfuerzo han llegado a la unidad todos los pueblos confederados. En las cuatro Constituciones son de la competencia del poder central las leyes sobre la propiedad literaria y la artística, los privilegios de invención y las condiciones que ha de reunir un documento público para que haga fe en todos los Estados: en tres las disposiciones sanitarias. La conveniencia de que los documentos públicos tuviesen fuerza donde quiera que se los presentara, y los derechos y los privilegios de los autores y los inventores se extendiesen a toda la nación, ha sido tan patente a los ojos de aquellas sociedades, que todas a una han querido sobre este punto la unidad de derecho. No era tampoco posible que se desconociese la importancia y el carácter de generalidad que las leyes sanitarias reúnen. Lo extraño es que, a excepción de la de Suiza, hayan olvidado la enseñanza. Sin considerarlo de esencia en la federación, aplaudo de todas veras lo que sobre este particular dispone la Constitución Helvética.

La unidad va estableciéndose de suyo, y no hay, repito, por qué violentar la marcha de los pueblos. Dejemos que en cada confederación la espontaneidad social la vaya realizando. Basta al efecto que no encerremos el sistema dentro de inflexibles límites. En todos los sistemas políticos hay algo de esencial y mucho de accidental, que muda con las circunstancias. Sigamos fijando lo esencial y abandonemos lo accidental a la libre voluntad de las naciones. He reunido en este párrafo todo lo accidental para que sirva de ejemplo: continúo mi tarea de deslinde.

7 Medios que se ha de conceder al poder federal para el ejercicio de sus atribuciones - Los tribunales federales

Tenemos ya determinadas las atribuciones de la confederación: debemos examinar los medios con que ha de ejercerlas. Para sostener el orden en los Estados, impedir que busquen la decisión de sus discordias en el terreno de las armas, rechazar extrañas invasiones y defender sus derechos enfrente de los demás pueblos, es indudable que necesita por una parte tribunales, por otra fuerzas de mar y tierra. Los necesita, además, para la ejecución de sus acuerdos y de sus leyes. Para mantener luego esas mismas fuerzas y tribunales, y llenar los demás fines que le están encomendados, necesita hacer gastos, proveerse de fondos con que cubrirlos, y por lo tanto, imponer y recaudar tributos. Sin esto no hay federación posible.

Corresponde, por lo tanto, a la Confederación:

6.° LA ORGANIZACIÓN DE TRIBUNALES FEDERALES;

7.° LA DE UN EJÉRCITO Y UNA ARMADA;

8.° LA IMPOSICIÓN Y RECAUDACIÓN DE CONTRIBUCIONES BASTANTES A CUBRIR LOS GASTOS.

Que éstas hayan de ser atribuciones de la confederación, no lo negará ni lo pondrá en duda nadie: dan todas origen a dudas tales, que considero oportuno consagrar a cada atribución un capitulo.

Llevados algunos de la importancia de la administración de justicia, pretenden que han de estar bajo la mano de la confederación todos los tribunales. Disto de participar de semejante idea. Implica, en primer lugar, contradicción que haya unidad de tribunales donde no la haya en las leyes. Ofrece, en segundo lugar, pocas garantías de acierto que estén encargados de aplicar ciertas leyes magistrados que apenas las conozcan, por haber hecho sus estudios donde rijan otras instituciones. Los delitos caen, por otra parte, casi en todos los pueblos cultos, bajo la acción de los jurados, que son, por su naturaleza, locales. Así, de las cuatro Constituciones que he tomado como piedra de toque para mis ideas, sólo en la de Austria encuentro exclusivamente confiado a la confederación el organismo del poder judicial y el nombramiento de los jueces. El Reichsrath da la organización, el Emperador reparte las magistraturas, y en su nombre se juzga y se dictan las sentencias (II, Art. 11, letras *l* y *m)*. No sucede ya esto, sin embargo, en la Confederación austro-húngara: en Hungría los tribunales son del todo independientes del Imperio (III, Arts. 1.°y 2.°).

Acontece otro tanto en Alemania. Cada Estado tiene allí su poder judicial y su ley orgánica de tribunales; cada Estado nombra sus jueces. No hay ni siquiera un tribunal común para los delitos que contra la Confederación se cometan. La magistratura del Estado en que ocurran es la competente para juzgarlos. Se habla en la Constitución de un tribunal superior que ha de conocer en primera y única instancia de los crímenes de alta traición que se ejecuten en territorio puesto en estado de sitio; pero se aplaza el ejercicio de sus funciones para cuando se hayan dictado ordenanzas precisas sobre su competencia y sus procedimientos. No sé que se las haya dictado. En Alemania no hay ni tribunal que entienda en las cuestiones que puedan suscitarse entre los diversos Estados; no hay un tribunal del Imperio como en Austria. Si esas cuestiones son de carácter privado, siguen la suerte de las que surgen entre particulares; si de carácter público, van al Consejo Federal o al Reichstag según la materia sobre que versen. Ni aun de estas cuestiones pueden conocer los poderes de la Confederación sin instancia de parte (Artículos 74, 75, 76 y 77).

Contra esta exagerada independencia de la administración de justicia no hay en Alemania sino el precepto por que son válidas y ejecutivas en todo el Imperio las providencias de los tribunales (Art. 4.°, párrafo 11. - Ley de 21 de Junio de 1869). Hoy por hoy, apenas existe tampoco en Suiza otro contrapeso a la descentralización judicial tratándose de negocios civiles entre ciudadanos. En todo lo civil, cada suizo está sometido a la jurisdicción y a las leyes del cantón de su domicilio: allí ha de ir a buscarle todo el que le cite. Tiene cada cantón sus tribunales, y sólo éstos pueden juzgar al demandado y embargarle los bienes, cuando sea meramente personal la acción del demandante. Si es real, procede al parecer el embargo por otros jueces (Arts. 46, 59 y 61). Conoce ya la Confederación de los negocios civiles que no versan exclusivamente entre ciudadanos. Hay en Suiza, como en Austria, un tribunal federal, y éste juzga de los litigios entre la Confederación y los cantones, entre la Confederación y los cuerpos o particulares que la demanden por cosas de cuantía, entre cantón y cantón, entre cantones y cuerpos o particulares, siempre que lo exija cualquiera de las partes y sea de importancia el pleito, entre municipios de diferentes Estados por cuestiones de ciudadanía; entre cualesquiera cuerpos políticos por la de gentes sin patria (Art. 110).

El tribunal federal tiene ya hoy en Suiza grande importancia; pero está llamado a tenerla mucho mayor por el art. 114. La Asamblea le puede por este artículo dar las atribuciones que crea convenientes para asegurar la aplicación uniforme de las leyes sobre la capacidad civil, las de comercio, todas las que se refieran a la contratación de cosas muebles, las que regulen la propiedad literaria y artística, y las que hablen de la persecución por deudas y quiebras. El tribunal puede por este medio ir avocando a sí en primera o en última instancia la mayor parte de los pleitos y mermar grandemente la jurisdicción de los tribunales de los cantones.

El tribunal federal de Suiza conoce, además, de ciertas causas: de las traiciones contra la Confederación y de los atentados contra las autoridades federales; de los crímenes o delitos contra el derecho de gentes; de los crímenes y delitos políticos, origen o consecuencia de desórdenes que hayan exigido la intervención del ejército de la República, y de los que hayan cometido funcionarios federales, siempre que lo pidan los que los nombraron (Art. 112). Conoce también de las reclamaciones de particulares por violación de derechos políticos o tratados (Art. 113, párrafo 3.°). Los demás delitos están naturalmente bajo los jurados de los cantones.

Es indudable que la Constitución suiza es hasta aquí la que más se ajusta a los principios federales. Los delitos contra la Confederación y los demás pueblos, las cuestiones civiles en que figure un Estado o la Confederación misma, no es lógico ni justo que caigan bajo la jurisdicción de tribunales en quienes no viva el espíritu de la nación. Tengo, sin embargo, por más conforme a los buenos principios la Constitución de los Estados Unidos. En los Estados Unidos hay, no uno, sino muchos tribunales federales. Los hay de distrito, equivalentes aquí a los de partido; los hay de circuito, nuestras audiencias; hay uno supremo: que reside en Washington. Los de distrito extienden su jurisdicción a parte de un Estado, algunos a un Estado entero. Los de circuito, que son hoy nueve, a diferentes Estados *(The Federal Government by Ransom H. Gillet, 1871)*. Hasta dónde llega la autoridad de estos tribunales, nos lo dice en términos precisos la sección 2.ª del artículo 3.º de la Constitución.

Conocen estos tribunales de las controversias en que sean parte los Estados Unidos y de las que nazcan entre dos o más Estados, o entre un Estado y los ciudadanos de otro, o entre ciudadanos de diferentes Estados, o entre ciudadanos de un mismo Estado que reclamen terrenos de Estados diversos, o entre un Estado o los ciudadanos del mismo y los Estados, ciudadanos y súbditos extranjeros. Aquí, como ve el lector, se reserva a los tribunales de los Estados sólo los negocios entre ciudadanos de un mismo Estado, que es lo que exige el rigorismo de los principios federales. Exige también este rigorismo que pertenezcan a los jueces federales todos los casos que afecten a la Constitución, a los tratados, a las leyes y a las atribuciones generales de la República; y todos estos casos se hallan efectivamente bajo los tribunales de la Confederación: las violaciones del derecho de gentes, las presas de mar y tierra, los asuntos todos del almirantazgo, etc., etc. Lo están asimismo, y es también lógico, los negocios relativos s los embajadores y s los demás diplomáticos y cónsules. En estas causas y en todas aquéllas en que es parte un Estado, entiende en primera y única instancia el Tribunal Supremo; en las demás, sólo por vía de alzada.

No interviene ya la Confederación en los negocios criminales. Caen todos bajo el fallo del Jurado, a excepción de los que promueva la Cámara de los Representantes en uso del derecho de acusación que le concede contra el poder ejecutivo y los ministros la sección 2.ª del artículo 1.º Donde se cometió el delito, allí está el tribunal que ha de juzgarlo. Para el caso en que no se haya cometido dentro del territorio de ningún Estado, fijan las leyes el lugar en que deba instruirse el proceso (Art. 3.º, sección 2.ª).

Para mí, dentro del sistema de la federación, lo repito, no hay organización judicial más lógica. No la enmendaría más que en un punto. No sujetaría a los magistrados federales las controversias entre vecinos de diversos Estados sino cuando lo exigiese uno de los litigantes. Debe siempre dejarse a los que litiguen 1a libertad de someterse a la jurisdicción que prefieran. Puede que la tengan y yo lo ignore.

8 MEDIOS QUE SE HAN DE CONCEDER AL PODER FEDERAL PARA EL EJERCICIO DE SUS ATRIBUCIONES -El EJÉRCITO Y LA ARMADA

El ejército y la armada no dan margen en el sistema federal a menos cuestiones que los tribunales. Si la confederación dispone de grandes fuerzas, es un peligro para la autonomía de las provincias; si de pocas, corre el riesgo de ser impotente para exigir de las provincias, en ciertos casos, el cumplimiento de sus leyes. Los poderes centrales suelen ser invasores, los provinciales suspicaces y rebeldes; prevenir a la vez las invasiones de los unos y las rebeliones de los otros, es en verdad todo un problema. ¿Se dejará desarmadas a las provincias? ¿Se les permitirá que se armen a su antojo? Si se hace lo primero, se las priva de todo medio de defensa contra las usurpaciones del Estado; si lo segundo, se les da un motivo de ruina y se compromete la paz pública. ¡Qué fácil no ha de ser entonces que escojan para palenque de sus diferencias el campo de batalla!

Fiel a mi sistema práctico, empezaré por examinar lo que sobre esto prescriben las cuatro Constituciones. Por la germánica todo alemán está obligado a servir personalmente tres años en el ejército activo, cuatro en la primera reserva, cinco en la segunda. Pertenece cada cual al contingente de su Estado; pero forma parte de las fuerzas federales. Como que el ejército federal no es más que la suma de los contingentes que da cada Estado del Imperio. El jefe supremo de este ejército es el Emperador, o sea el rey de Prusia, que tiene el derecho de enterarse, por medio de sus inspectores, de la situación de cada contingente y ordenar que se corrija las faltas de que adolezca. Puede y debe el Emperador hacer que estén completos y aptos para el combate todos los cupos, y sean iguales en todos la organización, el armamento, el mando, la instrucción del soldado y la jerarquía de los oficiales. A él incumbe distribuir esos contingentes, organizar fa *landwehr*, la segunda reserva, determinar los puntos del territorio federal que deban tener guarniciones, dar a las diversas partes del ejército la orden de ponerse en pie de guerra. Él nombra al jefe superior de cada contingente, a los oficiales que hayan de mandar tropas de contingentes diversos y a los comandantes de las fortalezas. No nombra a los generales de cada cupo ni a los que, no siéndolo, hayan de ejercer funciones de tales; pero interviene en el nombramiento. Por sí y sin consultar a nadie construye plazas fuertes donde lo estima oportuno; y declara, como se ha visto ya, en estado de sitio la parte del territorio federal en que crea amenazada la seguridad pública (Arts. 57, 59, 63, 64, 65 y 68).

Constituyen las fuerzas todas de la Confederación un solo ejército, y siguen por lo tanto una misma numeración todos los regimientos; van todos uniformados a la prusiana, se rigen todos por una misma ley militar y deben todos al Emperador una obediencia absoluta, que le han de jurar al pie de banderas. No por esto deja de tener cada contingente su inmediato jefe en la autoridad superior del respectivo Estado. A esta autoridad, senado o príncipe, corresponde elegir los oficiales que no deba nombrar el Imperio, revistar las tropas, dotarlas de insignias exteriores, y aplicarlas a todas las necesidades de orden interior, junto con las guarniciones de su territorio (Arts. 61, 63, 64 y 66).

La marina federal de guerra está por completo a las órdenes del Emperador. Él la crea, él la organiza, él la aumenta o disminuye a su albedrío, él nombra todos los oficiales y todos los empleados, él la dirige y la manda. Oficiales, empleados, tripulaciones, tropas, han de prestarle juramento de fidelidad. La Confederación cubre los gastos y da el personal para el servicio: no interviene en la constitución ni en los demás negocios marítimos. Toda la población de las costas del Imperio está obligada a servir en los buques. El puerto de Kiel y el de Jahde son puertos federales de guerra (Artículo 53).

Esta organización del ejército y la armada es hija de circunstancias especiales. Alemania, para llegar a lo que es, ha debido luchar con dos grandes naciones: Austria y Francia. Las ha vencido; pero tiene por lo mismo en las dos una amenaza perpetua. Francia, sobre todo, la odia, y acecha la ocasión de vengarse. Alemania ha debido prevenirse contra estos peligros. Codicia, por otro lado, hacerse árbitra de los destinos del Continente, y se considera llamada a ser el antemural de los pueblos occidentales contra las temibles invasiones de Rusia. No podía menos de pensar en un fuerte ejército y una poderosa armada.

No por eso está hoy por hoy comprometida la autonomía de los Estados. Cada Estado dispone, después de todo, de una parte del ejército proporcionada al número de sus habitantes. El Emperador la manda en jefe; pero el Estado la tiene a sus inmediatas órdenes. Contra las posibles usurpaciones del Emperador puede contar cada Estado primero con sus armas y luego con las de los vecinos, tan interesados en su independencia como en la propia, puesto que en las confederaciones, al peligrar un Estado, peligran realmente todos. Era grande este riesgo cuando la Confederación se limitaba a las naciones del Norte, porque Prusia podía más. sola que las otras reunidas; pero ha desaparecido desde que entraron en la liga las del Mediodía. Prusia, aun siendo el núcleo y el Estado más fuerte de la Confederación, dista de poder imponerse a toda Alemania, mucho más estando como están las disposiciones sobre el ejército limitadas, respecto a Baviera y Wurtemberga, por los tratados de 23 y 25 de Noviembre de 1870 (Apéndice al título 11). La marina ¿qué había de poder contra la autonomía de los Estados, si sólo dos están al mar y tienen por escudo la Confederación entera? Casi están más los Estados al abrigo de la Confederación, que la Confederación al de los Estados.

La Constitución de Austria no es tan concreta. Pone a cargo del Reichsrath todo lo relativo al desempeño, a las reglas y a la duración del servicio de las armas: la cifra a que haya de elevarse todos los años el ejército, los suministros de bagajes y víveres, el alojamiento de tropas, el deslinde de los derechos que corresponden a las autoridades de los distintos reinos y provincias para la ejecución de las leyes y el uso de la fuerza, ora sea permanente, ora se la convoque en casos especiales para conservar o restablecer el orden (II, Art. 11, letra *b*.-IV, Art. 11). No declara sino que el Emperador es el jefe del ejército (IV, Art. 5.°), y tiene hasta para Hungría la dirección, el mando y la organización de todas las fuerzas (III, Art. 5.°). Hungría queda, no obstante, en libertad para fijar su contingente, administrarlo y distribuirlo como mejor le plazca, y consignar las relaciones, los derechos y los deberes de los individuos que lo compongan (III, Art. 1.°, letra *b.*). No hay así en la Confederación austro-húngara la unidad militar que en la germánica; pero sí en la austriaca. En Austria el ejército es más uno que en Alemania, y las provincias menos fuertes para sostener su autonomía.

En Suiza se ha seguido otra marcha. La Confederación carece de tropas permanentes. Las tiene cada cantón, pero tan escasas, que sin previa autorización del poder federal no pueden constar de más de trescientos soldados. No va incluida en el número la gendarmería. Hay, sin embargo, fuerzas federales, ya para mantener el orden, ya para defender la independencia y los derechos de la República. Todo ciudadano suizo está obligado al servicio de las armas; pasa, como en Alemania, por el ejército activo y las dos reservas. Se componen las fuerzas federales de los cuerpos de los cantones y de todos los suizos que, sin pertenecer a ellos, sean aún soldados. La Confederación dispone de todas estas fuerzas y de todo el material de guerra previsto por las leyes; y, si el peligro arrecia, de todos los hombres útiles, estén o no en el servicio, y de todos los recursos de guerra de los cantones. A la Confederación corresponde dictar las medidas que estime convenientes para organizar el ejército; a la Confederación instruirlo, equiparlo y armarlo. Puede, mediante indemnización, servirse y aun hacerse dueño de las plazas fuertes y de los edificios militares que en los cantones existan. Monopoliza la fabricación y venta de la pólvora de guerra (Arts. 13, 18, 19, 20, 22 y 41).

La Asamblea federal es la que tiene el derecho de emplear todas esas tropas; mas si está en vacaciones y hay urgencia, puede también el Consejo, es decir, el poder ejecutivo, levantar cuantas fuerzas exija la gravedad del caso. Ha de convocar las dos Cámaras sólo cuando pasen de dos mil los hombres que se haya de llamar al servicio y deba éste durar tres o más semanas (Art. 85, párrafo 9.º- Artículo 102, párrafo 11).

A pesar de todo, lo aquí más garantido son los cantones. Cuentan con tropas permanentes, aunque pocas, y con guardias de orden público; y para lo que no prohíben expresamente la Constitución y las leyes federales, disponen de todas las fuerzas de su territorio (Artículo 19). A la Asamblea toca legislar sobre la organización de la milicia; pero a los cantones ejecutar las leyes y equiparla con cargo a las cajas del Estado. A ellos pertenece, aunque siempre bajo las prescripciones generales que la Confederación les trasmita, componer los respectivos cuerpos de ejército, procurar que no mermen por bajas que no se cubra, y nombrar y ascender a los oficiales y los jefes (Artículos 20 y 21). ¿Por dónde han de temer los cantones que los pueda absorber la Confederación? Está prescrito que, a no impedirlo consideraciones militares, ha de estar compuesto de soldados de un mismo cantón cada cuerpo de tropas (El mismo art. 21).

En el fondo, si bien se examina, no son tan distintos como a primera vista parece los sistemas suizo y germánico. La diferencia principal consiste en la cifra del ejército activo; en Alemania, grande; en Suiza, muy baja. En una y otra naciones, cada Estado dispone en primer término de las tropas de su territorio. Las diferencias son verdaderamente accidentales.

No sucede así ya en los Estados-Unidos. Allí la Confederación tiene su ejército y su marina; no un ejército y una marina compuestos exclusivamente de los cupos de cada Estado, sino un ejército y una marina que ella recluta, organiza, manda y retribuye. Hay en cada Estado una milicia de que por la ley son individuos todos los hombres útiles de diez y ocho a cuarenta y cinco años pero esta milicia, si bien forma parte del ejército y lo completa, trátese de sofocar una rebelión o de rechazar al extranjero, no lo constituye todo, como en Alemania y Suiza. Dan aún menos los Estados para la marina; es ésta puramente federal, como en el imperio germánico, y vive de la gente que se alista en sus distintos cuerpos.

Así, según la Constitución, corresponde al Congreso levantar y mantener ejércitos, equipar y sostener una armada, dictar reglas para la organización y el buen régimen de las fuerzas de mar y tierra; llamar al servicio de la nación la milicia de los Estados cuando lo exija la buena ejecución de las leyes, la conservación del orden o la patria en peligro, procurar que esta milicia se halle perfectamente organizada, y cuidar, sobre todo, del buen gobierno de la que pueda un día ser puesta en pie de guerra (Art. 1.º, sección 8.ª). Corresponde al presidente de la República el mando en jefe, no sólo de la armada y del ejército, sino también de la milicia cuando haya de estar bajo las banderas de los Estados-Unidos (Art. 2.º, sección 8.ª). Tienen por su parte los Estados el derecho de nombrar a los oficiales de esa misma milicia, el de dirigirla con arreglo a la disciplina prescrita por el Congreso (Art. 1.º, sección 8.ª), y el de dirigirla y aplicarla a todas las necesidades de orden interior, mientras no se la llame al servicio de la República.

Para mí es preferible este sistema. El de Austria es propio de una nación unitaria. El de Alemania adolece de inconvenientes que sólo tienen por contrapeso la circunstancia de estar a la cabeza de la

Confederación un Estado como Prusia, que podría con sólo su contingente sofocar las rebeliones que en cualquiera otra provincia estallasen y hacer frente a los primeros embates de un ejército enemigo. El de Suiza es, sin disputa, el más democrático y el menos costoso; pero también el menos acomodado a naciones turbulentas.

A mi manera de ver, cada Estado debe tener su fuerza, y la confederación la suya; máxime si, como sucede en los Estados-Unidos, es cabeza de la República, no un Estado más o menos fuerte y vigoroso, sino un distrito neutral de diez millas en cuadro. Los Estados deben tener fuerzas propias, porque son autónomos; la confederación, las suyas, porque es un poder nacional, y no se concibe un poder sin fuerza.

La dificultad está en señalar el límite y el enlace de unas y otras. Porque es evidente que no se puede conceder ni a la confederación ni a los Estados el derecho de aumentarlas *ad libitum,* ni dejarlas tan independientes, que no se hayan de prestar mutuo auxilio. Deben estar, en mi opinión, combinadas de modo que ni puedan las de la confederación contra las de la mayor parte de los Estados, ni las de la menor parte de los Estados contra las de la confederación, y sea indispensable el concurso de todas en caso de graves desórdenes y guerras. Importa no perder de vista que la confederación y los Estados son dos entidades que, si bien distintas, existen la una en la otra, y sobre todo respecto a las demás naciones, tienen una vida común. Quisiera determinar hasta numéricamente estas relaciones; pero sobrado conocerá el lector que han de variar según las circunstancias de cada pueblo, y no es posible, hablando en tesis general, reducirlas a expresiones aritméticas. Pasemos a la cuestión de Hacienda.

9 Medios que se han de conceder al poder federal para el ejercicio de sus atribuciones. La Hacienda

La cuestión de Hacienda en los pueblos federalmente regidos no deja de ser difícil. Suelen tener los Estados que los componen crecidos gastos, y no es raro que hayan agotado las fuentes de ingresos. ¿De dónde habrá de sacar la confederación sus recursos? Ocurre al pronto un medio sencillísimo: la confederación puede repartir entre los Estados, a proporción de la riqueza que en cada uno conozca, el importe de sus gastos, y dejar que cada Estado recaude como mejor le parezca la cuota que le corresponda. No ha de llevar de este modo su acción económica hasta los mismos contribuyentes; no ha de perturbar la de la provincia ni la del municipio; no ha de aumentar con el coste de una nueva administración el peso más o menos abrumador de sus impuestos. Pero ¿será conveniente que la confederación tenga del todo su Hacienda, y por lo tanto su vida, a merced de los Estados? Digo de la Hacienda lo que del ejército: debe la confederación, a lo que entiendo, disponer de recursos propios. En hora buena que para hacerse con parte de los que necesite acuda, si otra cosa no puede, a las provincias. Lejos de censurarlo, he de aplaudirlo, porque esto creará más estrechos vínculos entre la confederación y los Estados; pero no podría aplaudir ya que se la condenase a tener en las arcas de los Estados sus ingresos.

¿Mas de dónde ha de sacar la confederación esas rentas propias? se continuará preguntando. No convendría, a la verdad, que fuese a buscarlas en los manantiales que las provincias. Se correría el riesgo de que, a fuerza de aprovecharlos, se los agotara; de que se oprimiera bajo el peso de dobles tributos, ya la propiedad, ya una industria, ya un ramo de comercio. Sería difícil el cobro lo mismo para la confederación que para los Estados, y habría en todos déficit. Para obviar el mal no sé que haya más de un medio: reservar a la confederación ciertas y determinadas contribuciones y dejar las demás a las provincias. Algunas hay, por cierto, que vienen como indicadas para tan necesaria reserva. Hemos visto que pertenecen esencialmente a la confederación ciertos servicios, por el carácter de generalidad que tienen. Tales son, en primer lugar, los correos y los telégrafos. Los beneficios de unos y otros, que pueden ser y son ya muchos, habrían de entrar naturalmente en las cajas federales. En ellas habrían de entrar por la misma causa los de la acuñación de la moneda y los de todos los monopolios que la confederación ejerciese, mientras no se conviniera en abolirlos.

Pero hay para la confederación otra fuente de ingresos tan natural y más pingüe. Hemos visto que las aduanas caen bajo el exclusivo dominio del poder central. Como a la confederación incumbe formar el arancel tomando a la vez en cuenta las necesidades de la industria y las de la Hacienda, a ella habrían de corresponder los beneficios que el arancel procurase: no sólo los del arancel, sino también todos los procedentes de derechos de navegación y puerto, ya que la marina, así la de guerra como la mercante, es otro de los ramos de la administración del Estado. Sólo cuando en todos estos recursos no encontrara medios bastantes para cubrir sus gastos, podría y debería la confederación recurrir a las provincias.

Podrían, empero, sobrevenir circunstancias extraordinarias en que ni bastasen para los gastos las rentas de la confederación, ni pudiesen por de pronto los Estados suplir la falta. Es evidente que la confederación habría de poder en estos casos acudir al crédito. *Primum esse*. Levantaría entonces empréstitos, daría hipotecas, estipularía las condiciones de reintegro; e intereses y devolución de capital correrían naturalmente a cargo de todos los Estados. O se establecería al efecto nuevos tributos federales, o se haría nuevas derramas.

Esto poco más o menos prescriben en materia de Hacienda las cuatro Constituciones. No es sobre este punto muy explícita la de Austria; pero sí la austro-húngara. Toca aquélla en los límites del sistema unitario, y ésta es ya excesivamente descentralizadora. Carece el Imperio de recursos propios para hacer frente a los gastos comunes a los dos reinos. Los sufragan proporcionalmente Austria y Hungría por medio de sumas que en épocas determinadas han de fijar los poderes legislativos: el Reichsrat y la Dieta. Nótese de pasada lo vicioso del procedimiento. Puede acontecer que el Reichsrat y la Dieta no se avengan. La Constitución dispone que en este caso determine el Emperador la cifra, bien que para sólo un año. Si se trata de un empréstito, son todavía mayores las dificultades. Deben ante todo acordarlo separadamente la representación de Hungría y la de Austria, y, después de acordarlo, fijar juntas las condiciones (III, Art. 3.°).

La Constitución de Alemania está más en los buenos principios. Para atender a los gastos comunes, dice su arto 70, servirán ante todo los sobrantes de los años anteriores, luego la renta de aduanas, el importe de la contribución general de consumos y los rendimientos de los telégrafos. A no bastar tales ingresos, deberán los Estados cubrir el resto a prorrata de su población ínterin no se establezcan nuevos tributos federales. En momentos extraordinarios, añade el art. 73, se podrá levantar un empréstito a cargo de la Confederación por una ley en Cortes. Ignoro cómo se recaudarán allí los consumos para el Tesoro: no me parecen a propósito para tributo federal, mucho menos si el Tesoro los ha de cobrar directamente. La Confederación percibe, además, en Alemania los derechos de mar y aun creo que, en todo o en parte los de timbre.

La república suiza dispone, para cubrir sus gastos, de la renta de sus bienes, de la de aduanas, de la de correos y telégrafos, de la del estanco de la sal y la pólvora, de la mitad del importe de las redenciones militares, de la cuota que por la ley se asigne a los cantones según la riqueza imponible de que cada uno disponga. Cuenta aun con los productos de sus casas de moneda, y contará desde 1890 con los derechos que sobre los vinos, las demás bebidas alcohólicas y otros artículos cobran ya los cantones, ya los municipios (Artículos 29, 30, 31, 32, 36, 38, 41 y 42). Puede también por un acuerdo de la Asamblea federal levantar empréstitos (Art. 85, párrafo 10). A no ser por la tendencia a los consumos, difícilmente podría darse un régimen más federal ni más sencillo.

Por la Constitución de los Estados-Unidos, las facultades de la Confederación son mucho más amplias. Está autorizado el Congreso para imponer todo género de contribuciones, ya directas, ya indirectas. Directas, las ha de repartir con arreglo al censo de población de cada Estado; indirectas, las ha de establecer con uniformidad en todo el territorio de la República. Son desde luego suyos los beneficios de la acuñación de la moneda, los derechos marítimos, los rendimientos de correos y telégrafos, y la renta de aduanas. Las aduanas son su principal fuente de ingresos. Los

Estados no pueden, sin beneplácito del Congreso, gravar las importaciones ni las exportaciones: aun facultados para ello, no pueden retirar del producto del impuesto sino lo necesario para el cumplimiento de sus leyes de inspección y vigilancia. El producto líquido ha de pasar íntegro a las cajas de la República. No pueden tampoco los Estados exigir derechos de tonelaje (Art. 1.º, secciones 8.ª, 9.ª y 10.ª).

A pesar de la libertad otorgada al Congreso, era antes de la guerra sencillo y conforme con los principios federales el sistema tributario de los Estados-Unidos. La guerra ha venido a complicarlo en 1862 con la *internar revene,* contribución que cada año se extiende a más objetos y grava principalmente la circulación de los productos. Carece de ley la necesidad, y no bastaban verdaderamente las antiguas rentas para pagar los intereses de la enorme deuda que entonces se contrajo, deuda que en siete años, de 1860 a 1866, se elevó de 64 a 2.783 millones de duros. Pero habría sido en mi opinión más conveniente que, en vez de recurrir la Confederación al medio de establecer y recaudar por si los derechos interiores, cosa que la ha obligado a derramar por todo su territorio el personal de su Tesorería, hubiese repartido entre los Estados el exceso de sus gastos sobre sus ingresos. Hasta en los pueblos unitarios es para mí contraria a la buena gestión económica la simultánea existencia de dos fiscos en una misma localidad, por los casi inevitables conflictos a que da origen. .

Inútil sería añadir que tiene también la Confederación el derecho de tomar dinero sobre su crédito (Artículo 1.º, sección 8.ª). Lo usó en todo tiempo, y más que nunca en los últimos años, en que declaró moneda los bonos de su Tesoro. Con esos bonos, admisibles en pago de todas las obligaciones generales menos los intereses de la deuda pública y la renta de aduanas, no sólo ha salvado muchas dificultades, sino que también ha establecido un nuevo sistema fiduciario, por el que, sin resucitar su Banco nacional, dos veces levantado y otras dos muerto, regula y garantiza la acción de los de toda la República, que pasaban hace años de 1.700 (*The Federal Government by Ransom H. Gillet*).

Una cuestión hay aún en la Hacienda de las confederaciones sobre la cual me creo obligado a decir algunas palabras. Hay quien sostiene que la confederación, no sólo debe arbitrarse recursos, sino también examinar los que escojan para sí las provincias. No acepto esta intervención, como no sea para impedir que las provincias establezcan sobre los impuestos federales ninguna clase de recargos. Como para su régimen económico obedece la nación a su propio criterio, a su criterio deben obedecer los Estados, ayer naciones, para fijar lo mismo sus gastos que sus ingresos. De convenir en que el criterio de la confederación es superior al de los pueblos que la componen, negamos la causa y el principio de la federación y caemos en el unitarismo.

10 LOS PODERES FEDERALES. CUÁNTOS Y CUÁLES DEBEN SER. QUÉ RELACIONES DEBEN UNIRLOS

Deslindadas ya las atribuciones de toda confederación, importa que digamos cómo y por quién se ha de ejercerlas. Ha sido hasta aquí la federación bajo mi pluma una simple idea, una abstracción, una palabra. Debo ahora concretarla y convertirla en hecho. Para esto no puedo dejar de encarnarla en algo. Atribuciones o funciones políticas suponen desde luego entidades políticas, y toda entidad política toma cuerpo y forma en un poder público. ¿Cuál o cuáles han de ser los poderes de una confederación?

Toda confederación es esencialmente representativa. No es posible que viva ni se constituya sin un cuerpo de diputados por las naciones que la formen o traten de formarla. Así, toda confederación, lo mismo en los antiguos que en los actuales tiempos, lo mismo cuando predominó el absolutismo que cuando prevalecieron las democracias, tuvo por primero y principal órgano una asamblea con el nombre, ya de Consejo, ya de Dieta, ya de Cámara. Mas las asambleas, aptas para deliberar, resolver y aun juzgar, no lo fueron nunca para la ejecución de sus acuerdos ni de sus sentencias. Se levantó pronto a su lado otro poder más sencillo, que tuvo por objeto hacer cumplir los decretos de la confederación y se personificó aquí en un caudillo, allí en un estratega, más allá en un emperador, acullá en un consejo federal o en un presidente de la república. En algunas de las primitivas confederaciones este mismo poder era pasajero. Nacía sólo en circunstancias anormales, cuando, por ejemplo, se emprendía una guerra. La Asamblea nombraba entonces y revestía de amplias facultades al general que había de acaudillar los comunes ejércitos. Restablecida la paz, el general desaparecía. Mas esto pasaba tan sólo en confederaciones, por decirlo así, rudimentarias. En las griegas coexistieron ya permanentemente los dos poderes.

Lo que no tuvieron nunca las antiguas confederaciones fue un poder judicial. No concebían que pudiesen caer bajo su jurisdicción otras diferencias que las que surgieran entre sus distintos pueblos; y a éstas, como de carácter político, las consideraban de la exclusiva jurisdicción de las asambleas. Ni tuvieron tampoco dos Cámaras como las confederaciones de nuestros días. No las tuvieron ni las de la Antigüedad, ni las de la Edad Media. Había en la Confederación Germánica de otros siglos, no dos, sino tres cuerpos, que legislaban: el de los electores, el de los príncipes y el de la ciudades del Imperio; pero no constituían verdaderamente tres Cámaras, sino tres brazos de una sola y misma Dieta. Aunque separadamente, deliberaban a la vez sobre los mismos asuntos y sumaban los votos.

La idea de las dos Asambleas es reciente; pero ha nacido con tal fuerza, que no hay ahora confederación que no las tenga. ¿Cómo hoy tan general lo que ayer no existía en confederación alguna? Las modernas confederaciones, mucho más perfectas que las de ningún otro tiempo, abrazan, como acabamos de ver, las múltiples y numerosas relaciones que pueden establecerse entre dos pueblos. No ven ya su fin único, ni siquiera su fin principal, en la doble necesidad de la invasión y la defensa. Miran al orden interior, a la facilidad del cambio, a la mejor administración de justicia; protegen a los confederados en las demás naciones; garantizan la libertad y la igualdad de derechos y deberes de los ciudadanos; toman a su cargo multitud de servicios; tienen instituciones y leyes propias; un ejército, una armada, una Hacienda, un conjunto, por fin, de cosas que las convierten como en seres distintos de las provincias o Estados que las componen. Se sienten, no ya tan sólo como confederaciones de pueblos, sino también como naciones, es decir, como nuevas entidades políticas. El sentimiento de estas dos fases de su personalidad es lo que ha dado principalmente origen a las dos Asambleas. En la una están representadas como naciones; como confederaciones en la otra. Valiéndome de los nombres con que aquí designamos las dos Cámaras, la confederación está ordinariamente en el Senado; la nación en el Congreso.

Es a mi modo de ver imposible que sin los tres poderes marche desembarazadamente una confederación ni llene el fin de su vida. Ha de crear y organizar los tres y darles vigor y fuerza: procurar que tenga cada uno bien determinada su órbita, y sea dentro de ella tan poderoso y libre como fuera de ella impotente. Según indican las mismas palabras con que se los denomina, debe el legislativo legislar, el ejecutivo ejecutar, el judicial juzgar, o lo que es lo mismo, decidir los derechos dudosos y buscar y castigar a los criminales. La invasión del uno en el terreno del otro es la causa primordial del desorden y la ruina de la justicia. Por esto aplaudo, contra el parecer de muchos, la conducta de los pueblos que han sometido a los tribunales de la confederación hasta las cuestiones de derecho público entre los Estados.

Puede indudablemente un mismo negocio caer bajo el dominio de los tres poderes; mas no para un mismo fin, ni bajo un mismo punto de vista. Cae todo lo que es objeto de la confederación bajo el poder legislativo, pero sólo en cuanto es materia de ley o de regla; bajo el ejecutivo, en cuanto lo es de acción; bajo el judicial, en cuanto lo es de aplicación del derecho al hecho o de controversia entre distintas personalidades jurídicas. Hemos visto, por ejemplo, que son de la competencia de la confederación las discordias entre los Estados. Toca al poder legislativo dictar leyes para evitarlas y reglas para dirimirlas; al judicial resolverlas; al ejecutivo reprimirlas, si los Estados, por recusar la jurisdicción o no conformarse con el fallo de los tribunales, recurren a las armas. Toca después al mismo poder judicial castigar a los insurrectos.- Son también, como es sabido, de la competencia de la confederación la paz y la guerra. Si la nación se ve de improviso atacada por extrañas gentes, al poder ejecutivo toca desde luego rechazarlas; al legislativo examinar las causas de la invasión, y si no las estima justas o no puede impedirlas, votar las contribuciones y levantar los empréstitos y las tropas necesarias para sostener la lucha. ¿Se trata de una invasión, no ya pasiva, sino activa? Al poder legislativo corresponde declarar la guerra, al ejecutivo hacerla y si mañana se presentan ocasiones de paz, al ejecutivo los preliminares, al legislativo el tratado. Al judicial corresponderán sólo las cuestiones que nazcan, ya de los decretos del legislativo, ya del tratado hecho.

Podría multiplicar los ejemplos; pero opino que bastan los que puse. Es facilísimo determinar lógicamente las atribuciones de los tres poderes, siempre que no se pierda de vista los fines de cada uno y la necesidad a que debe su origen. Sé que a pesar de esto, distan de haberlas determinado de igual manera las cuatro Constituciones; pero ¿cuándo no modificaron los pueblos, por las circunstancias de lugar y tiempo los acuerdos de la razón absoluta? La declaración de guerra pertenece todavía en Austria al poder ejecutivo (IV, Art. 5.°).

Redactada la Constitución poco después de vencido el Imperio por el rey de Prusia, no se creyó oportuno despojar al Emperador de tan importante prerrogativa. Otro tanto sucedió en Alemania. La Constitución que se hizo para la sola confederación del Norte, armaba de esta facultad a Guillermo. No se la otorgaba ya, como hemos visto, la Constitución de 1871, escrita para toda Alemania después de vencida y humillada la vecina Francia (Art. 11). Suiza y los Estados-Unidos tampoco la confiaron sino a sus Asambleas.

Para mí corresponden al poder legislativo, no sólo las declaraciones de guerra, sino también la celebración de la paz y la de cualesquiera otros pactos con los demás pueblos. En esto lleva ventaja a todas las Constituciones la de Suiza, que somete sin distinción a sus Asambleas todas las alianzas y tratados que el Consejo Federal conciba (Art. 85, párrafo 5.°). No estoy ni por las restricciones de Alemania y Austria, que dejan ciertos tratados a la discreción del poder ejecutivo (Art. 11.-II, Art. 11, letra *n),* ni por las de los Estados-Unidos. que los entregan todos a la voluntad del Senado y del presidente de la República (Art. 2.°, sección 2.ª). Una nación no puede obligarse sino por su legítima representación en Cortes, y todo tratado obliga.

No bajaré a más pormenores, por no hacer enojoso mi trabajo. Diré sólo algunas palabras sobre las relaciones de los tres poderes. No porque haya de tener cada uno la facultad de moverse libremente dentro del círculo de sus atribuciones, habrá de vivir respecto a los demás en absoluta independencia. El ejecutivo no puede menos de ser responsable de sus actos ante la nación, cuyos acuerdos ejecuta. En vacación las Cámaras, debe en cambio gozar del derecho de convocarlas, y aun de adelantarse a tomar resoluciones, si así lo exigieren anormales circunstancias e inminentes peligros. La iniciativa de las leyes corresponde a las Asambleas; pero el poder ejecutivo debe cuando menos tener la facultad de proponer las reformas que le aconseje la constante experiencia de los negocios. Toca más de cerca y más pronto que las Cámaras las imperfecciones de las leyes, sobre todo de las que se refieren a la gobernación del Estado. El mismo poder judicial debe tener el derecho y aun la obligación de poner en conocimiento del legislativo los vicios y las lagunas que en los Códigos observe.

Cuídese, empero, de no exagerar esa mutua dependencia de los tres poderes. En Austria el ejecutivo convoca, suspende y disuelve la

Cámara de los diputados, precisamente el cuerpo en que están directamente representadas las provincias del Imperio. En Alemania puede suspender las dos Asambleas, aunque con la obligación de reunir el Consejo Federal, siempre que lo reclame la tercera parte de los que lo compongan. Esto, que son puras reminiscencias de las monarquías constitucionales unitarias, gobiernos de transición entre reyes y pueblos, es en toda confederación verdaderamente absurdo. En una confederación no hay nada superior a la voluntad de los confederados, y esa está en la confederación misma o en los cuerpos que la personifican. Deben las Cámaras, como en Suiza y en los Estados-Unidos, reunirse y disolverse con arreglo a la Constitución del Estado, y suspenderse por derecho propio. No ha de intervenir el poder ejecutivo en esos actos de las Cortes sino cuando ocurra el caso de que acabo de hablar, o cuando las dos Cámaras no puedan ponerse de acuerdo sobre el tiempo en que deban estar suspendidas las sesiones (Const. Austriaca, TI, Art. 19.- Const. Suiza, Art. 86.- Const. de los Estados-Unidos, Art. 1.0, sección 4.ª- Art. 2.º, sección 3.ª).

Es todavía otra reminiscencia de las monarquías constitucionales y otro absurdo en las confederaciones el derecho de veto del poder ejecutivo a las resoluciones del legislativo. Es verdaderamente de sentir que lo hayan consignado en sus Constituciones directamente los Estados-Unidos, indirectamente Austria y Alemania. Suiza ha dejado afortunadamente de incurrir en error tan grave. El derecho de veto lo tenían en Roma los tribunos de la plebe contra las decisiones del Senado. Allí era esto natural y lógico. El Senado no representaba en Roma sino parte de la nación, la aristocracia. De no tener el pueblo su asamblea, debía cuando menos estar armado de tan importante derecho. Habría sido, de otra manera, siervo del Senado. En las actuales confederaciones, las Asambleas son imagen viva de la totalidad de la nación; y contra toda una nación no cabe el veto. No cabría racionalmente sino bajo la monarquía hereditaria, admitida la hipótesis de que reinaran los reyes por la gracia de Dios y no por la voluntad de los súbditos.

A creer posible el derecho de veto, le querría como en los Estados-Unidos. Allí el Presidente de la República sólo tiene diez días para devolver a las Cámaras los proyectos de ley que a su sanción eleven. Si no los devuelve dentro de este plazo, se los tiene desde luego por leyes. Para devolverlos ha de exponer las razones en que se funde. Las oyen y las discuten las Cámaras; y si, votado de nuevo el proyecto, lo confirman las dos terceras partes de los individuos de cada Asamblea, es también ley, a pesar del veto del Presidente (Art. 1.°, sección 7.ª) .

Como quiera que sea, el veto resulta anómalo y absurdo. En vano, para quitarle este carácter, han concebido hombres de indisputable talento un cuarto poder público, una elevadísima presidencia que no sea ni el poder legislativo ni el ejecutivo y participe de la naturaleza de entrambos. Ese alto poder del Estado emanaría siempre del pueblo y sería contradictorio que una autoridad del pueblo pudiese sobreponerse por un tiempo dado a la confederación entera reunida en Cortes. Sería tanto mayor la contradicción si ese presidente fuera responsable: Habrían de acusarle precisamente las mismas Cortes a que podría oponer su veto.

Si bien se considera, veto hay en la misma república de Suiza; pero ¡cuán distinto del que combato! No hay allí el veto de un poder a otro poder; sino el de la nación a los poderes que la representan. Como lo pidan ocho Estados o treinta mil electores, hay que someter cualquiera ley o decreto de los poderes federales a la sanción del pueblo. El pueblo puede rechazar por un plebiscito lo que hayan decretado su Consejo Federal o sus asambleas (Art. 89). Este veto es siquiera lógico: es el del mandante al mandatario.

Las relaciones del poder judicial con el legislativo Y el ejecutivo suelen estar mejor determinadas en las Constituciones objeto de este examen. El legislativo le dicta las reglas de procedimiento; el ejecutivo le presta el brazo para llevar a efecto las sentencias. ni el legislativo ni el ejecutivo pueden revocar los fallos que por las disposiciones procesales hayan adquirido fuerza ejecutoria. No cabe invalidar sino los dictados en causas criminales, y éstos por el solo ejercicio del derecho de gracia. Obra el poder judicial con independencia, lo mismo contra las personas constituida en autoridad que contra los simples ciudadanos; y no puede en cambio ni corregir ni dejar de aplicar las leyes, por excesivamente severas y monstruosamente injustas que le parezcan. Es verdad que su personal es de nombramiento de los demás poderes; pero no lo es renos que, una vez nombrado, es y ha de ser inamovible (Const. de Austria, V, Art. 6. °- Const. de los Estados-Unidos, Art. 3.°, sección 1ª). Para mayor garantía de independencia, corresponde el nombramiento del tribunal federal de Suiza a las dos Cámaras; el de los jueces federales de los

Estados-Unidos, al Presidente y al Senado (Const. Suiza, Art. 85, párrafo 4: Constitución de los Estados-Unidos, Art. 2.°, sección 2.ª). En Suiza no es, sin embargo, vitalicio el empleo de magistrado, ni deja de estar el tribunal federal bajo la suprema inspección de las dos Asambleas (Articulo 85, párrafo 11.- Art. 107, párrafo 2.°).

11 LOS PODERES FEDERALES. ORGANIZACIÓN DE CADA UNO DE LOS TRES QUE ADMITO

Vengamos a la organización de los tres poderes. Me declaro desde luego por la división del legislativo en dos cuerpos. Me parece absurda en las naciones unitarias; racional y conveniente en las federales. Una sola Cámara, si nacional, podría favorecer la unidad a costa de la autonomía de los Estados; si federal, exagerar la autonomía de los Estados a costa de la unidad de la nación. Creo poco menos que necesaria para evitar ambos escollos la existencia de las dos Cámaras. Bien constituidas, entiendo que vienen a ser en lo político lo que en lo material las fuerzas generadoras del ordenado movimiento de los astros: la centrífuga y la centrípeta. No las había, como hemos visto, en las antiguas confederaciones; pero tampoco tendían, como las actuales, a hacer surgir la unidad de la misma variedad de sus elementos. La ya citada república del Peloponeso era verdaderamente una excepción de la regla.

Mas para que estas dos Asambleas llenen su fin, entiendo que deben ser representación genuina la una de los pueblos confederados, la otra de la totalidad de los habitantes. Así, yo no admito que la Cámara federal sea elegida más que por los Estados o los Cantones. No me opondría a que lo fuese la nacional por los diversos organismos sociales, porque esto no sería en último resultado sino una organización del sufragio, y en el sufragio universal descansan o deben por lo menos descansar las Asambleas nacionales; pero sí a que lo fuese una Cámara que ha de ser la expresión fiel, no de la movediza voluntad de los individuos ni de los encontrados intereses de las clases, sino de la política y la independencia de los Estados. No admito tampoco que en esta Cámara tenga cada Estado más de un voto. Me parece en esto preferible la Constitución de Alemania a las de los Estados-Unidos y Suiza. Por la de estas dos repúblicas nombra dos senadores cada Estado, y éstos votan separadamente según sus particulares convicciones. ¿Puede darse nada más extraño que ver por este procedimiento a un Estado votar sobre una misma cuestión en pro y en contra: O nombre cada Estado un solo representante, u oblíguese a los representantes de cada Estado a que no emitan sino un voto. No voten como no hayan podido ponerse de acuerdo.

No corresponderían tampoco a su objeto las dos Asambleas, si no fuesen iguales en atribuciones. En ambas debe estar la iniciativa de las leyes: bajo entrambas deben caer todos los negocios de la confederación. No han de ser distintas en facultades, sino donde se les confiera el cargo de acusar y juzgar a los individuos del poder ejecutivo. En buenos principios jurídicos, no puede nadie en una misma causa ser juez y parte. La Cámara que acuse no debe tener el derecho de juzgar. Así, por la Constitución de los Estados-Unidos, es la Cámara de Representantes la que acusa, el Senado el que juzga y sentencia (Art. 1.º, secciones 2.ª y 3.ª).

Por la Constitución de Alemania parece a primera vista que se confieren más facultades al Consejo Federal que al Reichstag, esto es, más al Senado que al Congreso. El Consejo Federal es, como ya se ha dicho, el que formula las proposiciones que se han de someter a la deliberación de la otra Cámara. Si concibe el Emperador algunas, no puede llevarlas al Reichstag que no hayan merecido la aprobación del Consejo. Pero el Reichstag tiene también el derecho de iniciativa, y al fin los proyectos, que nazcan en la una, que en la otra Asamblea, no son leyes, como no hayan obtenido mayoría en las dos Cámaras (Arts. 5.º, 7.º Y 23). Goza, sin embargo, el Consejo sobre el Reichstag de una prerrogativa sin ejemplo. No puede ser disuelto, y puede, con asentimiento del Emperador, disolver la otra Asamblea (Art. 24). Prerrogativa inexplicable, si no supiéramos que, por las especiales circunstancias de algunos de los pueblos confederados, el Consejo es allí todavía, más bien que una Cámara, un Congreso diplomático.

Se dirá tal vez que algún recurso ha de buscarse para el caso en que, discordes las dos Asambleas, rechace la una lo que haya aprobado la otra; que si no en la intervención del poder ejecutivo, se lo ha de buscar forzosamente en la preponderancia de una de las dos Asambleas. Pero hay otros medios para salvar el conflicto: primeramente el de las comisiones mixtas: luego el de aplazar la resolución del negocio para otra legislatura u otras Cortes. Todo antes que la desigualdad de atribuciones, fuente inagotable de rivalidades y antagonismos. Antes que la desigualdad, una sola Cámara.

No se olvide que no examino aquí sino bajo el punto de vista federal la naturaleza y la organización de los poderes públicos. Dejo por esta razón a un lado multitud de cuestiones, y paso al poder ejecutivo. ¿En quién convendrá que este poder resida: en un individuo o en un consejo? La Historia nos lo presenta casi siempre personificado en un hombre. Un solo estratega lo ejerció en la confederación del Peloponeso. En un solo general lo tenían cada vez que lo creaban las antiguas confederaciones de Italia. En un solo estatúder lo tuvo por mucho tiempo la confederación de Holanda, y en un solo patricio después de abolido el estatuderato. En un solo emperador lo depositó por fin Alemania durante siglos. Desapareció en nuestros días el emperador; quedó reina y señora la Dieta: y, preciso es confesarlo, nunca fue más ilusoria ni más débil la Confederación Germánica.

De las cuatro confederaciones que me sirven aquí de norma, sólo en una es colegiado el poder ejecutivo. Lo desempeña en Suiza un consejo federal compuesto de siete individuos (Art. 95). Están a la cabeza del Consejo un presidente y un vicepresidente de la Confederación (Art. 98); pero nótese bien, sin más facultades sobre los demás consejeros que las del presidente de un ministerio. Forman los dos parte de los siete miembros del Consejo: entre éstos se los elige todos los años (El mismo artículo).

No estoy en absoluto contra esta constitución del poder ejecutivo. Ha producido y produce en Suiza excelentes resultados, y puede ser necesaria en pueblos con marcada tendencia al gobierno personal y a la dictadura. Pero, en tesis general, prefiero el sistema de las otras confederaciones. Para la deliberación muchos, para la acción uno: tal debe ser en mi dictamen el principio de la organización de los poderes. El choque de encontrados pareceres ilumina y da vigor al que razona; debilita. y enerva al que ejecuta. Y la acción debe ser firme y rápida. Para que tenga uno responsabilidad, es además preciso que sea completamente dueño de sus actos; y responsable ha de ser en toda confederación el poder ejecutivo. ¿Se es dueño de sus actos desde el momento en que se debe estar y pasar por los acuerdos de una mayoría?

No todas las confederaciones están tampoco de acuerdo sobre la manera de elegir al jefe o a los jefes del poder ejecutivo. Alemania y

Austria, que llevan a su cabeza un monarca hereditario, nada dispusieron sobre este punto. En Suiza, cuando ha de renovarse el Consejo Federal, se reúnen las dos Cámaras y designan juntas a los ciudadanos que han de componerlo (Art. 36). En América, nombra cada Estado un número de electores igual al de sus representantes en las dos Asambleas federales y votan éstos al presidente y al vicepresidente de la República. El Senado recibe y cuenta en presencia de la otra Cámara los votos de toda la Nación, y proclama presidente y vicepresidente al que ha obtenido mayoría absoluta para cada uno de los dos cargos. Si nadie la ha obtenido para presidente, la Cámara de Representantes elige entre los tres candidatos que hayan alcanzado más votos; si nadie para vicepresidente, elige el Senado entre los dos más favorecidos por la votación de las provincias. En Suiza, como se ve, es el poder legislativo el que nombra al ejecutivo; en los Estados-Unidos, el pueblo.

Es difícil optar entre los dos procedimientos. Si el poder ejecutivo nace del legislativo, ¿dónde está su independencia? Si del pueblo, ¿cómo, teniendo el mismo origen que el legislativo, ha de responder a la acusación e inclinar la cabeza ante el fallo de las Cámaras? La Constitución suiza, para salvar esos escollos guarda silencio absoluto sobre la responsabilidad del poder ejecutivo. Da a las Cámaras reunidas la facultad de elegirlo, no de separarlo. Cada Consejo Federal vive lo que las Asambleas a que debe la vida. Se renuevan por igual los dos poderes (Art.96). La Constitución americana hace, por lo contrario, sonar muy alto la responsabilidad del poder ejecutivo (Artículo 2.°, sección 4.ª). Para obviar las dificultades de su método, más lógicas que sustanciales, no veo, francamente hablando, que haya hecho nada serio. No porque sea de elección directa el poder legislativo e indirecta el ejecutivo, es para mí distinto su origen. Ni porque el Senado, al condenar a los individuos del poder ejecutivo, se haya de limitar a separarlos, inhabilitados y dejar a la justicia ordinaria la aplicación de otras penas, considero que desaparezca la contradicción de que hice mérito (Art. 1.°, sección 3ª-, párrafo último).

¿Cómo resolver el problema? No estoy porque eliminemos ninguno de sus términos. Quiero responsable el poder ejecutivo, y lo quiero de libre elección del pueblo por un método análogo al de los Estados-Unidos. Hacerlo de nombramiento de las Cámaras es caer en el absolutismo democrático. De allí a la Convención no hay más que un paso; y la Historia nos enseña que no es menos peligroso para la libertad el absolutismo de las asambleas que el de los reyes y los Césares. Miro, por otra parte, como un insulto a la humanidad y un ultraje a la moral y la conciencia declarar irresponsable de sus actos al que por ellos puede comprometer la honra, la paz y el porvenir de las naciones. Así las cosas, entiendo que las Cámaras han de tener, cuando más, el derecho de acusar al poder ejecutivo. El juicio ha de corresponder a un gran jurado que para cada proceso se constituya. Las acusaciones contra el Poder han sido rarísimas aún en los pueblos más libres: no será nunca frecuente la formación de esos tribunales elegibles por la nación entera. Los jefes que la nación se dio, sólo la nación ha de juzgarlos.

Otra cuestión hay aun de bastante importancia sobre los jefes del poder ejecutivo. ¿Deben serlo ilimitadamente o por tiempo? Ya que lo sean por tiempo, ¿ha de ser breve la duración del cargo? De por vida no sé que lo hayan sido ni en los pasados ni en los presentes días los jefes de otras confederaciones que las monárquicas. El estatuderato era en Holanda vitalicio; pero Holanda, ínterin lo tuvo, no fue una república. Consideraría la innovación arriesgada y poco lógica: la creería, además, contraria a los principios democráticos. Para que la acción sea enérgica y rápida, el que la ejecute debe estar en conformidad de pensamiento con el que delibere y resuelva. ¿Por qué se habría de exigir de un presidente, y no de las Cámaras, que siguiese las ondulaciones y aun las varias corrientes de las ideas? Cambia el poder legislativo con la opinión pública; y ¿no habrían de cambiar los jefes del poder ejecutivo? De hacérselos inamovibles, debería indudablemente declarárselos irresponsables. Se los entregaría, si no, a las cábalas de los ambiciosos, las pasiones de las asambleas y las iras de las muchedumbres. Las acusaciones, ahora raras, serían entonces frecuentes; la perturbación, grande en la sociedad como en el gobierno.

Debe ser, no sólo limitada, sino también breve la duración del cargo. Para que la deliberación y la acción marchen en lo posible de acuerdo, conviene que el jefe del poder ejecutivo no sobreviva a las Asambleas. La acción gasta mucho más pronto que la deliberación el prestigio y las fuerzas del hombre. El hombre en el gobierno se vicia y se corrompe también con más facilidad que en las Cámaras. La prolongación del mando le hace orgulloso y le inclina a sobreponer su voluntad a las leyes. En las antiguas repúblicas las altas magistraturas solían ser anuales. Por un solo año regían la de Roma los cónsules y mandaban en las provincias los pretores. Recuérdese, con todo, qué de agigantadas empresas no llevó a cabo aquella gran República. Y en un principio ni reelegibles fueron unos ni otros magistrados. Sólo se les permitía, si por acaso se hallaban empeñados en alguna guerra al abrirse los comicios, que continuasen un año más al frente de sus tropas con el título de procónsules o el de propretores. Consintióse más tarde la prorrogación de las preturas y la reelección para el consulado; y ¡ay! no tardó Roma en ir por la dictadura y las guerras civiles al despotismo del Imperio. Pasaron a ser de los generales los que habían sido hasta entonces ejércitos de la patria.

No desconozco los males que trae consigo la excesiva movilidad de los poderes. Comprendo que las naciones, lo mismo las federales que las unitarias, conviene que tengan algo permanente que sea como el arca y el timón de su política. Marchan sin rumbo y se desvían con harta frecuencia del de sus destinos. Así va España, y así la misma Francia, tantas veces árbitra de la suerte de Europa. Pero yo entiendo que ese algo permanente no se lo debe ni se lo puede buscar en el poder ejecutivo. No llenaría éste el objeto con ser sólo vitalicio; y si fuese hereditario, sería fácil que representase, más que la política de la nación, la de la familia que lo desempeñara. Ese algo permanente debe para mí buscárselo, no en un hombre, sino en una colectividad, en un cuerpo que sin cesar se renueve y nunca muera. Tal fue en Roma el Senado. ¿Qué importaba que fuesen allí anuales las magistraturas y movediza la voluntad del pueblo, si la política de la nación estaba en el Senado, y el Senado era perpetuo? El Senado era allí el que declaraba la guerra, firmaba la paz, oía y dictaba sus acuerdos a las naciones vencidas, buscaba aliados en los pueblos que pretendía reducir a servidumbre, intervenía en las contiendas de los reyes con el fin de conquistar los reinos. Era aquí generoso, allí soberbio, según a sus fines convenía, y llevaba con paso firme la República a la dominación del mundo. Sin la tenaz política del Senado, no sólo no habría podido Roma someter tantas y tan diversas gentes; es de temer que no se hubiese siquiera salvado del furor de los galos ni de la pericia de Aníbal.

Así, yo no censuraría que en las confederaciones se diese cierta estabilidad a una de sus asambleas, y sí que se la diese al poder ejecutivo. Aplaudo en este punto la Constitución de los Estados-

Unidos, que da sólo dos años de vida a la Cámara de los Representantes, cambia a los cuatro al presidente de la República y no permite en ningún tiempo ni por causa alguna la total renovación del Senado. El Senado se renueva allí en los mismos períodos que la otra Cámara, pero sólo por terceras partes (Art. 1.0, sección 3.ª). Es así la tradición viva de la política de los Estados-Unidos, sin que deje de participar del movimiento general de las ideas. En el poder ejecutivo, si colegiado, sería esta combinación muy difícil; si unipersonal, imposible.

Vengamos a la organización del poder judicial. Como poder viene considerada hace tiempo la administración de justicia en todas las naciones parlamentariamente regidas, y no lo es en ninguna. En todas es una simple emanación del poder ejecutivo; en ninguna está el primero de los magistrados a la altura del jefe del gobierno ni a la del presidente de las Cortes. En las monarquías, aun en las más adelantadas, juzgan y fallan los tribunales en nombre del Rey. Era en otros tiempos el derecho de juzgar uno de los atributos de la soberanía, y lo ejercían directamente los príncipes; la idea antigua ha prevalecido sobre la moderna, a pesar de nuestras bellas teorías constitucionales. Que la administración de justicia deba constituir un verdadero poder, no lo duda, sin embargo, nadie. Se la vicia y corrompe, como se la haga depender en algún modo de los demás poderes. Aquí, donde se la ha subordinado al poder ejecutivo, está, a pesar de los pensamientos de dignidad que animan a nuestros jueces, en los pueblos al antojo de los caciques, en la capital a merced del rey y sus ministros. Es con harta frecuencia instrumento de ajenos odios y ruines venganzas.

En las confederaciones republicanas es ya otra la importancia de los tribunales. En Suiza, como dejo indicado, el tribunal federal es de nombramiento de las Cámaras. Se reúnen las dos para elegirlo como para elegir el consejo ejecutivo. No puede ser del tribunal ningún individuo que participe de los demás poderes (Art. 85, párrafo 4.º-Artículos 92 y 108). En los Estados-Unidos los jueces federales son en rigor de nombramiento del Senado. El jefe de la justicia *(the Chief-Justice)* va en los actos oficiales al par del jefe de la República. Preside, no sólo el Tribunal Supremo, sino también el Senado siempre que se trata de juzgar al presidente (Art. 1.º, sección 3.ª, párrafo pen.-Artículo 2.º, sección 2.ª, párrafo 2.ª - *The Federal Government,* cap. 51). Esto, con todo, no basta. Si la justicia ha de constituir un poder, preciso es que tenga el mismo origen y la misma base que el ejecutivo y el legislativo. De no, estará siempre más o menos bajo la dependencia de uno de los dos poderes. Debe elegir el pueblo al jefe del poder judicial, como elige al presidente de la República.

Se dice que esto no es posible, porque requiere la administración de justicia especiales conocimientos, y no se debe exponer las naciones al riesgo de que se ponga al frente de los tribunales a personas imperitas en derecho. Pero conocimientos especiales se necesitan para ser jefe de toda la República, máxime cuando va anejo al destino el mando de los ejércitos de mar y tierra, y no por esto se declara a los pueblos incompetentes para elegirle. Es, por otra parte, bien fácil evitar el peligro. Basta que entre las condiciones de los elegibles para tan importante puesto se fije la de conocer el derecho y aun la de haberlo practicado en el foro.

Este supremo jefe de la justicia nombrará luego y regirá los demás tribunales con arreglo a las disposiciones que sobre el organismo judicial hayan dictado o dicten las Cortes, o estén escritas en la Constitución. No admito ya que intervenga el pueblo en el nombramiento de los demás jueces federales: sería para mí tan ilógico que jueces federales viniesen a ser elegidos por una localidad, como que la confederación entera los eligiese para el territorio de una audiencia o de un distrito. No hablo, entiéndase bien, de los tribunales de los diversos Estados, cuya organización sólo a los Estados compete.

Dos cuestiones ocurren que no son para omitidas. Pretenden algunos que contra las sentencias de los jueces de provincia debe concederse siempre el recurso de alzada ante los federales; otros que ha de haber en cada Estado agentes federales del orden judicial con derecho a interponer el recurso de casación contra los fallos locales que a su juicio sean contrarios a la Constitución o a las leyes generales de la República. No estoy con los unos ni con los otros. Aquello sería levantar la justicia federal sobre la local aun para litigios entre personas de un mismo Estado, que hubiesen de resolverse por una legislación particular, cosa abiertamente contraria a los principios federales; esto, someter a la revisión de los agentes federales todos los fallos particulares, cosa que no podría menos de lastimar la dignidad de los Estados y quebrantar la confianza, base de toda confederación. La justicia federal tiene sus naturales límites: no se debe traspasarlos. La local halla, como todas, freno en los encontrados intereses de los litigantes: si sus fallos fuesen un día contrarios a las leyes de la República, no dejarían de ponerlos en conocimiento del poder federal los ciudadanos en cuyo perjuicio se diesen.

La otra cuestión es relativa al jurado. Contra la confederación pueden realmente cometerse delitos. Sostienen algunos que estos delitos caen por su naturaleza bajo la jurisdicción federal. Partiendo del principio de que sólo el jurado ha de conocer de las causas criminales, ¿qué jurados habrán de juzgarlos? En Suiza los juzga el tribunal federal con el jurado de la localidad en que el tribunal reside. Yo por mi parte no vería inconveniente en que los juzgase el jurado del distrito en que se cometieron, y no cupiese ejecutar la sentencia sin previa consulta del Supremo Tribunal de Justicia.

12 Cuestiones importantes. Conclusión

Sentadas ya las bases de la organización de los tres poderes, podría bajar a los pormenores de la Administracion, empezando por distribuir en ministerios los asuntos propios de los gobiernos federales. No entra en mi propósito, reducido a examinar las condiciones que debe reunir toda confederación para llenar su objeto. Hubo en todos tiempos confederaciones, pero imperfectas; mi ánimo era determinar cuáles son, en las perfectas, los atributos esenciales del poder central, cuáles los medios de que necesita para ejercerlos, y cómo ha de dividirse y organizarse a fin de que no sea un peligro ni para la libertad ni para el orden, ni para la vida de la nación ni para la de las provincias. Cumplido mi intento, podría ya terminar el libro, si no me salieran al paso algunas cuestiones generales, que creo necesario tocar, ya para complemento de este trabajo, ya para desvanecer temores que la idea de la federación engendra en almas poco reflexivas o cobardes.

El gobierno federal de la república norte-americana no reside en ninguno de los Estados que la componen. Tiene su asiento en un territorio neutral de diez millas en cuadro, sito en las márgenes del Potomac, que perteneció al Estado de Maryland y se conoce hoy con el nombre de *Distrito de Colombia*. Este territorio no es autónomo como los Estados. El Presidente, de acuerdo con el Senado, le nombra el gobernador, el secretario, los principales empleados y hasta una junta de obras públicas, que hace como de ayuntamiento y entiende en todo lo que se refiere a calles, plazas, puentes y aun casas. La Confederación paga los sueldos de todos estos funcionarios; el distrito, solamente los de los subalternos que nombra. Tiene Colombia sus Cortes, pero con reducidos poderes; manda al Congreso federal un delegado, pero sin voto y sólo con voz para la defensa de sus intereses. Está considerado como territorio y no goza de más ni menos ventajas que los demás de la República *(The Federal Government,* cap. 56).

Sucede esto a consecuencia de lo prescrito en el penúltimo párrafo de la sección 8.ª, art. 1.º de la Constitución de los Estados-Unidos. Consideraron los autores de este Código que de otra manera ni sería el gobierno federal bastante independiente, ni dejaría de adquirir el Estado que lo albergase cierta preponderancia; y autorizaron al Congreso, no sólo para hacerse con un distrito de aquella extensión, sino también para ejercer sobre él un poder absoluto. No tardó el Congreso en usar de la facultad que se le concedía. En 1790 había adquirido ya el territorio; y en 1.º de Diciembre de 1800 él y el Gobierno, que habían residido primero en Nueva-York y luego en Filadelfia, pasaban a la ciudad de Washington.

¿Es realmente necesaria la existencia de ese territorio neutro para la seguridad y la buena marcha de una confederación? ¿Es por lo menos conveniente? No lo hay ni en Suiza, ni en Austria, ni en Alemania; y las tres confederaciones viven una vida normal y tranquila. A ser posible, yo lo quisiera, sin embargo, para todos los gobiernos federales. De no, el poder central no puede menos de vivir influido por la ciudad y el Estado en que tenga su asiento. Y esto es a no dudarlo peligroso, principalmente si esa ciudad y ese Estado son de mucha importancia y grande iniciativa. Prusia, como he indicado, era un verdadero y constante peligro para la Confederación Germánica mientras ésta se hallaba reducida a los Estados del Norte. Dejó de serlo después que se extendió la Confederación a la Alemania del Mediodía, en que están enclavados reinos como los de Wurtemberga y Baviera, gracias a que éstos se reservaron considerabilísimos derechos. Se los reservaron Baviera y Wurtemberga, no sólo sobre correos, telégrafos y contribuciones, sino también sobre el ejército, acerca del cual dejaron en vigor, como se ha visto, los tratados de alianza de 1870. Se reservaron además puestos permanentes en la comisión de Estado del Consejo Federal, y el primero uno en la de guerra, estipulando que si por cualquiera eventualidad dejara un día de ser presidente de la Confederación el rey de Prusia, lo hubiese de ser forzosamente el de Baviera (Arts. 8.º, 35, 46, 52, y apéndices a los capítulos 11 y 12 de la Constitución-Protocolo final, añadido al tratado con Baviera, de 23 de Noviembre de 1870). Suscitaba Prusia desconfianzas como las suscitaría Nueva York o Pensilvania, si continuaran siendo la residencia del gobierno de los Estados-Unidos.

La dificultad está en dar con un territorio cuyos habitantes consientan en separarse de su Estado y perder las ventajas que en él gozaron. Las capitales de las naciones de Europa no se prestarían fácilmente a esta especie de *capitis dimínutio.* La sufrió París contra su voluntad bajo el segundo Imperio, y, como se ha visto, protestó en cuanto pudo.

Atendida esta dificultad, bastaría, entiendo, que el gobierno federal no residiese en Estado alguno que por su importancia pudiese cohibirlo o fuese capaz de inspirar recelos. Provisto como lo dejamos de un ejército, de una armada, de tribunales, de recursos propios, podría muy bien sustraerse a la influencia de un Estado de poca valía; y éste, pequeño y sin influencia, ¿cómo había de ser para nadie un peligro?

Las leyes federales es obvio que han de prevalecer sobre las de los Estados. No habría sin esto federación posible. Así, todo conato por sobreponer la ley particular a la general ha de ser enérgicamente reprimido; todo acto, severamente castigado. Pero surge una duda. Atendida la creciente multiplicidad de las relaciones humanas, no cabe prever en una Constitución todos los negocios que por su índole puedan ser del dominio de los poderes federales. Si mañana sobreviene un orden de relaciones no previsto en la Constitución, ¿será de la competencia del gobierno central, o lo será del gobierno de los Estados? Las Constituciones de Suiza y la América del Norte no pueden ser más terminantes. «Los cantones, dice la de Suiza, son soberanos en cuanto no esté limitada por la Constitución federal su soberanía: como tales, ejercen todos los derechos que no estén delegados al poder federal» (Art. 3.°). «Los poderes que la Constitución no delega a los poderes federales ni prohíbe a los Estados, dice la de la América del Norte, son respectivamente de los Estados o del pueblo» (Enmiendas, Art. 10). No es menos explícita la Constitución del imperio de Austria. «Todas las materias de legislación que por esta ley no se hallen exclusivamente reservadas al Reichsrath, se lee en uno de sus artículos, competen a las Dietas particulares de los reinos y territorios en él representadas» (II, Artículo 12). No lo es ya tanto la de Alemania; pero ese es, a no dudar lo, su espíritu. «El Imperio, dice el artículo 2.°, ejerce el poder legislativo sobre todo el territorio federal en la medida que la presente Constitución indica.» Ni podía ser de otro modo. Todos los pueblos, al confederarse, hacen un verdadero sacrificio de sus poderes: en buenos principios de derecho no cabe suponer en tiempo alguno que renunciaron más de lo que dijeron. Si cupiese, ¡qué de peligros para la República! De interpretación en interpretación iría el gobierno central, de suyo absorbente, invadiendo y reduciendo las atribuciones de los Estados.

¿Quiere decir esto que no sean susceptibles de reforma las Constituciones federales? Precisamente lo son todas las que examino, y algunas, las más, han sido ya objeto de varias y sucesivas enmiendas. Modernamente, después de la guerra separatista, los Estados-Unidos reformaron la suya; Alemania, después de vencida Francia; Suiza, en 1874. Pero una cosa es reformar por interpretación y otra por la expresa voluntad de los confederados. Pueden los confederados corregir su obra según lo aconsejen las necesidades de los tiempos; pero con la solemnidad y por los procedimientos con que la hicieron. No basta que lo quiera la masa de la nación: es preciso que lo quieran los Estados. Y a los Estados, más aún que a la nación, hay que consultar para esta clase de reformas. Es la federación un pacto entre pueblos, y sólo los que lo hicieron tienen en rigor derecho a alterarlo y modificarlo. Así, para todas las reformas de los códigos federales se exige, y con razón, condiciones que, si se aplicasen a las de los unitarios, serían ridículas.

En los Estados-Unidos se puede proponer enmiendas a la Constitución siempre que lo consideren necesario las dos terceras partes de los representantes y los senadores, o lo reclame en las dos terceras partes de los Estados el poder legislativo. Las propone en el primer caso el Congreso, en el segundo una convención llamada al intento; y sólo son válidas y forman parte de la ley fundamental cuando las ratifican las Cámaras o convenciones particulares de las tres cuartas partes de los Estados (Art. 5.°). En Suiza se da menos importancia al voto de los cantones; está, sin embargo, claramente prescrito que, como no tenga en su favor la mayoría de los Estados, no estará en vigor reforma alguna, por más que la hayan pedido cincuenta mil ciudadanos y la acepte la mayor parte del pueblo (artículos 120 y 121). En Alemania la Confederación lo puede todo, la nación poquísimo. Fracasa allí todo pensamiento de reforma, como de los cincuenta y ocho votos del Consejo Federal se declaren catorce en contra (Art. 78). No sucede así en Austria, donde para toda enmienda de las leyes constitucionales basta el voto de las dos terceras partes de los diputados y los señores (II, Art. 15). Sería en cambio dificilísima y legalmente tal vez imposible la reforma del pacto austro-húngaro.

Habría sido una gran falta política no haber declarado susceptibles de corrección los pactos federales, y otra falta mayor no haber tomado para corregirlos estas o parecidas precauciones. Otro orden de mudanzas puede aún ocurrir, que tampoco merece olvido. Si solicitan la entrada en la Confederación nuevos Estados; si un Estado siente la necesidad de dividirse en dos, o dos o más la de fundirse en uno, ¿quién habrá de conocer de estas pretensiones y resolverlas? Creen algunos que no cabe admitir en la Confederación nuevas naciones sin consultar directamente a los Estados que la compongan; pero no sé ver dificultad en que se las admita por el simple acuerdo de las dos Cámaras. La federal ¿no representa acaso a los Estados? La nacional ¿a la nación entera? La federación ¿no es de suyo expansiva y tiende a congregar la humanidad, cuanto más los pueblos? ¿A qué, pues, dificultar en ninguna confederación la entrada de nuevas gentes? La Constitución alemana de 1867, escrita sólo para el Norte, preveía el caso en que quisieran entrar en la Confederación uno o más Estados del Mediodía: ordenaba que para admitirlos bastase una ley en Cortes (Art. 79). La norteamericana dice simplemente que podrá el Congreso admitir en la unión nuevos Estados (Art. 5.°, sección 3.ª).

Las divisiones y reuniones de Estados traen discordes los ánimos. Al paso que para ciertos federales son cosa baladí, son para otros de gran peligro. Yo entiendo que se las debe contener, pero no impedir, cuando las suscite la necesidad y no pasajeras pasiones ni meros antojos. Una división a tiempo puede cortar el paso a grandes disturbios, y tal vez acelerar el movimiento de la riqueza; una reunión, favorecer el progreso ya material, ya moral de dos pueblos. Hablé en otro lugar de este libro de las divisiones ocurridas en Suiza y los Estados-Unidos; no para mal, sino para bien se las hizo en aquellas repúblicas. Pero no se las debe tampoco verificar sin precauciones. Estoy con los autores de la Constitución norteamericana: para que un Estado pueda disgregarse en dos, o dos o más refundirse en uno, se necesita primeramente el acuerdo en regla de los Estados en cuestión, luego el de las asambleas federales (Art. 4.°, sección 3.ª). La Confederación tiene el indiscutible derecho de examinar si la separación o la unión es conveniente.

Pero surge sobre este punto otra cuestión más grave, con la cual pondré fin a este capítulo. «Si las confederaciones, se dice, descansan en la sola voluntad de los pueblos que las constituyen, es indudable que cuando quieran podrán separarse uno o más Estados. Fue, pues, injusta la guerra del Sonderbund; injusta en América la de los Estados del Norte contra los separatistas. Tienen ya por base aquellas confederaciones la fuerza.» Reproducen a porfía este argumento los enemigos de la federación para presentarla ocasionada a la disgregación de las naciones, y no ven que es un sofisma. En la voluntad tienen su base los contratos, y no se disuelven ni rescinden por la de uno de los contratantes. Por el mutuo consentimiento se formaron, y sólo por el mutuo disentimiento se deshacen cuando no se ha cumplido el fin para que se los celebró, ni los afecta ninguno de los vicios que los invalidan. Otro tanto sucede con las confederaciones, que no son más que pactos de alianza. Podrán disolverse por el mutuo disentimiento de los que las formaron, no por el de uno o más pueblos. Ejercen verdaderamente un derecho cuando caen espada en mano contra los Estados que por su sola voluntad intentan separarse. Como que el primero y más importante de sus deberes es sostenerse, esto es, mantener unidos los grupos confederados. El *primum esse* es la suprema obligación de todo ser, individual o colectivo. Si no por su existencia, ¿por qué habían de luchar las confederaciones?

Acá, entre nosotros, se ha concebido sobre la federación grandes errores, que creo haber en gran parte desvanecido con examinar las atribuciones y el organismo de los poderes federales. Consideraría, no obstante, incompleto mi trabajo, si no aplicara a mi propia nación las conclusiones a que llegué, y no indicara hasta qué punto aconsejan que se las modifique las especiales circunstancias en que se encuentra. España, bien que mal, es una nacionalidad formada, y al querer convertirla en una confederación, es obvio que no ha podido entrar en mi ánimo destruirla. Deseo, por lo tanto, decir en qué sentido y dentro de qué límites debe a mi modo de ver federalizarse la nación española. Sólo después de haberlo dicho podré dar por concluidos mi tarea y mi libro.

LIBRO TERCERO

LA NACIÓN ESPAÑOLA

1 AISLAMIENTO DE LOS PUEBLOS EN ESPAÑA EN LA ANTIGÜEDAD. REUNIÓN DE LOS MISMOS POR LA CONQUISTA. MANERA CÓMO SE DISGREGARON DE NUEVO EN LA EDAD MEDIA

Perdone el lector si encuentra aquí reproducidos sucesos r ideas derramados a trechos por las anteriores páginas. Tengo necesidad de reunirlos y explanarlos.

Se da generalmente el nombre de España a toda la tierra que al Sudoeste de Europa separan del resto del Continente los montes Pirineos y el mar de Cantabria. La Historia, en sus primeros tiempos, nos la presenta habitada por multitud de naciones que no enlaza ningún vínculo social ni político. Viven todas completamente aisladas, y ni siquiera se unen para contener las invasiones de Cartago y Roma, que no tardan en hacer de esta infortunada región pasto de su codicia y campo de batalla de sus eternos odios. Si algún día las junta la necesidad, con la necesidad desaparece la alianza. Sólo de cinco de estas naciones sabemos que se confederasen: las de la Celtiberia. De las demás combate ordinariamente cada cual por su reducida patria, no siendo raro que esgrima a la vez sus armas contra los extranjeros y los vecinos. En la época de Augusto sucede por acaso que astures y cántabros se alcen a un tiempo contra las legiones de Roma: a pesar de su contigüidad y de sus comunes peligros no confunden ni reúnen jamás sus ejércitos.

Ni adoran todas estas gentes a los mismos dioses, ni se rigen por las mismas leyes, ni hablan la misma lengua, ni visten el mismo traje, ni tienen las mismas costumbres. Difieren en todo las del Norte de las del Mediodía, las del Oriente de las del Occidente. Aman unas la paz, otras la guerra; y aun las belicosas se distinguen por la especialidad de sus guerras, de su estrategia y de su táctica. No pelea el lusitano como el celtíbero, ni el oretano como el vascón o el cántabro. Llevan unas su espíritu de independencia hasta la ferocidad y el heroísmo, consagrándose a la muerte por no consentir la servidumbre: doblan otras fácilmente la cabeza al extranjero y se acomodan al trato de sus vencedores. Es distinta su cultura y hasta su origen. Proceden unas de los iberos, otras de los celtas, y otras son mezcla de las dos razas. Al empezar la lucha con Roma, las hay, por otra parte, que han sentido la influencia de los fenicios, cuando no la de los griegos.

He demostrado ya cuán equivocada es la opinión de que Roma unificase desde luego tantas y tan diversas naciones (Lib. 1.°, cap. XII). No hizo jamás de España un solo cuerpo. La dividió primero en Citerior y Ulterior, más tarde en Bética, Lusitania y Tarraconense; y tuvo siempre gobernada cada una de estas provincias por un pretor o un prefecto, que dependían directamente de la metrópoli. No sólo no les impuso ni su religión ni su derecho; aun en lo político distó de sujetar a unas mismas condiciones las ciudades de la Península. Unas eran estipendiarias, otras latinas, otras itálicas, otras colonias, otras confederadas, otras municipios; y gozaba cada cual de mayor o menor libertad según su categoría. Los colonos, por ejemplo, eran ciudadanos de Roma; los estipendiarios, poco menos que siervos del tributo. Regíase el municipio por instituciones propias, y era un verdadero Estado.

Fue unificándose España bajo los romanos tan lentamente, que dos siglos después de la Conquista presentaba todavía en sus ciudades la misma variedad de fueros. Aunque algún tanto ganada por el paganismo, ni había destruido los dólmenes de sus bosques, ni perdido la. memoria del Dios sin nombre, a quien muchos de sus pueblos dedicaban himnos y danzas las noche de plenilunio. En lo que más había llegado a la unidad era en lo jurídico. Tenía en sus pretores la fuente y el origen de toda administración de justicia, y por la unidad de procedimientos iba a la del derecho. Puede asegurarse que no alcanzó la verdadera unidad política hasta que, ciudadanos todos los españoles, se los sometió a todos al pago de los mismos tributos, y se convirtió en institución de carácter general el municipio: fueron entonces desapareciendo, no sólo las diferencias entre los vencedores y los vencidos, sino también las que formaban dentro de una misma provincia una como jerarquía de habitantes y pueblos. Duró en España la dominación de Roma cerca de seis siglos, aun no contándola sino desde la caída de Numancia: fueron poco a poco prevaleciendo entre nosotros la lengua, el culto, las leyes y hasta las costumbres de los conquistadores. Alcanzó entonces la Península cierta unidad que nunca había, tenido; pero, nótese bien, sólo por la acción de un poder extraño, por la fuerza. Igualó sus diversas naciones el nivel de la servidumbre.

Rompieron los bárbaros esta unidad; y, como se indicó tambien (Lib. 1°, cap. XII), tardaron en reconstituirla. Los alanos, los suevos, los vándalos se repartieron de pronto el suelo de la patria. Vinieron luego los godos, resueltos a sujetarla toda a sus armas; pero ¡qué no debieron luchar por conseguirlo! Siglo y medio después de entrar en España arrojaban de Galicia a los suevos. Les costó aún más sustraer a los soldados del Imperio las ciudades que aquí les quedaban. No lo alcanzaron del todo hasta los tiempos de Suintila, cuando habían trascurrido más de dos siglos desde la muerte de Ataulfo. Estaba destruida nuestra unidad, no sólo por la coexistencia de tantos dominadores de diversa índole y de distinto origen, sino también por otras graves y poderosas causas. Con la invasión de los pueblos del Norte se había despertado en los nuestros el antiguo espíritu de independencia. Los astures, los cántabros, los vascos no quisieron doblar la cerviz a la nueva coyunda. Derrotados, se sublevaban una y otra vez contra los godos. Y no eran ellos solos los rebeldes: que los había también en el centro y aun en otros puntos de España, bien que no con la misma tenacidad ni con el mismo empuje. Los godos, por su parte, favorecieron la división prohibiendo el entronque de sus familias con las de los indígenas, escribiendo un código para los vencidos y otro para los vencedores, y pero permaneciendo arrianos cuando aquí imperaba el catolicismo.

Hicieron después los mismos godos por fundirse con los españoles los grandes y generosos esfuerzos de que hablé en el citado capítulo, pero bajo sus postreros reyes. Abjuraron el arrianismo mandando Recaredo (año 589); promulgaron un código para todos los habitantes de España en los días de Chindasvinto (del 642 al 649); abolieron la ley de razas, por la cual se impedía el casamiento de godos con romanas y romanos con godas, en los tiempos de Recesvinto. Desde la muerte de Recesvinto (672)a la entrada de los árabes no trascurrieron cuarenta años; para que se vea cuán a las postrimerías restablecieron aquellas gentes la unidad ibérica. Como quiera que fuese, los pueblos de España vivieron por segunda vez bajo un mismo Dios, un mismo rey y unas mismas leyes; y por segunda vez lo debieron, no a su espontaneidad, sino a la espada de sus dominadores.

Entregados a su espontaneidad, se disgregaron, como nos los enseña la historia de la Reconquista. En dos años hicieron los árabes suya la nación que no habían podido reducir en un siglo ni romanos ni bárbaros; pero no bien la avasallaron, la vieron alzarse en armas y empezar una lucha que, así por lo sangrienta como por lo larga, dejó atrás cuantas había sostenido por la independencia. Los primeros que se levantaron contra los nuevos invasores fueron los que más resistencia habían opuesto a los godos; aquellos mismos astures, cántabros y vascos que ocupaban las vertiente de los Pirineos. Si en un principio llegaron a constituir un solo Estado, como permiten creer antiguas crónicas, no tardaron en dividirse y formar los reinos de Asturias y de Navarra. No bastó a mantenerlos unidos ni la identidad de religión ni el interés de la común defensa.

Andando el tiempo, esos dos pequeños Estados crecieron y se derramaron, el de Navarra por Aragón, el de Asturias por Galicia, Portugal y Castilla. Castilla fue luego independiente, lo fue Aragón, lo fue Portugal, y estuvo en poco que no lo fuera Galicia, cuyos condes intentaron más de una vez hacerse soberanos. Allá, al Oriente, se formó otro Estado, merced a la intervención de los reyes de Francia. Luis el Piadoso, hijo de Carlomagno, entró, al abrirse el siglo IX por Cataluña, y ganó y erigió en condado la ciudad y comarca de Barcelona. El condado dejó en aquel mismo siglo de ser feudo de Francia y adquirió gran fuerza. Esto no obstó para que en la misma Cataluña se alzara multitud de condados independientes y aun rivales, que no bastaba a reunir ni la imperiosa necesidad de arrojar a los árabes de las ciudades de Tarragona y Lérida por no tener abiertas al común enemigo las puertas de la patria.

Todos esos Estados se hacían con frecuencia la guerra; y a veces para sostenerla con éxito no vacilaban en implorar el auxilio de los mismos árabes, a pesar de sus odios de religión y de raza. En cambio, si se aliaban en casos extremos, sucedía lo que en lo antiguo: apenas desaparecía el peligro, volvían a su aislamiento. A principios del siglo XI se aliaron León, antes Asturias, Navarra y Castilla contra Almanzor, que tenía aterrados a los nuestros por una serie de brillantes campañas y de no interrumpidas victorias. Le desbarataron en Calatañazor, y ni siquiera continuaron la liga para aprovechar la derrota. Otro tanto sucedió en el siglo XIII, después del combate de las Navas de Tolosa, en que Aragón, Castilla y Navarra deshicieron y atajaron a los Almohades, tan orgullosos por sus triunfos en África, que amenazaban con llevar al corazón de Europa los estandartes del Profeta.

Contribuían a la división los mismos reyes, que, al morir, dividían con frecuencia sus Estados entre sus hijos. Separaban así hasta los que se había unido ya por entronques de familia. Siguieron esta conducta, hecho verdaderamente inconcebible, aun los que más se habían al parecer esforzado por dar unidad a España. Sancho el Grande, no satisfecho con reunir en sus sienes las coronas de Navarra y Castilla, se había entrado por tierra de León y ocupado toda la que media entre las márgenes del Cea y del Pisuerga. Al fallecer, dejaba al mayor de sus hijos Navarra, a otro sus conquistas en León y el condado de Castilla, a otro Aragón, a otro el señorío de Sobrarbe y Ribagorza. Acontecía esto el año 1035. Un siglo después, Alfonso VII, rey de Castilla y León, había logrado convertir en vasallos suyos a los monarcas de Aragón y de Navarra, al conde de Barcelona, al de Urgel, al de Foix, al de Pallás, al de Montpellier y a los de otras comarcas de Cataluña y Francia. A consecuencia de esto se le había proclamado solemnemente emperador en Santa María de León por los prelados y magnates de todos aquellos Estados. Con él murió, no sólo el imperio, sino también la nación castellano-leonesa. Su hijo Fernando fue rey de León, su hijo Sancho lo fue de Castilla.Jaime el Conquistador repartió también el reino de Aragón entre sus dos hijos, dejando al segundogénito Mallorca, Rosellón y Cerdaña.

Desde el siglo XI fomentaba aún otra causa el espíritu de división de nuestra patria. Otorgaban los reyes fueros municipales a los pueblos, ya en recompensa de servicios, ya para estimularles a que los prestaran y vivieran alerta contra los árabes. En 1012 recibía Nave de Albura su fuero de manos de Sancho Garcés, conde de Castilla. En 1020 lo recibía León de Alfonso V. Por aquel mismo tiempo lo recibía de Sancho el Grande de Navarra la villa de Nájera. Cada población quiso después su fuero, y al fin no hubo ciudad ni villa de importancia que no lo tuviese. Los escribían muchas veces los mismos pueblos, y los llevaban a la sanción del monarca. Solían aprovechar al intento las ocasiones en que el rey los necesitaba, bien para agenciarse recursos, bien para deshacerse de rivales, bien para continuar la guerra contra los infieles.

Merced a tales fueros, eran muchas ciudades un verdadero Estado dentro del Estado. Nombraban sin intervención de nadie su concejo, es decir, su gobierno; ejercían la jurisdicción civil y criminal sin más cortapisa en ciertos negocios que el recurso de alzada ante la Corona; aplicaban leyes propias, y disponían de fuerzas para ejecutarlas. El fuero mismo era ordinariamente un código que tenía tanto de civil y penal como de administrativo y político. Hallábanse comunmente en sus páginas, ya sobre la propiedad, ya sobre el derecho y la forma de suceder, ya sobre los contratos, disposiciones de grande interés, que modificaban profundamente, aquí el Fuero Juzgo, allí los Usajes. Eran algunas ciudades por sus fueros a tal extremo autónomas, que gozaban hasta del derecho de acuñar moneda. ¿Qué de extraño que adquiriesen pronto importancia? En 1134 tenían ya su representación en las Cortes de Borja, donde navarros y aragoneses se reunían para la sucesión de Alfonso el Batallador, que acababa de morir en los campos de Fraga. En 1212 asistían con sus milicias y sus banderas al célebre combate de las Navas, y contribuían como el que más a la rota de los Almohades.

Todo propendía a la división en la España de aquellos tiempos. No satisfechas aún las ciudades con sus fueros, procuraban todos los días arrancar privilegios con que robustecerse; y si para algo se unían, era sólo para defender todas estas franquicias contra los mismos reyes, a quienes siempre miraban con prevención y recelo. Con este solo objeto organizaron principalmente en Castilla y León aquellas famosas hermandades o comunidades que tanto poder tuvieron en el último tercio de la Edad Media, y tan tristemente acabaron en Villalar con Juan de Padilla. Alcanzaron así incontrastable fuerza; y lejos de estar a merced del Estado, pusieron el Estado a su servicio.

Hubo aún mayor división en la España Árabe. Abundaron en

ella desde un principio las guerras civiles y los conatos de los walíes por hacerse independientes. Los moderó y aun los contuvo por mucho tiempo la brillante dinastía de los Ommiades; mas prevalecieron al fin y acabaron con el califato de Córdoba. Formáronse entonces (en el año 1031) multitud de reinos, muchos tan reducidos, que apenas comprendían más que una ciudad y algunos suburbios. Fueron grandes y poderosos los de Zaragoza, Toledo, Badajoz, Sevilla, Granada, Málaga, Almena, Murcia, Valencia, Denia, las Baleares; y algunos, a pesar de su aislamiento, no sólo tuvieron a raya durante siglos nuestras armas, sino que también dejaron en la historia una larga y luminosa huella. Del de Granada, el último en desaparecer, quedan incomparables bellezas a imperecederas memorias. Como los nuestros, tenían todos su gobierno, su hacienda, su ejército; y como los nuestros, sólo vivían aliados cuándo y mientras la necesidad lo exigía.

El dogma de los árabes era eminentemente unitario: un solo Dios, un Profeta, una sola autoridad en la tierra; los califas, reyes y a la vez pontífices. No pudo, sin embargo, la religión enfrenar por muchos años el espíritu de discordia, que producían por una parte las diferencias de tribu y de raza, por otra la ambición y el cisma. Lo avivó aquí, a no dudarlo, la influencia del genio ibérico.

2. Cómo se fueron reuniendo los diversos reinos de España

Hubo en España durante la Edad Media un movimiento general de disgregación, pero también sus tendencias a la unidad. No habría sido posible de otra suerte que al concluir el siglo XV estuviesen casi todas nuestras naciones bajo el cetro de los Reyes Católicos. Como he hablado hasta aquí de la división de la Península en multitud de Estados, he de hablar en este capítulo de cómo se reunieron.

El año 1037 mandaba en León Bermudo III, hijo de Alfonso V. Tenía por sucesora, a falta de descendientes, a su hermana Sancha, esposa de Fernando, rey de Castilla. A su muerte las dos coronas se habían de hallar naturalmente en manos de los dos cónyuges, y, al fallecer los dos, en el hijo que de entrambos naciese. Fernando precipitó y torció las cosas por la violencia. En lucha con Bermudo para conservar cierta parte de territorio que se le había cedido, tuvo la suerte de vencer y matar en la batalla de Tamaron a su enemigo. Aprovechando su buena fortuna, se entró osadamente por tierra de León, y haciéndose abrir las puertas de la capital, se ciñó, en vez de ceñirla a su esposa, la corona de Bermudo. Así se unieron por primera vez los reinos de León y Castilla. Por nada entró en la unión la voluntad de los pueblos; por todo la ambición de los reyes.

¿Obraría así Fernando por acelerar la unidad política de España? Fernando, al morir, tenía cinco hijos: tres varones y dos hembras. Legó a Sancho, el primogénito, el reino de Castilla; a Alfonso, el de León con la tierra de Campos; a García, uno que creó en Galicia. Dio a su hija mayor, doña Urraca, la ciudad de Zamora; y a su otra hija, doña Elvira, la de Toro.

A pesar de este reparto no estuvieron separadas sino breve tiempo las coronas de León y Castilla. ¿Por qué? Por la rivalidad y la ambición de los mismos hijos de Fernando. Pudo por de pronto Sancho más que Alfonso, a quien prendió y encerró en el castillo de Búrgos: tomó el cetro de León por las armas. Ocupó después a

Galicia; y no satisfecho aún, quiso usurpar a sus hermanas las ciudades de Toro y Zamora. En el cerco de Zamora murió, como recordarán los que me lean, a manos del traidor Bellido Dolfos. Alfonso entonces recobró a León por su propio derecho, y ganó por la voluntad de los castellanos el reino de Castilla. Viendo sin sucesor a Sancho, le hicieron los castellanos rey con la condición de que jurase no haber sido cómplice en la muerte de su hermano.

Permanecieron unidos los dos reinos hasta el fallecimiento de Alfonso VII, que acaeció en 1157. Quedaron entonces separados nada menos que por setenta y tres años. Veamos cómo volvieron a reunirse. Alfonso IX, rey de León, había casado de segundas nupcias con doña Berenguela, infanta de Castilla. Tuvo de este matrimonio a Fernando, el que ganó la ciudad de Córdoba. Por muerte de D. Enrique I subió al trono castellano doña Berenguela; y sin consultar al marido, abdicó desde luego en Fernando. Era indudablemente Fernando el que debía más tarde gobernar los dos reinos: por poco lo imposibilita la precipitación de la madre. Alfonso IX tiró por dos veces de la espada contra la esposa y el hijo, y le desheredó al fin, nombrando sucesores de su trono a dos hijas que tuvo de su primera mujer, doña Teresa de Portugal: Sancha y Dulce. Por su fortuna, Fernando, a poco de su nacimiento, había sido jurado heredero de León por su propio padre, reconocido como tal por los grandes y confirmado en la herencia por el mismo Papa. Sin esto se habría difícilmente sentado en León, opuesto en un principio a recibirle. Fue, después de todo, rey de León y Castilla, y no volvieron a separarse las dos coronas: ¡por cuán poco entró también el sentimiento de la unidad en toda esta serie de hechos!

No hablaré ahora de cómo prevalecieron los condes de Barcelona sobre los de todas aquellas provincias, y aun sobre muchos de los que mandaban allende el Pirineo. Paso a referir desde luego cómo se unieron para nunca más separarse el reino de Aragón y el condado de Barcelona. El año 1134 moría, como dije, en un combate Alfonso el Batallador, rey de Aragón y de Navarra. Moría dejando a tres órdenes religiosas todos sus reinos y señoríos con sus armas y su caballo. Ni navarros ni aragoneses quisieron cumplir tan extraño testamento. Llamaron los aragoneses al trono al monje Ramiro, hermano del D. Alfonso. Ramiro era hombre débil. Hizo pronto feudatario de Castilla aquel reino de Aragón que poco antes inspiraba respeto y aun inquietud a las demás naciones. Agobiado por el peso de los negocios, no bien tuvo sucesión, cuando concibió el propósito de renunciar la corona. Lo anunciaba ya el año 1136 en las Cortes de Huesca, y el 1137 concertaba el matrimonio de su hija Petronila, de edad de dos años, con el conde de Barcelona Ramón Berenguer IV. Daba, con la hija, el reino. Se reservaba sólo el honor y el título de monarca, y aun éstos los abandonaba meses después en Zaragoza para volver a las dulzuras y al sosiego del claustro. No se llamó Berenguer rey de Aragón, pero lo fue en efecto. Lo gobernó durante su vida sin intervención de su consorte, y al morir dispuso de él como de hacienda propia. ¡Que hubiera de ordinario tanta precipitación en los reyes! ¡Que no se esperase a que se realizara la fusión de las dos coronas en el hijo de los dos cónyuges! Se dice que las hembras estaban excluidas en aquel reino de la sucesión al trono; pero lo desmienten los mismos hechos de doña Petronila. Muerto el marido, reunió doña Petronila las Cortes en Huesca y confirmó y aprobó el testamento en que Berenguer IV dejaba a su primogénito los dominios de Aragón y Barcelona; y tres años después (el 1164), hallándose en la ciudad de este nombre, hizo en favor del mismo primogénito sesión solemne de la corona. Si no la poseía, ¿cómo trasmitirla?

Dejo a un lado la reincorporación del reino de Mallorca al de Aragón (año 1349) por la perfidia y la espada de Pedro IV. Con precipitación se quiso obrar también al enlazarse en el siglo XV Aragón y Castilla. Reuniéronse, como es sabido, por el matrimonio de doña Isabel con D. Fernando. Ni doña Isabel, era aún reina de Castilla, ni D. Fernando rey de Aragón cuando se casaron. Al subir al trono doña Isabel, D. Fernando quiso desde luego mandar en Castilla; no se lo consintió doña Isabel, ni se lo habría consentido el reino; pero algo hubo que cederle. Habían de administrar los dos la justicia, si se hallaban juntos; independientemente, si separados. Habían de llevar la firma de los dos las cartas y provisiones reales. Habían de ir los bustos de ambos en las monedas, y las armas de ambos reinos en los sellos.

Cataluña y Aragón primero, Aragón y Castilla después, se unieron, como se ve, del mismo modo que Castilla y León, por conciertos entre príncipes. La ambición fue el principal y quizá el único móvil de todos estos hombres. Los reyes de Castilla y León, ya lo vimos, no vacilaron, cuando les convino, en recurrir a las armas: otro tanto habrían hecho probablemente los de Aragón y Barcelona, si para la ejecución de sus planes hubiesen encontrado grandes obstáculos.

Fijémonos ahora en Navarra. Navarra se unió con Aragón el año 1076, y se hizo de nuevo independiente en 1134. Fueron debidos uno y otro hechos a la sola voluntad de los pueblos. El año 1076 murió Sancho Garcés alevosamente: su hermano Ramón le sorprendió en una cacería y con sus amigos le despeñó de lo alto de una roca. Llenos de ira los navarros, eligieron por rey a Sancho Ramírez de Aragón, primo de su infeliz monarca. Cuando menos por parte de los navarros fue espontánea la unión de los dos reinos. El año 1134, muerto Alfonso el Batallador, hemos visto ya nombrado rey de Aragón y de Navarra por las Cortes de Borja a Ramiro el Monje. No conformes los navarros con el nombramiento, se retiraron a Pamplona, se separaron de Aragón, y alzaron por su rey a Sancho Ramírez, nieto del otro Sancho. Por un acto de su voluntad se unieron y por otro se disgregaron; pero no fue así como siglos después pasaron a formar parte de Castilla.

El año 1512, muerta Isabel la Católica, entró y tomó Fernando a viva fuerza el reino de Navarra, sólo porque éste, en uso de su soberanía, se había aliado con el rey de Francia. Pretendía llevar sus ejércitos al otro lado de los Pirineos, y no quería dejar aquí enemigos. Concluida la guerra con los franceses, no sólo siguió ocupando a Navarra, sino que también la incorporó definitivamente a su corona. No fue al fin por la voluntad de los pueblos, sino por la fuerza, como vino a ser Navarra una provincia.

Otro reino quedaba todavía en pie a la muerte del de Navarra: el de Portugal, que llevaba cuatro siglos de vida. Entonces, en el año 1515, se hallaba precisamente en el apogeo de su grandeza. Gobernábalo desde 1495 un rey a quien no sin razón se apellidaba el *Dichoso*. Bajo este monarca había doblado por primera vez Vasco de Gama el Cabo de Buena Esperanza; Álvarez de Cabral se había apoderado del Brasil; Alburquerque había tomado a Goa y Malaca; Figueira, a Sumatra. Habían pasado, además, a ser portuguesas las costas de Malabar y la isla de Ceylán, la Trapobana de los antiguos; y allá, en el Pacífico, las islas Malucas. ¡Qué no poseía ya Portugal en África!

Juan III, sucesor de Manuel el Dichoso, sostuvo aún la grandeza del reino; pero no ya su heredero D. Sebastián, que sólo contaba tres años al ceñir la corona. Tuvo durante su menor edad dos regencias, y tras ellas la malhadada idea de llevar la guerra a las costas septentrionales de África. En vano le advirtieron súbditos y deudos lo peligroso y temerario de la empresa. Llevado por el afán caballeresco de renovar las luchas contra los infieles, reunió la flor de su ejército, y fue a buscar en Alcazarquivir una tumba para sí mismo, para sus soldados y aun para su reino. Murió sin sucesión, dejando extinguida la línea masculina de su casa de Borgoña. Subió al trono su tío, el cardenal D. Enrique, hombre ya sexagenario y también sin hijos; mas pulularon desde luego los pretendientes. Figuraba entre ellos Felipe II de Castilla, nieto del D. Manuel, como don Sebastián, pero no ya por línea de varón, sino de hembra. Sostuvo D. Felipe que él era el pretendiente de mejor derecho; y al morir D. Enrique, sin aguardar A que hablase la nación ni fallaran los jueces nombrados para decidir la contienda, invadió A Portugal con un ejército A las órdenes del duque de Alba. Portugal, como Navarra, fue agregado A Castilla por la violencia; Felipe, jurado rey en Lisboa el día 11 de Junio de 1580.

Con esto quedaban las naciones todas de la Península bajo un solo cetro. Las de la España Árabe habían ido cayendo unas en poder de los reyes de Aragón, otras en manos de los de Castilla; y desde el año 1492, en que sucumbió la de Granada, no había ya ninguna independiente. Todas, por de contado, habían perecido A fuerza de armas. Tuvimos al fin unida y formada la nación española, por lo menos materialmente.

Esta unión, como acabamos de ver, fue obra exclusiva de los monarcas. La realizaron por la conquista o por enlaces de familia. Por este sistema habría sido difícil, cuando no imposible, como no hubiesen prevalecido en los diversos Estados. de la Península la monarquía, el principio hereditario y la absurda doctrina de que los pueblos pertenecen a los príncipes. De otra manera, sobradamente lo comprenderá el lector, no habría podido lograrsela sino por el sistema federativo, que es para la creación de las grandes naciones el único racional y legítimo. La hicieron los reyes, y éstos, como hemos visto, movidos en general, no por la idea de la unidad, sino por la de su engrandecimiento. El mismo D. Fernando el Católico, muerta doña Isabel, tuvo sus deseos de volver a separar Aragón de Castilla; y a lograr hijos de su segunda esposa, doña Germana de Foix, es fácil que los hubiese convertido en hecho. La idea de la unidad tal vez no estuviese más que en Isabel I y Felipe II.

Consintieron todas estas naciones la obra de los reyes; pero, nótelo bien el lector, bajo la condición de que se les conservase sus leyes, su régimen municipal y su autonomía. Los mismos príncipes, al ganar un Estado por la fuerza, se apresuraban a confirmarle las libertades de que gozaba. Fernando I de Castilla, apenas se hubo apoderado de León, le aseguró y aun ensanchó los *buenos fueros* que le había otorgado Alfonso V. Fernando el Católico no había aún ocupado toda Navarra, cuando juraba en Pamplona, por boca del duque de Alba, guardar las leyes por que aquella antigua nación se regía. Concluida la guerra, repetía el juramento en Cortes por boca de D. Diego Fernández de Córdoba, alcaide de los Donceles. Los navarros, por su parte, juraban ser fieles al Rey y prestarle sus servicios con arreglo a lo que disponían los fueros y ordenanzas del Reino. El mismo Felipe II, al ser reconocido en Tomar rey de Portugal, hubo de jurar de rodillas, y la mano puesta en los Evangelios, que le conservaría los fueros, privilegios, usos, costumbres y libertades que le habían concedido los anteriores reyes. No cambiaban en realidad los pueblos, sino de señor; no experimentaban, por de pronto, en su vida mudanza alguna; y miraban con bastante indiferencia aquellas uniones de reinos en que ordinariamente no tenían intervención de ningún género.

Si cuando la unión era hija de la fuerza continuaban autónomos los dos reinos, no hay por qué decir si continuarían siéndolo cuando procedía de pactos o entronques. Lo eran todos hasta el punto de que los reyes de dos o más Estados debían convocar en cada uno Cortes para la decisión de los grandes negocios. Cortes debieron convocar en Cataluña y Aragón los descendientes de doña Petronila y D. Ramón Berenguer IV; Cortes en Navarra, en Aragón, en Castilla, en Cataluña, en Valencia, los descendientes de los Reyes Católicos. En unas Cortes catalanas se decidió la toma de Mallorca, la primera y la más brillante de las expediciones que concibió y llevó a cabo Jaime I de Aragón, célebre por sus conquistas. De Cortes en Cortes hubo de pedir que Castilla, Aragón, Valencia y Cataluña le reconocieran por rey de España aquel poderoso y temido Carlos I, que fue emperador de Alemania. El mismo Felipe II hubo de convocar y celebrar Cortes en todos aquellos Estados; y no fue por cierto ni aun entre sus antecesores quien las celebró con menos frecuencia. En ninguno de los antiguos reinos se reconocía a nadie por rey como en Cortes no les jurará previamente los fueros.

Y eran estos distintos fueros y preeminencias de tal índole, que el rey no podía, por ejemplo, entrar en Aragón con tropas de Castilla, como Aragón no se lo consintiese, ni enviarle virrey que aragonés no fuera, ni arrancar de mano del Justicia al que bajo el Justicia se amparara, aun cuando le persiguiese por agravios a su persona.

Con tales fueros y tal autonomía, ¿cómo extrañar que se consintiese la unión de los Estados por los reyes, sobre todo cuando no era fruto de la violencia?

3 Conflictos a que dio lugar la unidad por la manera como la realizaron los reyes. Separación de Portugal

Como quiera que fuese, A la muerte de Felipe II la unidad nacional era un hecho. España, que a la sazón se extendía más allá de los Pirineos, vivía bajo un solo rey y un solo Dios, aunque no bajo unas mismas leyes. ¡Qué de cánticos de alegría no suelen entonar los más graves escritores al llegar a este punto de nuestra historia! La unidad ha sido para ellos hija de la Providencia. Verdad es que no se la ha conseguido por los medios más racionales ni los más justos; pero Dios suele sacar el bien del mal y hay que respetar, no sólo sus altos designios, sino también sus procedimientos. Veamos, con todo, qué beneficios ha producido la unidad, y cómo ha tratado la Providencia su obra.

Gracias a la manera como se realizó la unidad, y a las ideas de aquellos siglos, el rey se consideraba señor de todos los antiguos Estados. Se avenía desde luego mal con la diversidad de leyes por que se regían, y miraba con ceño principalmente las que limitaban su autoridad y le obligaban a doblar la cabeza ante poderes e instituciones, hijas de la voluntad de los pueblos. Creía que redundaban en menoscabo de su dignidad y su decoro, y las minaba a la sorda, ya que no pudiese atacarlas de frente. Como por otra parte no estuviese ni pudiese estar identificado con todos los reinos, como lo estaba cada monarca con el suyo mientras vivieron separadamente, solía tratarlos con cierto despego, y sólo los halagaba cuando había de exigirles grandes y penosos servicios.

Un estado tal de cosas no podía menos de producir conflictos, y efectivamente los produjo. Ocurrió el primero en vida del mismo Felipe II, a quien apellidaron el Prudente. Persiguió este rey de una manera despiadada al célebre D. Antonio Pérez, después de haberle tenido muchos años de primer ministro y de hombre de confianza. Cuando Pérez vio ya en peligro su vida, se evadió de las prisiones en que se le tenía y buscó asilo en Aragón, su patria. Acogióse allí al fuero de la *manifestación,* poniéndose por este medio bajo la mano y el escudo del tribunal del Justicia. Acomódase de pronto el Rey a que este tribunal procesase a su antiguo secretario por los delitos de que se le acusaba, principalmente por el de la muerte de Escobedo, alma de D. Juan de Austria; mas luego que supo la presentación en autos de documentos que le hacían a él, rey de las Españas, autor del asesinato, se apartó de la causa y trabajó con la Inquisición para que, reclamando a Pérez como reo de herejía, le arrancara de las cárceles del Justicia y se lo pusiera al alcance de sus iras. La Inquisición llevó al procesado a sus calabozos.

Indignada en Zaragoza la muchedumbre, se levantó a favor de Antonio Pérez, dando origen a una serie de alteraciones y revueltas, que vinieron, como de costumbre, acompañadas de crímenes. Felipe aprovechó al punto los acontecimientos para mermar las libertades aragonesas. Mandó tropas que entraron sin resistencia en la capital, a pesar de haber hecho el Justicia un general llamamiento a las armas; y, ya vencedor, desaforó provisionalmente el Reino y ejerció de una manera fría y calculada las más terribles venganzas. Convocó después Cortes en Tarazona y restableció y aun juró guardar los fueros; pero alterándolos en lo que más esencialmente los constituía. Perteneció desde entonces a la Corona la facultad, no sólo de nombrar, sino también de destituir al Justicia. Tuvo el rey mano en la elección de los diez y siete judicantes encargados de censurar y residenciar a los lugartenientes de tan excelso magistrado, y también en la de los mismos lugartenientes. Se limitó las atribuciones de la Diputación y se la privó hasta de su fuerza pública.

No hizo Felipe II más, porque se lo impidió el carácter de aquel alzamiento. Aragón no trató entonces (1591-1592) de recobrar su independencia. El movimiento estuvo casi localizado en Zaragoza. De los demás pueblos la mayor parte se hicieron sordos a la voz del Justicia. No pudo Lanuza reunir contra el ejército de Castilla más de dos mil hombres; y esos tan indisciplinados y tan poco aptos para el combate, que no se atrevió a presentar batalla a D. Alfonso de Vargas. Unidas estas circunstancias a la decisión con que los aragoneses rechazaron a poco una invasión de los bearneses, acaudillados por Antonio Pérez, detuvieron a Felipe II y salvaron los fueros de un general naufragio.

Medio siglo después, en 1640, se alzaban ya, no dos ciudades, sino dos reinos al grito de libertad y de independencia. Oponían a Castilla, en vez de gente allegadiza, grandes ejércitos, que hicieron morder más de una vez a sus enemigos el polvo de sus campos de batalla.

Reinaba a la sazón en España Felipe IV. El año 1626 había bajado a Cataluña para pedirle uno de tantos servicios como, ya en hombres, ya en dinero, le hacían exigir las calamitosas guerras que sostenía en Europa. Como hallase mal dispuestas las Cortes de Barcelona, las había desairado marchándose sin decírselo ni esperar a que deliberaran y resolvieran. Tomaron los catalanes a grande agravio esta conducta, y nunca más miraron con buenos ojos a Felipe. En 1639, sin embargo, como viesen invadido el Rosellón por los franceses, no vacilaron en hacer, por rechazarlos, todo género de sacrificios. Levantaron un ejército de más de doce mil hombres, lo armaron, lo equiparon, lo dotaron de cañones y de todo un tren de guerra, y lo costearon durante la campaña. Ellos, y sólo ellos, salvaron entonces aquellos dominios. Recibieron en pago desabridas palabras y mal fundadas quejas, y para colmo de mal, un nuevo agravio. Concluida la guerra, se alojó contra fuero en las casas a los soldados de Castilla; y éstos, bien por lo mal pagados, bien por la costumbre de vivir en país de conquista, tuvieron para con sus huéspedes las más insolentes exigencias. Nacieron de aquí, no sólo entre el paisanaje y la tropa, sino también entre castellanos y catalanes, odios que se fueron de día en día manifestando por pequeños desórdenes y grandes crímenes, e iban lentamente llevando el país a la anarquía. Grave ya el mal, acudieron los magistrados de Barcelona al virrey en demanda de remedio. Cometió el virrey la imprudencia de arrestarlos; y reventando la ira en los corazones, estalló la más formidable rebelión que ciudad hubiese visto. Desde el virrey hasta el último castellano fueron víctimas del furor de la muchedumbre: no se salvaron sino los que pudieron sustraerse a las miradas de los revoltosos. Se repitió la matanza en toda Cataluña.

Después de no pocas vacilaciones, se decidió el Rey al castigo de los rebeldes, pero sin medir bien sus fuerzas. Cataluña entera se unió y se aprestó a la lucha; y ciega de ira, después de haber recurrido al rey de Francia, le hizo su soberano y le proclamó conde de Barcelona. Larga y mudable fue la guerra; numerosos y sangrientos los combates;

muchos los ejércitos que consumió Castilla. Todo para que se viniera a confirmar al fin los fueros de Cataluña y se perdieran definitivamente los condados de Rosellón y Conflans, que a costa de tantos sacrificios habíamos conservado durante siglos. Barcelona, llevando a la tenacidad su constancia y a la temeridad su arrojo, resistió un cerco de quince meses; y aun obligada a capitular, salvó, no sólo sus instituciones, sino también las de toda la provincia. Veía el rey que Portugal se le escapaba de las manos, y temía que por no transigir con los catalanes perdiese los dos reinos.

Se había sublevado Portugal por razones análogas a las de Cataluña. Se lo trataba con altanería y dureza; se proveía los cargos en gente extraña. Se lo agobiaba bajo el peso de los tributos; y cuando se continuaba celebrando Cortes en todos los antiguos Estados, se lo quería obligar a que confundiera las suyas con las de Castilla. Presente aún en los ánimos su pasada grandeza, no pudo sobrellevar tanta humillación, y conspiró por recobrar su independencia. Teniendo, por su fortuna, a mano a Juan de Braganza, descendiente de sus reyes, le puso a la cabeza del movimiento. Llevó tan bien su trama y tuvo en el momento de levantarse tal empuje, que en sólo tres horas acabó con el gobierno de Castilla y destruyó la obra de Felipe II.

Pretendió Castilla reducirlo a la obediencia; pero en vano. Veinticinco años de guerra no bastaron a domar los bríos ni agotar los recursos de aquel pueblo. Hicimos el último esfuerzo en 1665. Reunimos un ejército de 15.000 infantes, 6.000 caballos, 14. cañones y 2 morteros, y los pusimos a las órdenes del marqués de Caracena. Sitió el marqués a Villaviciosa, bajaron los portugueses a levantar el cerco, y sentaron sus reales en Montesclaros. Allí se dio la gran batalla, y ocurrió la gran catástrofe. Perdimos entre muertos, heridos y prisioneros ocho mil hombres,. quedamos sin artillería, y hubimos de abandonar el campo. Se desvaneció toda esperanza de recobrar aquel reino; y hoy, después de dos siglos, vive aún Portugal independiente.

Al sublevarse los portugueses no hacía aún sesenta años que formaban parte de la nación española. Si nuestra unidad política hubiese realmente sido hija de la Providencia, preciso sería decir que la Providencia había cuidado muy flojamente de la conservación de su obra. Destruida esta unidad al Occidente, en gran peligro al Oriente, muy poco celoso hubo de andar Dios por mantenerla, tanto menos cuando cuarenta años después de la rota de Montesclaros permitía que viniera otra nación a poner el pie en la nuestra, y hoy todavía la tenemos en Gibraltar, sin esperanza de arrojarla de nuestras costas por las armas.

4 Cómo se habrían podido evitar estos y otros trastornos. Por qué fuimos al absolutismo

Pero no mezclemos lo interior con lo exterior: atengámonos al movimiento político de España. Si se hubiese hecho la unidad de otra manera, ni se habría roto en tan breve tiempo, ni habría dado margen a tantas guerras y disturbios, ni habría sido origen de otros males de que aún no hablé y pienso hablar en este capítulo. Dada la heterogeneidad de los elementos que habían de componer nuestra nación, el sistema federal era el indicado para formarla. Los antiguos Estados llevaban siglos de vida propia y tenían decidido apego a su autonomía. Ya que no se los podía fundir en uno, era absolutamente necesario que se los hubiese unido por lazos que, sin trabarles la acción para el manejo de sus particulares intereses, los hubiesen obligado a deliberar y resolver juntos sobre sus comunes negocios. Habrían debido para esto tener en la capital de la nación, junto al rey, ya que rey había, una asamblea compuesta de sus diversos representantes. Este Consejo, que para nada debería haber intervenido en los asuntos interiores de cada Estado, habría tenido naturalmente a su cargo los negocios exteriores, la paz y la guerra, el comercio y los asuntos diplomáticos. Para las guerras, como para todos los demás gastos nacionales, ella habría debido fijar el contingente, ya en armas, ya en dinero, que a cada Estado hubiese correspondido. Habría ido abarcando de día en día los intereses verdaderamente generales; y la unidad se habría realizado y fortalecido sin interrupciones ni catástrofes. El rey habría sido el ejecutor de los acuerdos de la Asamblea.

Se adoptó otro sistema, a no dudarlo, el más absurdo. El rey declaraba por sí la guerra; y luego, para sostenerla, bien la hiciese en ofensa de otra nación, bien en defensa de la propia, debía ir de reino en reino y de Cortes en Cortes mendigando los subsidios de que necesitaba. Los pedía a veces con el enemigo a las puertas; y en cada reino había de oír y resolver las ciento y una peticiones que le dirigían los procuradores, en cada uno diversas y con diversa mira, como de pueblos que no se regían por las mismas instituciones ni tenían los mismos intereses.

Gobernaba el rey esos Estados por virreyes y otros oficiales que nombraba; y éstos, o veían a cada paso detenida su acción por los fueros, o los hollaban produciendo conflictos, cuando no disturbios y guerras. Nacía de aquí un constante antagonismo entre las autoridades reales y las forales, antagonismo que aumentaba por ser éstas de la tierra y aquellas casi siempre de Castilla. Los castellanos, como los más próximos súbditos del rey, eran de ordinario los favorecidos en la provisión de cargos, y se consideraban en cierto modo superiores a los demás pueblos. Se los aborrecía lo mismo en Portugal que en Cataluña, lo mismo en Aragón que en Navarra. Por esto hacía Aragón hincapié en que debieran ser aragoneses sus virreyes. Las Cortes de Tarazona, celebradas después de la muerte de Lanuza, sobrado comprenderá el lector que no habían de oponer gran resistencia a las pretensiones de Felipe II: en lo que menos le complacieron fue en la facultad que les pedía de proveer el cargo de virrey en extranjeros. Sólo se la concedieron de allí a las próximas Cortes.

Con el sistema federal todas estas dificultades habrían desaparecido: cada reino habría conservado la libertad de reformar por sí sus leyes; el Rey por la asamblea federal las habría dictado a toda la Península. No habría habido virreyes; los funcionarios reales habrían tenido determinada su esfera de acción por las leyes del poder federal, y habrían sabido a qué atenerse: no porque hubieran sido castellanos habrían excitado injustas prevenciones. Ni la Corona se habría sentido humillada ante los pueblos, ni los pueblos ante la Corona.

Humillada la Corona, pensó principalmente en ir poniendo los reinos todos bajo el nivel del despotismo. De aquí el menosprecio con que cada día fue tratando a las Cortes, el desoír o resolver tarde las súplicas de los procuradores, el escasear las convocatorias, el no hacerlas al fin más que para el reconocimiento y la jura de los nuevos reyes. De aquí el ir acabando con las franquicias municipales hasta llegar a la venta de las alcaldías y regido rías perpetuas. De aquí el tener en todas partes esclava la prensa y hasta el pensamiento. Se buscaba la unidad en la general servidumbre; y en la general servidumbre iba desapareciendo la grandeza y aun la dignidad de la patria.

Desgraciadamente, ya de muy temprano nos llevó la idea de la unidad a la tiranía. Reunidos Aragón y Castilla en los Reyes Católicos, tuvimos aquí el establecimiento de la Inquisición y el destierro de los judíos; después de ganado Portugal, la expulsión de los moriscos. Se atribuyen tan graves hechos principalmente al fanatismo de los reyes. No opino de este modo. Para mí su idea generadora fue la unidad religiosa, y también la política. Componían la nación reinos heterogéneos, unidos sólo por dos lazos: la monarquía y el catolicismo. Temerosos los reyes de que aun estos vínculos se rompiesen o relajasen, y la nación por consecuencia se deshiciese, no perdonaron medio para darles fuerza, ni vacilaron en destruir lo que pudiera debilitarlos. Recuerdo una carta que desde Yuste escribió Carlos V a su hijo Felipe, incitándole a que hiciese el primer auto de fe, la primer quema de herejes. Hablaba el Emperador, movido menos por la religión que por la política.

5 Efectos del absolutismo. Derogación de los fueros de Aragón, Cataluña y Valencia

Pero sigamos el curso de los acontecimientos. El ejemplo de Portugal no bastó para contener a nuestros monarcas. Muerto sin hijos Carlos II el año 1700, se disputaron el trono de España Felipe de Anjou, nieto de Luis XIV, y Carlos, archiduque de Austria. La cuestión se hizo internacional, porque ni Holanda ni Inglaterra podían ver sin recelo que la casa de Borbón reinase a la vez en España y Francia. Fue además nacional, porque los españoles nos dividimos en bandos: unos por Carlos, otros por Felipe. Felipe, al estallar la guerra interior, hacía más de cuatro años que estaba en posesión de la Península: había jurado guardar los fueros de todas las provincias, y las provincias todas le habían prestado homenaje. Habían de pasar naturalmente por desleales las que defendieran a Carlos; y acertaron a defenderle Aragón, Cataluña y Valencia. Felipe, no bien las venció, cuando les arrancó los fueros.

Abolió los de Aragón y Valencia por decreto de 29 de Junio de 1707, cuando estaba la guerra, por decirlo así, en su primera jornada. Después de la victoria de Almansa, entraron fácilmente sus ejércitos en las capitales de los dos reinos. Le faltó tiempo para reducir a los dos a las leyes y al gobierno de Castilla, como si no pudiera ver que iba con esto a dar nuevas armas a sus enemigos y levantar contra sí todo el Oriente de España. A poco, el día 29 de Julio, quiso enmendar el yerro ofreciéndose a confirmar los privilegios y las exenciones de las villas o lugares que le hubiesen permanecido fieles; pero ya en vano. La guerra fue de cada día más general y sangrienta, y estuvo por mucho tiempo indecisa la suerte de las armas.

Son de notar los motivos que para esta supresión de fueros alegaba Felipe V. En el preámbulo de su decreto Aragón y Valencia habían perdido sus instituciones y sus libertades por el solo hecho de haber quebrantado el juramento de serle fieles. Él, como soberano de

España, tenía un *dominio absoluto* sobre los dos reinos, tanto por estar comprendidos entre los de más de la monarquía, como por el *justo derecho de conquista*. Era además *atributo de la soberanía imponer y derogar leyes* según la variedad de los tiempos y la mudanza de las costumbres. No hablaba aquí tan sólo el rey ofendido; hablaba por boca del rey el despotismo, y sentaba insolentemente su doctrina.

Cataluña llevó fundadamente su resistencia hasta la temeridad por defender y sostener sus fueros. Vino un día en que, elevado al Imperio de Austria el archiduque Carlos, pujante la casa de Borbón en España, cansados de la lucha holandeses y britanos, dispuesto Felipe a renunciar para siempre sus derechos a la corona de Francia, se concertaron las naciones beligerantes y pusieron por la paz de Utrecht término a la guerra. No consiguió Cataluña que en esa paz se estipulara la conservación de sus libertades; y no pudiendo resignarse a perderlas, se decidió, sola y sin sus aliados, a seguir peleando contra España y Francia. Decisión que habría parecido insensata, si hechos anteriores no hubiesen demostrado de qué no son capaces los hombres de aquellas provincias cuando el patriotismo y la desesperación se apoderan de sus nobles almas.

Por más de un año prolongaron aún los catalanes la lucha, lucha sangrienta y feroz, en que nadie daba cuartel ni lo pedía; lucha en que, no ya el odio, sino el furor agitaba el corazón y dirigía la mano. Barcelona era, como siempre, el alma del movimiento. Bloqueada por mar y tierra, rechazaba toda idea de avenencia. No quería negociar sino bajo la condición de que se le conservasen los fueros; y como no se la concediesen, se mostraba resuelta a morir sepultada en sus ruinas. Cayeron al fin sobre ella todas las tropas de que el rey disponía, inclusas las que al efecto había traído de Italia y Flandes. No cedió ni a los rigores del sitio ni al bombardeo. Se mantuvo en pié contra todos los asaltos parciales; y ya que se vio atacada por todas partes de cincuenta compañías de granaderos y cuarenta batallones, se defendió de batería en batería, de calle en calle, de casa en casa, vertiendo a torrentes la sangre. Sucumbió sólo ante el incendio. Mandó el duque de Berwick, jefe del ejército sitiador, que se pusiera fuego a las casas, y sólo así logró reducir aquellas almas rebeldes. Allí, en aquel fuego ardieron, no sólo las instituciones de Cataluña, sino también la libertad de España. Se había alcanzado ya la unidad política, pero la unidad en el despotismo. ¡Progreso lamentable! ¡Triste victoria!

No hace seis años quedaban todavía pueblos que se regían por leyes propias; pero éstos los he dejado y los dejo a propósito en la sombra. Han vivido tan aparte de los demás, ha sido tan singular su vida, que los he de hacer objeto exclusivo de un capítulo dentro de este libro. En tanto, observe el lector cómo se encadenan los sucesos. Castilla fue, entre las naciones de España, la primera que perdió sus libertades: las perdió en Villalar bajo el primer rey de la casa de Austria. Esclava, sirvió de instrumento para destruir las de los otros pueblos: acabó con las de Aragón y las de Cataluña bajo el primero de los Borbones.

Se dice que este rey, como Carlos I, odiaba esas libertades sólo porque impedían la unidad política; pero no es tampoco exacto. Carlos I, al paso que abolía las de Castilla, mantenía y respetaba las de los demás reinos; y Felipe V, al entrar en la Península, lejos de pensar en destruirlas, hasta ensanchó las de Cataluña. Aun después de la guerra de sucesión jamás se presentó hostil a las de los pueblos del Norte, a que poco ha me refería, con no ser de menos importancia. Determinaron en este punto la conducta de los dos monarcas principalmente la tendencia general de la autoridad al absolutismo y el deseo de castigar a los pueblos rebeldes. Si Felipe V hubiese querido realmente la unidad, no la hubiese hecho a medias, y a medias veremos después que la hizo.

6 Cómo se mantuvo, sin embargo, en las provincias el espíritu de independencia, junto con el sentimiento de unidad nacional. Guerra del año 1808

Perdieron los antiguos reinos sus instituciones y su autonomía, pero no su iniciativa ni su espíritu de independencia. Casi un siglo después de los sucesos que acabo de referir, en 1808, invadían arteramente la nación los ejércitos de Bonaparte. Se apoderaban, sorprendiéndolas, de nuestras plazas fuertes; y desde aquí mismo, desde la capital, dirigían a su antojo los acontecimientos. Disponían a poco de la Península, abandonada por los reyes. Se alzó indignado Madrid el día 2 de Mayo, pero volvió a caer despedazado y sangriento bajo la espada de los invasores. Parecía la nación irremediablemente condenada a la servidumbre: sus mismos príncipes abdicaban en Bonaparte. Sólo podía salvarla y la salvó la iniciativa de las provincias.

Levantóse la primera Asturias, que había sido también la primera contra los árabes. Sin contar con ninguna de sus vecinas, sin consultar a nadie, sin oír otra voz que la de sus propios sentimientos, se dio y se constituyó un gobierno, declaró a Napoleon la guerra, organizó tropas, y no vaciló en despachar embajadores que fuesen a solicitar la protección de Inglaterra. Acertaba a estar entonces reunida en Oviedo la Junta general del Principado, "reliquia, dice el conde de Toreno, dichosamente preservada del casi universal naufragio de los antiguos fueros:" Asturias la invistió de la autoridad suprema, y le confió sus destinos.

Obsérvese cómo es siempre el mismo el espíritu de nuestros compatriotas. Mil años antes, en 778, un emperador francés, Carlomagno, pasaba los Pirineos llamado por el walí de Zaragoza. Cuando regresaba, los vascos, movidos solamente por su odio al extranjero, coronaron por sí y ante sí las cumbres de Altabízar y de

Ibañeta, y dejando rodar las peñas de los montes, sepultaron en Roncesvalles a los francos. Entra ahora otro emperador, y en las vertientes de los mismos Pirineos, otro pueblo le declara por sí y ante sí la guerra. arrebatado por su amor a la independencia.

Hacen otro tanto las demás provincias. Obran cada una separadamente y casi todas a un tiempo, sin contar más que con sus fuerzas. Se da cada cual un gobierno, levanta gente, arregla su administración y su defensa, impone tributos, dicta leyes. No consienten, por de pronto, que ninguna se constituya en centro. Lo intenta Sevilla nombrando una Junta Suprema de España e Indias, y todas protestan. No logra siquiera Sevilla que se le sometan las de Andalucía. Alza la de Granada pendón aparte, y crea su Junta. Y todas, dentro de sus respectivos límites, se parapetan y disponen contra el enemigo.

Es curioso este singular movimiento. A la entrada de los franceses, los antes reinos eran provincias. Quieren todas ser autónomas, pero ninguna deja de obedecer al gobierno que en su capital se establece. Ninguna se fracciona ni divide, como no lo exija la interposición de ejércitos enemigos. Sus juntas de municipio están subordinadas a las de las capitales. Podrá parecer que faltó Granada a la regla separándose de Sevilla; pero no es cierto. Granada era entonces provincia.

Veamos ahora cómo se forma las juntas. Las hay en todas las provincias sublevadas, a pesar de los esfuerzos de algunos capitanes generales por atribuirse el poder supremo. Se nombra a las más en medio de la agitación y del tumulto, indícase a sus individuos por unos pocos, se los aclama por la muchedumbre. Pero tienen otras muy diferente origen. Hemos visto ya lo que sucedió en Asturias: se trasformó allí en poder político una junta de carácter económico, sólo porque se veía en ella la representación legítima del Principado. Galicia quiso también un gobierno que naciese de la manifiesta voluntad de los pueblos. Conservaba, como Asturias, una diputación general del reino, compuesta de siete personas que sus ayuntamientos elegían. La convocó en reemplazo de la junta provisional que creó el día de su alzamiento.

Cataluña se encontraba en situación difícil. No podía moverse en la capital, ocupada por los franceses; tampoco en otros pueblos importantes sin venir a las manos con el enemigo. Hubo de buscar su centro de acción en Lérida; y allí organizó una junta, no al capricho ni al acaso, sino con los representantes de todos sus corregimientos. No había olvidado todavía su antigua manera de vivir ni sus perdidas leyes.

Las había olvidado menos Aragón por la manera como se condujo. Zaragoza, si no poseída, amenazada por los franceses, se dio de pronto un caudillo en el general Palafox, a quien obedecieron sin murmurar los pueblos; pero éste, no bien armado de la autoridad suprema, convocó el reino a Cortes, como hubiera podido hacerlo Pedro IV. Reuniéronse los cuatro brazos, entre ellos el de las ciudades; y después de confirmar el nombramiento de Palafox, eligieron una junta de sólo seis individuos, que, de acuerdo con él, atendiese a la común defensa. Esta junta fue, como todas, soberana.

Tenemos otra vez a la nación descompuesta en provincias que se han hecho árbitras de sus destinos. ¿Fue esto un mal para nosotros? Hablará por mí un conservador, el ya citado conde de Toreno. Esto, según él, "dobló y aun multiplicó los medios y recursos de España, excitó una emulación hasta cierto punto saludable, y sobre todo evitó que los manejos del extranjero, valiéndose de la flaqueza y villanía de algunos, barrenaran sordamente la causa sagrada de la patria. Un gobierno central y único antes de que la revolución hubiese echado raíces, más fácilmente se hubiera doblegado a pérfidas insinuaciones, o su constancia hubiera con mayor prontitud cedido a los primeros reveses. Autoridades desparramadas como las de las juntas, ni ofrecían un blanco bien distinto contra el que pudieran apuntarse los tiros de la intriga, ni aun a ellas mismas les era permitido, cosa de que todas estuvieron lejos, ponerse de concierto para daño y pérdida de la causa que defendían."

Sin esta disgregación, añado yo, volviendo a mi primer pensamiento, la muerte de España habría sido segura. Rotos los ejércitos nacionales, habríamos sucumbido, como tantos otros pueblos. Habríamos gemido bajo el yugo desde la toma de Madrid por Napoleón, y quizá desde el Dos de Mayo. Separadas las provincias, hubo de luchar el enemigo, no con una, sino con trece naciones: complicación para él inmensa. Abandonada cada una a sus fuerzas, armó a los ciudadanos y le opuso por de pronto obstáculos con que no contaba. Y como no podía con esas tropas empeñar batallas, le creó otra dificultad adoptando el sistema de guerrillas. Las guerrillas fueron, como es sabido, la desesperación de los generales del Imperio. Por una parte los voluntarios, por otra los ejércitos regulares, obligaron a Napoleón a dejar la tierra de España sin que hubiera dominado en seis años sino la que cubrían sus armas.

Fue sobremanera útil la separación de las provincias, y volvieron, no obstante, a concertarse pronto. Disgregábanse en Mayo y Junio; reuníanse en Setiembre. ¿Cómo en sólo tres meses reacción tan inesperada? El hecho, a no dudarlo, es digno de estudio. Produjéronlo, a mi entender, dos principales causas: las necesidades de la misma guerra y el sentimiento de unidad de que estaban ya animados los antiguos reinos.

Amenazaba el enemigo una comarca o una ciudad que era la llave de dos o más provincias, o rebasaba una cordillera que servía de antemural a muchos y muy distintos pueblos. El instinto de conservación los obligaba a entenderse y prestarse auxilio. Sobre que harto comprendían que, si cada provincia se limitaba a defenderse, podría el enemigo concentrar en una sola sus numerosos ejércitos y batirlas en detall a todas. Ni los españoles de entonces eran ya los del tiempo de Aníbal, ni Francia combatía en las desventajosas condiciones de Cartago y Roma.

No en balde, además, viven bien que mal unidas por siglos provincias, ayer naciones. Pelearon juntas, fueron blanco de unos mismos odios y entraron en las mismas alianzas, participaron así de los prósperos como de los contrarios sucesos, y hasta en la mancomunidad de sufrimientos encontraron dulces y fuertes vínculos. En lo interior las ligan aún más el comercio, ya libre de aduanas, los servicios generales, cuya menor interrupción basta a trastornar la vida de un pueblo, el mismo rey, extendiendo su acción a todo el territorio.

Siglos de unión llevaban ya nuestras provincias al empezar la lucha por la Independencia; y, forzoso es consignarlo, ni aun al disgregarse dejaron de pensar en la unidad de la patria. Hemos visto lo que hizo Sevilla. A pesar de toda clase de protestas y desengaños, no renunció a su Junta Suprema de España e Indias. El general Palafox, reunidas las Cortes aragonesas, les sometió, por otra parte, una serie de proposiciones. En una pedía que la junta cuidara de mantener las relaciones con las demás provincias, *que deben,* decía, *formar con nosotros una sola y misma familia;* y en otra, que esa misma junta resolviera. si debían reunirse *en un solo lugar* las diputaciones de los otros reinos. Sucedía esto el día 9 de Junio. El 22 del mismo mes dirigía ya la junta de gobierno de Murcia a todas las demás una circular enérgica, donde encarecía la necesidad de que las ciudades de voto en Cortes se reunieran y formaran un solo cuerpo. La idea de la unidad ganó rápidamente los ánimos; y se habría realizado más pronto de lo que se realizó, si las juntas hubiesen podido acordar fácilmente la organización y el asiento del poder que deseaban y la necesidad exigía.

Aquí fueron, no sólo varias: sino también encontradas las opiniones. Quién estaba por que se convocase la nación a Cortes; quién porque se constituyese un gobierno federal. La reunión de Cortes por el antiguo procedimiento era del todo imposible. Provincias que habían vuelto a ser autónomas no podían resignarse a estar desigualmente representadas en la Asamblea, y mucho menos a no tener en ella representación, como le había de suceder precisamente a la iniciadora del movimiento, a la de Asturias. ¿Quién había de dar voto en Cortes a la ciudad que no lo tuviera: ¿Quién, a la que lo tuviera, quitárselo? La primera dificultad estaba en la misma convocatoria. ¿Quién había de expedir el decreto?

No quedaba más que el segundo medio, y éste fue el que realmente prevaleció. Convinieron al fin las provincias en que cada una eligiese dos individuos para una Junta Central Suprema que había de gobernar el Reino. ¿Qué era esto más que la formación de un Consejo Federal? Mentira parece que no lo viese el conde de Toreno. Dice que la federación era un sueño, sin observar que vencieron los federales. Galicia, según él mismo nos refiere, tenía proyectada y a medio hacer una federación parcial de las provincias del Noroeste. Al efecto había reunido en Lugo su propia junta con las de León y Castilla. Si pudo el bailío D. Antonio Valdés disuadir de su intento a los gallegos, ¿a qué se debió sino a que vieron que con la creación de una Junta Central se extendía su pensamiento a toda la Península?

La federación era aquí tanto más clara, cuanto que no desaparecían las juntas de provincia, antes quedaban revestidas de muchas facultades. Corrían en realidad a cargo de la Central sólo las relaciones exteriores y las colonias, la dirección de la guerra y el mando de los ejércitos, la imposición de tributos, no ya su cobro, los servicios de índole general y los intereses verdaderamente nacionales. ¡En qué de negocios no entendían aún las de provincia, sobre todo cuando, celosas de su autoridad, escatimaban la de la Suprema, e incomunicadas a veces con la Central, habían de volver a tomar, queriendo o no, la soberanía de que disfrutaron! Dentro de su respectiva provincia se conservaban autónomas, como no fuese en las cosas de la guerra: y aun sobre éstas no carecían de atribuciones importantes. Continuaban exigiendo subsidios, alistando gente, haciendo requisiciones de caballos, levantando partidas, atrincherando pueblos, persiguiendo sospechosos, castigando infidencias, empleando cuantos medios pudiesen contribuir a la más pronta expulsión de los invasores. Quiso a poco la Central disminuirles esas facultades, y no pudo. Ante la airada voz de muchas, especialmente la de Sevilla, hubo de suspender, apenas publicado, el reglamento que para ellas escribió a principios de 1809.

Subsistieron las juntas de provincia, no sólo después de la formación, sino también después de la muerte de la Suprema. Subsistieron, y es más, aun después de congregadas las Cortes de Cádiz, en las que tuvieron representación y asiento. En vano el Consejo de Castilla pidió uno y otro día que se las disolviera: continuaron tan poderosas como él impotente. En vano generales como el marqués de la Romana quisieron suprimirlas, y aun suprimieron las de algunas provincias: retoñaron las juntas como las cabezas de la hidra (*Historia del Levantamiento, Guerra y Revolución de España,* por el conde de Toreno, libros 3.º 6.º y 8.º).

Hubo juntas de provincia y un centro: variedad y unidad.

7 Reflexiones. Tendencias marcadas de España a la federación. Revoluciones de este siglo

Detengámonos ahora un instante y reflexionemos. En los hechos espontáneos es donde mejor se revela el carácter y las tendencias, tanto de las naciones como de los individuos. Abandonados a su voluntad o a sus instintos, se presentan los pueblos como son, y no como quieren que parezcan los que los dirigen. Y, pues no hay para ellos organización buena ni sólida como no esté ajustada a la razón y a las condiciones de vida que los distinguen, conviene estudiarlos principalmente en sus más espontáneos hechos.

Ya lo ha visto el lector en la breve reseña que acabo de hacer de nuestra Historia: las naciones que de tiempo inmemorial se han establecido en tierra de España han tendido por muchos siglos al aislamiento, siempre a la independencia. Las ha unido, no la voluntad, sino la fuerza: hoy la espada de los cartagineses o los romanos, mañana la de los godos o los árabes. Si han sacudido un día el yugo de sus opresores, han vuelto a la constitución de pequeñas naciones. Tampoco los ha reunido después el consentimiento, sino la conquista y el derecho hereditario de sus príncipes. La excepción no es la regla, y poquísimas excepciones hubo en este punto. Hemos explicado también cómo han consentido los pueblos agregaciones que no pidieron: estipulando siempre la integridad de sus instituciones y de sus leyes, o lo que es lo mismo, su autonomía. Han derramado torrentes de sangre por conservarla.

Han venido, sin embargo, tiempos donde por una serie de circunstancias, que han aprovechado los reyes, han debido casi todos inclinar la cabeza bajo un mismo fuero o, por mejor decir, bajo igual tiranía. Acabamos de ver lo que aconteció un siglo más tarde. Una guerra, que empezó por derribar la clave de nuestro sistema político, volvió a dejar a nuestros antiguos reinos en libertad para organizarse. Ocurrió aquí ya un fenómeno desconocido en nuestra Historia.

Recobraron todos con afán su independencia, pero sintiendo casi desde el primer instante la necesidad de un lazo que los uniera. Se hicieron soberanos, y a poco levantaron sobre sí una soberanía: una soberanía que, sin menoscabar la suya, atendiera a sus comunes intereses. Grande adelanto y mayor enseñanza. El sentimiento de independencia en cada una de nuestras provincias es el de todos los tiempos; el de la unidad, de nuestra época. Ambos son ya fuertes; pero algo más el primero. No consienten las juntas de provincia que la Central les ponga límites; y, aun habiéndola creado, la miran con enojo. Cambia el poder nacional de manos, y va de la Central a la Regencia, de la Regencia a las Cortes: las juntas de provincia continúan siendo lo que desde un principio fueron. ¿Podía darse un espíritu federal más decidido? ¿Podía ser la federación más espontánea?

Fíjese ahora el lector con este hecho. España no ha vuelto a encontrarse sino otra vez en la situación de 1808. En cada una de sus revoluciones, no obstante, ha querido seguir la misma conducta. Alzóse en 1820 contra el despotismo de Fernando VII. Cada provincia, al sublevarse, nombró una junta que se erigió en poder supremo. Suspiraron a poco todas por reproducir la Central, y quisieron designar a los que habían de componerla. No lo consiguieron por haberse prestado el rey a jurar la Constitución de Cádiz cuando estaba aún reducido el movimiento a corto número de provincias; por haberse creado aquel mismo día una Junta Provisional, que, con el carácter de consultiva, fue el verdadero poder de la nación hasta que se reunió la Asamblea; y, sobre todo, por haberse apresurado a convocar las Cortes. Pero lo llevaron a mal todas las provincias. Nos lo dice la misma Junta de Madrid en su manifiesto de 9 de Julio. Habla de la severidad con que se la juzgó por su conducta, lamenta que se la atribuyeran a mezquinos celos de mando, y no perdona argumento por sincerarse (*Apuntes histórico-críticos para escribir la historia de la Revolución de España desde el año* 820 *hasta* 1823, por el marqués de Miraflores.- Documento número 22).

El año 1835, vivas, aunque no reunidas, las Cortes; ocupado el trono por una niña, cuyo nombre servía de grito de guerra contra los ejércitos de don Carlos; regida la nación por una mujer que era entonces para la España liberal, más que una reina, un ídolo; solamente porque el Gobierno andaba lento y reacio en otorgar derechos y hacer reformas, levantáronse de nuevo las provincias y se declararon independientes. Volvió cada cual a nombrar su junta y a conferirle el poder supremo; y así armadas, no vacilaron en disponer de los caudales públicos, levantar empréstitos, exigir tributos, proveer destinos y hasta reunir tropas con que hacer frente a las del Estado. En la Mancha llegaron a tener las de Andalucía un cuerpo de operaciones, que estuvo por bastante tiempo acampado en Manzanares, y obedecía a las órdenes, no de un genero, sino de un procurador a Cortes. En vano se las quiso disolver por un decreto ni vencer por las armas: no se logró que desapareciesen, ni aun después de un cambio de gobierno, de la concesión de una amnistía y de grandes reformas. Las deshizo al fin Mendizábal; pero no con la fuerza, sí con la intriga y las esperanzas que hizo concebir a los pueblos. ¿No pensarían esas juntas en confederarse como las de 1820 y 1808? No lo pensaron todas, por considerarse instrumentos, más de guerra que de organización política; pero lo pensaron y lo hicieron las de Andalucía. Tuvieron éstas su junta central en Andújar, y hablaron de potencia a potencia con el gobierno de Cristina *(Historia de España,* por Dunham.- *Continuación de la misma,* por Alcalá Galiano, tomo VII, páginas 361 a 375).

El año 1840, en la sublevación contra la Reina Gobernadora, habían ya elegido las juntas de provincia diputados para la Central cuando se encargó interinamente de la regencia el ministerio del general Espartero. Sólo el prestigio de este hombre pudo impedir que la Central se constituyera, reunidos como estaban ya en Madrid muchos de los que habían de componerla. Tres años después la cuestión presentaba más grave aspecto. Alteradas las provincias contra Espartero, nombraba la de Barcelona ministro universal a D. Francisco Serrano, con la expresa condición de que se encomendase a una Junta Central los futuros destinos de España. Vencedora la rebelión, Serrano, o por mejor decir el gobierno de que era individuo, se negó a cumplir el ofrecimiento. Coléricas muchas provincias, particularmente la de Barcelona, se levantaron de nuevo en son de guerra. La Junta Central fue ya entonces una bandera de combate que ondeó en Zaragoza, en León, en Vigo, en muchas ciudades de Andalucía y en casi toda Cataluña. Suelen carecer de consistencia los segundos movimientos; la lucha duró, sin embargo, meses. Barcelona hizo una defensa heroica, aunque no disponía de sus principales fortalezas y baluartes. Empezó el alzamiento en los primeros días de Agosto, y no acabó hasta fines de Noviembre *(Historia de España* antes citada, tomo VII, páginas 573 a 580).

Conatos de Junta Central hubo por fin en las revoluciones de 1854 y 1868, y en una y otra se formaron juntas de provincia completamente soberanas, que cambiaron por sí y ante sí nuestra constitución política, otorgaron derechos, suprimieron contribuciones, reformaron los aranceles, alteraron la disciplina de la Iglesia, y en todo pusieron osadamente la mano, destruyendo o creando a voluntad del pueblo. En 1868 especialmente fueron por demás audaces. Establecieron por primera vez las libertades políticas sin condición que las limitase, abrieron la puerta a todas las religiones y a todos los cultos, rompieron con el Papa y destronaron una dinastía. Fueron ellas las que hicieron la revolución: el Gobierno y las Cortes no vinieron más que a sancionarla y darle forma. Hasta el matrimonio civil fue obra de las Juntas.

¿Es posible que nada vean en este fenómeno ni nuestros historiadores ni nuestros hombres de Estado? Todos lo consignan y aun lo ponen de relieve; todos observan la identidad con que se reproduce; pero todos lo miran como un capricho de nuestros compatriotas, como una especie de hábito, hijo del espíritu de rutina. ¡Extraño modo, por cierto, de apreciar los fenómenos sociales; extraño, sobre todo, en publicistas que a cada paso hacen intervenir en la marcha de las naciones, quién la fatalidad, quién la Providencia, fases una y otra de una misma idea! Si no hemos de buscar el carácter y la tendencia de los pueblos en los actos que constantemente se repiten, ¿dónde iremos a buscarlos? Para estimar el valor y la significación de tan notables fenómenos se debía haber examinado si tenían en la Historia premisas de que fuesen consecuencias; y de haberse así hecho, se habría visto indudablemente que eran hijos de la manera como se había formado la nacionalidad española. Naciones que fueron por mucho tiempo independientes y se unieron bajo la condición de que se les respetara su autonomía, es natural que tiendan incesantemente a recobrarla, y quieran en el gobierno central un poder que a la vez se la garantice y dirija sus comunes intereses.

Por esto la idea federal en 1868 ganó tan rápidamente los ánimos. No bien se la enunció, cuando la abrazaron millares de hombres. Tuvo a poco manifestaciones imponentes; y tres meses después envió ya sesenta diputados a las Cortes, al año pudo presentar cuarenta mil ciudadanos sobre las armas. Se perdieron entonces sus partidarios por impacientes, que, de no, habrían arrastrado consigo el país e impedido el restablecimiento de la monarquía. Si hubiera sido, como pretenden sus adversarios, una idea exótica, no se la habría difundido tan fácilmente. Se la difundió con pasmosa celeridad, porque respondía a un sentimiento vivo aun en la nación, por más que se habían esforzado en destruirlo todos los partidos conservadores. Lo habían en cambio mantenido los revolucionarios, aunque sin darse gran cuenta de lo que hacían ni formular jamás una doctrina que pudiera satisfacerlo. Publicóse de tarde en tarde algunos proyectos de Constitución Federal que por mis ojos he visto, pero ninguno como dogma ni símbolo de una parcialidad política. En cuanto una parcialidad política hizo de la federación su enseña, sucedió lo que no podía menos de suceder: se llevó tras sí las gentes.

8 Consecuencias de haberse adoptado el principio unitario contra la tendencia de nuestros pueblos. Política. Hacienda. Administración.

Los Gobiernos, sin embargo, contra la índole de las provincias y la corriente de nuestra Historia, se empeñaron en regir la nación por el principio unitario. ¿Qué consiguieron? Borrados los fueros de los antiguos reinos, la quisieron dominar por el absolutismo, y la llevaron a la más vergonzosa decadencia: a que fuese la última de las naciones la que había influido en el mundo, más aún que por sus armas, por sus ciencias y sus letras. Después de la invasión de Bonaparte, unas veces tímida, otras resueltamente, la condujeron por otra vía; y hoy, trascurridos más de setenta años, no han podido consolidar todavía ni la libertad ni el orden. La han precipitado por una interminable serie de revoluciones y reacciones que la empobrecen y la deshonran. La han envuelto en guerras civiles tan sangrientas como largas. La han dividido, no ya en bandos, sino en banderías y facciones que se disputan encarnizadamente el poder y no le dan punto de sosiego. La han traído paso a paso a una política de pandillaje que hace del Estado presa de codiciosos y de hambrientos. Por temor a la disgregación de las antiguas provincias la han descuartizado, y nos han casi reducido a *tot capita quot sensus.*

Bajo el principio federal habría sido por lo menos cada provincia un dique contra la disolución moral que nos amenaza. Es muy probable que no hubiesen existido las guerras suscitadas por los vascos y los navarros. Cada provincia habría acomodado sus reformas a sus necesidades y sus intereses, y no habrían venido revoluciones de índole general, no en todas partes igualmente admitidas, a exaltar los corazones y levantar los ánimos. Cuestiones que afectan sólo ciertas comarcas no estarían por resolver, como lo están con menoscabo de la justicia. La ambición habría limitado por de pronto sus vuelos a la provincia, y no habría venido, como ahora, al poder central desprovista de experiencia. El Estado no habría sido de tan fácil asalto, ni viviría tan expuesto al vaivén de los partidos. No se contraria nunca impunemente el espíritu de los pueblos: se ha contrariado el del nuestro, y donde se busca el orden, se encuentra la anarquía; donde la vida, la muerte.

El principio unitario trae aún perturbada más la Hacienda que la política. Los antiguos reinos cubrían sus gastos con los servicios de los pueblos; no conocieron la deuda. Unidos Aragón y Castilla, Fernando el Católico dejaba a su nieto Carlos una de ciento ochenta millones de reales. Desde entonces, salvo cortos períodos, hubo déficit en los presupuestos. No bastaron antes a saciar al Tesoro los galeones de América: no han bastado después los bienes nacionales. Los tributos han ido sin cesar creciendo; las atenciones del Estado sobrepasando las rentas. Así la deuda ha tomado espantoso vuelo. Sin salir del presente siglo, ascendía en 1808 a más de siete mil millones de reales; pasa hoy de cincuenta mil millones. Años y años hemos dejado de pagar los intereses; y en poco más de medio siglo hemos solicitado de los acreedores, cinco o seis veces, ya quita, ya espera. Hemos prescindido de nuestras más sagradas obligaciones, eludido los más solemnes compromisos; y hoy se cotiza la deuda consolidada sólo a 29 por 100. Si se exceptúa a Turquía, jamás se vio tan bajo como el de España el crédito de nación alguna.

No será ciertamente por que no hayamos recurrido a toda clase de contribuciones. Los tenemos sobre la producción, sobre la circulación, sobre el consumo. La propiedad territorial paga al Estado el 21 por 100 de su renta; el empleado, el 10 por ciento de su sueldo. La industria y el comercio contribuyen directamente por 132 millones de reales; por muchos más indirectamente. No cambia de forma un artículo que no tribute, ni de manos que no deje algo en las del Tesoro. Para la trasmisión de bienes raíces, la hipoteca; para la de bienes muebles, el timbre. Las personas mismas no pueden moverse que no satisfagan al Erario el 10 por 100 sobre el importe de sus billetes de viaje, ni ejercer actos civiles sin comprarle una cédula que puede costarle hasta 100 pesetas. Pagan derechos de consumo las carnes, los líquidos, los granos, los pescados, el jabón, la sal, el carbón vegetal, los fósforos: sufren descuento las ganancias de loterías. Y tiene, además, el Estado las aduanas, y rentas, y bienes propios, y servicios altamente reproductivos, y monopolios como el del tabaco.

¿Qué les queda a las provincias para cubrir sus gastos? Dejando aparte las Vascongadas y la de Navarra, sólo cinco entre cuarenta y cinco cobran derechos o arbitrios exclusivamente suyos, tan escasos en algunas, que no llegan a producir al año ocho mil reales. A casi todas les rentan algo la instrucción pública y la beneficencia; a muy pocas lo bastante para llenar ni la mitad de su presupuesto. De sus propios recursos no podría vivir ninguna; se hallarían todas en espantoso déficit, si el Estado, que las despojó, no las hubiese autorizado para imponer recargos sobre sus más pingües contribuciones: la territorial, la industrial y mercantil, la de consumos. Con esos recargos hacen frente las más a cerca de la mitad de sus gastos. Situación precaria y dura, que las pone a merced del poder central y no las deja desenvolverse libremente en ninguna de las manifestaciones de su vida. Lo pasan mal las provincias, sin que lo pase mejor el Estado: triste e indeclinable consecuencia de verse unas y otro condenados a moverse fuera de su respectiva órbita.

Bajo el principio federal habrían sido muy distintos el rumbo y la suerte de la Hacienda. Limitadas las atribuciones del Estado, no habrían sido jamás crecidos los gastos generales. No habría autorizado el Consejo Federal esas guerras desastrosas que tanto nos empobrecieron y han sido el origen de nuestra enorme deuda. Cortos los gastos, le habrían bastado al poder supremo uno o dos tributos para cubrirlos. No habría necesitado, como ahora, de un inmenso personal para la recaudación y el fomento de sus rentas. Las provincias habrían dispuesto de recursos propios para levantar sus cargas; y, ya que hubiesen debido contribuir a las de la nación con una cantidad alzada, la habría percibido cada cual por los medios más adecuados a sus condiciones económicas y menos gravosos. No habría entonces devorado la administración gran parte de los ingresos.

Aragón, Cataluña y Valencia, aun después de perdidos sus fueros, pagaban al Estado una cantidad fija, que no era por cierto muy alta. La cobraban, no por el sistema tributario de Castilla, sino por el suyo: Aragón y Valencia por el *equivalente:* Cataluña por el *catastro.* Contribuciones en el fondo idénticas, pues todas pesaban sobre los beneficios de la propiedad, la industria y el comercio. Siguieron contribuyendo por este método al Tesoro hasta el año 1845. Allá por los años de 1833, poco antes de la primera guerra civil, daba Cataluña al Estado 16.696,221 reales, que recogía por medio del catastro. ¿Quiere saber el lector cuánto costaba la recaudación de esta suma? No costaba sino 59,634 reales, ni siquiera el 1/2 por 100. Más del 20 por 100 cuesta ahora la administración de las rentas nacionales. Los ingresos ordinarios y extraordinarios presupuestos para el actual año económico (el de 1882 a 1883), son 3,155.174,944 reales, y los gastos del ministerio de Hacienda 581.690,236, poco menos de la cuarta parte. Entran aquí los gastos de recaudación y los de distribución, y allí, en los 59,634 reales, solamente los de cobro; mas ¿qué no revela este elocuentísimo cotejo?

Nuestros legisladores de Cádiz tuvieron al principio de sus tareas un atrevido pensamiento: deseando poner fin a la complicada gestión de la Hacienda y a las dilapidaciones a que daba margen, quisieron nada menos que entregar por completo a las provincias la recaudación y aun la inversión de los tributos. Estas, que son las más interesadas en que no se los exagere, se decía, buscarán personas de su confianza para recogerlos, y no consentirán que se los malverse. Encontró el proyecto viva oposición en muchos diputados; y después de largos debates pasó a una comisión, a quien se encargó el arreglo general de las provincias. La comisión adoptó al fin, y con ella las Cortes, el peor sistema. Dejaron en pie la antigua administración de la Hacienda, y se limitaron a dar a las provincias una amplia intervención en los cobros y pagos; intervención que, para mayor ineficacia, quisieron que desempeñaran gratis las juntas. Complicaron, en vez de simplificar, y en nada mejoraron la suerte del Reino. ¿Por qué, teniendo ya provincias que contribuían a los gastos generales por una cantidad fija y la recaudaban a su modo, no habían de generalizar el procedimiento y extender a todas el beneficio? Encarecían a las juntas la conveniencia de que los pueblos se encabezaran: ¿es posible que no reconociesen las ventajas de que estuvieran encabezadas las provincias? Por este sistema no habrían tenido necesidad de privar al Estado de sus contribuciones ni de sus rentas.

No hablaré de los demás ramos de la administración, cuyos males son harto conocidos de todo español que me lea. En todos hay la misma complicación y el mismo desorden. Las causas son notorias. Los destinos, así los altos como los bajos, se los da en premio de trabajos políticos. Como consecuencia, a cada revolución y a cada reacción hay cambio de empleados. Si los puestos no bastan para las recompensas, con frecuencia se los multiplica. Hay así en todas partes un personal excesivo, mucha gente inepta, mucha más asequible al soborno. La inestabilidad de la función hace inmoral al funcionario. Con el régimen federativo los movimientos nacionales habrían sido, en primer lugar, pocos: las reformas conseguidas no estarían, como hoy, a merced de un rey tirano o de un general ambicioso. En segundo lugar, el Estado, corto en atribuciones y obligado a vivir bajo la constante mirada de las provincias, no habría podido plegarse ni a las concupiscencias políticas de ahora, ni al favoritismo de todos los tiempos. La administración, por fin, habría sido sencilla, como que no habría debido ramificarse por todo el cuerpo de la república: no habría servido, como hoy, de blanco a la universal codicia.

9 Ineficacia del principio unitario para dar a España la unidad que se buscaba. Portugal

El principio unitario, sobre habernos traído tantos desastres, no ha sabido unir siquiera todos los pueblos de la Península. Lo hemos visto ya: ganamos el reino de Portugal en 1580; lo perdimos en 1640. Bajo el principio federativo, o no se habría separado, o, si lo hubiese hecho, habría vuelto espontáneamente al seno de la antigua patria. Me lo permite asegurar el ejemplo de todas las actuales confederaciones, especialmente las de los Estados-Unidos y Suiza. Portugal no rompió, como he dicho, con España sino porque no le respetamos la autonomía a que le daban derecho la naturaleza y la Historia: es de todo punto falso que rompiera por la influencia y los sordos manejos de sus anteriores reyes. No fue entonces Juan de Braganza quien buscó a los portugueses, sino los portugueses quienes buscaron a Juan de Braganza. Juan, que no había sido nunca rey y se hallaba bien con su suerte, entró en la conjuración a remolque, y se esforzó muy poco por precipitarla ni llevarla a término. Trabajo inútil querer achacar aquella pérdida a otras causas que nuestro despotismo y nuestra torpeza.

Mas después de 1640, algo se pudo hacer, si no para reconquistar a Portugal, para unirlo a España por dulces y numerosos vínculos. Hasta el año 1829 no fue libre para ambos pueblos la navegación del Tajo; hasta el año 1835 no lo fue la del Duero. Tratado postal que verdaderamente facilitara el cambio de ideas entre los dos reinos, no lo hubo hasta 1850. Una sola ventaja teníamos de antiguo convenida, y ésta la habíamos estipulado antes de la incorporación de Portugal a la corona de Castilla: la extradición de los delincuentes. Hicimos sobre esto el primer arreglo en 1499; lo renovamos y confirmamos en 1778; lo ampliamos en 1823, bajo el reinado de Fernando VII. Paz, alianza, buena amistad recíprocas franquicias mercantiles, nos las prometimos solemnemente repetidas veces: otras tantas quebrantamos nuestras mentidas palabras. Disputamos siglos sobre los límites de nuestras respectivas posesiones en Asia y América, y no supimos jamás aplacar el encono entre los dos pueblos.

Hoy, después de doscientos cuarenta y dos años, ese encono está amortiguado, pero sólo por el olvido en que los unos de los otros vivimos. Sabemos aquí mejor quién manda en Rusia, que quién dirige los destinos de los portugueses. Conocemos, cuál más, cuál menos, a los hombres de Estado de todas las naciones de Europa, no los de la nación vecina. De los poetas que allí florecieron hemos leído, cuando más, a Camoens, y aun a éste no en su lengua. De los modernos apenas sabemos el nombre. No estudiamos, ni poco ni mucho, el idioma en que escriben; y ya que nos propusiéramos aprenderlo, no encontraríamos una gramática ni un buen Diccionario. Por la emigración a Portugal de alguno de nuestros políticos hemos adquirido noticia de lo que allí pasa, y vertido al español algunas producciones de Herculano. Es de advertir que Herculano, por sus trabajos históricos, goza de fama en todos los pueblos cultos.

Los portugueses conocen algo más a España. Siquiera allí los hombres ilustrados siguen con atención nuestros acontecimientos y participan algún tanto de lo que pensamos y hacemos. Leen a nuestros más aventajados autores; algunos hasta escriben en castellano. No nos engañemos, sin embargo: la muchedumbre, aun la medianamente instruida, sabe de España lo que de Portugal nosotros. Se amamanta en la literatura nacional, o acude a la de Inglaterra y Francia. Nos olvida como nosotros la olvidamos; y si nos recuerda, no es para querernos. Celosa, hoy más que nunca, de su independencia, cree ver en nosotros una amenaza. No se le habla de unión ibérica que no se aviven sus antiguos odios.

Tales han sido hasta ahora los frutos de la política unitaria: aquí la indiferencia y el total desconocimiento de un pueblo hermano; allí la desconfianza y mal apagados rencores. Desconfianza no del todo injusta, por más que ni remotamente soñemos con llevar allá nuestras armas. En el año 1793 Francia nos declaró la guerra. Portugal se ofreció desde luego a unir con los nuestros su armada y su ejército. Aceptamos el ofrecimiento e hicimos el convenio de Madrid de 15 de Julio. Esto no obstaba para que años después, en 1807, firmáramos el ominoso tratado de Fontainebleau, por el que se hacía trizas aquel reino, y sólo problemáticamente se reservaba una tercera parte a la familia de Braganza. No solamente lo suscribimos, sino que también en su cumplimiento invadimos con los franceses a Portugal y lo redujimos a servidumbre, sin ver ¡ay! que al ceñirle la cadena estábamos forjando la nuestra. Libres del yugo de Napoleón las dos naciones, vivimos en paz y sin mezclarnos la una en la otra hasta que en Portugal estalló una guerra de sucesión entre doña María de la Gloria, símbolo de la libertad, y D. Miguel, que lo era del absolutismo. Apoyamos de pronto a don Miguel: nos decidimos por doña María sólo cuando, promovida aquí una lucha análoga entre doña Isabel y D. Carlos, comprendimos que del triunfo de la hija de Pedro IV dependía en gran parte el de la hija de Fernando VII. Celebramos entonces (el año 1834) el famoso tratado de la cuádruple alianza; llevamos a Portugal nuestros soldados, y restablecimos a doña María en el trono. Pagáronnos los portugueses con mandarnos tropas contra D. Carlos; y allá, en 1847, terciamos de nuevo en sus contiendas. Fuimos con Francia e Inglaterra a defender a los cartistas de los septembristas; es decir, a los conservadores de los revolucionarios. Intervenimos con las armas en Portugal los mismos que habíamos duramente censurado la intervención francesa de 1823 contra los revolucionarios de España.

Comprenderá fácilmente el lector que esta conducta no era la más a propósito para atraernos ni la confianza ni las simpatías del vecino reino. Así hoy, no lo duden mis compatriotas, está Portugal tanto o más enajenado de nosotros que en el siglo XVII. Importa poco que menosprecien allí la nacionalidad unas pocas almas afligidas por la constante decadencia y la sin igual flaqueza de su patria: sus palabras de abatimiento y de amargura no llegan al corazón del pueblo, como los entusiastas cantos de Tomas Ribeiro por la independencia. Por el principio unitario, no llegará a ser nuestro Portugal sino por las armas; aun por el de la federación, tengo para mí que habrá de hacerse difícil persuadido a ser provincia de España. Tal ha sido la influencia de nuestra política; tal la obra del unitarismo.

10 INFLUENCIA DEL PRINCIPIO UNITARIO. LAS PROVINCIAS VASCAS

En cuatro siglos no pudo siquiera el principio unitario establecer para todos los pueblos de España un mismo régimen político. Al Norte, desde las orillas del Ebro al mar de Cantabria, se extienden por las dos vertientes de los Pirineos tres pequeñas provincias, que junto con la de Navarra, a ellas contigua por Oriente, forman un grupo de rara y especial historia. Habitan allí los antiguos vascos, que por causas hasta hoy desconocidas han conservado su fisonomía y su lengua al través de tantas y tan diversas gentes como invadieron la Península. Cuál haya sido su origen, se ignora: quién los cree oriundos de otros pueblos y quién autóctonos. La verdad es que su idioma es completamente distinto de los que se hablan en toda la cuenca del Mediterráneo, y sólo por su estructura, no por sus palabras, ofrece puntos de contacto con el que usan Laponia y Finlandia. Se ha inferido de aquí, no sin motivo, que constituyen una raza aparte, resto quizá de la que en un principio ocupó toda la tierra de España; y lo corroboran por cierto sus facciones, y aun la forma general de su cabeza, tan características, que no es posible confundirlos con ningún otro pueblo. Por eso en otro lugar de este libro no he vacilado en presentarlos, siguiendo la clasificación del darwinista Haeckel, como una de las cuatro razas de *Homo Mediterraneus.*

Esos vascos se han distinguido siempre por un grande amor a sus propias leyes, una ciega devoción a sus caudillos y un fiero espíritu de independencia. Fueron los últimos en doblar la cerviz a los romanos, los más rebeldes al imperio de los godos, de los primeros en sacudir el yugo de los árabes, si es que los árabes llegaron a uncírselo, duros e implacables aún con los cristianos, que venían a luchar con los musulmanes, sólo porque, extranjeros, se habían atrevido a pisar sin su beneplácito las fronteras de su patria. Cómo en la Antigüedad se rigieran, también se ignora: está envuelta en sombras hasta la manera cómo se gobernaron durante los primeros siglos de la reconquista. Lo que por de pronto se ve es que, a pesar de su identidad de raza y de lengua, se resistieron a toda idea de unidad política. Hemos visto a los vascos de los Pirineos Galibéricos constituyendo solos el reino de Navarra. Los de la cordillera cantábrica se dividieron temprano en alaveses, guipuzcoanos y vizcaínos, sin que jamás los uniesen relaciones permanentes.

Es objeto de acalorados debates si esas tres provincias fueron o no después de la invasión árabe verdaderos Estados, como Navarra y Asturias. Yo para mí tengo que no lo fue ni aun Vizcaya, a quien veo durante siglos gobernada por señores hereditarios; pero estoy en que gozaron de grande autonomía bajo el cetro de sus diversos monarcas. Rigiéronse todas por sus usos y costumbres, no por las leyes generales de los reinos a que pertenecieron, y se fue cada una creando un sistema político, del cual derivaban, a no dudarlo, las instituciones que poco ha perdieron. Entraron definitivamente a formar parte de la corona de Castilla, Guipúzcoa el año 1200, Álava el 1332, y Vizcaya el 1379; y antes como después de este hecho se mostraron tan celosas de sus fueros, que no reconocían por señor ni por rey al que no les jurase solemnemente hacerlos guardar y guardarlos. Vizcaya se hacía jurar los suyos primero por los condes y luego por los reyes hasta cuatro veces bajo el árbol de Guernica, en la villa de Bilbao, en la ermita de Larrabezúa y en Santa Eufemia de Bermeo desnaturalizándose, es decir, apartándose de la obediencia a su jefe, si por acaso éste no se los juraba, o quebrantaba el juramento.

Después de incorporadas las tres provincias a Castilla, creerá naturalmente el lector que perdieron su autonomía. Estoy por decir que sucedió lo contrario. En lo civil aceptó Guipúzcoa desde luego las leyes del Reino. Otro tanto hizo Álava, si se exceptúa la hermandad de Ayala, que conservó sus antiguas costumbres, entre ellas la de que el padre pudiera sin causa desheredar a los hijos. Vizcaya no admitió ya la ley común sino como derecho supletorio. En lo administrativo y en lo político, las instituciones de las tres, lejos de menoscabarse, adquirieron fuerza. Importó poco la creación de los tres corregidores. Como no fuese en la administración de justicia, los corregidores nada valían ante el poder de los diputados y las juntas de provincia, ni aun ante el de los alcaldes. Los reyes, por otra parte, en recompensa de servicios prestados sobre todo para la defensa y guarda de las fronteras, colmaron de exenciones y privilegios tan afortunados pueblos. Creció con esto la independencia vasca; y ¡cosa singular! creció hasta en los tiempos en que desaparecían a mano airada los fueros de Cataluña, Aragón y Valencia.

En realidad no empezaron las provincias del Norte a perder algo de su autonomía hasta el presente siglo. Quiso arrancársela ya Carlos IV, pero no lo hizo. Posteriormente creyó el partido liberal que podría quitársela después de la guerra del año 33, en que se prometía vencerlas; pero no las venció por las armas, y se la hubo de confirmar en el Convenio de Vergara. Se la mermó por primera vez el año 1841, después de la sublevación de O'Donnell en la ciudadela de Pamplona. Aquietadas entonces por segunda vez las provincias, perdieron el pase foral, la administración de justicia y la libertad de comercio. Hubieron de consentir el establecimiento de aduanas en sus puertos y fronteras, el de juzgados de primera instancia en sus cabezas de partido, el de jefes políticos y diputaciones de provincia en sus capitales. Consintió más aún Navarra, y esto meses antes del alzamiento de O'Donnell. Vino a Madrid *proprio motu,* y en un verdadero pacto con el Gobierno, se obligó a contribuir por una cantidad alzada a los gastos generales, a sostener su culto y clero y a dar su contingente al ejército, si bien reservándose la facultad de presentarlo en hombres o en metálico. Recientemente, en el mismo año en que escribí este libro, después de otra guerra de sucesión larga y sangrienta, aunque no tanto como la pasada, se aniquiló los fueros de las cuatro provincias: se las obligó hasta al pago de los tributos, incluso el de sangre. ¿Se está seguro de que no reivindiquen su autonomía?

No hace seis años se administraban y se gobernaban aún por sí mismas. A excepción de Navarra que, como he dicho, se regía por el pacto de 1841, celebraban todas periódicamente juntas generales en que, bajo una u otra forma, estaban representados sus pueblos y se trataba y resolvía los más arduos negocios. Elegían en esas juntas una diputación, y la residenciaban después que había cumplido su encargo. Por medio de estos dos poderes imponían y recaudaban tributos, levantaban empréstitos, pagaban los intereses de su deuda, la amortizaban y llenaban todas sus obligaciones. Tenían sus guardias forales, sus milicias. Cuidaban de sus intereses materiales y morales: los caminos y las demás obras públicas, los montes y los plantíos, el culto y el clero, la beneficencia y la enseñanza. Construían y mantenían sus cárceles. Todo sin intervención del Estado. Mediante la aprobación del Estado reformaban su propio fuero y hasta las leyes generales del Reino. Testigos las célebres ordenanzas de Motrico, corrección de nuestra ley municipal de 1870.

Algo de esto subsiste aún en aquellas provincias, y algo más en Navarra. En Navarra queda todavía una diputación provincial compuesta de siete vocales: tres nombrados por las merindades menores y cuatro por las de Pamplona y Estela. Esta diputación conserva aún las facultades de la antigua y las de su antiguo Consejo en cuanto a la administración de productos de los propios, rentas, efectos vecinales, arbitrios y propiedades, así de los pueblos como de la provincia. Esta diputación ejerce todavía sobre los ayuntamientos la autoridad que daban a la pasada las viejas leyes. La preside hoy el gobernador, pero sin que pueda mermarle en nada estas aún grandes atribuciones (Ley de 16 de Agosto de 1841).

¿Se está seguro, repito, de que esas y otras provincias no vuelvan a levantar pendones por sus antiguos fueros? En mi opinión, duerme el fuego bajo la ceniza.

11 Ineficacia del principio unitario. Legislación foral de Vizcaya. Navarra, Cataluña y Mallorca. Fueros en las mismas provincias de Castilla

Pero dejemos las reflexiones, y sigamos la historia del principio unitario. En muchas provincias, en las mismas Vizcaya y Navarra, subsisten diferencias algo más graves de las que acaban de ocuparnos. Más graves, digo, porque afectan la vida íntima de la sociedad y la familia. Me refiero a las legislaciones especiales por las que en lo civil se rigen, además de Navarra y Vizcaya, Aragón, Cataluña y Mallorca. En Vizcaya he dicho que admiten solamente como supletoria la ley de Castilla. En Navarra, Aragón y Mallorca ni como supletoria la aceptan: a falta de la foral, acuden al Código y al Digesto de Justiniano. En Cataluña suplen el silencio de sus instituciones municipales por las canónicas, el de las canónicas por las romanas, las oscuridades de las romanas por las aclaraciones de las leyes de Partidas. Sólo en último término buscan el texto de nuestros antiguos códigos. De las modernas leyes obligan a Navarra sólo las dictadas por las Cortes generales del Reino; a Aragón, Mallorca y Cataluña sólo las promulgadas con posterioridad a los respectivos decretos de nueva planta: 3 de Abril de 1711, 28 de Noviembre de 1715 y 16 de Enero de 1716.

¿Serán por acaso leves las diferencias entre la ley de Castilla y los fueros de esas provincias? Versan en primer lugar sobre lo más sustancial del derecho: sobre las sucesiones, sobre la constitución y disolución de la sociedad entre cónyuges, sobre los pactos y contratos acerca del uso y del dominio de la tierra. Son algunas, además, tan grandes, que no pueden menos de ser debidas a sistemas jurídicos diametralmente contrarios. La ley de Castilla, por ejemplo, establece la sucesión forzosa: no permite que el padre por testamento disponga a favor de extraños sino del quinto de sus bienes, ni el hijo sino del tercio. Por la de Cataluña la legítima de los hijos sobre los bienes de los padres, así como la de los padres sobre los bienes de los hijos, es sólo la cuarta parte. Dan aún mayor libertad a los padres, que no sean labradores, los usos de Navarra. El padre que no sea labrador puede en Navarra dejar a cualquiera sus bienes, con tal que instituya en la legítima foral a sus hijos, es decir, con tal que les mande una robada de tierra en montes del común y cinco sueldos febles. El principio de la libre disposición de los bienes, y no el de la sucesión forzosa, determina evidentemente la legislación de Navarra y la de Cataluña.

En Aragón y en Vizcaya existe con más absolutismo que en Castilla la prohibición de testar en beneficio de extraños; pero puede el padre, contra lo que en Castilla sucede, dejar sus bienes a uno solo de sus hijos. Basta al efecto que en Vizcaya aparte a los demás hijos con tierra y raíz, es decir, les señale una mala pieza de tierra, y en Aragón les dé cinco sueldos jaqueses por los bienes muebles y cinco por los sitios, o les legue, cuando más, con que se alimenten. Predomina en Castilla el principio de la igualdad, y aquí y en Cataluña el de la primogenitura; en Castilla el de la división, y aquí y en Cataluña el de la indivisión de los patrimonios. Obedeciendo a este principio, concede la legislación catalana al heredero la facultad de pagar las legítimas en metálico.

Nótese ahora otra enorme diferencia entre los derechos forales y el de Castilla. Ni en Aragón, ni en Navarra, ni en Vizcaya el padre sucede *ab intestato* al hijo que tenga hermanos. El hijo soltero puede en las tres provincias disponer de sus bienes pretiriendo al padre. *Ab intestato* no van los bienes a los ascendientes sino por fuero de troncalidad. Por derecho de Castilla el padre es sucesor del hijo sin descendientes: la troncalidad constituye excepción, no regla. Aquí, por lo tanto, sigue Castilla fiel a la tradición de Roma; están contra ella Aragón, Navarra y Vizcaya.

Son aún mayores las diferencias cuando se trata de la constitución de la familia. Aunque han desaparecido algunas por las modernas leyes sobre el matrimonio, que han hecho extensiva a la madre la potestad del padre sobre los hijos, quedan en pie muchas que son muy graves. La constitución y las condiciones de la dote que la mujer aporta son poco más o menos las mismas en todas las provincias de España; no sucede otro tanto con la donación *propter nuptias*. Aunque también la conocemos, no tiene aquí el origen ni la importancia que en Cataluña, Aragón y Navarra. Es en estas provincias tan general como poco usada en Castilla. La impone allí, si no la ley, la costumbre al que casa con mujer dotada, y hasta obliga a que se la proporcione cuando no se la iguale a la dote. En Cataluña suele ser igual la donación a la parte del fondo dotal que según los capítulos matrimoniales haya de revertir a la mujer por haber muerto sin prole el marido. Entre los godos, como entre los antiguos cántabros, el varón era el que dotaba a la hembra: el varón sigue en las provincias aforadas, ya que no dotándola, aumentándole los bienes dotales. Así en Aragón y Cataluña se da el nombre de *excreix,* aumento, palabra derivada del verbo latino *excrescere,* a esa donación *propter nuptias.*

Otra particularidad caracteriza aún más las provincias de Cataluña y Navarra: los *heredamientos,* acá en Castilla completamente desconocidos. Al casarse el hijo primogénito, acostumbran los padres en Cataluña donarle sus bienes, reservándose el usufructo para mientras vivan; y en Cataluña y Navarra suelen además el hijo y su futura consorte donar los suyos a los hijos que del matrimonio nazcan, nombrándoles sustitutos para el caso en que mueran sin testar o sin descendientes. Se da a uno y otro actos el nombre de heredamientos, porque son irrevocables, como las donaciones entre vivos, y no surten, con todo, efecto sino después de muertos los donadores. En Cataluña donan a veces los padres al hijo todos sus caudales, así los presentes como los futuros; y es la donación válida siempre que se reserven la facultad de disponer de algo por testamento. Alguna que otra vez los heredamientos a favor de los hijos que nazcan tienen principalmente por objeto prevenir los efectos de los segundos y los terceros matrimonios; que a tanto llega allí el deseo de asegurar el orden y fijar la suerte de la futura familia. Los heredamientos en este caso reciben la calificación de prelativos. Aquí en Castilla se deja todo a la acción de la ley; allí a la voluntad de los ciudadanos. Es allí generalmente el contrato matrimonial un verdadero código para las familias que van a constituirse.

En Aragón sucede lo mismo, aunque sin los heredamientos. Fija la ley en aquella noble tierra las condiciones de la sociedad conyugal; pero las modifica frecuentemente el pacto. Celebran los novios el de *hermandad,* y por él hacen comunes sus respectivos bienes, aunque los del uno y los de la otra difieran mucho en cantidad e importancia. Se limita unas veces la hermandad a determinados bienes, y otras se la extiende a todos, así los presentes como los futuros. Aun sin ese pacto hacen comunes los contrayentes los bienes raíces con sólo declarar que los aportan como muebles. Si quieren, por lo contrario, que hasta los muebles continúen siendo del cónyuge que los trae, declaran que los aportan como sitios, o como herencia propia, o bajo la garantía de los bienes del marido. Estipúlase a veces la viudedad universal, renuncia la mujer los gananciales y se priva de ciertos bienes con decir que se da por satisfecha con otros y se fija el modo de pagar y abonarse recíprocamente las deudas que se contraiga durante el matrimonio. No es raro, aunque sí poco frecuente, que se haga una especie de heredamiento prelativo contra la contingencia de segundas bodas.

Pero no es aún aquí donde están más encontrados el fuero de Aragón y el de Castilla. Lo están mucho más en las relaciones civiles de los dos cónyuges. Tiene aquél por principio la confianza, éste el recelo. Por ley de Castilla, ni el marido, ni la mujer, ni los dos juntos, pueden enajenar los bienes de la dote inestimada. Los enajenan mediante juramento; pero en virtud de una práctica abusiva, fundada, no en las leyes, sino en los cánones. Aun así, al disolverse el matrimonio ha de percibir la viuda el importe de la cosa enajenada, como no se pruebe que se invirtió en su exclusivo provecho. Ni el marido puede donar a la mujer, ni la mujer al marido. La mujer no puede salir fiadora por su consorte. Si los dos esposos contraen de mancomún o *in solidum* una deuda, no queda obligada la esposa sino por la parte que se acredite haberse empleado en su beneficio. No se entiende al efecto empleado en su beneficio lo que se aplicó a mantenerla o vestirla. Disposiciones todas que revelan la profunda desconfianza del legislador en el marido.

Por fuero de Aragón puede, por lo contrario, cualquiera de los dos cónyuges enajenar e hipotecar, con el beneplácito del otro, todos sus bienes sitios. Puede el marido donar a la mujer cuanto quiera; y la mujer al marido cuanto no constituya su *excreix* o su dote. Aun esto puede donárselo como se lo permitan sus dos más próximos parientes. Puede la mujer salir fiadora por el marido en toda clase de contratos, y hasta obligar para deudas del marido sus bienes extradotales. Aun los dotales, previo el consentimiento de los dos deudos. ¿Caben ya legislaciones más opuestas que las de Aragón y Castilla?

No paran aquí las diferencias. Por fuero de Castilla, la mujer sin poderes del marido no administra otros bienes que los parafernales; por fuero de Aragón administra todos los de la sociedad conyugal, siempre que el marido se incapacite o se ausente sin dejar otro mandatario. Por fuero de Aragón el marido administra además, queriéndolo o no la mujer, lo mismo los bienes parafernales que los dotales. ¡Cuán diferente no es, por otra parte, en los dos fueros la potestad del padre sobre los hijos! Aquí la patria potestad es la romana; allí la que da la naturaleza. Aquí el padre usufructúa siempre los bienes adventicios del hijo; allí sólo cuando le mantiene. Aquí adquiere el hijo para el padre; allí para sí mismo. Aquí el hijo no es dueño de su persona hasta los veinticinco años; allí lo es a los veinte.

Las diferencias son todavía más graves a la disolución del matrimonio. Acaba en Castilla la sociedad conyugal a la muerte de la mujer o del marido. Continúa en Aragón entre el consorte que sobrevive y los herederos del difunto, cuando ni el uno ni los otros hacen inventario de bienes ni acto alguno que demuestre ánimo de deshacerla. Muertos la mujer o el marido, se procede en Castilla a la liquidación social, y se reparte desde luego entre los llamados a percibirlo el haber del que es ya cadáver. Si los hijos son mayores de edad, retiran la parte de bienes que les corresponde, y dejan reducida a la madre a lo que le pueda caber por gananciales, por la cuarta marital o a título de legado. En Aragón usufructúa el cónyuge sobreviviente los bienes raíces del premuerto ínterin viva y no contraiga segundas bodas. Goza hasta del usufructo de los bienes muebles, si se los aportó al matrimonio como raíces. Ley juiciosísima. que no expone, como la de Castilla, las madres a quedar a merced de los hijos.

Este usufructo, conocido con el nombre de *viudedad,* existe igualmente en Navarra. Lo concede la ley sólo a los infanzones; pero lo ha hecho extensivo la costumbre a todos los ciudadanos. Alcanza lo mismo a los bienes muebles que a los inmuebles: es universal y absoluto. No lo hay en Vizcaya, o, si lo hay, es sólo por un año y un día. En Cataluña lo tiene por derecho la mujer ínterin no se le restituye la dote y el esponsalicio: por testamento, con bastante frecuencia. El usufructo legal toma allí el nombre de *tenuta.*

No me detendré ahora en las diferencias sobre la prescripción, aunque muchas, y algunas graves; paso desde luego a los contratos, fijándome principalmente en la enfiteusis. La enfiteusis, poco usada en Castilla, ha contribuido mucho en.. las provincias aforadas a la roturación y al mejor cultivo de la tierra y al aumento de propietarios. En Cataluña sobre todo está generalizada y ha tenido gran desarrollo jurídico. Se la establece, como en Castilla, por documento público; mas si lo pierde el señor directo, puede en cualquier tiempo hacerse reconocer como tal por el enfiteuta, obligándole a exhibir los títulos en cuya virtud posea. por este reconocimiento, a que se da el nombre de *cabrebacion,* el señor directo ejerce con fruto sus acciones, no sólo contra el que *cabrebó,* sino también contra los que de él deriven su derecho, como no justifiquen la libertad de la finca. Al otorgarse el contrato suele el enfiteuta, cosa que no sucede en Castilla, entregar de presente algo que se denomina entrada y es más o menos según el valor de la cosa vendida. El importe del laudemio, sólo cuando no se lo fijó en la escritura, se determina por las leyes generales de señoríos, y es el dos por ciento. Acostumbra ser mucho mayor el estipulado. Puede el enfiteuta, como en Castilla, enajenar el dominio útil, que es el único que le compete, pero mediante la aprobación y la firma del señor directo. Si es ciudadano de Barcelona, puede a su vez darlo en enfiteusis y constituir, por decirlo así, una enfiteusis de segundo grado. Pueden hacer otro tanto hasta el segundo y el tercer enfiteutas. Y como éstos, al paso que son enfiteutas para el señor directo, vienen a ser a su vez señores directos para el enfiteuta a quien cedieron su dominio útil, toman el nombre de *señores medianos.* Puede haber, como he indicado, hasta tres señores de esta clase, y cobran los tres laudemio o, por mejor decir, se lo reparten.

Las enfiteusis temporales existen también por derecho de Castilla; pero allá, en Cataluña, hay una de índole especialísima. Se la llama establecimiento a *rabassa morta,* y por ella se concede al enfiteuta el dominio útil sobre las primeras vides que plante. Como se permite al enfiteuta hacer en la viña *mugrones* o renuevos, y por este medio se alarga indeterminadamente la vida de las cepas, se quiso dar, y hasta se dio por mucho tiempo, carácter de perpetuidad a esta suerte de enfiteusis; pero ha venido modernamente la jurisprudencia del Supremo Tribunal de Justicia a reducir a medio siglo la duración del contrato. Los enfiteutas protestan vivamente contra este fallo; y preciso es confesar que si no les dan la razón las leyes, se la da, por lo menos, la costumbre, sólo interrumpida cuando tuvo aumento grande y rápido el precio de la tierra. Sobre que escrituras he visto yo, y no una sola, en que se calificaba de perpetua la enfiteusis, a pesar de no concederse por ellas el dominio útil más que sobre las primeras vides.

No se conoce en Aragón esta particular enfiteusis, pero sí la ordinaria. Recibe allí el nombre de *tributación* y *treudo,* y no deja de presentar rasgos característicos. Ni el laudemio ni la fadiga son de esencia en el contrato: no se los debe, si expresamente no se los estipula. Cuando no se los estipula, puede el enfiteuta enajenar sin licencia del señor directo. Las servidumbres que imponga sobre la tinca acaban, sin embargo, con la enfiteusis, ya fenezca por falta de pago en las pensiones, ya caduque por cualquiera otra causa. El señor directo puede también hacerse reconocer por el enfiteuta: la escritura en que tal se haga se llama *antípoca.*

Va más allá el derecho de Navarra. Allí ni siquiera el comiso es de esencia en el contrato; aún estipulado, sólo sirve al señor directo para el cobro del principal y los réditos vencidos, no para quedarse con la finca en franco alodio. El enfiteuta puede libremente partir el fundo, hipotecarlo, gravado con servidumbres, enajenarlo y hasta enajenarlo sin conocimiento del señor, si no tiene éste por pacto la fadiga y el laudemio. Derechos que, en realidad, anulan los del estabiliente.

Lo raro es que la enfiteusis presenta un carácter especial hasta en provincias que se rigen por las leyes de Castilla. En Asturias, en Galicia, en León, se suele dar las tierras a *foro.* El foro es un contrato parecido al de la *rabassa morta.* Es también una enfiteusis temporal en su origen, que primero la costumbre y luego el interés del cultivador han ido convirtiendo en perpetua. Se la otorgaba generalmente por la vida de tres reyes y veintinueve años más, plazo siempre largo. Vencido el término, el forero seguía de ordinario en la finca, tanto porque con el trascurso de tanto tiempo la creía suya, como porque el forista, de reivindicarla, había de abonar las mejoras, y éstas constituían todo el valor del predio. Llegaron los días en que aumentó considerablemente el precio de la tierra, y entonces también los foristas exigieron el cumplimiento del contrato. Nacieron de aquí pleitos, odios, desórdenes: tanto, que hubo de tomar en ello mano el Consejo de Castilla. Dudoso el Consejo, se decidió de pronto por una especie de *statu quo,* disponiendo, en acordada de 10 de Mayo de 1763, que no se diese curso a demanda alguna de los señores directos sobre renovación de contratos, que no estuviese definitivamente resuelta la cuestión de perpetuidad o temporalidad de los foros. Esta resolución no ha venido todavía, la acordada sigue rigiendo, y los foros, si no de derecho, por lo menos de hecho son perpetuos. Tan perpetuos, que las leyes desamortizadoras han declarado redimibles, al par de los demás censos, los constituidos por manos muertas, y en 1873 unas Cortes Constituyentes no vacilaron en generalizar el beneficio. Estaría ya decidida la cuestión, si la dictadura del general Serrano no hubiese derogado, so pretexto de corregirlo, el acuerdo de aquellas Cortes.

El foro, tanto en Asturias como en Galicia, presenta dos rasgos característicos. El propietario ha concedido allí con frecuencia el dominio útil de más o menos considerables predios, no a uno, sino a muchos labradores, dejándoles el cargo de repartírselos en suertes. Los co-foreros, permítaseme la palabra, han nombrado uno como mayoral que se entienda con el forista. Se ha pretendido por algunos que, no sólo el mayoral, sino también cada uno de los foreros, son solidariamente responsables de las cargas enfitéuticas; pero han decidido los tribunales que sólo lo sean cuando así se haya estipulado al constituirse el foro. El forero tiene, por otra parte, como el enfiteuta de Barcelona, el derecho de subforar la tierra. La subfora con frecuencia hasta el subforero. No por esto, sin embargo, foreros ni subforeros gozan, como los señores medianos de la capital de Cataluña, la facultad de participar del laudemio ni de otra ventaja que no sea la del canon. Verdad es que, según ciertos autores, ni el forista puede exigir laudemio.

Se habrá, me parece, convencido el lector de cuán graves diferencias separan los fueros provinciales de las leyes de Castilla. Podría multiplicar los ejemplos fijándome en instituciones de no menos importancia. Bastan, creo, los que aduje. Sólo diré, antes de concluir, que, aún dentro de las provincias aforadas, a la variedad de leyes hay que añadir la de las costumbres, y que en los mismos pueblos de Castilla no son los foros las únicas excepciones del derecho común. Todavía subsiste en muchos el fuero de troncalidad, general en Navarra, Aragón y Vizcaya; todavía se conserva en Extremadura vestigios de los antiguos giros, por los que el propietario disfrutaba, a medias con sus vecinos, de sus vastas dehesas; todavía existe una verdadera comunidad, ya de pastos, ya de montes, en comarcas como las de Coca, Cea, Uncala y Pinares. ¡Y qué! ¿podemos, acaso, ni yo ni nadie pretender que conozcamos las ciento y una variaciones que ha ido introduciendo en el derecho escrito el consuetudinario?

En el presente siglo se ha tratado de refundir todos estos usos y fueros de España en un solo Código. El Código está escrito y aún impreso; pero no discutido ni promulgado. Suscitó, apenas vio la luz, serias reclamaciones y protestas; y en treinta años no ha habido Gobierno con valor para someterlo íntegro a las Cortes. El problema es indudablemente complejo, y la solución difícil; pero ¿lo habría sido más bajo el régimen federativo? Dentro de este régimen cada provincia habría podido libremente reformar su fuero, y hoy, a no dudarlo, tendrían mayor afinidad de la que hemos visto tan heterogéneas y aún contrarias leyes. Bajo el principio unitario ni el poder central ha acomodado ni las provincias han podido acomodar los fueros al progreso de la ciencia: se han estancado, por decirlo así, las legislaciones particulares, y sólo la general participa del movimiento jurídico de Europa. ¿Ha ganado por esto el derecho de Castilla? A pesar de su libertad y sus innegables adelantos, continúa siendo un caos. Se sigue el fatal sistema de enmendarlo a piezas y corregir no pocas veces por meras leyes de procedimiento las sustantivas: aumentan los códigos castellanos en confusión y la llevan a los demás códigos, subordinados, como se ha dicho, desde mucho tiempo a las leyes generales que aquí escribimos. Estado de más perturbación no sé que lo haya en ningún otro pueblo. Tales y tan opimos son los frutos del principio unitario.

12 Ineficacia del principio unitario. Diversidad de lenguas, de costumbres, de pesas y medidas

Subsiste en España, no sólo la diversidad de leyes, sino también la de lenguas. Se habla todavía en gallego, en bable, en vasco, en catalán, en mallorquín, en valenciano. Tienen estos idiomas, a excepción del vasco, el mismo origen que el de Castilla; y ninguno, sin embargo, ha caído en desuso. Lejos de caer, pasan hace años por una especie de renacimiento. Eran ayer vulgares, y hoy toman el carácter de literarios. Se escribe ahora en todos esos idiomas, principalmente en los latinos, poesías brillantes de especial índole y tendencia, donde predomina sobre todos los sentimientos el de la antigua patria. Se desentierra los cantos y aún los libros en prosa que en ellos compusieron hombres de otros siglos; y no bien se los publica, se los lee y devora. En catalán hasta se escribe y se pone en escena dramas de no escaso mérito.

Restauró Barcelona los juegos florales de la Edad Media, y los celebra cada año con mayor lustre y pompa. Siguieron pronto el ejemplo las demás ciudades de Cataluña; después Valencia y Mallorca; y algo más tarde los pueblos al Occidente del mar de Cantabria. Despertó cada pueblo por esas brillantes fiestas el amor a su literatura y a su lengua, el recuerdo de sus pasadas glorias y el respeto a sus instituciones de otros tiempos. De aquí el singular e inesperado movimiento literario de todas aquellas provincias, suscitado, nótese bien, no por los que blasonamos de federales, sino por los que se precian de unitarios y conservadores. Que tan exótico y tan de escasas fuerzas es aquí el unitarismo, que no sólo no basta a destruir las diferencias que separan los numerosos elementos de nuestra nacionalidad, sino que también contra su objeto y su fin los mantiene y fomenta.

No hablaré ahora de las costumbres. Su variedad es infinita. Cambian de provincia a provincia y aún de pueblo a pueblo. Las de la ciudad difieren generalmente de las del campo; las de la montaña de las del valle. Difieren sobre todo las que se observa en los tres grandes momentos de la vida: el nacimiento, el matrimonio y la muerte. Son en todas partes diversos los trajes, distintos los juegos y las fiestas, varias las preocupaciones religiosas. Cada comarca tiene su Cristo y su Virgen, y en cada una se les presta diferente culto. Las extravagancias son aquí innumerables: la Iglesia, que en ellas ve su provecho, si no las estimula, las tolera. Costumbres podría referir, tanto religiosas como civiles, que serían para muchos de mis lectores causa de asombro y aún de escándalo. Las omito porque no es mi ánimo retardar con digresiones la conclusión de este libro, y la variedad es aquí evidente para todo el que pueda comparar las costumbres de su pueblo con las de los pueblos del contorno. La variedad continúa a pesar del unitarismo de la Iglesia y del Estado.

Mas ¿qué de particular cuando continúa en los instrumentos de cambio, esencialmente sujetos a la acción del poder central aun bajo el principio federativo? En una que otra provincia se conserva todavía restos de antiguos sistemas monetarios. La hay donde no se recibe, a la hora en que escribo, las piezas de cobre de cinco y diez céntimos de peseta. La peseta es hoy la unidad legal; pero unos cuentan por reales, otros por escudos, otros por pesos. En esto, con todo, dista de reinar la variedad que en las pesas y medidas. No son iguales ni siquiera en las provincias que se rigen por la ley común. La vara de Madrid es mayor que la de Burgos; mayor que la de Burgos y menor que la de Madrid, la de Albacete, que es la usada en Toledo, Segovia y Logroño. La de Alicante no es ni la de Burgos, ni la de Albacete, ni la de Madrid: la de Madrid rige en Coruña. En algunas de las provincias aforadas, Cataluña y Mallorca, no es ya la vara, sino la cana o la media cana la unidad métrica.

No digamos de las medidas agrarias. Miden la tierra por fanegas en Álava, Albacete, Almena, Ávila, Canarias, Castellón, Guadalajara, Guipúzcoa, Huelva, Huesca, Jaca, Madrid, Málaga, Murcia, Pamplona, Sevilla, Soria, Teruel, Toledo y Zamora; por jornales en Alicante y Lérida; por cuarteradas, en las islas Baleares; por mujadas en Barcelona; por fanegas y aranzadas en Córdoba; por ferrados en toda Galicia; por vesanas en Gerona; por eminas en León; por fanegadas en Logroño; por días de bueyes en Oviedo; por obradas en Palencia, Valladolid y Segovia; por canas del rey en Tarragona; por caruzadas y hanegadas en Valencia; por peonadas en Vizcaya; por cuartales en Zaragoza. Y no se vaya a creer que la diferencia esté más en los nombres que en las medidas; el cuartal de Zaragoza equivale a 2 áreas con 38 centiáreas, y la cuarterada de las Baleares a más de 71. Aun la fanega está lejos de ser la misma en las muchas provincias que la tomaron por unidad agraria. Hay fanegas superficiales, fanegas del mareo real, fanegas del marco de Madrid, fanegas de tierra, fanegas de puño. Y aun entre las de una misma especie hay enormes distancias. La fanega superficial de Álava, por ejemplo, es sólo de 25 áreas y 10 centiáreas; la de Albacete, de más de 70. La del marco real de Almería vale 64 áreas, 39 centiáreas; la de Murcia, 67,07. De cuantas medidas he citado, adviértase bien, no hay dos exactamente iguales. Toda Galicia, corno hemos visto, cuenta por ferrados. El ferrado es en Orense de 6 áreas 28 centiáreas; en Pontevedra, de 6,29; en Lugo de 4,36; en Coruña, de 6,39.

Pues ¿y las medidas de capacidad, ya para líquidos, ya para granos? Muchos pueblos tienen una para el vino y otra para el aceite. Cuál toma por unidad la cántara, cuál la arroba, cuál la media arroba, cuál la cuarta, como las islas Baleares, y cuál el medio cuarto como Cáceres; cuál el barrilon como Barcelona; cuál el cántaro como Alicante, Castellón, Valencia, Lérida y Zaragoza; cuál el medio cántaro como Teruel, Zamora y Salamanca; cuál la media azumbre como Vizcaya y Guipúzcoa; cuál el mallal como Gerona; cuál el cuartillo como Lugo; cuál el medio cañada como Pontevedra; cuál la armina corno Tarragona. Medidas también de capacidad distinta, aun llevando el mismo nombre y siendo de la misma clase. La cántara o arroba de vino, por ejemplo, es en Burgos, de 16 litros 13 centilitros; en Coruña, de 15,58; en Logroño, de 16,04; en Sevilla, de 15,66; en Santa Cruz de Tenerife, de 5,08; en la ciudad de las Palmas, de 5,34. Tiene la armina en Tarragona hasta 34 litros 66 centilitros; el barrilon de Barcelona, 30,35, y el cántaro de Alicante, sólo 11,55; la cuarta de las Baleares, 0,75; la media azumbre de Vizcaya, 1 con 11. Otro tanto sucede con las medidas para áridos.

Respecto a pesas, la libra es la unidad general en España. Pero no es tampoco la misma en todas las provincias: 460 gramos tiene la de Burgos; 458 la de Albacete; 533 la de Alicante; 407 la de Palma; 400 las de Barcelona, Gerona y Tarragona; 401 la de Lérida; 456 la de Cáceres; 358 la de Castellón de la Plana; 351 la de Huesca; 537 la de Lugo; 574 la de Orense; 575 la de Coruña; 579 la de Pontevedra; 492 la de Guipúzcoa; 488 la de Vizcaya; 372 la de Pamplona; 367 la de

Teruel; 355 la de Valencia; 350, por fin, la de Zaragoza.

Me he detenido en exponer a los ojos del lector esta inconcebible anarquía para que se vea una vez más hasta dónde llega para alcanzar la unidad la insuficiencia del principio unitario. Sólo a mediados de este siglo se ha pensado seriamente en ordenar asunto de tal importancia estableciendo el sistema métrico decimal en toda la Península; y esta es la hora en que no se ha logrado que abandonen los pueblos sus antiguas pesas y medidas. El nuevo sistema apenas ha podido salir todavía de las regiones oficiales. Se habría hecho de seguro algo más bajo el régimen federativo.

Hemos visto en otro capítulo cuán rápidamente llegaron por la federación a la uniformidad de pesas, medidas y monedas los griegos que antes de la Era cristiana habitaban el Peloponeso. Los pueblos de la América del Norte, no bien se confederaron, dieron al poder central la facultad de regular el valor de la moneda y dar la norma para las medidas y las pesas. No ha conseguido todavía el poder central reducir a la unidad las de los diferentes Estados; pero en 1827 adoptó ya como sistema general la libra inglesa de doce onzas con sus divisores y sus múltiplos, desde un céntimo de grano hasta veinticinco libras. Aplicó desde luego el sistema a la casa de moneda y las aduanas; y lo siguen hoy Estados enteros, que lo han ido sucesivamente abrazando. Descuidó el de las medidas, y dio con esto motivo a que Nueva York se crease un sistema propio. Las reformas de las pesas y las medidas he dicho ya en otra ocasión que son siempre difíciles y lentas; forzoso es confesar que en pueblo alguno han sido ni tan lentas ni tan tardías como en España. Bajo el principio federal no sólo es probable que se las hubiese intentado más pronto y con más pronto efecto; es más que probable que si el poder central los hubiese descuidado, alguna o algunas de nuestras provincias hubiesen, como Nueva York, suplido la falta adoptando el sistema que les hubiese parecido más conforme a la ciencia o a sus costumbres. Habría cesado por lo menos el escándalo de cambiar las pesas y medidas de pueblo a pueblo.

13 EN QUÉ SE HA ESTABLECIDO HASTA AHORA LA UNIDAD

Como he manifestado lo que no ha podido hasta aquí realizar el principio unitario, debo ahora decir lo que ha hecho.

Tenemos hace muchos años para todos los españoles un solo derecho penal, un mismo código de comercio y leyes uniformes de enjuiciamiento. Aún en lo civil a todos los españoles obligan, como hemos visto, los decretos que las Cortes van expidiendo, por más que modifiquen en poco o en mucho los fueros de las provincias. En toda España rige una misma ley de aguas y una misma ley de hipotecas. La organización de los tribunales es también la misma para todo el Reino. Está centralizada la fe pública.

En lo administrativo y lo político es casi completa. Buena o mala, hay ya una sola constitución para todas nuestras provincias.

La unidad monetaria no tardará, por fin, en ser un hecho. Todos los pueblos tienen por lengua oficial la castellana.

No hablo de la unidad religiosa, porque ésta se la hizo y se la conservó por el hierro y por el fuego, y la han destruido recientemente la duda en los espíritus y la tolerancia en las leyes.

14 EFECTOS DE LA UNIDAD POLÍTICA Y ADMINISTRATIVA. PROVINCIAS VASCAS

Lo que nos ha traído la unidad política, tal como se la hizo, ya lo sabemos. Por habérsela hecho contra la tendencia y las tradiciones de nuestras provincias, nos han llevado al mayor desorden a que pudo venir nación en el mundo: a la imposibilidad de constituir nada, como no haya sido el despotismo; a vaivenes continuos y perpetua guerra; a la inmoralidad, al caos.

En lo administrativo no ha producido la unidad mejores efectos. Olvido los males que ha ocasionado a la administración misma y describí en otro capítulo. La unidad administrativa ha matado la espontaneidad y debilitado la energía, así de los municipios como de las provincias. Sujetos unos y otros a vivir a la sombra del Estado, a implorar la venia del Gobierno aún para la satisfacción de sus exclusivos intereses, a esperar del poder central mejoras que habrían podido y debido obtener por su propia iniciativa, han caído cuál más, cuál menos, en una inercia. nada favorable a los progresos de la patria. Sólo las ciudades populosas han evitado la caída; y aún éstas, cohibidos a cada paso sus esfuerzos, distan de poder llegar adonde las lleva su noble ambición y su deseo.

Véase, en cambio, cuál ha sido la suerte de las provincias que conservaron por más tiempo su autonomía. Dejemos por un momento la de Navarra. Las provincias Vascongadas, de suelo ingrato como no sea por los minerales que encierra, están reducidas a cultivo hasta en sus cumbres, y a fuerza de trabajo, dan al año dos cosechas. Tienen la propiedad bien distribuida, el coto redondo, la población distribuida por los campos, la tierra poblada de árboles y caseríos. Distan de presentar ni en sus lugares ni en sus aldeas el aspecto triste y pobre que las de Castilla. Conocen el trabajo a jornal en la industria; poco en la agricultura. En la agricultura lo suplen por el mutuo auxilio de brazos que se prestan sus bien organizadas familias. Los arrendamientos son por tiempo indefinido; y después de cierto número de años puede el arrendatario en algunos lugares ganar el dominio útil de la hacienda que labra. Mendigos apenas se los tolera; se recoge en las casas de beneficencia así al huérfano como al desvalido que, inepto para el trabajo, ha caído en la miseria. Si se prescinde de algunas ciudades, son aquellas provincias más bien pobres que ricas; pero laboriosas y modestas como las que más, gozan de un bienestar que no disfrutan otras más favorecidas por la naturaleza.

No tienen de superficie las provincias Vascongadas y Navarra sino 17,482 kilómetros en cuadro. El año 1869 contaban ya 2,462 kilómetros lineales de carretera. Hablo sólo de los caminos provinciales y vecinales. Tenían las demás provincias en vías de una y otra clase 3,127 kilómetros. Había carreteras por más de las tres cuartas partes de esta cifra en el solo país de los vascos. Váyase ahora a ver allí el estado de los caminos todos, inclusos los nacionales. Se los repara continuamente y se los tiene con poco gasto perfectamente conservados. Aquí, gastando mucho más, a las mismas puertas de Madrid están las carreteras descarnadas y llenas de baches. ¡Ah! El viajero que va a Francia por Castilla no necesita que le diga nadie dónde empiezan las Provincias. Cuando no se lo dijera la vegetación, se lo dirían los caminos.

Es innegable que si vascos y navarros han podido hacer estas maravillas, depende en parte de que no contribuían como los demás pueblos a las cargas del Estado. Que no fuese ésta la sola ni la principal causa del fenómeno, nos lo dicen, sin embargo, los hechos. Vascos y navarros han sido en todas las luchas con Francia nuestra vanguardia. Para toda guerra nacional han aprontado armas y gentes; y para las civiles no han escaseado sacrificios. Han promovido y sostenido en lo que va de siglo dos bastantes a extenuar las fuerzas de más afortunados pueblos; y no por esto han dejado de abrir nuevos caminos. ¿Construyen por otra parte sólo carreteras? Hace años que en el resto de España tratamos de levantar nuevas cárceles para borrar de la haz de la tierra las que son para nosotros verdadero padrón de ignominia. Mientras nosotros lo pensamos, han construido los vascos las cárceles celulares de Vitoria y Bilbao.

Si vascos y navarros no contribuían además a las cargas generales, se pagaban casi todos los servicios improductivos, como se vio en otro capítulo. Y en todos por cierto presentaban el mismo progreso. Se cree que aquel es un país atrasado; pero injustamente.

Allí nació la primera sociedad económica. Allí se fundó el primer colegio importante, el seminario de Vergara. Allí, a la sombra de la libertad de enseñanza, vimos recientemente alzarse dos universidades libres. Allí se estableció la primera granja de agricultura independiente del Estado. De allí recibimos en las *Ordenanzas de Bilbao* nuestro primer Código de Comercio. No está muy difundida la instrucción por Guipúzcoa ni por Vizcaya; pero sí por Álava, donde se calcula que sabe leer y escribir el 55 por 100 de los habitantes. El año 1867 Álava tenía ya 305 escuelas públicas de primeras letras y 23 privadas: era en esto la tercera provincia de España, y llegó más tarde a ser la primera. Navarra tenía en el mismo año 637 escuelas públicas y 25 particulares. Estaba por encima de Vizcaya y Guipúzcoa, pero muy por debajo de Álava, atendida su mayor población y su mayor territorio. Álava contenía a la sazón, en 3,121 kilómetros cuadrados de superficie, sólo 93,934 habitantes; Navarra en 10,478, hasta 299,654. Cada provincia sostenía además su instituto; y algunas, casi todas, escuelas especiales de náutica, de agricultura, de ciencias, de artes.

Recuerde el lector que se costeaban además aquellas provincias y mantenían en brillante estado la beneficencia; pagaban su guardia foral, que así les servía para el orden de las ciudades como para la seguridad de los caminos y los campos: retribuían al clero y satisfacían las necesidades del culto; premiaban y aun pensionaban a los que se habían inutilizado y a las familias de los que habían muerto en defensa de la patria; abonaban, por fin, religiosamente los intereses de su deuda, nada escasos en proporción a sus presupuestos. Cubrían estas y otras muchas atenciones con sumas de escasa monta, y estaban organizadas con sencillez y economía.

Bajo cualquier punto de vista que se las considere, aun ahora son en España aquellas provincias, principalmente las Vascongadas, una verdadera excepción. Lo conocen a la primera ojeada los extranjeros que visitan la Península, y nos vemos obligados a reconocerlo, mal que nos pese, cuantos españoles ponemos el pie en aquellas agrestes montañas y risueños valles, a pesar de haberse reducido casi a la nada sus antiguos fueros. No sólo se ve allí otra administración que la de Castilla; se descubre desde luego mejores hábitos y mejor asiento para la sociedad y la familia. Por la estadística criminal, Guipúzcoa resulta ser la más morigerada de nuestras provincias. La siguen de cerca, en punto a moralidad, Álava y Vizcaya. En 1867 Guipúzcoa tenía en nuestros presidios sólo 56 confinados, Álava 64, Vizcaya 67. No había ninguna otra provincia que los tuviese en menor número. Y, nótese bien, la criminalidad va allí en descenso. En 1858 tenían las tres provincias más presidiarios que en 1867.

Sé que la moralidad de los pueblos no depende exclusiva ni principalmente de las formas administrativas y políticas; ¿quién, empero, negará que contribuyan a mantenerla y fortalecerla la buena administración y el buen gobierno? El Sr. Cánovas del Castillo, según manifestó en las Cortes, ve en el régimen vascongado una como norma para ir modificando el de las demás provincias; nosotros los federales estamos lejos de llevar las cosas al punto de tomarlo por modelo. Queremos la autonomía de las provincias todas, y a todas con libertad para organizarse como les aconsejen la razón y sus especiales condiciones de vida. Somos federales precisamente porque entendemos que las diversas condiciones de vida de cada provincia exigen, no la uniformidad, sino la variedad de instituciones; y no nos atreveríamos ni a proponer siquiera para la organización de las demás provincias el régimen de las Vascongadas. Sobre que estoy cierto de que el día en que las Vascongadas adquiriesen el derecho de modificar sus fueros los habían de purgar de vicios que los afean y acomodarlos mejor a los principios del siglo. Diversidad de condiciones de vida exige en los pueblos diversidad de leyes; por no partir de este principio, el régimen unitario es en España, como en todas partes, perturbador y tiránico.

15 Límites que debería tener la autonomía de las provincias y la de los municipios. Quién ha de fijarlos. Contestación a varios argumentos hechos en España contra la federación

Pero, ¿no tiene límites, se me preguntará, la autonomía de las provincias? ¿Quién los ha de fijar si los tiene? Antes de salir de la unidad administrativa y política conviene dilucidar este punto.

Aun a riesgo de repetirme y anticipar ideas, contestaré clara y categóricamente, como si no hubiese tocado ni por incidencia estas cuestiones. Así creo que lo exigen recientes hechos. La idea de la federación es para algunos tan nueva y tan poco inteligible, que hay necesidad de explanarla.

Dentro de sus respectivos intereses he dicho ya que los pueblos, las provincias y las naciones son completa e igualmente autónomas. En el arreglo y ornato de una ciudad nadie manda, por ejemplo, sino la ciudad misma. A ella corresponde exclusivamente abrir calles y plazas, dar la rasante para cada edificio que se construya y dictar en toda clase de obras las reglas que exija la seguridad y la higiene; a ella establecer mercados y lonjas para el comercio, y si acierta a ser marítima, tener puertos en que recoger las naves y muelles que faciliten el desembarque; a ella la traída y el reparto de aguas, las fuentes, los abrevaderos y las acequias para el riego a ella hacer paseos y ordenar las fiestas y los espectáculos; a ella organizar la beneficencia y la justicia y facilitar los medios de enseñanza; a ella crear cuantos servicios reclame la salubridad de los habitantes; a ella procurar la paz por la fuerza pública; a ella determinar sus gastos y recaudar tributos para cubrirlos. ¿A qué ni con qué título puede nadie ingerirse en éstos ni otros muchos actos que constituyen la vida interior de un pueblo? Para llenar todos estos fines necesita la ciudad evidentemente de una administración y de un gobierno: ese gobierno y esa administración son todavía exclusivamente suyos. ¿Cómo no, si son su Estado, su organismo?

Es esto para mí tan obvio, que ni siquiera permite la duda. Otro tanto sucede con la provincia. En el arreglo de todos los intereses que exclusivamente le corresponden ¿quién ha de mandar sino la provincia misma? Se trata, por ejemplo, de caminos y canales que ha costeado o costea y nacen y mueren en su territorio, de establecimientos de beneficencia o de enseñanza que ha levantado con sus caudales en pro de sus pueblos, de montes u otros bienes que forman parte de su patrimonio, de milicias que organiza y retribuye para que guarden las carreteras y los campos, de tribunales que conocen en alzada de los negocios entre ciudadanos de diversos municipios, de bibliotecas, de museos, de exposiciones, de recompensas, de premios que crea para el fomento de las artes y las letras; de sus presupuestos de gastos e ingresos y de su administración y su gobierno: es también claro como el día que ella, y sólo ella, puede en todos estos asuntos poner la mano. No puede en ellos poner la suya ningún pueblo, porque a ninguno en especial corresponden; no puede tampoco la nación tocarlos, porque son propios de la provincia.

La nación es a su vez ilimitadamente autónoma dentro de los intereses que le son propios. Lo son, por ejemplo, los ríos que desde muy apartadas fuentes corren a precipitarse en el Mediterráneo o el Océano; los caminos que enlazan los extremos de la Península; los correos y los telégrafos que se extienden como una red por todo el territorio; los derechos y propiedades que posee, montes, minas, fortificaciones, fábricas, edificios; el orden y la paz generales, y por lo tanto el ejército y la marina; la navegación y el comercio, y como consecuencia, las aduanas; su magistratura, sus universidades y sus relaciones con los demás pueblos; su hacienda, su administración, su gobierno. ¿Quién va tampoco en esto a dictarle leyes? ¿Quién ha de poder imponérselas?

Federal o unitario, ningún lector negará, de seguro, a la nación esta autonomía absoluta. Se la reconocen sin distinción todos los partidos y todas las escuelas. Son no obstante muchos los que, concediéndosela a la nación, la niegan a la provincia y al municipio. ¿Me podrá explicar alguien el motivo de tan extraña inconsecuencia? El pueblo tiene, como el individuo, una vida interior y una vida de relación con los demás pueblos. Esa vida de relación es la que ha dado nacimiento a la provincia. La provincia tiene a su vez una vida interior y una vida de relación con los demás grupos de su misma clase. Esa vida de relación ha producido las naciones. La nación tiene también una vida interior y una vida de relación con las naciones extranjeras. Esa vida de relación no ha engendrado todavía otra colectividad mayor gobernada por otros poderes; pero es indudable que la engendrará algún día. Por de pronto la rige, como he dicho, una especie de poder invisible que se manifiesta por un derecho de gentes, en parte consuetudinario, en parte escrito. Sí mañana ese poder se convirtiera en tangible y fuese hijo de la razón, no de la fuerza, es indisputable que seguiríamos todos afirmando la autonomía absoluta de la nación dentro de los intereses exclusivamente nacionales. Las condiciones de los tres grupos son, como se ve, las mismas: ¿es lógico reconocer a la nación autónoma en su vida interior y no reconocer en su vida interior autónomos al pueblo y la provincia?

Se suele dar hoy de la nación una idea verdaderamente fantástica. Partiendo de que la realidad es mayor en el género que en la especie, y en la especie que en el individuo, por cuanto el individuo muere, las especies se extinguen y el género subsiste y queda, se concede a la nación mayor *sustantividad* (perdóneseme la palabra) que a la provincia y al municipio. A estos dos grupos hasta se llega a negarles que tengan facultades propias, es decir, facultades que la nación no les otorgue. No creo necesario detenerme en refutar esa idea absurda, que desmienten de consuno la razón y la Historia. Entre los hombres que así piensan los hay en primer lugar, y no pocos, que contradicen sus doctrinas reconociendo en el individuo derechos de tal modo sustantivos, que los califican de inenajenables, imprescriptibles, anteriores y superiores a las leyes. Todos, por otro lado, quieran o no quieran, han de confesar que entre la nación, la provincia y el pueblo, la nación es el grupo más inestable y movedizo y el pueblo el que sobrevive a las mudanzas de los imperios y a las revoluciones. No es fácil que el ciudadano cambie de patria si toma por patria el pueblo; pero facilísimo si toma la nación por patria. Recuerde, si no, el lector los cambios de patria que han ocurrido para millones de nuestros semejantes en América sólo desde la independencia de los Estados-Unidos, en Europa sólo desde el reparto de Polonia. Las naciones son las que se agregan o se disgregan por multitud de causas, los pueblos los que permanecen inalterables; las naciones las heterogéneas, los pueblos los homogéneos; las naciones las que jamás alcanzan la unidad por que suspiran, los pueblos los que la tienen desde su origen. Si debiese decidirme por la doctrina que combato o la contraria, me decidiría sin vacilar por la que concediera mayor sustantividad al pueblo. Mas, lo sabe ya el lector, reconozco igual sustantividad a la nación, a la provincia y al pueblo: por esto, y sólo por esto, sustituyo el principio federal al principio unitario.

¿Qué son, por otra parte, el género y la especie sino meras abstracciones para clasificar las ideas y los seres según reúnan en común mayor o menor número de rasgos característicos? Tienen tan poco de real y de absoluto, que puede cada cual descomponerlos y forjar otros con sólo tomar para la clasificación un nuevo punto de vista. ¡Qué de géneros y de especies no se ha compuesto y descompuesto dentro de la sola familia humana! El género y la especie mismos no suelen serlo sino relativamente. Respecto a un punto más alto de la escala, el género es especie; respecto a un punto más bajo, la especie es género. ¡Y que a éste se pretenda atribuir mayor realidad que al individuo! Siguiendo la doctrina hasta sus últimas consecuencias, lo más real sería el *ser,* la abstracción de las abstracciones, el género máximo, el continente universal de que apenas podemos formar idea por el mayor esfuerzo del espíritu. ¿Es esto admisible? Quiero admitir por un momento la teoría. Faltará demostrar que lo más real, sólo por serlo, tiene derecho a gobernar lo menos real; demostración que no se encontrará, por cierto, ni en la naturaleza ni en la Historia. La Historia nos enseña precisamente lo contrario: o pueblos regidos y dominados por individualidades enérgicas, o pueblos cuya constitución descansa en la libertad y la personalidad del ciudadano; los progresos todos de la humanidad debidos a la poderosa razón y a la iniciativa de un solo hombre.

Pero dejémonos de nebulosidades y vengamos a lo práctico. ¿Qué es al fin un pueblo? Un conjunto de familias. ¿Qué la provincia? Un conjunto de pueblos. ¿Qué la nación? Un conjunto de provincias. Ha formado y sostiene principalmente esos tres grupos la comunidad de intereses de que tantas veces he hablado: de los intereses ya materiales, ya morales, ya sociales, ya políticos. Los intereses del municipio mantienen reunidos a los individuos; los de la provincia a los pueblos; los de la nación a las provincias. ¿Habrá quien lo dude? Supóngase por un instante que no haya esos tres órdenes de intereses, y no se comprenderá de seguro por qué existen ni pueblos, ni provincias, ni naciones. Esos tres órdenes de intereses, reales y distintos los unos de los otros, corresponden exactamente a los tres grupos. Luego cada grupo tiene igualmente determinadas por su respectivo orden de intereses su libertad y su órbita. Luego cada uno es dentro de esa órbita igualmente autónomo, sin que de ninguno de los otros reciba límites su autonomía.

Se dirá tal vez que así quedan sueltos y sin enlace los tres grupos. Mas ¿cómo han de quedar sin enlace si el pueblo, autónomo en su vida interior, forma por su vida de relación parte de la provincia, y la provincia, autónoma en su vida interior, forma, por la de relación, parte del Estado? Lo que separan unos intereses lo unen otros sin violencia; y marchan por este sistema los tres grupos ordenada e independientemente. Como el individuo es hoy a la vez rey en su casa, ciudadano en su pueblo, el pueblo es a la vez, si así puedo expresarme, rey en su término, ciudadano en su provincia, y la provincia a la vez en su territorio reina, en la nación ciudadana.

De todas maneras, se replicará, hay aquí un límite que separa la autonomía y la heteronomía de cada uno de los tres grupos: ¿quién ha de fijarlo? Viene, repito, determinado por la misma naturaleza de los tres órdenes de intereses; pero convengo en que ha de haber quien lo fije. Quién haya de ser éste, no es para mí dudoso. Como he dicho en el libro anterior, el pueblo ha sido en todas partes la primera sociedad política. Por necesidades que no ha podido satisfacer se ha reunido con otros pueblos y ha creado un poder común, órgano y regulador de los comunes intereses. ¿Quién había de fijar naturalmente la extensión y las condiciones de ese poder sino los pueblos asociados? La colectividad, fruto de este movimiento, constituyó de pronto una nación, no una provincia; que se da a las naciones el nombre de provincias sólo cuando, unidas a su vez, llegan a formar, por decirlo así, una nación de segundo grado, y si continúo llamándolas provincias, es para mejor entendernos.

Hubo pequeñas naciones, y éstas por motivos análogos se unieron con el tiempo y crearon o consintieron otro poder que fuese también regulador y órgano de los intereses comunes. De ese nuevo poder, ¿quién había de fijar tampoco la extensión y las condiciones sino las mismas provincias que lo aceptaban o le daban origen? Importa poco que no siempre se hayan formado así las grandes naciones; en los procedimientos de la libertad, y no en los de la fuerza, se ha de buscar las leyes para la organización y el desarrollo de los pueblos. Acá, en España, hemos visto ya que no fue simultánea ni libre la agregación de las diversas provincias que ocuparon como naciones la Península. A pesar de esto, lo hemos visto también, ellas fueron las que en realidad determinaron y limitaron el poder central, poniéndole por valla sus propios fueros. No digamos de las naciones constituidas por la simultánea y libre agregación de otros pueblos: éstas son las que han determinado siempre el límite entre el poder nacional y el suyo. ¿Quién debe, por lo tanto, deslindar los intereses provinciales de los locales? Los pueblos. ¿Quién los provinciales de los nacionales? Las provincias. Las naciones deslindarán a su vez los nacionales de los internacionales el día en que, asociadas, creen un poder ya continental, ya europeo, destinado a gobernar este último orden de intereses.

«Convenimos, se dice, en que esto es lo racional y lógico en el momento de unirse pueblos, provincias o naciones; en naciones ya formadas, como la nuestra, creemos vicioso el sistema. La nación, después de constituida, es el órgano superior del derecho: a ella y sólo a ella toca describir la órbita en que hayan de moverse lo mismo el pueblo que la provincia. Lo contrario sería la confusión, el caos.» He oído más de una vez esta objeción de boca de hombres que se precian de federales y demócratas, y no la oigo que no me asombre. La he refutado antes (lib. 1, cap. XIII); pero ampliaré mis ideas. Dejo aparte la consideración de que tan Estado es el organismo de las ciudades como el de las naciones. Si las provincias es lógico y racional que cuando se unan determinen los límites del poder de la nación, o lo que es lo mismo, los intereses nacionales, lógico y racional debe ser que los modifiquen según lo vayan exigiendo las necesidades de los tiempos. Como la nación pudiese luego alterarlos a su antojo, ¿de qué les serviría haberlos determinado? El derecho de las provincias a fijarlos es, por consecuencia, perpetuo; tanto más, cuando no por unirse abdican su particular autonomía. ¿Cabe aquí la prescripción? No la hay para el forzador en las cosas ganadas por la fuerza: la violencia es vicio que el tiempo no cura.

No comprendo, francamente, por qué clase de milagros puede la nación adquirir el derecho de corregir el de las provincias cuando de las provincias haya recibido el poder que tiene. Podrá reconocérselo el que crea que Dios es la fuente de toda autoridad y la conquista origen de derecho; no el que, como yo, crea en la humanidad del derecho y del poder público.

Si, por otra parte, el hecho prevalece sobre el derecho y la nación debe seguir árbitra de la suerte de las provincias y los pueblos, sólo porque lo es hace tiempo, ¿con qué vamos a legitimar esa serie de revoluciones que vienen hace más de medio siglo ensangrentando el suelo de la patria? ¿Con qué título atrevemos a reivindicar contra la soberanía de la nación la autonomía del individuo, hasta el punto de negar al Estado el derecho de regular el ejercicio de las libertades del pensamiento y la conciencia? ¿hasta el punto de exigirle que se limite a reconocemos, y no se permita otorgarnos, tan preciosos derechos? ¿Por qué, sobre todo, llamamos federales? Deberíamos haber aceptado el modesto nombre de descentralizadores, formar en las filas del partido progresista y no agitar ni perturbar el país con ideas que, como todas las nuevas, no podían menos de traerle complicaciones y desastres.

Si la nación tiene derecho a determinar las atribuciones de las provincias y los pueblos, la tiene indudablemente lo mismo a reducirlas que a ensancharlas. Afirmamos con reconocerlo la bondad y la legitimidad del actual régimen, que sin cesar las altera, y hoy no permite a los pueblos abrir una fuente sin la venia del Estado, y mañana les abandona las obras públicas; hoy declara de libre elección los ayuntamientos y mañana hace nombrar los alcaldes por la Corona. ¿Y para esto hemos creado un partido y alborotado a España? Desde el poder, dicen ilusos o mentidos federales, armaremos de tal modo a los pueblos y las provincias, y les daremos tales garantías, que estén al abrigo de reacciones insensatas. Mas si se reconoce en la nación autoridad propia sobre los demás grupos, ¿por qué hacérsela ilusoria? ¿por qué atarla de pies y manos para que no la ejerza?

Las Provincias Vascongadas raciocinan algo mejor que esos débiles federales. Comprenden que si confiesan deber sus fueros al Estado, conceden al Estado el derecho de quitárselos, y sostienen siempre que se los deben a sí mismas. «Nuestros usos y costumbres, dicen, se pierden en la noche de los tiempos: los establecieron nuestros padres por su propia voluntad, y los sellaron con su sangre. Bajo la condición de que los juraran y guardaran, consentimos en prestar homenaje a los reyes. Los declararon los reyes en sus cartas, no los otorgaron.» Fuertes con esta afirmación, los defendieron ayer, y se creen hoy con derecho a reivindicarlos por las armas.

Acabemos ya y fijemos el sentido de las palabras y el alcance de las ideas. Federación viene del nombre latino *faedus,* que significa pacto, alianza. No la puede haber sin que los contratantes sean libres, es decir, *sui juris*. La federación supone, por lo tanto, necesariamente igual y perfecta autonomía en las provincias para constituir las naciones; igual y perfecta autonomía en las naciones para constituir imperios o republicas, latinas, europeas o continentales. Sin esto no hay federación posible: fuera de esto no hay más que el principio unitario. Los pueblos han de constituir la provincia y las provincias la nación: éste es el sistema.

Pero ¿sabéis adónde nos lleváis por este camino? se exclama aterrorizado. Nos lleváis a la disgregación y la disolución de la patria. ¡Temor injusto, si no ya fingido! La nación está vigorosamente afirmada en el pensamiento y el corazón de todos los españoles. En este mismo siglo se han presentado, como hemos visto, ocasiones para que la nación se hiciera pedazos. Las provincias, y esto es más, han llegado a declararse independientes. Les ha faltado después tiempo para reorganizar un poder central que personificara la nación y la sostuviera durante la crisis. Han manifestado siempre tanto ardor para mantener la unidad nacional como para recuperar su propia autonomía. En medio de tantos y tan generales trastornos como nos han afligido, ¿en qué pueblo ni en qué provincia se ha visto jamás tendencia a separarse de España? No se ha visto ni siquiera en esas provincias Vascongadas, autónomas como ninguna, que han sostenido contra nosotros dos largas guerras civiles y en las dos han debido bajar la frente. Ni en el movimiento cantonal de 1873 se observó el menor conato de independencia. Recuérdese ahora cuán vivo y unísono se mostró el sentimiento nacional en todos los ámbitos de la Península cuando la guerra de África. Rayó en delirio el entusiasmo al recibirse la noticia de la toma de Tetuán, y en toda España se significó el deseo de que continuase la guerra y se fuese a Tánger. Todo el mundo se mostró dispuesto al sacrificio. En todas partes, al volver de la campaña, entró el ejército bajo una lluvia de flores.

¡La disolución de la patria! Los lazos que unen la nación ¿son, pues, tan débiles a los ojos de esos hombres, que basta a romperlos o desatarlos un simple cambio de base en la organización del Estado? Si las naciones no tuviesen otra fuerza de cohesión que la política, después de los graves sacudimientos por que han pasado sólo en lo que va de siglo, estarían ya todas deshechas. Subsisten porque las sujetan vínculos cien veces más fuertes: la comunidad de historia y de sentimientos las relaciones civiles y los intereses económicos o por fortuna de todos, la política apenas hace más que agitar la superficie de las sociedades. Si la agitación llegase al fondo, ¿qué no sería de los pueblos?

Sin sombra de temor me acojo a ese procedimiento que se cree tan lleno de peligros. Ni porque los tuviera lo abandonaría; que no es racional admitir principios sin sus consecuencias, y si por los peligros que su realización entraña hubiésemos de abandonarlos, no se realizaría ninguno. Lo raro es que esos débiles federales ven riesgos en todo. Si las provincias, dicen, son autónomas al par de la nación y el pueblo, se corre el peligro de que algunas, las Vascongadas por ejemplo, restablezcan la unidad religiosa, la amortización y los mayorazgos. ¡Peregrino argumento!

La libertad de conciencia es uno de los derechos inherentes a la personalidad humana, que ellos y yo ponemos fuera del alcance del Estado. Si con reconocer que la nación es autónoma le negamos la facultad de quitarlo y aun de cercenarlo, ¿no será lógico negarla al pueblo y la provincia? Están esos hombres verdaderamente ciegos. Desconfían de las provincias antes de verlas en el ejercicio de su autonomía, y no miran cómo la nación, en el ejercicio de la suya, conculca y pisa lo que en más preciamos. Hace ya tiempo que esa misma libertad de conciencia está reducida a una tolerancia estrecha y recelosa. A ser lógicos mis adversarios, deberían negar a la nación una autonomía de que hace tan mal uso.

Respecto a la amortización y los mayorazgos debo hacer observaciones análogas. En materia de mayorazgos quiso ya la nación volver el pie atrás en 1857. Estuvo en poco que no los restableciera para los senadores. Ahora mismo, por la jurisprudencia de sus tribunales, tiene abierto muy ancho boquete, lo mismo en las leyes desvinculadoras que en las desamortizadoras. Permite el fideicomiso por dos o *más* generaciones, siempre que no contenga la prohibición de enajenar los bienes. El heredero fiduciario debe, de todos modos, entregar al fideicomisario, en una u otra forma, todo el caudal que del testador reciba. Tolera también la nación que se destinen bienes raíces a las fundaciones de beneficencia, por su carácter perpetuas, con tal que el fundador disponga que se los convierta en valores públicos cuando lo exija el Estado.

¡Y qué! ¿serán éstos los únicos pasos que dé la nación hacia atrás por este camino? La beneficencia privada se desarrolló aquí como en ningún otro pueblo del mundo. El valor de los bienes a ella aplicados asciende aún hoy en algunas provincias a millaradas de reales. Hay fundaciones para todo: lo mismo para amparar al desvalido que para cuidar al enfermo; lo mismo para fomentar la población que para difundir la enseñanza. Nuestras leyes desamortizadoras han venido, a no dudarlo, a privarlas de grandes recursos, y a calmar, cuando no a paralizar, ese hermoso movimiento de las almas al bien de los demás hombres. ¿Quién ha de creer aquí estable lo que haya de tener por base los valores públicos? Estaban hace pocos años la mayor parte de las fundaciones sin llenar su objeto por no pagar el Estado los cupones de la deuda. De improviso quedaron por una ley reducidas sus rentas a la tercera parte. Deberá la nación, que quiera que no, enmendar su obra, y la enmendará de seguro.

Pues ¿y la desvinculación? Hablan de ella esos federales como si no ofreciese lugar a dudas. La vinculación, tal como aquí existía, era realmente detestable. Hija de preocupaciones aristocráticas, no servía sino para dar brillo a un corto número de familias y arraigar hábitos de holganza. Pero la hay en otros pueblos, mucho más cultos que el nuestro, para que no se descompongan, por la sucesión forzosa e igualitaria, los establecimientos, ya industriales, ya mercantiles, ya agrícolas, creados por el ingenio, la actividad y la economía del hombre. ¿No podrá la nación un día, lo mismo que cualquier provincia, hacer algo por que esta clase de vinculación se establezca entre nosotros? Por ella abogaba Fermín Caballero al encarecer la necesidad de formar y mantener los cotos redondos; por ella se han decidido espontáneamente todos los pueblos que han gozado de plena libertad testamentaria. La hay en Inglaterra; la hay, como se ha visto, en casi todas nuestras provincias aforadas, y la hay, a pesar del Código de Napoleón, en la misma Francia, en muchos pueblos sentados a la otra vertiente de los Pirineos. Donde no la permite la ley, la establece la costumbre; y, aunque bajo diversas formas, la encontramos aún hoy en casi todas las naciones de Europa: de Suecia y Noruega a Italia, de España a Rusia.

Autónomas las provincias, es innegable que podrían corregir las leyes desamortizadoras y aun permitir esa clase de vínculos (¿cómo no, si algunas los tienen desde remotos siglos?); pero no lo es menos que puede hacer otro tanto la nación, aleccionada por los desastrosos efectos que produce tanto la absoluta desamortización, como el estrecho principio de la sucesión forzosa. Lo que no se puede esperar de provincia alguna es que restablezca los antiguos mayorazgos, ni aquella general amortización que había puesto en manos de la Iglesia la tercera parte de la tierra. En las Vascongadas, por ejemplo, en esas provincias que tanto preocupan a mis contendientes, distaron de hacer la amortización ni la vinculación castellana los estragos que en otras, más afectas al liberalismo; ni de encontrar resistencia, una vez declaradas allí en vigor, ni las leyes desvinculadoras del año 20 ni la desamortizadora del 55. Allí estaba yo precisamente cuando se les acababa de hacer extensiva esta última ley, que se aseguraba no consentirían: en cuanto comprendieron los propietarios rurales la ventaja con que por ella podían redimir los censos, de tropel bajaban a los juzgados a redimir los de la Iglesia, con asombro del clero, impotente para contenerlos.

Imposible parece que sigan aún llamándose federales los que tan exagerados recelos abrigan respecto de las provincias. Si yo los tuviera, abjuraría desde luego las ideas que con tanto calor propago. No considero impecables las provincias ni los pueblos; creo que, autónomos, tendrán sus extralimitaciones y sus extravíos; pero veo en la nación los mismos o mayores peligros, y en vez de decidirme por dar a la una la autonomía y a los otros quitársela, reconozco en los tres grupos la que tienen por la razón y la historia, seguro de que la de cada uno ha de servir contra las tendencias invasoras de los demás de antemural y contrapeso. ¡La nación! ¡El Estado! No parece sino que no sabemos, por dolorosa experiencia, hasta qué punto es avasallador, absorbente, propenso al absolutismo en cuanto no se toma contra él toda clase de garantías. Aun tomándolas, ¡con qué frecuencia no las burla! Más de setenta años llevamos de buscar y ensayar garantías constitucionales. Las Constituciones son para él juguetes que con la mayor facilidad desbarata y rompe. Principalmente en vista de las continuas usurpaciones del Estado abracé el federalismo.

Pero es hora ya de que deje el tono acre y apasionado de la polémica y reanude el hilo de las observaciones que hacía en el anterior capítulo.

16 En qué se debe y en qué no se debe respetar la unidad establecida. Código penal. Código de Comercio. Legislación civil. Ley hipotecaria. Ley de aguas. Leyes de enjuiciamiento

No se olvide que estoy hablando de España. En otro capítulo me declaré contra la uniformidad política y administrativa que nos trajo el principio unitario. Nada dije aún contra la que nos procuró en algunos ramos de la legislación civil y económica. Es indispensable que sobre todo emita mi opinión, y voy a darla.

Estoy por que se respete la unidad donde quiera que exista, cuando no sea contraria al principio federal ni objeto de fundadas y más o manos viriles protestas.

Más de sesenta años hace ya que se rige toda España por un mismo Código de Comercio; más de ciento cincuenta que obedece a las mismas leyes penales. No se había promulgado aquel Código, cuando teníamos ya en el mercantil cierta unidad, merced a las *Ordenanzas de Bilbao,* admitidas en todas partes, cuando menos como derecho supletorio. ¿A qué ni por qué habríamos de volver, ni en lo comercial ni en lo criminal, a la diversidad de fueros?

En lo penal son tales y tantos los progresos realizados por el actual Código, que no es de temer suspire provincia alguna por las que fueron sus leyes. Podrán los aragoneses echar de menos las garantías de que en otros tiempos gozaron contra las calumnias de sus enemigos y la arbitrariedad de los tribunales; no echarán, a buen seguro, de menos las disposiciones por las que se definía y castigaba los delitos. Era la antigua legislación criminal en todos los pueblos oscura, contradictoria y bárbara: ni tenía criterio que la determinara, ni regla que le sirviera de base. Con relación a ella, el vigente Código es una obra levantada con arte sobre verdaderos principios de derecho.

Si rompiéramos esta unidad, seríamos realmente insensatos. Alemania ha escrito un Código penal para todas sus provincias; Austria y Suiza lo tienen hace mucho tiempo. La república de Washington, si permite la diversidad, establece en la Constitución los fundamentos sobre que han de descansar los códigos. Por las leyes criminales están seguros o en peligro los derechos inherentes a la personalidad del hombre: los pueblos federales todos, que buscan en el Estado la garantía de tales derechos, confían al Estado la determinación de aquellas leyes.

Ni sería más sensato desnacionalizar el Código de Comercio. Las ordenanzas de los consulados, si completas para los tiempos en que se las redactó, eran para este siglo incompletísimas. Aun despúes de promulgadas las de Bilbao, quedaban por resolver multitud de cuestiones, nacidas del mayor desarrollo mercantil, que el uso decidía diversamente, no ya en cada provincia, sino en cada plaza. El Código que las resolvió es más que una compilación metódica de todas aquellas Ordenanzas. Fue recibido sin oposición y hasta con júbilo; y hoy ha entrado de tal modo en las costumbres, que por ellas ha venido a modificar hasta la ley común, sobre todo en lo que se refiere a pagarés y letras de cambio. Merced a las mil y una formas que han tomado en nuestros tiempos las compañías, a las variadísimas combinaciones que ha ideado el crédito y a la consiguiente multiplicidad de valores, es otra vez estrecho y necesita de ampliación y reforma; mas esto harto comprenderá el lector que no es motivo para que devolvamos la legislación mercantil a los cónsules.

El comercio, según se ha visto, es lo que más directamente cae bajo la acción de los poderes federales; exige hasta la lógica que bajo la acción de estos poderes se ponga las leyes que hayan de regirlo. Así lo han entendido Suiza, Alemania y Austria. Tiene cada una de estas naciones su Código de Comercio, y las dos primeras hasta su derecho general de obligaciones. Todas las leyes de contratación han creído Alemania y Suiza que corresponden al Estado.

Esto me conduce a tratar de la legislación civil. Me apresuro a declarar que no me parece bien la distinción hecha por los suizos y los alemanes. Distan de satisfacerme los motivos que alegan para entregar al Estado el derecho de las obligaciones y reservar a las provincias el de las cosas. Aquí, en España, hemos observado ya que ni son idénticas en todas partes las formas de la contratación, ni, aun siéndolo, se han desenvuelto del mismo modo ni están sujetas a las mismas condiciones. Las hemos visto alteradas por la costumbre hasta en provincias que rige la ley de Castilla. Y que de esta variedad en los contratos ha dependido principalmente la diversa constitución de la propiedad y el diverso crecimiento de la riqueza que se nota en las provincias, es indudable. Nos lo dicen, más aún que las enfiteusis de Cataluña y los foros de Galicia, los giros de Extremadura. ¿Por qué clase de contratación habríamos de resolvernos? De confiar al Estado el derecho de las obligaciones, no habría razón alguna para que le negáramos el de la posesión y el dominio, enlazados con él de una manera íntima. Constituye el derecho civil, como el penal, un sistema: no cabe dilacerarlo ni dividirlo entre diversos poderes. Sería dar origen a la contradicción y al absurdo y aumentar la confusión, en vez de quitarla.

La legislación civil, o se la ha de dejar toda a las provincias, o pasarla toda al Estado. Inútil sería decir que la reservo para las provincias. A las provincias las dejan todos los pueblos federales. Ninguno ha intentado siquiera imponerles un solo Código. ¿Por qué? Porque todas muestran decidido apego a sus leyes civiles, base y organización de la familia; y no se las puede reformar que no se conmuevan las sociedades y sufran honda perturbación los intereses. Aquí, como allí, cada provincia está encariñada con su fuero y lo reputa superior a los demás del reino. Arrancárselo sería inconveniente aún bajo el principio unitario: bajo el federal, sería ilógico y contrario a los principios. Debe la federación, como tantas veces se ha dicho, respetar la variedad en todo lo que no caiga esencialmente bajo su dominio, y dejar el establecimiento de la unidad a la razón y al tiempo; deje aquí que la razón y el tiempo unifiquen los diferentes fueros. Devuelto a las provincias el derecho de legislar, lo repito, se modificará las leyes particulares por las últimas evoluciones de la idea de justicia y es fácil que se dé hacia la unidad pasos más seguros y rápidos.

Sobre este punto existe aquí bastante acuerdo. Hay, sin embargo, federales que, temerosos de los descarríos de las provincias, conceden al Estado el derecho de fijar bases para todos los códigos. Estoy lejos de seguirlos. O el Estado se limitaría a dar bases para la totalidad del derecho, o los daría para cada una de las principales instituciones que el derecho abraza. En el primer caso, serían inútiles, porque escritas en la conciencia universal, no se necesitaría que de nuevo se las promulgase para que todos los poderes las tomaran por criterio y norma de las leyes. En el segundo, el Estado sería el verdadero autor de los códigos de provincia. Las bases determinarían el derecho, y las provincias, cuando más, tendrían la facultad de acomodarlo por meros accidentes a las circunstancias de lugar y tiempo. Recuérdese cómo se ha hecho, entre otras, la ley de enjuiciamiento civil, por la que nos regimos. Las Cortes no examinaron ni aprobaron sino las bases en que la ley descansa. Acordar las bases era, con razón, para nuestros legisladores hacer la ley en lo que de esencial tuviese.

Para que vea más claro el lector lo que estoy diciendo, supongamos establecida en España la federación y llamada la Asamblea Nacional a dictar bases para las sucesiones. ¿Se declaraba libre la facultad de testar? Venían abajo las leyes de Castilla. ¿Se adoptaba como principio general la sucesión forzosa? Caían por sus cimientos las de Aragón, Navarra y Vizcaya. ¿Se elegía un sistema mixto? O se fijaba reglas, o se consentía lo de dejar herederos a los hijos en unas robadas de tierras del común y unos sueldos febles. ¿Se prescribía reglas? ¿A qué venía a quedar entonces reducido el poder legislativo de las provincias? Otro tanto sucedería con las demás bases. Tomemos por ejemplo los fideicomisos. ¿Se los prohibía en absoluto? Sería más lógico suprimir los testamentos. No sólo iría la base contra el derecho de las provincias aforadas, sino también contra el de Castilla y el de todos los pueblos cultos. ¿Se prohibía solamente los fideicomisos perpetuos? Se los permitiría por veinte o más generaciones, y no se remediaría el mal que pretende evitarse. ¿Se les asignaba límites? El Estado sería en realidad el legislador.

Me opongo a que se conceda al Estado la facultad de escribir bases, entre otras razones, porque no acierto a ver en él ni menos inclinación al error, ni más vivo sentimiento de justicia que en las provincias. Gracias a su sistema de sucesión, la familia se disuelve con harta frecuencia al morir el jefe, la propiedad se hace jirones, los más sólidos establecimientos desaparecen, todo es movedizo e inestable Hasta hace poco, la madre indotada quedaba poco menos que a merced de sus hijos. Llegan los bienes del que fallece sin testamento a los parientes en décimo grado; y hasta después de los del cuarto y de los hijos naturales no sucede la mujer al marido. Aun entonces, muerta la viuda, pasan a los herederos colaterales del que fue marido los bienes raíces de abolengo. No es la troncalidad ley del reino, y aquí, sin embargo, se la guarda y se la prescribe.

¿Qué no podría decir de la iniquidad del Estado respecto a los hijos bastardos? Los adulterinos, aun no habiéndolos de matrimonio, nada pueden recibir del padre ni por donación ni por manda. Como si tuvieran la culpa del delito de sus progenitores, la sociedad los afrenta y el Estado los despoja. Les arrebata el fisco, si no los deudos, cuanto les deje el padre por cualquier título. Y hace otro tanto con los incestuosos y los sacrílegos. Esta injusticia lleva nada menos que seis siglos de existencia: en seis siglos el Estado no ha corregido su falta. Los mismos hijos naturales, aun sin haberlos de matrimonio, carecen de derecho a los bienes del padre. Si el padre testa y nada les deja, nada pueden reclamar, como no sea por alimentos; si muere intestado, entran sólo en el goce de la sexta parte de la herencia, y aun ésta la han de compartir con la viuda. Suceden en todo al padre sólo a falta de parientes dentro del cuarto grado.

Pero no he de hacer aquí una minuciosa crítica de las leyes de Castilla. No es para hecha incidentalmente. He aducido estos pocos ejemplos, como habría podido aducir otros muchos, sólo para demostrar que ese Estado Nacional que tan pomposamente califican de órgano *superior* del derecho, padece errores como no los padecería el Estado de la última provincia; y no hay, por lo tanto, razón alguna, como no sea la de uniformar las leyes, para que se le confíe con preferencia la tarea de formularlas. Errores e iniquidades hay en los fueros de las provincias; pero las provincias no pueden corregirlos.

Preguntarán tal vez algunos si llevo el rigor al punto de reconocer en las provincias la facultad de enmendar y aun derogar la ley hipotecaría; y no vacilo en contestar afirmativamente. Primero, por la razón ya expuesta de que el derecho civil, como los otros derechos, es un todo formado por la íntima relación de sus distintas partes, y no cabe racionalmente distribuirlo entre diversos poderes públicos. Luego, porque hay que acomodar las leyes hipotecarias a la manera como esté constituida la propiedad en cada pueblo, y no es igual la constitución de la propiedad en nuestras provincias. Últimamente, porque en la ley hipotecaria de España, como en la de otras muchas naciones, veo, más que altos principios de justicia, la sanción de todas las usurpaciones y todos los abusos a que ha dado origen la propiedad de la tierra, la que por su índole y su trascendencia debería estar ajustada al más estricto derecho.

La ley hipotecaria, no lo ignora el lector, tiene principalmente por objeto facilitar el crédito territorial y la circulación de los bienes raíces. Para conseguirlo establece registros públicos, donde inscribe todo acto solemne que afecte la propiedad, ya enajenándola, ya imponiéndola gravámenes, ya liberándola de servidumbres. Da fuerza a todo acto debidamente inscrito hasta contra los acreedores privilegiados por las leyes; y se la quita en cambio al que esté por inscribir, si no contra los que en él hayan intervenido, contra terceros. Arrastrada por su principio, lleva más allá las cosas. Aunque declara que la inscripción no convalida actos en sí nulos, añade que si el que los ejecuta parece en el registro con derecho para hacerlo, no pueden, una vez inscritos, invalidarse en perjuicio de otro, por más que después se anule o resuelva el derecho del ejecutante. Disposición antijurídica y absurda, puesto que por ella se reconoce que puede uno trasmitir lo que no tiene; inmoral, puesto que favorece la mala fe y el fraude; indispensable, con todo, puesto que sin ella la ley se viene abajo.

Bastaría. esto sólo para que no mirase con buenos ojos la ley hipotecaria. Me repugna, además, por la manera como inscribe. Yo, poseedor de una finca, no necesito de título para registrarla. Lo alcanzo, para los efectos de la posesión, por el simple certificado de un ayuntamiento o por una mera información de testigos. Desde el tiempo en que acredito por tales medios que estoy poseyendo, corre en mi favor la prescripción, que no exige justo título; la inscripción cubre la mala fe con que pueda haberme apoderado del inmueble. Si no me satisface que me inscriban la posesión, puedo hacer inscribir hasta el dominio. Es más largo el expediente, pero no difícil; que no lo es aquí justificar que se posee por largo tiempo y publicar uno tras otro edictos sin que lleguen a conocimiento del que pueda reclamar contra mi pretendido derecho. Por unos y otros expedientes, ¡qué de escandalosas detentaciones no se legitima! En muchas provincias millares de hectáreas de tierra están en manos de usurpadores. Ricos y avarientos propietarios han invadido osadamente aquí terrenos comunes, allí campos limítrofes, y han cuadruplicado y aun decuplicado sus latifundios. Tal que compró a la nación cincuenta hectáreas, posee hoy quinientas. Para legalizar esas inmensas depredaciones, se ha instruido por lo menos las nueve décimas partes de los expedientes posesorios. Aun teniendo títulos, han recurrido muchos de esos honrados propietarios a la información de testigos.

Convengo en que era necesario definir la propiedad de la tierra. Lo exigía, no sólo el crédito, sino también la tributación y el interés supremo y permanente de la justicia. Mas para esto había un solo medio: la revisión general de títulos y el consiguiente deslinde y amojonamiento de todas las heredades, así las privadas como las públicas. Era cosa larga y ofrecía dificultades; pero largo es y no las ofrece menos el sistema de los registros. Veinte años hace que se promulgó la primera ley hipotecaria, tres siglos hace que se establecieron los oficios de hipotecas; y está lejos, muy lejos, de hallarse inscrita toda la propiedad de España. ¿Qué importa, además, que lo esté, si no cabe responder de la verdad de las inscripciones? ¿Se sabe acaso si es cierta la cabida que allí se da a las fincas, la calidad que se les atribuye, las lindes que se les asigna? ¿Cabrá suplir nunca por los registros la falta de un buen catastro? Se habrá de venir al fin a la revisión y al deslinde, cuando si por ellos se hubiese empezado, se habría satisfecho a la vez el interés del propietario falto de capitales, el del fisco y el del derecho.

No se ha querido empezar por aquí, y la ley hipotecaria, áun hoy, resulta en muchas comarcas poco menos que inaplicable. En vano se la corrige una y otra vez, y se la aclara, y se multiplica los medios de inscripción, y llueven reales órdenes para facilitarlos: las dificultades son invencibles, sobre todo en las provincias donde está desmenuzada la propiedad o reviste formas que desconoce la legislación de Castilla. ¿A qué, por lo tanto, continuar imponiéndola a toda España? ¿Se ha conseguido siquiera el objeto que con ella se proponía el Estado? Hubo durante cuatro años libertad absoluta para fundar establecimientos hipotecarios: no llegó a establecerse ninguno, o no empezó por lo menos sus operaciones. Se volvió después a la idea del banco único; y un solo banco ejerce hace ocho años el monopolio de tan importante clase de crédito.

No diré otro tanto de la ley de aguas. Versa en primer lugar sobre muchas cosas que son del dominio nacional en toda clase de repúblicas. Tales son las costas, el mar litoral o la zona marítima, las playas, los ríos, sobre todo los navegables, y las demás corrientes que atraviesen el territorio de dos provincias. La ley es, además, altamente descentralizadora. Respeta las antiguas comunidades y los antiguos jurados de riego, y les permite que continúen gobernándose por sus ordenanzas y sus costumbres ínterin los mismos interesados no pidan que se las reforme. Deja a las nuevas comunidades libertad para hacer los reglamentos de sus sindicatos; y si hay varias en el curso de un mismo río, las autoriza para nombrar sindicatos comunes que defiendan sus comunes intereses. Descansa, por fin, la ley en principios de derecho que desde la más remota antigüedad vienen rigiendo el uso y el aprovechamiento de las aguas y el de los cauces y las riberas que las contienen. De todos los ramos de la legislación civil, el de las aguas es sin disputa el que más parece corresponder al Estado; y de todas las leyes que el Estado ha hecho, la de las aguas la más justa. ¿Cabrá, sin embargo, privar a las provincias del derecho de modificarla y aun derogarla? No, como las provincias no lo renuncien. Lo que pertenece en rigor al Estado son los intereses de la navegación y el juicio sobre las cuestiones que acerca de un río o de un arroyo puedan suscitarse entre las provincias; a éstas lo demás, que formó siempre parte de las leyes civiles.

Vengamos a las de procedimientos. Las hay hace mucho tiempo para toda España. ¿Las dejaremos al Estado? Las leyes adjetivas o de procedimientos guardan estrecha relación con las sustantivas: aquí hasta las modifican esencialmente. A quien correspondan las sustantivas debe en mi opinión entregarse las adjetivas. Hemos convenido, por ejemplo, en que haya para toda la nación un código penal y otro de comercio: a la nación hemos de confiar las leyes de enjuiciamiento sobre las causas criminales y los negocios mercantiles. Hemos creído, por lo contrario, de la competencia de las provincias las leyes civiles: hemos de conceder la de enjuiciamiento civil a las provincias. Sufrirá con esto la que hoy tenemos varias y tal vez grandes reformas; y ¿qué importa?

Da la actual ley de enjuiciamiento civil más medios de diferir que de abreviar los pleitos: facilita más armas a la mala fe que a la lealtad y al amor a la justicia. Negocios que podrían y deberían ser objeto de procedimientos sumarísimos, los condena a los largos y enojosos trámites del juicio ordinario: el litigante se ve no pocas veces en el duro trance de sostener un pleito con el solo fin de preparar otro. Aun los juicios sumarios se los puede prolongar y se los prolonga con sobrada frecuencia hasta rayar en escándalo. Medidas para todos los casos urgentes, la ley no las contiene: las suple, cuando más, la buena voluntad de los escribanos y los jueces. Pueden los Tribunales dictar autos para mejor proveer, pero no deben; y fundan multitud de sentencias en la falta de pruebas que habrían podido adquirirse. El Supremo, por su parte, no puede casar los fallos de las Audiencias, aun siendo contrarios a determinadas leyes, como no sean precisamente éstas las que se cite en el recurso como infringidas. Nos da esta ley, no la realidad, sino la sombra y las apariencias de la justicia. ¡Felices las provincias que acertasen a reformarla!

Lo que he dicho en general de las leyes adjetivas, digo, por fin, de las que se refieren a la organización de los tribunales. La organización de los civiles corresponde por el mismo criterio a las provincias; la de los criminales al Estado. La de los criminales es la del jurado en toda su escala. He aquí, en términos explícitos, lo que yo acepto y rechazo de la unidad existente.

17 Federación española. Procedimiento para organizarla

Desembarazados ya de estas cuestiones, edifiquemos: veamos cómo partiendo de la idea federal podría y debería organizarse la nación española.

Figurémonos que estamos en los primeros días de una de tantas revoluciones como agitaron la patria. Por de pronto, quedan rotos los vínculos que unían los distintos miembros de la República. Cada provincia, como hemos visto, se declara independiente, y nombra, en medio del tumulto, una junta suprema. Juntas se suele formar también en cada pueblo, pero subordinadas a las de provincia. Las de provincia mandan y legislan: otorgan libertades, derogan leyes, suprimen o ponen tributos, arman a los ciudadanos, edifican, destruyen.

Todo es conmoción y júbilo en las provincias. En tanto los caudillos de la insurrección vienen precipitadamente a Madrid a recoger el fruto de sus hazañas. Si la monarquía está en pie, reciben el poder de manos de un rey humillado y trémulo, a quien por de pronto se imponen; si caída, de las de una junta que aquí se ha formado sin más ni menos autoridad que las otras y se erige, con todo, en árbitra de los destinos de España. Surge de repente un gobierno central, y empieza por pedir a las juntas de provincia que se disuelvan. Primero ruega, después amenaza, y las provincias, en parte sorprendidas, en parte engañadas, doblan la frente. La doblan ante un poder que ni directa ni indirectamente eligieron.

No cabe ya esperar que cambie de rumbo la política. El Estado continúa invadiéndolo y avasallándolo todo, y hace desde luego comprender a provincias y pueblos, que aun para moverse dentro del círculo de los intereses locales, necesitan, como antes, su beneplácito. Se afana por contener en todas partes la actividad que la revolución ha despertado: la teme y se desvive por conducir a su antojo los acontecimientos, dominar en los comicios, y ser la sola voz y el solo pensamiento de la República. Al efecto lo vicia y lo corrompe todo. Se deja llevar raras veces por la justicia, muchas por la razón de Estado, origen de tantos crímenes; y pasa al fin la revolución, si habiendo escrito derechos que luego la reacción borra de un soplo, dejando agravadas en el país la confusión y la ruina.

Intentan casi siempre las provincias conjurar esa anómala constitución del gobierno revolucionario por la de una junta central como la de 1808. Su insistencia en este propósito la hemos visto en otro capítulo. Recuérdese que el año 20 y el 40 llegaron a reunirse en la capital gran parte de sus delegados. ¿Por qué no cuajó nunca el pensamiento? Por no haberse puesto previamente de acuerdo las provincias, por la consiguiente lentitud con que procedieron, por no haber buscado en el movimiento mismo fuerzas con que hacer respetar su común propósito, por la resistencia ya moral, ya material, que les opusieron de un lado los héroes de la insurrección, impacientes por apoderarse del mando, de otro los hombres políticos de Madrid, que veían en la junta central su anulación y su muerte. Habrían conseguido de seguro su intento, si se hubieran concertado antes de la revolución sobre la conveniencia de establecer esa junta, la manera de nombrarla, el plazo en que había de reunirse, las atribuciones que debían otorgársele, el fin que había de llenar y la ocasión en que debía disolverse; si hubiesen publicado todas el acuerdo el mismo día en que se declararon independientes y hecho pública su firme resolución de llevarlo a cabo; si hubiesen armado al pueblo e interesado por la idea al mismo ejército; si hubiesen nombrado con rapidez a los representantes y conminándolos a que acudiesen inmediatamente al lugar de la convocatoria; si hubiesen mandado fuerzas, de haber sido necesario, en apoyo de la junta. No lo habría sido ciertamente; que el solo hecho de estar unánimes las provincias habría bastado a vencer todo género de resistencias.

Esto y no otra cosa deberían hacer las provincias si allá en los futuros tiempos, desatentados los Gobiernos y rotas las leyes, llamase de nuevo la revolución a las puertas de la patria. El pensamiento de una junta central sería conveniente y fecundo. Con sólo constituirla se sustituiría el principio federativo al unitario. No es ni puede ser más que un consejo federal, como en otro capítulo he dicho, una junta formada por la representación directa de cada provincia. ¿Qué mejor gobierno provisional para la transición del actual sistema político al que defiendo?

Convendría, empero, que esta junta no fuese muy numerosa, para que pudiera obrar con la rapidez y la energía que su objeto exige. Debería constar, cuando más, de un delegado por cada junta de provincia, y, a ser posible, ni a tanto habría de llegar el número de sus vocales. Dos por cada una de las provincias antiguas había sólo en la de 1808. Entiendo, sin embargo, que no habría de hacerse en esto hincapié si podía ofrecer muchas dificultades. Se trata de un poder provisional, y lo importante sería crearlo pronto, para que tuviese el movimiento una dirección y la anarquía un freno.

Cuando más, a los quince días del triunfo habría de estar instalada la junta en esta villa. En esta villa, digo, porque ni creo fácil mudar el asiento del gobierno, ni racional cambiarlo interinamente. Aquí están los antecedentes de la administración, aquí los lazos que nos unen a los demás pueblos, aquí el centro de todos los medios de comunicación con las provincias; y sólo desde aquí podría la junta sin grandes obstáculos regir la nación y llenar el fin para que se la hubiese creado. Sobre que difícilmente se hablaría de cambiar de capital que no surgieran entre las ciudades de importancia rivalidades y celos.

Mas ¿cuáles habrían de ser las atribuciones de la junta? No se pierda de vista que se trata de un poder de transición. Debería tener todas las que hoy ejerce el Estado menos la de legislar en materia civil y la de intervenir en la vida interior de las provincias y los pueblos. A su cargo habrían de correr los servicios generales de gobierno, las relaciones con el extranjero y las colonias, el ejército, la justicia, la Hacienda. Debería, además, dirigir la reorganización federal de la República. A ella incumbiría procurar que se hiciera esta reorganización sin desórdenes; a ella garantir al efecto la libertad de los ciudadanos y la de todos los grupos políticos, reprimiendo con mano fuerte toda insurrección y castigando todo llamamiento a la fuerza. Así las cosas, ¿qué había de importar que la transición fuese más o menos larga?

Habría de dirigir la junta la reorganización del país de una manera, por decirlo así, puramente externa. Podría convocar ante todo las asambleas locales para que dentro de un breve plazo determinaran el régimen de sus municipios; convocar después las provinciales para que, hecho el pacto de unión por los pueblos, redactaran la ley fundamental de sus respectivas provincias; convocar, por fin, la nacional para que, unidas las provincias por otro pacto, escribieran la Constitución del Estado. Promulgaría luego esta Constitución y abriría de nuevo las asambleas de provincia, suspendidas desde la conclusion de sus primeros trabajos, para que a ella ajustaran sus leyes fundamentales y las sometiesen a la aprobación de la Cámara Federal, que sólo para este objeto subsistiría. Aprobadas, llamaría a los españoles todos a los comicios para la elección del poder legislativo y del ejecutivo, y resignaría el suyo en las Cortes, dándoles cabal y estrecha cuenta de todos sus actos.

A la junta correspondería velar por que en ninguna elección se privase del voto a ningún ciudadano; por que en las asambleas provinciales estuviese directamente representado cada pueblo y en la nacional cada provincia; por que no se publicara sino con el carácter de interinos así los estatutos municipales como las constituciones provinciales, mientras no hubiesen recibido aquéllos la sanción de la provincia y éstas la del Estado. En toda federación el pueblo se desprende en favor de la provincia, y la provincia en favor de la nación, de atribuciones que primitivamente tuvieron: la provincia revisa la constitución del municipio, y la nación la de la provincia sólo para ver si están ajustadas al pacto.

Tropezaría de seguro la junta en tan ardua tarea con graves obstáculos; ¿qué otro gobierno estaría en mejor aptitud para vencerlos U orillarlos: Nadie como ella podría sortear la cuestión de las provincias. Sobre si se habría de recomponer las antiguas o dejar en pie las modernas, es sabido que no todos los federales opinan de igual modo. Podría muy bien el problema dar mañana origen a conflictos. La junta, representación de las que hoy existen, tendría medios de averiguar en todas la situación de los ánimos y acomodaría a este conocimiento su conducta.

Mi opinión sobre este punto es conocida: quiero la reconstitución de las antiguas provincias. Las modernas son en su mayor parte divisiones arbitrarias, hijas, cuando más, de conveniencias administrativas, sin realidad alguna en la Historia. De las antiguas, casi todas fueron naciones durante siglos. Conservan aún su especial fisonomía y algunas se distinguen de las demás por la particularidad y la unidad de su lengua, sus costumbres y sus leyes. Llevado a las ideas federales tanto por la tradición como por el raciocinio, he de estar naturalmente porque se parta a la vez de la tradición y la razón para reorganizar la patria.

Llevan, con todo, las provincias modernas cincuenta años de vida, y no es posible prescindir de un hecho que ha engendrado costumbres y establecido adentro lazos, afuera diferencias. Sería a mi modo de ver imprudente que, sin antes consultarlas y llevarlas a un acuerdo, se empeñase la unta en no reconocer para todos sus actos más que las antiguas. Debería empezar por tantearlas; y si por de pronto no lograra su deseo, dejar la cuestión a las asambleas provinciales, donde no dejaría alguien de suscitarla. Conviene recordar que la idea de la federación excluye toda violencia.

Aun no saliendo de la primera reunión de tales asambleas el restablecimiento de las antiguas provincias o naciones, no debería desesperarse de alcanzarla. La hoy difícil se presenta después llano, y podría muy bien suceder que se lo obtuviese, hecha ya la ley fundamental del Estado. Se debe confiar en la espontaneidad social y no precipitarse. Con forzar los sucesos se correría el riesgo de producir conflagraciones que agostasen en flor el pensamiento.

Lo importante sería de pronto que, afirmada la nación por el pacto de las provincias, ya fuesen estas las antiguas, ya las modernas, ya en parte las unas, en parte las otras, quedase bien asentada la federación. Sobre qué bases conviene que descanse, lo dejo escrito en el libro anterior. Repetiré en compendio lo que allí dije, acomodándolo a la actual situación de España y examinando cuestiones sobre que guardé silencio.

18 Aplicación de lo escrito en el libro segundo. Atribuciones del poder federal. Cuestiones incidentales. Si ha de tener el poder federal delegados en las provincias. Si ha de estar la enseñanza a cargo y cuenta del Estado

Enumeraré ante todo los intereses que deberían correr aquí s cargo de la Confederación.

A. Primeramente, el cambio, que es lo que más ha contribuido a reunir las familias en pueblos y los pueblos en naciones. Como consecuencia, los medios de que el comercio necesita para su vida, su seguridad y su desarrollo; los caminos generales y los ríos; la zona marítima; las aduanas; los correos y los telégrafos; el tipo y la ley de la moneda; el de las pesas y las medidas; la legislación fluvial, la de mar y el Código de Comercio.

B. La determinación de las relaciones políticas, administrativas y jurídicas entre las provincias. Como consecuencia, la decisión de todas las cuestiones interprovinciales y la represión a mano armada de las luchas a que diesen origen. Podrían dos o más provincias hacer convenios sobre negocios que sólo para ellas tuviesen importancia; pero sometiéndolos a la aprobación de los poderes federales.

C. El juicio y el castigo de las usurpaciones que las provincias hiciesen, ya de las facultades de la Confederación, ya de las correspondientes a los pueblos. El sistema federal, según se ha visto, descansa en la igual y perfecta autonomía de los tres grupos políticos dentro del círculo de sus respectivos intereses. Toda extralimitación ataca el sistema por sus cimientos. A no tener los poderes centrales autoridad para refrenarlos, se vendría abajo la federación.

Algunos federales de España, temiendo esas usurpaciones,

opinan que la nación debería tener en cada provincia un delegado que vigilara los poderes que las rigieran y les pudiera suspender los acuerdos siempre que los creyera contrarios a la Constitución, a las leyes o a los intereses generales de la República. No opino de igual modo. Primero, porque sujeta como hoy la provincia a vivir y obrar bajo la mirada siempre recelosa del Estado, distaría de gozar de la misma autonomía que la nación y el pueblo. En segundo lugar, porque exigiría la lógica que la provincia tuviera a su vez un delegado en cada municipio, y, que quisiéramos que no, caeríamos en la admisión de los subgobernadores de hoy, en la de los corregidores de otros tiempos o en el nombramiento de los alcaldes por el poder ejecutivo. En tercero y último lugar, porque sin incurrir en contradicción no cabe estimar compatible con la libertad del pueblo y la provincia un sistema que, como el preventivo, consideramos incompatible con la del ciudadano.

La usurpación de funciones, como todo delito, caería bajo la denuncia del grupo sobre quien recayera, y también bajo la de cualquiera de los individuos. A los tribunales tocaría juzgarla; al Gobierno, ejecutar el fallo hasta por la fuerza. Y si el usurpador fuese el Gobierno, también al Gobierno podrían las provincias, por medio de sus representantes, llevar s los tribunales; que la nación, en nuestro sistema, no es de mejor ni de peor condición que los demás grupos. Juzgaríalo el gran jurado de que hablé en el capítulo XI del libro segundo.

¿Qué lazo, se pregunta, existiría entonces entre el gobierno central y el de las provincias? El de la Constitución, el mismo que ha existido en épocas de libertad entre el poder ejecutivo de la nación y los alcaldes elegidos directa y exclusivamente por los pueblos.

Debería también correr a cargo de la Confederación:

D. La defensa del orden en las provincias. Alterado en cualquiera de ellas, debería el poder federal acudir con sus fuerzas a restablecerlo, siempre que la provincia lo reclamase, o fuese la rebelión de tal índole, que comprometiese la seguridad del Estado. Combatida la Confederación, deberían en cambio las provincias, como se les exigiese, volar a sostenerla contra los insurrectos.

E. Como condición del orden, la defensa de los derechos inherentes a la personalidad humana. Donde ni son libres el pensamiento y la conciencia ni pueden realizar por el libre voto de los ciudadanos sus más categóricas afirmaciones, o no ha de haber progreso, o se ha de verificar por la violencia. Sería irracional e ilógico que no fuese la Confederación garantía de la libertad, siéndolo del orden.

F. El establecimiento y sostén de la igualdad social para todos los españoles. Como consecuencia, la facultad de avecindarnos y ejercer nuestra industria en cualquier punto de la República, la de pedir justicia contra los ciudadanos de todos los pueblos y tener en todos el amparo de las leyes, la validez en todas las provincias de los contratos que se otorgare en cada una con arreglo al derecho allí vigente, el cumplimiento por todos los tribunales de los autos y sentencias que cualquiera de ellos dictare y comunicare en debida forma. Se faltaría evidentemente a otro de los fines de la federación consintiendo que un español fuese mirado como extranjero en parte alguna de la república.

G. Las relaciones internacionales: la diplomacia, la guerra, la paz, la celebración de toda clase de tratados. Como tantas veces he dicho, no existe todavía un poder que regule la vida exterior de las naciones. Se la regula por convenios, y cuando éstos no son posibles, se recurre con harta frecuencia a las armas. En este orden de intereses se trata comúnmente de la suerte de todas las provincias: ¿quién sino la nación debería determinarlos?

H. Finalmente, los medios de ejercer éstas y las demás funciones que se le confieren: la organización de tribunales federales, la de un ejército y una armada, el presupuesto de los gastos, la imposición de tributos para cubrirlos.

Todas estas atribuciones son *esencialmente* nacionales. Otras, sin serlo, están, como se ha visto, confiadas al poder central en pueblos federalmente constituidos, y a ellas voy a consagrar algunas líneas. He expuesto ya las razones por qué creo que aquí en España deberíamos entregar al Estado el derecho mercantil, el penal y la ley de enjuiciamiento para toda clase de delitos y pleitos comerciales. Entiendo que se le habría de dejar además las relativas a la propiedad literaria y artística, a las marcas y sellos de fábrica y a los privilegios de invención, mientras no se encontrase mejor manera de recompensar y fomentar los descubrimientos. Por una serie de tratados, se va hoy extendiendo a las naciones extranjeras la propiedad intelectual de los ciudadanos; ¿habríamos de reducirla aquí al término de una provincia? Cuando es universal el respeto que a las otras clases de propiedad se tiene, sería altamente irracional que aquí se respetase sólo dentro de la provincia la que es entre todas la más noble: la de los productos del entendimiento. Las marcas y sellos de fábrica y los privilegios industriales no son, si bien se mira, más que signos y formas de esa misma propiedad que nos ocupa. Una máquina, un aparato, un procedimiento, frutos son del ingenio, aplicaciones más o menos directas de las leyes que descubre la ciencia; no habría razón alguna para que no los pusiéramos al par de los libros y las creaciones del arte bajo la protección del Estado.

Entiendo que debería también ponerse bajo la garantía y la defensa del Estado todo ese conjunto de derechos que con la libertad del pensamiento y la conciencia facilitan el desarrollo de nuestra personalidad y la ponen al abrigo de injustificados ataques: la libertad de trabajo, por ejemplo; la inviolabilidad de la vida, del domicilio y la correspondencia; la seguridad de no verse preso más que por auto de juez competente; la de no ser juzgado sino en público y mediante defensa; la de no tener dos procesos por un mismo delito; la de no sufrir penas que infamen y recobrar el pleno goce de la vida civil luego de purgado el crimen; el derecho a la enseñanza; el deber del padre a procurarla a los hijos y abstenerse de imponerles prematuros trabajos, etc. Los fueros de la personalidad humana han de ser sagrados para todos los poderes: conviene ponerlos bajo la egida de la Confederación para que no dejen de estarlo bajo la del pueblo y la provincia.

Sobre la enseñanza he de escribir siquiera algunos párrafos. Conozco el triste estado en que se encuentra. Sé que algunos municipios, lejos de mirarla con la predilección que merece, la sacrifican harto frecuentemente a intereses de menos monta. Recuerdo lo mal que recibieron las provincias la obligación de costear los Institutos. No estaría, sin embargo, por que se confiase ni la instrucción primaria al Estado. Enseñanza hay ahora por el Estado, y es detestable. Planes de estudios, programas, libros de texto, métodos seguidos en las aulas, todo es absurdo. Se sale de los Institutos atiborrada la cabeza de palabras, vacía de ideas; de las universidades, sin principios claros ni fijos a que referir los distintos conocimientos. De aquí en gran parte la anarquía de los espíritus, la poca solidez de los hombres de inteligencia, el escepticismo que abrigan aun almas que apenas cruzaron las primeras regiones de la vida.

Ni es tan generoso el Estado, que lo podamos oponer a las diputaciones ni a los ayuntamientos. Si tuvo siempre abierta la mano para la milicia y la Iglesia, jamás para la enseñanza. Se ha comprometido muchas veces a contribuir a los gastos de las escuelas elementales; no lo ha hecho casi nunca, antes ha contribuido a empobrecerlas. Así a los municipios como a las muchas fundaciones benéficas que para la instrucción había, las ha privado de los bienes raíces, dándoles en cambio un papel de tan insegura renta, que no se la pagaba hace seis años y está reducida a la tercera parte.

Se dirá que esto proviene del aflictivo estado en que, por circunstancias especiales y pasajeras, se halla hoy su hacienda. Pero su hacienda padece desde mucho tiempo una enfermedad crónica, de curación difícil, y, sobre todo, larga. En la guerra y en la paz la deuda crece, los gastos son mayores que los ingresos, el Tesoro está exhausto. Si hoy de improviso cargásemos al Estado la primera y la segunda enseñanza, acabaríamos de matarlo, especialmente queriendo hacer la primera universal y gratuita. ¿Se ha calculado en qué aumentaría esta reforma el presupuesto de gastos? Disminuiría en otro tanto, se dice, el de las provincias y los pueblos. Mas si el Estado no invirtiese en las escuelas y los institutos más de lo que hoy consumen, ¿en qué mejorarían? No es luego tan indiferente que ciertos gastos corran a cargo de la nación o del municipio. Suponiendo que en el primer caso no saliese mucho más cara la recaudación de los correspondientes tributos, sería el pago, cuando menos, mucho más dudoso. Abrumado el Tesoro, cubre con preferencia las atenciones que considera urgentes, y relega con facilidad al olvido las que cabe desatender sin riesgo.

Por la federación se podría indudablemente sacar del atolladero a la Hacienda; pero reduciendo, no aumentando, los servicios generales. Y deberíamos sin cesar aumentarlo, si, porque algunas municipalidades desempeñaran mal los suyos, hubiésemos de ponerlos a cargo y cuenta del Estado. Hay que tener fe en los principios. Autónomas, vivirían de otra manera que hoy las provincias y los pueblos. Con sólo saber que nada podían esperar del Gobierno, tendrían otra actividad y otra energía. Véase lo que son en todas las naciones federales los pequeños grupos. Rebosan generalmente de vida. Provincia hay de los Estados-Unidos que gasta más en instrucción pública que aquí el Estado.

No por esto debería negarse al Estado la facultad de mantener y crear establecimientos de enseñanza. Como los habría municipales y provinciales, podría haberlos nacionales. Sin que éstos tuvieran, con todo, sobre aquellos preferencia de ningún género. Los títulos que expidiera la universidad de la Confederación no habrían de valer, por ejemplo, más ni menos que los que librara la de la última provincia.

Llegaría yo a más en obsequio de los que tanto parecen interesarse por la enseñanza. He indicado ya cuán conveniente sería que en la Constitución federal se la declarase obligatoria. Concedería a la provincia el derecho de compeler a los pueblos y al Estado el de compeler a las provincias a cumplir este precepto. Adoptaría sobre este punto sin dificultad el art. 27 de la Constitución suiza.

19 OTRAS CUESTIONES. TRIBUNALES. EJÉRCITO Y ARMADA. HACIENDA

No continuaré enumerando las atribuciones accidentales de la Confederación, variables según las circunstancias. Volveré sobre las esenciales contenidas en la letra *H,* por ser todas motivo de largos debates. Hablaré primeramente de los tribunales, luego del ejército y la armada, por fin de la Hacienda. No se olvide que, tratadas ya estas cuestiones en el libro anterior, no las he de examinar ahora sino con relación a España.

Aquí, en España, es casi uniforme la organización de los tribunales desde principios del pasado siglo. Equiparóse entonces a las de Castilla las Audiencias de Aragón, Cataluña, Valencia y Mallorca. No quedaron jueces forales sino en las Provincias Vascongadas y Navarra, que los perdieron en 1841. Infieren de aquí algunos que, establecida la federación, deberían dejarse al Estado las disposiciones sobre la magistratura. No soy del mismo dictamen. Como, repito, no puede haber identidad de procedimientos donde haya diversidad de leyes, sostengo que puede y debe haber distinta organización judicial donde no sean unos los procedimientos. Entre las leyes de procedimientos y las de tribunales hay todavía más estrecha relación que entre las adjetivas y las sustantivas, tanto que con dificultad puede escribírselas, que recíprocamente no se modifiquen o completen.

No es, por otra parte, íntegra la autonomía del pueblo ni de la provincia donde no existan los tres poderes. Si falta el judicial, es manca y débil, que puede muy bien el Estado por sus jueces irla cercenando. Principalmente en los tribunales hallan tanto los pueblos como los ciudadanos la mejor garantía de su Constitución y sus leyes: toda provincia que tenga Constitución y leyes propias debe tener sus tribunales. No es posible que magistrados ajenos apliquen nuestras leyes sin que, aun sin querer, las tuerzan y corrompan.

En materia de organización judicial distamos de haber realizado las últimas conclusiones de la ciencia ni de haber llegado a la perfección de otros pueblos. Todavía el juzgado, es decir, el tribunal unipersonal, constituye la base de nuestro sistema. Todavía conservamos los acusadores públicos y tenemos el cuerpo fiscal pésimamente compuesto. Todavía está lejos de ser un hecho la responsabilidad de la magistratura. Todavía la magistratura está poco menos que cerrada a las eminencias jurídicas. Todavía escasean los tribunales hasta el punto de no poder acusarlos de que en la sustanciación de los negocios quebranten a cada paso los términos marcados por las leyes de procedimiento. No contribuye poco tanta escasez a que los pleitos se eternicen. ¿Es que no sentimos la necesidad de reformas? Las más no las hacemos por no permitir la situación de la Hacienda que aumentemos el presupuesto de gastos de la justicia. Tal vez lo que hoy no puede ni empezar el Estado, lo llevasen desde luego a cabo algunas provincias. Por el principio unitario que nos rige han de estar todas, en cuanto a la administración, al nivel de la común pobreza: cosa verdaderamente insufrible para las que, dotadas de mayor actividad, han venido a mayor desarrollo. ¿Por qué habríamos de consentir que siguiesen así las cosas?

Yo quisiera tribunales por el Estado; pero sólo con jurisdicción para dirimir las cuestiones de derecho civil y mercantil entre las provincias, o entre las provincias y la nación, o entre particulares y la nación o las provincias, o entre ciudadanos de provincias diferentes que no se hubieran sometido a los jueces provinciales, o entre españoles y extranjeros. Vienen exigidos estos tribunales por el principio de la federación; y no solamente los admitiría, sino que, como ha visto el lector, los considero de esencia en la futura reorganización de España.

Es algo más difícil que el de los tribunales el problema del ejército. Sin un ejército nacional permanente no vive sino Suiza. Allí, como se ha visto, ni siquiera las provincias tienen permanentemente fuerzas numerosas sobre las armas. Todo suizo está sujeto, en cambio, al servicio militar; y, si es corto el ejército activo, son numerosas las reservas. Aunque no tiene la Confederación soldados propios, dispone de todos los de la República.

Cito aquí de nuevo a Suiza, por ser una nación europea y una república democrática que acaba de reformar, precisamente en lo que al ejército se refiere, sus leyes constitucionales. ¿Es ese el sistema que convendría adoptar en España el día en que se la reconstituyera federalmente? Estoy desde luego porque la Confederación pudiese en los casos de guerra, ya civil, ya extranjera, disponer en absoluto de todas las fuerzas de las provincias. Es esto para mí la consecuencia obligada del derecho que se reconoce en los poderes federales para declarar la guerra y el deber que se les impone de reprimir los desórdenes que comprometan la seguridad del Estado.

No estoy ya por que se condene a la Confederación a vivir sin fuerzas propias. Quiero emancipar a las provincias de la tiranía del Estado; pero no poner al Estado a merced de las provincias. Aunque no muy numerosas, le daría tropas bastantes para hacer cumplir sus acuerdos. No se las suprimiría que no viese al pueblo con hábitos de obediencia y de respeto a las leyes. No debemos ocultarnos ni perder de vista que setenta años de continuos alzamientos nos han acostumbrado a las revueltas, y confiamos antes en la fuerza que en el ejercicio del derecho. Modificarían sin duda el sistema federal y la democracia esta exaltación de nuestros ánimos; pero no la habían de entibiar tan pronto, que pudiéramos desde luego desarmar al Estado. El primer período de todo nuevo régimen es ocasionado a conflictos: lo prudente es armar los poderes públicos.

El ejército del Estado debería ser, además de poco numeroso, voluntario. En épocas de guerra, cuando está en peligro la patria y apenas puede salvarla el esfuerzo de todos los ciudadanos, creo firmemente que el servicio militar es para todos obligatorio. Debemos todos entonces sostener la autonomía de la nación, de que somos miembros, y la propiedad del suelo que nuestros mayores ganaron con sudor y sangre y es hoy el sustento de nuestros hijos. Pero en tiempos de paz, cuando relativamente a la población bastan pocos hombres a garantir el derecho y cubrir las plazas fuertes, no veo por qué se ha de exigir a los menos que sacrifiquen en provecho de los más su educación profesional, su trabajo, su libertad y su familia. El servicio militar debe ser en estos casos tan libre como lo es el civil en todos los ramos de la administración por el Estado. Como éstos son o deberían ser carreras para los que en ellos sirven, lo podría y lo debería ser la milicia.

Digo otro tanto de las fuerzas permanentes que las provincias tuviesen a sus inmediatas órdenes. Deberían ser también voluntarias y poco numerosas. Sería muy conveniente que las de las provincias igualasen, cuando más, las del Estado. No entrarían naturalmente en esta cifra las destinadas a servicios especiales, las que, por ejemplo, tuviesen a su cargo la seguridad de los caminos, los campos y los montes. Tampoco la milicia ciudadana, de que en algunas circunstancias habrían de poder servirse, no sólo el jefe de la nación, sino también los de las provincias.

Sé que hoy priva, aun para los tiempos de paz, la idea del servicio general obligatorio; no olvido que la abrigan hasta muchos federales sin recordar que la abolición de la recluta forzosa ha sido uno de los gritos de guerra de su partido. Yo mismo caí alguna vez en esta contradicción, que hoy no me explico. ¿Deberé por esto dejar de combatir lo que mi razón condena? Ha puesto en boga tan deplorable idea, más aún que Suiza, Prusia, que asombró modernamente a Europa con los formidables ejércitos que levantó casi. en días contra los imperios de Austria y Francia. Con el fin de reponerse unas, para su defensa otras, se han creído muchas naciones, nuestra misma España, en la indeclinable obligación de seguir el sistema; y hoy, las que ya no lo hicieron, piensan casi todas en hacer de sus hombres soldados y de su territorio un campamento. Crecen en todas partes, gracias a esta general preocupación, los presupuestos militares; y cuando más creíamos marchar a la paz, más nos preparamos a la guerra.

Aun siendo acertada esta conducta para otras naciones, entiendo que no lo es para mi patria. Nuestra situación en uno de los extremos del Continente nos permite vivir alejados de las contiendas de Europa. Sin voz ya en los Congresos diplomáticos, a nada nos comprometemos, y con permanecer neutrales podemos hasta sacar provecho de las ajenas discordias. No estamos, como Suiza y Prusia, rodeados de pueblos enemigos y poderosos. Tenemos al Occidente a Portugal, pequeño y débil; al Norte, a Francia, de quien nos defiende, más que los Pirineos, la sangre vertida en 1808; en las demás fronteras, las aguas de los mares. ¿Dónde están los peligros que nos obliguen a imponer a todos los ciudadanos el servicio de las armas?

Estamos ya, por nuestro bien, libres de la ambición que hoy sienten Alemania y Francia, de regir los destinos de Europa. Uno que otro sueñan aún con que nos está confiada por la Providencia la tarea de civilizar por la guerra; al África pero la nación, más sensata, los oye sonriendo. No está, sin embargo, tan extinguido nuestro ardor bélico, que no pueda avivarse. Sería muy de temer que con el armamento general no lo reanimáramos y volviéramos a la locura de los siglos

XVI y XVII, que tan cara nos costó y es una de las principales causas de nuestro empobrecimiento y nuestra ruina.

Alejemos de nosotros el monstruo de la guerra. Si pudo un día ser necesaria para acercar a las gentes, no lo es ya hoy, que disponemos de mejores medios. Rompiendo istmos, convirtiendo en mares los desiertos, llevando a todas partes ya en el buque de hélice, ya por la locomotora, los productos de la agricultura y de la industria, ganaremos más pronto que por las armas las tribus salvajes y recogeremos en un solo haz la humanidad entera. Habíamos llegado a mirar ya como absurdo el adagio de la antigua diplomacia, *si vis pacem, para bellum;* no vayamos ahora a seguirlo haciéndonos la ilusión de que lo condenamos.

De todas maneras, se dice, no es cuerdo prescindir de la realidad de los hechos. Que podamos vernos en guerra, es indudable. No lo es menos que no se improvisan los ejércitos. Si no los organizamos en la paz, no tendremos de pronto quien contenga al invasor, y llevaremos en mucho tiempo lo peor de la batalla. Si se concede que durante la guerra es obligatorio el servicio, ha de convenirse en que lo es siempre. ¿Sabemos por ventura cuándo ni por qué extraños accidentes habremos de tirar de la espada contra los vecinos? Esto es obedecer aún a la influencia del fatal adagio; esto es repetir aún que se evita la guerra preparándose a sostenerla. Por esta consideración habrían de vivir las naciones en mutua y eterna desconfianza; no dejarse aventajar por las otras ni en la perfección de las armas ni en la solidez y el número de sus fortalezas; seguir invirtiendo simplemente en preparativos de guerra sumas enormes que reclama con absoluto imperio la vida de las ciencias y las artes. ¿Podría ser éste el ideal de nuestra federación?

Si tanto se temiera, por otro lado, las eventualidades del porvenir, en hora buena que se hiciese del manejo de las armas parte de la enseñanza, se estableciese escuelas de tiro, y se crease estímulos para los que sirvieran años en la milicia. Con estas condiciones no habría de ser tan difícil improvisar ejércitos, mucho menos cuando les podrían servir de núcleo los del Estado y las provincias. Ni hay nación viril que no los haya improvisado si miró en peligro su independencia. Hasta gente extraña a la guerra ha sabido aquí improvisarlos desde Viriato a Mina. Precisamente fuimos siempre en la defensa del territorio modelo de naciones.

Ni es tan fácil como se cree establecer el servicio general

obligatorio. Francia, con ser nación que siempre quiso preponderar en los consejos de Europa, lo rechazó largo tiempo, aun viéndose amenazada por Prusia después del combate de Sadowa. Napoleón, que lo quería a toda costa, hubo de modificar dos o tres veces su proyecto para hacerlo aceptable a Cámaras que le eran sumisas; y, cuando bajó a ejecutarlo, encontró tales obstáculos, que apenas tenía organizadas las reservas cuando hubo de medir sus armas con las del rey Guillermo. ¡Sirvió para tan poco esa guardia móvil! ... Los soldados que levanta el entusiasmo y mueve el odio al extranjero, esos son los poderosos y formidables; los que guía sólo la fuerza, o cuando más el deber, valieron siempre poco fuera de los ejércitos activos.

Se alega en favor del servicio obligatorio que no habría voluntarios ni aún para constituir las reducidas fuerzas que concedo a las provincias y al Estado. No se ve o no se quiere ver que la falta de voluntarios depende hoy de las malas condiciones en que está el soldado por la bárbara disciplina a que se le somete, las trabas que aún encuentra para saltar la valla que le separa de sus oficiales y la ninguna garantía que le da el servicio. Aun así hemos llegado a tener bajo las banderas de la Península y las de Cuba cerca de cuarenta mil voluntarios sin contar los de la Guardia civil y los Carabineros. Verdad es que esto se debió en parte a la combinación de redenciones y enganches, imposible en cuanto se suprima el servicio forzoso.

Es triste que debamos hablar todavía de organizar ejércitos. Desgraciadamente está aún lejos la hora en que gobiernos y gobernados vivan sin violencia sujetos a las leyes, y, borradas las fronteras de las naciones, tengamos por patria el mundo. Harto haríamos si mañana bajo la federación lográramos convertir lo que es hoy instrumento de tiranía en salvaguardia y escudo de la libertad y el orden. Al efecto deberían disponer libremente las provincias de su ejército ínterin los motivos que antes dije no las obligasen a ponerlo bajo la dirección del Estado. A ellas tocaría armarlo y equiparlo y a ellas instruirlo y dotarlo de oficiales y jefes, sin dejar a la Confederación sino el nombramiento de los que en caso de guerra hubiesen de mandar fuerzas de dos o más provincias. El poder federal en tiempos normales habría de tener, cuando más, el derecho de regular tales fuerzas, revistadas y manifestar la conveniencia de las reformas que estimase conducentes a la salud de la República.

Más ardua materia todavía que la organización del ejército sería el arreglo de la Hacienda. Como escribí en otro capítulo, son hace tiempo los gastos de la nación superiores a los ingresos. De ese constante déficit principalmente depende el progresivo desarrollo de la deuda, que alcanza, como también hemos visto, una cifra enorme.

La nueva confederación debería, so pena de condenarse a vivir vida miserable, abordar y resolver desde el primer día este gravísimo problema. Debería reformar esencialmente los presupuestos, y sobre todo hacer un justo y definitivo arreglo de toda la deuda, destinando a la amortización y a los intereses rentas fijas que los acreedores recaudasen con intervención del Gobierno. ¿Es cosa hacedera? Comprenderá fácilmente el lector que no he de tratar aquí de cuestión tan importante y compleja, tema bastante para un libro. Me permitiré sólo indicar que le quedan todavía al Estado algunos bienes, y allá en las apartadas colonias de Oceanía, por nuestra desgracia tenidas en injusto olvido, fuentes de riqueza, y por lo tanto de tributos, que podrían facilitar la realización del pensamiento. Aun las de América, a pesar del triste estado en que las tenemos, podrían contribuir al logro de mi intento, si en vez de querer conservarlas por la fuerza, nos las atrajéramos por la libertad y la concesión de su autonomía. Los pingües productos de sus aduanas, que bajo el sistema federal corresponderían al Estado, se los podría también aplicar al pago de la deuda.

Libre ya la confederación de tan abrumadoras obligaciones, habría de pensar en la manera de cubrir los demás gastos. Sobre este punto nada tengo que añadir a lo que dije en el segundo libro. Yo quiero que el Estado goce de rentas propias: no soy de los que, con ponerlo muy alto, lo dejan a merced de las provincias. Le cedería los derechos de importación por las aduanas de la Península, los de carga y descarga, las obvenciones de los consulados, los productos de todos los servicios que se le confiasen, el descuento sobre sus empleados, y, cuando esto no le bastara, en vez de permitirle que invadiera las demás contribuciones, le autorizaría sólo para que derramara entre las provincias, según la riqueza que en cada cual supusiera, los fondos que necesitase para cubrir sus compromisos. Exigirían el orden general y la independencia de los distintos grupos que así como las provincias y la nación tienen a su cargo distintos gastos, tuviesen respectivamente sus ingresos sin que mutuamente se los redujeran ni juntos estrujaran al contribuyente. De haber derrama por el Estado, las provincias, y sólo las provincias, habrían de buscar los medios de llenar su cupo; sólo ellas recaudarlo y ponerlo en las arcas del Tesoro.

No es ahora ocasión de decir cuál sería el mejor sistema tributario. En las naciones federales son posibles, como en las unitarias, todos los sistemas. Lo esencial sería que, cualquiera que fuese el que se adoptara, hubiese, como acabo de escribir, completa separación entre la hacienda del Estado, la de las provincias y la de los pueblos.

20 Organización de los poderes federales. A cuál ha de confiarse el derecho de paz y de guerra

Falta sólo que hable de la organización de los poderes federales. En el libro anterior he escrito detenidamente sobre este punto: apenas he de hacer aquí más que resumir lo que allí dije.

Tres deberían ser en España, como son en todas las repúblicas federales, los poderes de la nación; el legislativo, el judicial y el ejecutivo. Existen hoy, pero no iguales ni independientes. Está sobre todos el ejecutivo, que puede suspender y disolver las Cortes, negarse s sancionar las leyes, destituir al presidente del Tribunal Supremo, y trasladar y aun dejar cesantes a los magistrados. Deberían estar los tres a la misma altura y para ello recibir todos su autoridad de manos del pueblo: lo mismo los representantes de la nación que el jefe de la justicia; lo mismo el jefe de la justicia que el del Estado.

Convendría que el poder legislativo residiese en dos Cámaras: un Congreso y un Senado; aquél, expresión indistinta de todos los españoles; éste, directamente elegido por las provincias; asamblea nacional el uno, federal el otro. Habrían de tener los dos igual iniciativa e igual participación en las leyes; pero sólo el Senado el juicio de las cuestiones políticas, ya entre dos provincias, ya entre una provincia y un municipio. Entre ambos cuerpos establecería aún otras diferencias. En el Congreso querría que se votase por individuos; en el Senado por provincias. El Senado querría que se lo renovara por partes; totalmente el Congreso. Creo que las naciones deben tener algo que sea como la tradición de su política.

Del poder judicial nada he de añadir a lo dicho en el anterior libro y el anterior capítulo, como no sea que la justicia de la Confederación no debería invadir jamás las atribuciones de los tribunales de las provincias, ni dejar de tener por garantía la inamovilidad de los cargos y el cobro de sueldos proporcionados a lo augusto de las funciones. Sólo su jefe, como elegido por el pueblo, podría y debería ser amovible.

El poder ejecutivo lo querría más en un hombre que en un consejo. El que lo ejerciese debería, como el que ejerciera el judicial, ser responsable de sus actos ante un jurado. Podrían las Cámaras acusarlos; el jurado condenarlos o absolverlos. El elector debe juzgar al elegido; y yo entiendo que los dos jefes habrían de ser aquí elegidos por las provincias, o de un modo directo o como lo es en los Estados-Unidos el presidente de la república.

No creo necesario enumerar ahora qué funciones de las que hemos atribuido a la confederación han de corresponder a cada uno de los tres poderes. La distribución, como se ha visto, es fácil. Bastará que hable de lo que ofrece lugar a dudas. Aquí, en España, lo mismo que en otras naciones, declara el poder ejecutivo por sí y ante sí la guerra y hace la paz sin más obligación que la de dar cuenta documentada a las Cortes. Necesita estar autorizado por una ley especial, y por lo tanto el concurso del poder legislativo, sólo para enajenar, ceder o permutar cualquiera parte del territorio, adquirir otra, admitir tropas extranjeras, ratificar los tratados de alianza ofensiva, los de comercio, los que concedan subsidios a otras naciones, y todos los que puedan obligarnos individualmente. Así está escrito en la Constitución de 1812, y así en la de 1876, que es la vigente. Sobre este punto han opinado al parecer lo mismo desde los conservadores hasta los demócratas. Las Cortes de 1869 pensaban exactamente como las de Cádiz. ¿Sería con todo justo que, al reconstituir federalmente la nación española, dejásemos al poder ejecutivo el terrible derecho de la guerra?

Al reconstituirse federalmente España, opino que debería ser en absoluto atribución del poder legislativo declarar la guerra, hacer la paz y celebrar toda clase de tratados con otras naciones. El ejecutivo no habría de poder por sí y ante sí más que rechazar ataques imprevistos a nuestras costas y fronteras. Por sí y ante sí, estoy en que no debería permitírsele ni siquiera que dirigiese las relaciones diplomáticas de carácter político. Por el mal sesgo que toman estas relaciones se va ordinariamente a la guerra; y no me parece lógico ni digno que, dejándola al poder legislativo, se consienta que el ejecutivo lleve las cosas a tales términos, que las Cámaras no puedan menos de declararla. ¿Qué otro recurso les ha de quedar si el jefe del Estado comprometió ya la dignidad o los intereses de la República? Para todas las relaciones diplomáticas de carácter político entiendo que el poder ejecutivo habría de vivir bajo la constante vigilancia del Senado o de una comisión de senadores. No sin motivo la antigua Roma tenía en el Senado, y no en los cónsules, los negocios diplomáticos.

Se calificará tal vez de exagerado mi temor a la guerra. ¿Hay algo, con todo, para los pueblos más perturbador ni aflictivo que esas luchas sangrientas donde perece la flor de los ciudadanos, se destruye en días las obras de siglos, se lleva la miseria y el terror a ciudades y aldeas, se paraliza la producción y se interrumpe el comercio, se despierta en el hombre a la fiera y se da expansión a los más groseros instintos y las más salvajes pasiones? La desolación, la muerte, el hambre, siguen en todas partes la huella de los ejércitos. No es raro que los acompañe la peste. Y ¡son tantas aún las naciones que se dejan seducir por la gloria de las armas!... No hay aún más héroes que los grandes capitanes a los ojos de las muchedumbres. Lo es Bonaparte, que asorda la tierra con el estampido de sus cañones, y no Franklin, que arranca a las nubes el rayo. Lo son Bonaparte y Aníbal, que doblan con sus legiones las cumbres de los Alpes para avasallar un pueblo, y no los intrépidos navegantes que desafían los témpanos del mar Glacial para descubrir el Polo y completar el conocimiento y el uso de nuestro planeta.

Es para mí hasta insensato poner la paz y la guerra en manos de un hombre. Es confiarle, no sólo la suerte, sino también la libertad de los pueblos. Irá a la guerra arrastrado por la ambición o el orgullo; y si la victoria le favorece, con los mismos laureles que recoja en los combates alfombrará el camino por donde lleve la nación a la servidumbre. Sin oro y sin sangre, la guerra no es posible: los que con su oro deben alimentarla, esos son los llamados a decidirla. Los triunfos se convierten con bastante frecuencia en desastres para las naciones. Los de Napoleón acarrearon a Francia las invasiones de 1814 y 1815. Aun en la guerra de 1870 vengaba Prusia las humillaciones que de esa nación había recibido bajo el primer Imperio.

No condeno en absoluto la guerra. La considero sagrada contra todo género de opresores; y si hubiese todavía pueblos que cerrasen sus fronteras al comercio humano, aplaudiría de todo corazón la guerra que se hiciese para abrirlas al paso de las gentes. ¡Benditas las armas que allanaron en nuestros días las murallas de China! ¡Benditas las que franquearon a todos los pabellones las puertas del Mar Negro! La tierra es para todos los hombres.

Lo que yo pretendo evitar son las guerras hijas del pundonor, cuando no de bastardos intereses, que nada resuelven en pro de la humanidad ni de la misma nación que las emprende; guerras, por ejemplo, como las que nosotros hemos llevado en este mismo siglo a las vecinas costas de África y a los mares de América: a Méjico, a Santo Domingo, a las repúblicas del Plata. Se dirá que no las he de evitar por las asambleas, prontas a exaltarse; pero mis asambleas no son las de las naciones unitarias y es muy de presumir que la cólera del Congreso fuese a estrellarse en el Senado, poco numeroso, estable y representación directa de las provincias. Cuando así no fuese, ¿de qué podría la nación quejarse?

Aun hoy contamos dos medios de suplir la guerra: los Congresos y los arbitrajes. Trabajemos por generalizarlos en tanto que las naciones se confederen y ponga término a las luchas a mano armada un poder federal latino o un poder federal europeo.

Yo reivindico para el poder legislativo hasta la declaración de las guerras civiles; es decir, no estoy por que el ejecutivo pudiese por sí y ante sí declarar en estado de guerra civil la República. Habría de poder por sí y ante sí bajar en socorro de la provincia que lo pidiese, y aun volar con todas sus fuerzas a sofocar las rebeliones que evidentemente comprometieran la seguridad del Estado; pero no poner a los rebeldes fuera de las leyes generales de orden público ni reconocerlos como beligerantes. Son aún estos actos de sobrada trascendencia para dejarlos a merced de un hombre.

Mas la privación de tan importantes derechos al poder ejecutivo implica una facultad que yo no habría de escatimarle: la de convocar las Cámaras en vacaciones, si acontecimientos extraordinarios le hiciesen considerar urgentes la decisión de la paz o la guerra o la demanda de hombres o dinero para llevar adelante la ya empezada lucha. le negaría en cambio la de suspenderlas y disolverlas por atentatoria a la dignidad del Parlamento.

¿A qué, se preguntará, vendrían a quedar entonces reducidas las atribuciones del poder ejecutivo? No serían tan escasas como a primera vista parece. Habría de dictar los reglamentos necesarios para la ejecución de las leyes, organizar los servicios generales; conferir los empleos civiles y militares con sujeción a las reglas que estableciesen las Cortes; ejercer, dentro de los límites que se determinase, la gracia de indulto; capitanear el ejército y mantener el orden; dirigir, una vez declarada, las operaciones de la guerra. La administración, aun dentro de las repúblicas federales, es vastísima, y le pertenecería por completo. Le corresponderían además las relaciones diplomáticas, aunque en lo político no sin la intervención del Senado. Sería aun él quien recaudase y distribuyese los ingresos en virtud de los presupuestos que las Cámaras aprobasen; él, quien realizase los empréstitos que éstas declararan; él, la principal garantía de las libertades y los derechos del individuo; él, la más poderosa égida de la autonomía de las provincias y los pueblos.

21 ADMINISTRACIÓN PÚBLICA

No bajaré ahora a detallar la organización administrativa de la República. Que la actual es viciosísima, no habrá muchos que lo duden. Es complicada, ilógica, tarda, insuficiente. Por el roce de sus distintos elementos y el mal engranaje de sus ruedas, pierde a cada momento en velocidad y fuerza. Un ministerio ataja otro ministerio; una oficina, otra oficina. La consulta embarga los pasos del que ha de resolver; y el que ha de resolver, deseoso de compartir con alguien la responsabilidad, busca innecesariamente la consulta. Uno instruye el expediente, otro lo decide; y no es raro que el que decida encuentre la instrucción incompleta. La política distrae, por fin, de la administración, y la administración de la política.

En otro tiempo, hace veintisiete años, propuse en *La Reacción y la Revolución* la reforma de la administración por el Estado. Quería ya entonces llevar a este ramo del gobierno la idea lógica, la del género y la especie. Apenas he modificado mi antiguo pensamiento. Estoy en que la federación permitiría, más que el régimen unitario, la sencillez y el orden que a la sazón recomendaba. Escribía entonces guiado por la sola razón; escribo ahora aleccionado por la experiencia.

Para mí sobran ministros, faltan directores generales, están de más los jefes de negociado, debería la misma administración activa formar parte de los consejos y demás cuerpos de consulta. Los de consulta no deberían ser oídos sino en negocios arduos. La responsabilidad debería pesar exclusivamente sobre el que resolviese: sobre el director, si el director; sobre el ministro, si el ministro. Auxiliares que extractaran, oficiales que tramitaran y propusieran la resolución de los asuntos, un director o un ministro que decidieran, habrían de constituir, en mi opinión, toda la máquina administrativa. Fuera de estos empleados, no debería haber más que escribientes para el trabajo material de copia. La marcha de los expedientes habría de ser pública, y los interesados gozar del derecho de impugnar, dentro de breves plazos, ya el dictamen de los cuerpos consultivos, ya lo propuesto por el oficial de secretaría. Contra toda resolución que causase estado debería poder el que recibiese agravio recurrir ante la sección contencioso-administrativa del Supremo Tribunal de Justicia, bajo mi sistema, del todo independiente del poder ejecutivo: mas dentro de brevísimo término y sin más que un escrito donde expusiese y razonase su pretensión y su queja. No por esto debería suspenderse el cumplimiento de la resolución tomada, si, a juicio de la Administración, urgiese llevarla a cabo. La Administración, por otra parte, no habría de poder jamás volver sobre sus resoluciones.

Entre mis lectores es fácil que alguien vea una marcada contradicción entre mi conducta y mi pensamiento. Al pasar por el ministerio de la Gobernación suprimí las direcciones generales, excepto la de Correos y Telégrafos. ¿Cómo ahora digo que faltan directores generales? Abocada entonces la Nación a reconstituirse federalmente, no creí oportuno ni proponer siquiera la total trasformación del régimen administrativo; y que en este régimen las más de las direcciones son superfluas, no lo negará, a buen seguro, el que medianamente lo conozca. Son un *conforme* de más en los expedientes: el trabajo y la resolución corresponden siempre a los oficiales de secretaría. Ni descargan de responsabilidad a los ministros, ni los libran del examen de los negocios puestos a su cargo. Son plazas casi todas hijas de nuestra miserable política de partido, que ha menester de altos destinos y pingües sueldos para satisfacción de la vanidad y la codicia de sus hombres públicos. Servidas en general por gente ajena a la administración, a quien causan tedio los negocios, son, no sólo inútiles, sino también nocivas. Dejé en pie, como he dicho, la de Comunicaciones, y me pesó más tarde. A seguir allí más tiempo, la habría suprimido.

Estoy por las direcciones generales, pero dentro del sistema que en *La Reacción y la Revolución* expuse: separando la administración y la política, buscando en la política a los ministros y en la administración a los directores, haciendo estable la administración y dejando sólo la política al oleaje y al vaivén de los partidos. Por el sistema que adopto, mío en su desarrollo, no en su principio, son sólo tres los secretarios del despacho: dos que tienen a su cargo el uno la vida exterior y el otro la interior de la república, otro que cuida de la Hacienda. Los tres gobiernan; ninguno, en rigor, administra. Respecto a la administración, apenas hacen más que dirigirla y darle impulso, reformándola cuando lo exigen los adelantos de la ciencia o las necesidades de la política. Suya es toda innovación; de los jefes administrativos aplicarla y resolver por ella los negocios. Negocios a resolver sólo se le habría de presentar los que, por su roce con la gobernación del Estado, hubiera sometido expresamente la ley a la decisión de los ministros. Así las cosas, ¿cómo prescindir de las direcciones generales?

Quizá no se comprenda tampoco la causa por qué, contrariando hasta cierto punto las ideas de mi partidor dejo subsistentes los cuerpos de consulta. Los conservo, dándoles, como se ha visto, otras bases y otras condiciones de vida. Ocurren en la administración, como en todo, casos graves, de resolución difícil; y exigen la conveniencia y la justicia que en lo posible haya para decidirlos todos un general criterio. Aconsejaría esto, a mi entender, no sólo que respetáramos el Consejo de Estado, sino que también creáramos otros especiales. Para mí debería haber en cada ministerio uno formado por todos los oficiales de secretaría y presidido por los directores. Habrían de reunirse éstos en consejo periódicamente, o cuando lo hiciera necesario, ya el número, ya la urgencia de los negocios dudosos; y deliberar y dar dictamen sobre todas las cuestiones que se les sometiese por los diversos ramos. Si tales consejos, por decirlo así, ministeriales, consideraran tan oscuro un asunto que no se atreviesen a formular sobre él opinión decidida, o de acuerdo tan trascendental para la administración toda, que creyesen conveniente hacerlo objeto de regla de jurisprudencia, ellos mismos, en su consulta, deberían proponer el pase del expediente al Consejo de Estado, que se compondría a su vez de los jefes superiores de todos los ministerios. Por este sistema, que apenas aumentaría el presupuesto de gastos, adquiriría seriedad y unidad la administración pública, la abarcarían en todas sus relaciones sus principales jefes, y tendríamos empleados como no los hubiese en nación alguna del mundo.

Todas estas reformas serían, con todo, insuficientes, si, después de normalizada la república, no se hiciese del personal de la administración un cuerpo facultativo. Pasma verdaderamente que, cuando para ejercer la postrera de las industrias se exige más o menos largo aprendizaje y nadie se atreve a fiar al que no sea zapatero sus zapatos, se haya dado en la extraña manía de entregar a hombres sin conocimientos administrativos de ningún género aún los más difíciles puestos del Estado, para recompensarles servicios políticos, no pocas veces de dudosa moralidad y provecho. Esta aberración, de todo punto inconcebible, es, a no dudarlo, una de las principales causas que traen a mal traer nuestra administración, quizá la más desordenada de todas las de Europa. Como bajo la federación no se volviese de tan grave yerro, aseguro desde ahora que seguiríamos con el mismo desorden de hoy, no ya tan sólo en lo administrativo, sino también en lo político. Ese estado de conspiración permanente en que viven aquí uno contra otro aún partidos que están por la misma forma de gobierno y casi casi por las mismas teorías; esa constante división de los muchos partidos que ya por desgracia existen en fracciones que se agrupan alrededor de hombres que pueden un día regir los destinos de la patria; esa asombrosa inestabilidad de nuestros poderes públicos, apenas comprensible en otras naciones; estos y otros muchos males derivan sobre todo de la esperanza que los agitadores tienen aquí de encumbrarse, el día en que venzan, a los más altos puestos del Estado, por superiores que sean a sus luces y aun a sus merecimientos. Conocerá sin duda el lector a muchos de esos perturbadores: mienten patriotismo y nunca lo tuvieron; hablan de ideas y no fueron jamás capaces de concebirlas. Cambian, dicen, porque así lo exige la salud de la república, y es porque quieren arrimarse al que creen más cerca del gobierno. Peste de la sociedad y carcoma de los partidos, todo hombre honrado les debería negar la mano. Su atrevimiento es sólo igual a su ignorancia; la corrupción que traen al país, sólo comparable con la venalidad de sus almas y la depravación de sus corazones. ¡Ah! Mientras no nos deshagamos de esa funesta plaga, no esperemos para esta pobre nación ni felicidad ni sosiego.

Y fuerza es desengañarse; hay sólo un remedio para mal tan grave: no dar entrada a carrera alguna administrativa sino previo examen, ni ascenso sino por antigüedad i por concurso; cortar a todos esos menguados que buscan su fortuna en la política toda esperanza. De la política no espera ni puede esperar ningún hombre que ame a su patria sino la satisfacción de haberla servido: ventajas personales sólo las que resulten del bien general que haya contribuido a producir por sus sacrificios o sus talentos. Si la suerte le lleva por ella a un alto puesto, como cargo lo ha de considerar, no como recompensa.

Algún tanto corregiría la federación el mal, porque esos bullebulles de la política son generalmente detestados en sus provincias, donde conocen su mala vida pasada, digno comienzo de la presente; pero aun bajo la federación no se lo extirparía sin este sencillo y aquí heroico remedio.

Con él ganarían a la vez la administración y la política; y de buena política y mejor administración necesita España para reponerse de sus quebranto y entrar en la vida ordenada de los pueblos cultos.

22 OBJETO Y FIN DE ESTE LIBRO. CONCLUSIÓN

Pongo aquí fin a mi libro. Lo empecé examinando el sistema de las nacionalidades, y lo acabo exponiendo la necesidad y la manera de reconstituir federalmente la nuestra, todavía anárquica por la impotencia del principio unitario. Nada he dicho de las cuestiones sociales, aunque para mí de tanta importancia. No he querido hablar siquiera de las diversas confederaciones económicas que cabria establecer dentro de la política. Las he omitido recordando lo fácil y espontáneamente que brotan del suelo de España. En 1854, y aun antes, cuando la federación distaba de ser la bandera de un partido, se unían ya federalmente los jornaleros de Cataluña y federalmente querían unirse con los demás de España. Unidos federalmente estuvieron después con los de Europa. Ganó más tarde la idea federal las clases altas, y hoy tenemos la liga de los propietarios y la de los contribuyentes. Hecha la federación política, es muy posible que federalmente se fueran organizando, como por una consecuencia lógica, todas las clases de la sociedad y aun todas las profesiones, ya liberales, ya mecánicas.

No me llevé siquiera por objeto, al escribir este libro, tratar del sistema federal con aplicación a nacionalidad alguna: sólo necesidades de los tiempos han podido decidirme a enlazar aquí dos estudios destinados a ver la luz separadamente. Mi fin era otro. Hace ya muchos años que se ha esparcido al viento la idea de reconstituir las naciones. La idea va dando sus frutos, y frutos, por cierto, de sangre. Demostrar que todos los criterios adoptados para esta reorganización son de todo punto falsos e insuficientes, y probar que sólo por el principio federal se la puede realizar de una manera estable y pacífica, era y ha sido mi primero y principal propósito. Partiendo de la base de la federación, es decir, de las diversas categorías de intereses políticos y económicos que en el mundo existen -los municipales, los provinciales, los nacionales, los internacionales, los humanos- quería y he querido luego hacer sentir la necesidad de que se confederen los pueblos, creando por de pronto un poder europeo que los represente, los defienda, y, resolviendo sus diferencias, los exima de llevarlas a los campos de batalla. Mas esto no lo he presentado ya como tema del libro: me he propuesto sólo que resultara de las consideraciones a que no podía menos de llevarme el mismo principio que defiendo. Así, la idea está derramada por toda la obra sin ser materia de ningún capítulo. Esta confederación de naciones es aún utópica a los ojos de las gentes: me ha parecido este método el más oportuno para irle ganando las voluntades, que urge ciertamente ganárselas.

Europa está cercada de peligros. En vano ha buscado por varios medios un equilibrio que pudiera tranquilizarla. Sin acuerdo y sobre todo sin reglas fijas de conducta, no ha podido impedir jamás el incesante crecimiento de Rusia. No la ve ya moverse que no se turbe. Es fácil que renazca por centésima vez la cuestión de Oriente, y Rusia logre por fin bajar al Bósforo, ¿Quién podrá contener un imperio que se extienda del Océano Glacial al Mediterráneo y domine en el Báltico. el Mar Negro y el Caspio? Europa ¡oh fatalidad! se ve obligada para detener a los czares a defender la causa de los turcos! ¡de los turcos, a quienes rechazan los intereses de religión y de raza! ¡de los turcos, aquí no menos exóticos que los árabes y los tártaros!

¿Estará Europa siquiera acorde en la manera de salvar el peligro? Separan a las principales naciones del Continente la rivalidad y el odio. Tienen todas algo que vengar, y acechan la ocasión de vengarse. Ninguna está contenta de lo que posee: ninguna cree tener sus fronteras donde se las concede o la naturaleza o la Historia. Todas hablan de usurpaciones, y todas se recriminan. Se ha verificado efectivamente robos que sublevan el ánimo. Por una vez que ha prevalecido la justicia, ha imperado cien veces la fuerza. Sirve de muy poco ese derecho que llaman de gentes.

Europa está indudablemente condenada a tocar más o menos tarde los resultados de su imprevisión y de sus crímenes, como no se apresure a reconstituir sus pueblos sobre el principio de la autonomía y a unirlos luego por la federación en un solo pueblo; como no procure que se reorganicen por el mismo sistema esas naciones eslavas que, por no ser tributarias de Turquía, aceptan la peligrosa protección de Rusia; como no produzca y estimule un movimiento análogo en el mismo imperio de los czares, donde hay más de una institución que la haga posible; como guiada, finalmente, por los nuevos principios, no se resuelva a impedir toda usurpación y toda tiranía y a sustituir la voz de los cañones por la de la justicia. Los hechos a que dieron recientemente origen la insurrección de Herzegovina y la guerra de Servia, revelan sobre cuán falsas bases descansan Europa y sus distintos pueblos. Gracias al sistema político preponderante, viven todos sin relaciones orgánicas de ningún género; y, ya que no como enemigos, se miran como extraños. Uno tiende siempre a subordinar a los demás; y, como si lo alcanza es por la fuerza, pierde con facilidad el cetro que le permitió empuñar un día lo ruidoso de sus victorias. Demuestran los sucesos una vez más que necesitamos cambiar de sistema y adoptar un principio que por su propia virtualidad reconstituya sin esfuerzo desde el último municipio hasta la misma Europa.

Este principio es para mí el de la federación, el único que puede reunir en un todo orgánico nuestro linaje.

APÉNDICES

APÉNDICE PRIMERO

CONSTITUCIÓN DEL IMPERIO ALEMÁN
DE 16 DE ABRIL DE 1871

Su Majestad el Rey de Prusia, en nombre de la Confederación de la Alemania del Norte; S. M. el Rey de Baviera; S. M. el Rey de Wurtemberga; S. A. R. el Gran Duque de Baden y S. A. R. el Gran Duque de la Hesse del Rhin por la parte del Gran Ducado de Hesse, situada al Mediodía del Main, han pactado una confederación perpetua, tanto para la protección del territorio federal y el derecho en él vigente, como para asegurar la prosperidad del pueblo alemán. Toma esta Confederación el nombre de Imperio Alemán, y se rige por la Constitución siguiente:

I.-Territorio Federal.

Artículo 1.º El territorio federal comprende los Estados de Prusia con el Lauemburgo, de Baviera, de Sajonia, de Wurtemberga, de Baden, de Hesse, de Mecklemburgo-Schwerin, de Sajonia-Weimar, de Mecklemburgo-Strelitz, de Oldemburgo, de Brunswick, de Sajonia-Meiningen, de Sajonia-Altemburgo, de Sajonia-Coburgo-Gotha, de Anhalt, de Schwartzburgo Rudolstadt, de Schwartzburgo-Sonderg-hausen, de Valdeck, de Reuss, rama primogénita, de Reuss, rama segunda, de Schauemburgo-Lippe, de Lippe, de Lubeck, de Erema y de Hamburgo.

II.- Legislación del Imperio.

Art. 2.º El Imperio ejerce el poder legislativo en todo el territorio federal, dentro de los límites marcados en la presente Constitución. Dentro de estos límites, las leyes del Imperio están por encima de las de cada Estado. Adquieren fuerza obligatoria por el solo hecho de publicárselas en el *Boletín de las Leyes del Imperio;* y obligan, como no se indique otra cosa en la ley, a los catorce días de publicado en Berlín el número del Boletín que las contenga.

Art. 3.º Para todo el territorio alemán hay un indigenato común. En virtud de este indigenato, todo el que pertenezca, bien como ciudadano, bien como súbdito, a uno de los Estados de la Confederación, podrá vivir en cada uno de los demás como los que en él habiten; y por consecuencia fijar en él su domicilio, ejercer cualquier profesión o empleo público, adquirir bienes raíces, obtener vecindad y gozar de cualesquiera otros derechos análogos con las mismas condiciones que los individuos de aquel Estado: solicitar, por fin, como éstos, la reivindicación y la protección de sus derechos.- No podrán restringir el ejercicio de estas facultades concedidas a todo alemán ni los poderes públicos del Estado a que se pertenezca, ni los de ningún otro Estado federal.- No vienen, sin embargo, modificados por el principio contenido en la primera cláusula que este artículo las disposiciones que regulan en los municipios la admisión y la manutención de los pobres.- Quedan igualmente en vigor, hasta que otro cosa se ordene, los convenios entre los Estados particulares de la Confederación relativamente a la admisión de emigrados, asistencia a los enfermos y entierro de los muertos.- En lo relativo al cumplimiento del servicio militar que debe cada individuo de la Confederación al Estado a que pertenezca, legisla el Imperio.- Para con los pueblos extranjeros tienen todos los alemanes igual derecho a que el Imperio los proteja.

Art. 4.º El derecho de inspección y la facultad de legislar del Imperio se extienden a las materias siguientes: 1.º Al derecho de cambiar de residencia, domiciliarse y establecerse; al de ciudadanía; a los pasaportes y a la policía para con los extranjeros; al ejercicio de la industria, inclusa la de los seguros, en todo lo que no esté ya resuelto por el artículo 2.º, y excepción hecha para Baviera del indigenato y del establecimiento en cualquiera otro Estado; por fin, a la colonización y a la emigración a tierras no alemanas.- 3.º A las aduanas, al comercio y a los tributos que afecten los intereses federales.- 4.º Al sistema de pesas, medidas y monedas y a los principios que deban seguirse en la emisión del papel moneda.- 5.º A las bases generales sobre Bancos.- 6.º A los privilegios de invención.- 7.º A la protección de la propiedad intelectual.- 8.º A la organización de un protectorado común para el comercio alemán en el extranjero, a la de la navegación alemana y de su pabellón marítimo y a la de un cuerpo consular común retribuido por el Imperio.- 9.º A los ferrocarriles, salvo lo dispuesto para Baviera en el art. 46, al establecimiento de caminos y vías navegables en interés del comercio general y en defensa de la patria.- 10.º Al uso y mantenimiento de las vías navegables comunes a muchos Estados, así como a los peajes impuestos sobre los ríos y a los demás derechos de navegación.- 10.º A los correos y a los telégrafos, salvo lo dispuesto en el Art. 52 para

Baviera y Nurtemberga.- 11.º A la ejecución recíproca de las sentencias y comunicaciones judiciales.-12.º A las formas y a la validez de los documentos públicos.-13.º A la contratación, al derecho penal, al derecho mercantil, a las letras de cambio, a los procedimientos civiles.-14.º A la organización militar del Imperio y a la marina de guerra.-15.º A los reglamentos de sanidad, así medicinales como veterinarios.- 16.º A las prescripciones sobre la prensa y el derecho de asociación.

Art. 5.º Ejercen el poder legislativo del Imperio el Consejo Federal y el Reichstag (Parlamento). Para que sea ley federal un proyecto, basta y es necesario que lo vote la mayoría en cada una de las dos Asambleas.- Si hay divergencia en el Consejo federal sobre cualquier proyecto de ley relativo a la organización militar y a la marina de guerra, prevalece el voto del Presidente, siempre que esté por la conservación de las vigentes instituciones.

III.-Consejo Federal.

Art. 6.º El Consejo Federal se compone de los representantes del Gobierno de cada uno de los Estados que forman parte de la Confederación. Se reparten entre ellos los votos según la proporción admitida por la Asamblea en pleno de la antigua Confederación Germánica. Prusia con los antiguos Estados de Hannover, Hesse Electoral, Holstein, Nassau y Francfort, tiene diez y siete votos; Baviera, seis; Sajonia, cuatro; Wurtemberga, cuatro Eáden, tres; Hesse, tres; Mecklemburgo-Schwerin, dos Sajonia-Weimar, uno; Mecklemburgo-Strelítz, uno; Oldemburgo, uno; Erunswick, dos; Sajonia-Meiningen, uno; Sajonia-Altemhurgo, uno; Sajonia-Coburgo-Gotha, uno; Anhalt, uno; Schwarzburgo-Rudolstadt, uno; Schwarzburgo-Sondershausen, uno; Waldeck, uno; Reuss, línea primogénita, uno; Reuss, línea segunda, uno; Schauemburgo-Lippe, uno; Lippe, uno; Lubeck, uno; Erema, uno; Hamburgo, uno.- Cada Estado de la Confederación puede nombrar para el Consejo Federal tantos representantes como votos tenga. Los representantes de un mismo Estado no pueden. sin embargo, votar más que en un sentido.

Art. 7.º El Consejo Federal delibera y resuelve: 1.º Sobre los proyectos que se haya de someter al Reichstag y sobre las resoluciones de esta Asamblea.- 2.º Sobre los reglamentos administrativos y las instrucciones generales para la ejecución de las leyes del Imperio, salvo para la de aquellas que otra cosa establezcan.- 3.º Sobre las imperfecciones que revele la práctica, ya en las leyes del Imperio, ya en los reglamentos o instrucciones de que acaba de hablarse.-Todo individuo del Consejo Federal tiene el derecho de presentar proposiciones y explanarlas: el Presidente de la Confederacion está obligado a someterlas a la deliberación del Consejo.-

Salvas las restricciones determinadas en los artículos 5. °, 37 y 78, constituye acuerdo la simple mayoría de votos. No se cuenta los de los representantes que no lleven poderes en regla. En los casos de empate decide el Presidente.- En los acuerdos sobre cuestiones que según la presente Constitución no sean comunes a todo el Imperio, sólo se cuenta los votos de los Estados que cada cuestión afecte.

Art. 8.° El Consejo Federal se divide en siete comisiones permanentes: una para el ejército de tierra y las fortificaciones; otra para la marina; otra para las aduanas y los tributos; otra para el comercio y las relaciones generales; otra para los ferrocarriles, los correos y los telégrafos; otra para la justicia; otra para la contabilidad. En cada una de estas comisiones han de estar representados por lo menos cuatro Estados federales, sin contar al Presidente de la Confederación. Tiene un solo voto cada Estado. En la comisión para el ejército de tierra y las fortificaciones tiene asiento permanente el Estado de Baviera. Los darnas individuos de la comisión, así como los de la comisión de marina, son de nombramiento del Emperador. Los individuos de las demás comisiones los elige el Consejo. Se renuevan las comisiones todos los años y subsisten durante toda la legislatura. El cargo es reelegible. Se nombra, además, en el Consejo Federal una comisión para los negocios extranjeros, compuesta de los representantes de los reinos de Baviera, Sajonia y Wurtemberga y de dos de los representantes de los demás Estados, que el Consejo elegirá todos los años. La presidencia de esta comisión corresponde A Baviera.- Se pondrá a disposición de estas comisiones los empleados necesarios.

Art. 9.° Todos los individuos del Consejo Federal tienen el derecho de presentarse en el Reichstag y hablar, siempre que lo pidan, en defensa de las opiniones de su gobierno, aun cuando éstas no hayan obtenido mayoría en el Consejo. Nadie puede pertenecer a la vez al Consejo Federo y al Reichstag.

Art 10.° El Emperador tiene el deber de asegurar a los individuos del Consejo la protección diplomática de costumbre.

IV.- Presídium de la Confederación.

Art. 11.° La presidencia de la Confederación corresponde al Rey de Prusia, que lleva el título de Emperador de Alemania. El Rey de Prusia, en este concepto, tiene el derecho de representar a la Confederación en todas las relaciones internacionales, declarar la guerra y hacer la paz en nombre de Alemania, celebrar alianzas y cualquiera otra clase de tratados con las naciones extranjeras, nombrar y recibir a los agentes diplomáticos.- Para declarar la guerra en nombre del Imperio necesita, sin embargo. el consentimiento del Consejo Federal, a menos que no haya ataques dirigidos contra el territorio o las costas de la Confederación.- Si los tratados que celebrare con las naciones extranjeras versaren sobre materias que, según el art. 4.°, son del dominio de la legislación federal, necesitará también el asentimiento del Consejo para cerrarlos y la aprobación del Reichstag para hacerlos válidos.

Art. 12.° El Emperador convoca, abre, prorroga y disuelve el Consejo Federal y el Reichstag.

Art. 13.° Se convoca todos los años al Consejo Federal y al Reichstag. Se puede convocar al Consejo Federal sin el Reichstag para formular proyectos; no al Reichstag sin el Consejo Federal

Art. 14.° Se ha de convocar al Consejo Federal siempre que lo pida la tercera parte de votos.

Art. 15.° La presidencia del Consejo Federal corresponde a1 canciller federal, que es de nombramiento del Emperador.- Podrá el canciller hacerse representar en la dirección de los negocios por cualquiera otro individuo del Consejo federal mediante sustitución escrita.

Art. 16.° El Emperador presenta al Reichstag sus proyectos en conformidad a los acuerdos del Consejo Federal. Los defienden en el Reichstag, o individuos del Consejo Federal, o personas que éste delega al efecto.

Art. 17.° El Emperador promulga las leyes federales y vela por su cumplimiento. Las medidas que tome al efecto las ha de dictar en nombre de la Confederación: no son válidas como no vayan firmadas por el canciller federal, que es el responsable.

Art. 18.° El Emperador nombra los empleados del Imperio, les exige juramento de fidelidad, y, si há lugar a ello, los destituye.- Los funcionarios de uno de los Estados de la Confederación que obtengan cargos del Imperio, a menos que antes de obtenerlos no se haya dispuesto otra cosa por una ley federal, conservan los mismos derechos que les daban su situación y sus servicios en el Estado de que dependían.

Art. 19.° Cuando los Estados de la Confederación falten al cumplimiento de los deberes federales que les impone la Constitución, se los podrá compeler a cumplirlos.- Al Consejo Federal tocará dar la orden y al Emperador ejecutarla.

V.- Reichstag.

Art. 20.° El Reichstag se compone de diputados elegidos por sufragio universal directo y votación secreta.- Interin no se dicte el reglamento legislativo de que habla el párrafo 5. ° de la ley electoral de 1869, elegirá Baviera 48 diputados, Wurtemberga 17, Baden 14, la Hesse al Sur del Main 6. Son así 382 los diputados del Reichstag.

Art. 21.º Los funcionarios públicos no necesitan autorización para entrar en el Reichstag. Si un individuo del Reichstag acepta en la Confederación o en cualquiera de los Estados federales un destino retribuido, o si, ya en la Confederación, ya en cualquiera de los Estados federales, es objeto de una promoción que le eleve en categoría o sueldo, pierde su asiento en el Reichstag y no puede recobrarlo como no sea reelegido.

Art. 22.º Las discusiones del Reichstag son públicas.- Las reseñas verídicas de las sesiones públicas del Reichstag no llevan consigo responsabilidad de ningún género.

Art. 23.º El Reichstag tiene derecho a presentar proyectos de ley dentro de los límites de la competencia federal, y a enviar al Consejo Federal o al Canciller federal las peticiones que se le dirija.

Art. 24.º Dura el Reichstag tres años. Para disolverlo dentro de este período es necesario un acuerdo del Consejo Federal tomado con asentimiento del emperador.

Art. 25.º En el caso de disolverse el Reichstag, se convocará los electores a los comicios para dentro de los 60 días y al nuevo Reichstag para dentro de los 90.

Art. 26.º No se podrá suspender al Reichstag por más de 30 días, ni más de una vez en cada legislatura, sin asentimiento del Reichstag mismo.

Art. 27.º Examina el Reichstag las actas de sus individuos y las aprueba o las desaprueba. Se hace su reglamento y elige a su presidente, sus vicepresidentes y sus secretarios.

Art. 28.º Las resoluciones del Reichstag exigen la mayoría absoluta de votos. Para que sean válidas se requiere la presencia de la mitad más uno de los individuos que tengan aprobadas sus actas.

Art. 29.º Los individuos del Reichstag representan a todo el pueblo alemán, y no pueden venir atenidos a mandatos imperativos ni a instrucciones de ningún género.

Art. 30.º Ningún individuo del Reichstag puede en tiempo alguno ser perseguido judicial ni disciplinariamente ni por sus votos ni por las palabras que pronuncie en el ejercicio de sus funciones. No tiene fuera de la Asamblea responsabilidad alguna.

Art. 31.º Sin la venia del Reichstag no puede ningún diputado, estando abierto el Parlamento, ser perseguido ni detenido por actos que la ley castigue, a menos que se le coja en flagrante delito o el día después de haberlo cometido.- Se necesita de la misma venia para prenderle por deudas.- A instancia del Reichstag se suspende durante la legislatura todo procedimiento criminal y todo auto de prisión, ya civil, ya criminal, contra cualquiera de sus individuos.

Art. 32.º Los individuos del Reichstag no pueden, como tales, cobrar sueldo ni indemnización de ninguna clase.

VI.- Aduanas y Comercio.

Art. 33.º La Confederación constituye un territorio aduanero y comercial, circunscrito por una frontera común de aduanas. Quedan excluidas sólo las porciones de territorio que por su posición no puedan propiamente venir encerradas en la frontera común.- Todos los artículos cuyo comercio sea libre en cualquiera Estado federal pueden exportarse a cualquiera otro Estado, sin que en éste quepa someterlos a otro impuesto que el que paguen en él los productos similares indígenas.

Art. 34.º Las ciudades anseáticas de Brema y Hamburgo siguen formando, como puertos francos, distrito aparte, mientras no soliciten entrar en la frontera común de aduanas.

Art. 35.º Pertenece exclusivamente al Imperio el derecho de legislar sobre todo lo relativo a las aduanas, sobre los impuestos que graven el consumo del azúcar indígena, del aguardiente, de la sal, de la cerveza, del tabaco, y sobre las medidas necesarias para asegurar en los lugares excluidos de la frontera de aduanas el respeto a la frontera común.-En los Estados de Baviera, Wurtemberga y Baden queda sometido a las leyes locales el impuesto sobre los aguardientes y las cervezas indígenas. Deberán, sin embargo, esforzarse esos Estados por llegar, sobre este punto, a una legislación uniforme.

Art. 36.º Cada Estado federal continúa percibiendo y administrando en su territorio, del mismo modo que lo haya hecho hasta aquí, la renta de aduanas y las contribuciones de consumos.

El Imperio vela por la observancia de los procedimientos legales, nombrando y agregando a las oficinas de aduanas y contribuciones y a las autoridades que dirijan los diversos Estados agentes federales, previo el dictamen de la Comisión de aduanas y contribuciones del Consejo. Quedan sometidas a la decisión de este Consejo las quejas que esos agentes formulen sobre faltas de cumplimiento de las leyes comunes.

Art.37.º En todas las decisiones relativas a los reglamentos administrativos o a las instrucciones para la ejecución de leyes comunes prevalece la voz del Presidente de la Confederación, si se declara por la conservación de los reglamentos o instrucciones vigentes.

Art. 38.º Entra en las cajas del Tesoro federal el producto de las aduanas y el de los impuestos consignados en el art 35 en cuanto estén sometidos a la legislación del Imperio.- Consiste este producto en la totalidad de los ingresos de aduanas y los de los demás impuestos, hechas las siguientes deducciones: 1.ª, los abonos y las rebajas que permitan las leyes o reglamentos generales de la Administración; 2.ª, las restituciones por cobros indebidos; 3.ª, los gastos de percepción y administración siguientes: *a,* respecto a las aduanas, los necesarios para la custodia de las fronteras exteriores y el cobro de los derechos, tanto en éstas como en lo interior del Imperio; *b,* respecto al impuesto sobre la sal, los que ocasione el sueldo de los empleados que hayan de percibirlo y de intervenirlo en las salinas; *c,* respecto al impuesto sobre el azúcar de remolacha y el tabaco, el abono que haya de hacerse según los acuerdos del Consejo Federal a cada uno de los gobiernos particulares para los gastos de administración de las dos contribuciones; *d,* respecto a los demás impuestos, el 15 por 100 del producto bruto.- Participan de las cargas del Imperio, por medio del pago de una contribución proporcional, los territorios situados fuera de los límites aduaneros de la Confederación.- Baviera, Wurtemberga y Baden no tienen participación alguna en los productos que para la Caja Federal resulten de los impuestos sobre el aguardiente y la cerveza. Tampoco la tiene en la parte correspondiente de los gastos.

Art. 39.º Los balances trimestrales que deberán dar las autoridades encargadas por los Estados federales del cobro de esos impuestos y las cuentas definitivas que deberán rendir a fin de año y al cerrar los libros sobre los ingresos realizados por aduanas y contribuciones de consumos durante el trimestre o el año, se los refundirá en resúmenes generales que, después de examinados por las autoridades superiores de los Estados, se remitirá a la Comisión de Contabilidad del Consejo Federal. Por esos resúmenes fijará esta comisión en cada trimestre la suma que deba a la Caja federal la de cada uno de los Estados particulares, y la pondrá en conocimiento, así del Consejo Federal, como de los Estados federales. Todos los años, además, someterá la Comisión el definitivo importe de estas sumas, con sus observaciones, a la decisión del Consejo.

Art. 40.º Quedan en vigor, en lo que no estén modificadas por las prescripciones de la presente Constitución, y no lo sean en adelante a consecuencia de los artículos 7 y 78 de la misma, las disposiciones del convenio aduanero (Zollverein) de 8 de Junio de 1867.

VII.- Ferrocarriles.

Art.41.º Los ferrocarriles que se considere necesarios para la defensa del territorio federal o para las comunicaciones generales se los podrá construir a cuenta de la Confederación en virtud de una ley federal, aun cuando lo prohíban los Estados cuyo territorio atraviesen sin que por esto se menoscabe su soberanía.

Se los podrá conceder también a empresas particulares con derecho de expropiación. Toda empresa de un ferro-carril ya existente está obligada a consentir la unión de su camino con los nuevos, dejando a cargo de éstos los gastos. Quedan derogadas en todo el territorio federal, sin perjuicio de los derechos adquiridos, las disposiciones legales que conceden a empresas ya existentes el derecho de oponerse a la construcción de caminos paralelos o de concurrencia. No podrá en adelante concederse a nadie este derecho.

Art. 42.° Los gobiernos de los Estados federales se comprometen a administrar en interés de las comunicaciones generales los ferrocarriles establecidos en el territorio federal como líneas de una sola red y a mandar construir y surtir de material a los nuevos con sujeción a unas mismas reglas.

Art. 43.° Se adoptará, lo más pronto posible, reglas comunes para la explotación, y se hará reglamentos idénticos para la policía de los ferrocarriles. La Confederación deberá velar por que las empresas los mantengan constantemente en un estado que ofrezca la necesaria seguridad, y estén provistas del material que exijan las necesidades del tráfico.

Art. 44.° Las empresas de ferrocarriles están obligadas a organizar con la rapidez que se les prescriba los trenes de viajeros y de mercancías que se les exija y a establecer expediciones directas de personas y mercancías, permitiendo el paso de los medios de transporte de una a otra vía con la condición de ser debidamente indemnizados.

Art. 45.° La Confederación interviene en la formación de las tarifas. Su intervención tiene principalmente por objeto: 1.° Hacer adoptar lo más pronto posible por todos los ferrocarriles del territorio federal reglamentos de explotación que estén los unos con los otros en consonancia. 2.° Obtener la uniformidad y la mayor rebaja posible de las tarifas, particularmente para el trasporte a largas distancias de carbones, coke, maderas, minerales, piedras, sal, hierro en bruto, abonos y objetos análogos, por exigirlo así las necesidades de la agricultura y de la industria. 3.° y último. Hacer adoptar la tarifa de un *pfennig* (un céntimo) por quintal y milla geográfica en todo el territorio de la Confederación.

Art. 46.° En los casos de penuria, principalmente cuando aumente de una manera extraordinaria el precio de los víveres, las empresas de los ferrocarriles vienen obligadas a establecer temporalmente una tarifa baja, que fijará el Imperio a propuesta del Consejo Federal, especialmente para el trigo, las harinas, las legumbres secas y, las patatas. Esta tarifa no podrá, sin embargo, ser inferior a la más baja de las establecidas para las primeras materias por la empresa de que se trate.- Esta disposición, así como las de los artículos 42 , 43, 44 y 45, no son aplicables a Baviera. El Imperio, con todo, puede, respecto a Baviera, establecer en forma de Leyes reglas uniformes para la construcción y la manera de funcionar de los ferrocarriles de modo que contribuyan a la defensa nacional.

Art. 47.º Todas las empresas de ferrocarriles deberán, sin oposición alguna, acceder a las peticiones de las autoridades federales, relativas al empleo de la vía para la defensa del territorio. Deberán particularmente trasportar a precios iguales y reducidos las tropas y el material de guerra.

VIII.- Correos y Telégrafos.

Art. 48.º Se organizará y administrará los correos y los telégrafos en todo el territorio de la Confederación como instituciones públicas comunes.- El derecho de legislar de la Confederación en materia de correos y telégrafos, previsto en el arto 4.º, no se extiende a los objetos cuyo reglamento, según los principios actualmente admitidos en la administración prusiana de los dos ramos, está confiada al poder ejecutivo.

Art. 49.º Los rendimientos de correos y telégrafos son comunes a la Confederación. Los gastos se los cubre con los ingresos comunes. Los beneficios entran en la Caja Federal.

Art. 50.º La dirección superior de la administración postal y telegráfica corresponde al Imperio. Tiene éste el derecho y el deber de procurar que se establezca y mantenga la unidad en la organización de los dos ramos, en la explotación de los dos servicios y en la calificación de los empleados. El Imperio se encarga de fijar las condiciones de los dos servicios, dictar los reglamentos administrativos y establecer las relaciones necesarias con las administraciones postales o telegráficas de otros países. Todos los empleados de correos y telégrafos deben obedecer a las órdenes del Emperador. Se expresará esta obligación en el juramento que presten al entrar en el ejercicio de su cargo.- El nombramiento de los empleados superiores que hayan de estar junto a las autoridades administrativas de correos y telégrafos en las diversas circunscripciones, el de los directores, consejeros e inspectores generales, por ejemplo, y además el de los empleados que funcionen bajo la vigilancia y como órganos de dichas autoridades, verbigracia, los inspectores y los interventores, corresponde en todo el territorio de la Confederación al Emperador, al cual deberán todos estos funcionarios prestar juramento.- Se comunicará con oportunidad esos nombramientos a los gobiernos de los diferentes Estados a cuyo territorio se destine los funcionarios, a fin de que los ratifiquen y publiquen.- Los demás empleados que hayan de estar a las órdenes de las autoridades administrativas de correos y telégrafos, los de la explotación local y técnica, y por consiguiente todos los que funcionen en las propiamente llamadas administraciones, serán de nombramiento de los gobiernos respectivos. En los países donde no haya administración independiente de correos y telégrafos se estará a lo dispuesto en los tratados.

Art. 51.º En la aplicación de los sobrantes de la administración postal a objetos federales (Art. 39) se observará, en vista de la diferencia de los ingresos de las administraciones postales de cada uno de los Estados y con el fin de establecer la conveniente compensación para la época de transición arriba fijada, las siguientes reglas: -Sobre los beneficios obtenidos en los diversos territorios postales durante los años de 1861 s 1865 se buscará el beneficio anual medio y se fijará según él el tanto por ciento de que en los sobrantes de todo el territorio de la Confederación se haya aprovechado cada circunscripción postal. -Según la relación así fijada, en los ocho primeros años próximos se descontará a cada Estado en particular la suma que por este concepto le corresponda de la que represente su total débito por las demás contribuciones federales. Pasados los ocho años cesará toda distinción, y entrarán íntegros en la Caja Federal, según el principio consignado en el arto 49, todos los rendimientos de correos. -De los sobrantes que produzcan durante los ocho años los correos de las ciudades anseáticas, se pondrá la mitad a disposición del Presidente de la Confederación con el objeto de cubrir por este medio los gastos que ha de ocasionar el establecimiento de instituciones normales de correos en aquellas ciudades.

Art. 52.º Las disposiciones de los artículos anteriores no son aplicables a Baviera ni a Wurtemberga. En su lugar regirán para estos dos Estados las siguientes: -Corresponde al Imperio legislar sobre los privilegios de correos y telégrafos, sobre las relaciones jurídicas entre estos dos ramos y el público y sobre las franquicias y tarifas postales, salvo las disposiciones reglamentarias y las tarifas para las comunicaciones interiores de cada uno de los dos Estados. -Le corresponde además fijar dentro de los mismos límites los derechos cobraderos sobre las correspondencias telegráficas. -Corresponde también al Imperio reglamentar las comunicaciones postales y telegráficas con el extranjero, salvo las comunicaciones directas de Baviera o Wurtemberga con cualquiera estado vecino que no forme parte del Imperio. Se regirán éstas por el art. 49 del convenio postal de 23 de Noviembre de 1867. Baviera y Wurtemberga no tienen participación alguna en los ingresos procedentes de correos y telégrafos que entren en las cajas del Imperio.

IX.- Marina y Navegación.

Art. 53.º La marina militar del Imperio es una, y está bajo el mando en jefe del Emperador. Su organización corresponde al mismo Emperador, que nombra a todos los oficiales y empleados. Deben éstos prestarle juramento, lo mismo que las tropas y las tripulaciones. -El puerto de Kiel y el de Gahde son puertos de guerra federales. -Se paga de fondos de la Caja

Federal los gastos necesarios para la fundación y el mantenimiento de la armada y el de sus instituciones. Toda la población marítima de la Confederación, inclusos el personal empleado en las máquinas y los obreros de mar, está exenta de servir en el ejército y obligada a servir en la marina. - Se reparte el contingente según la población marítima que existe; y la parte alícuota que a cada Estado se asigna se deduce del cupo que haya de dar para el ejército de tierra.

Art. 54.º Los buques de comercio de todos los Estados federalesconstituyen una sola marina mercante. -Corresponde a la Confederación determinar los procedimientos para fijar la cabida de los buques, regular la expedición de las cartas de aforo y los certificados de navegación y establecer las condiciones con que pueda concederse el derecho de navegar. -Los buques mercantes de cada uno de los Estados entrarán y recibirán igual trato en todos los puertos y en todas las vías navegables naturales y artificiales de los Estados de la Confederación. -Los derechos que en los puertos se perciba sobre los buques o sus cargamentos por el uso de los establecimientos marítimos no pueden exceder de lo que exijan los gastos de conservación y creación ordinaria de esos establecimientos en las vías navegables por naturaleza. No se puede cobrar esos derechos más que para los establecimientos particulares destinados a facilitar las relaciones. Sucederá otro tanto con los que se cobre al mismo efecto en las vías navegables por obra del hombre. -Se aplicará estas disposiciones al flote por balsas o almadías, siempre que se verifique en vías navegables. - Sólo la Confederación puede imponer a los buques extranjeros o a sus cargamentos derechos distintos o más elevados de los que paguen los buques o cargamentos de los Estados federales.

Art. 55.º El pabellón de la marina militar mercante es negro, blanco y encarnado.

X.- Consulados.

Art. 56.º Todo lo que concierna a los consulados de Alemania está bajo la vigilancia del Emperador, que nombra a los cónsules después de haber oído a la Comisión del Consejo Federal para el comercio y la industria. No podrán los Estados particulares establecer nuevos consulados dentro de la jurisdicción de los cónsules federales. -Los cónsules federales ejercerán las funciones de los cónsules de los Estados particulares que no estén representados dentro de los límites de su jurisdicción. Todos los consulados de los Estados particulares que hoy existen desaparecerán luego que la organización de los consulados federales, a juicio del Consejo Federal, baste para asegurar la defensa de los intereses particulares y los de todos los Estados de la Confederación.

XI.- Organización militar federal.

Art. 57.º Todo alemán está obligado al servicio de las armas, sin que pueda hacerse reemplazar por nadie en el cumplimiento de este deber.

Art. 58.º Todos los Estados federales y todos los individuos que los habitan deben sufragar igualmente los gastos y las cargas de toda la organización militar del Imperio, de suerte que en principio no salga clase alguna beneficiada ni agravada. Donde no sea posible esta igual distribución de cargas sin menoscabo de la prosperidad pública, establecerá la ley la debida compensación con arreglo a los principios de la equidad.

Art.59.º Todo alemán capaz de llevar las armas pertenece al ejército permanente durante siete años, por regla general, desde la edad de 20 años cumplidos hasta la entrada en los 28. Estará los tres primeros años sobre las armas, los cuatro últimos en la primera reserva, Y otros cinco en la landwehr. -En los Estados federales, donde el servicio haya durado hasta aquí más de doce años, no se lo reducirá sino a medida que lo permitan las condiciones de guerra del ejército federal. -Respecto a la emigración de los soldados de la reserva, se estará exclusivamente a lo hoy dispuesto para los soldados de la landwehr.

Art. 60. La fuerza del ejército activo federal, en tiempo de paz, será, hasta el 31 de Diciembre de 1871, del uno por 100 de la población de 1867. Cada uno de los Estados federales dará a prorrata su cupo. -Después, la fijación del ejército activo en tiempo de paz será objeto de una ley federal.

Art. 61.º Luego de promulgada esta Constitución, se establecerá en todo el territorio federal la legislación militar prusiana: lo mismo las leyes que los reglamentos, instrucciones y rescriptos dictados para ejecutarlas y completarlas; principalmente el Código penal militar de 3 de Agosto de 1815; la Ordenanza de 20 de Julio de 1843 sobre los tribunales de honor; las disposiciones sobre la recluta y la duración del servicio; las reglas relativas al servicio mismo, a la manutención y al alojamiento de tropas, a las indemnizaciones por perjuicios ocasionados a los campos, a la movilización, etc., etc.; por fin, las disposiciones todas, lo mismo las escritas para la paz que para la guerra. Queda excluido, sin embargo, el reglamento militar eclesiástico. -Después de realizada la organización uniforme del ejército federal, el Emperador someterá a la aprobación constitucional del Reichstag y del Consejo federal una ley militar completa.

Art. 62.º Para hacer frente a los gastos de todo el ejército federal y de las instituciones que con él se enlazan, se deberá poner anualmente a disposición del Emperador tantas veces 225 thalers como la cifra que debe tener el ejército activo de paz con arreglo al arto 60. Regirá esta disposición hasta el día 31 de Diciembre de 1871, y empezará el pago el primer día del mes siguiente al de haberse promulgado esta Constitución federal. Después del 31 de Diciembre de 1871 continuará aportando cada Estado a la caja federal estas contribuciones, que seguirán calculándose por el ejército activo de paz que fija provisionalmente el art. 60, mientras no se prescriba otra cosa por una ley federal. La ley de presupuestos determinará la aplicación de esta suma a la totalidad del ejército federal y a su organización. La determinación del presupuesto militar tendrá por base la organización del ejército federal establecida legalmente en virtud de la hoy vigente.

Art. 63.° Todas las fuerzas de tierra de la Confederación formarán un solo ejército, que en paz y en guerra estará al mando del Emperador, como jefe federal de guerra. -Los regimientos, etc., llevarán en todo el ejército números consecutivos. -Para sus uniformes se tomará por base los colores y el corte del ejército de Prusia. Los jefes de los diversos contingentes tendrán la facultad de determinar las insignias exteriores, las escarapelas, por ejemplo. -EI jefe de guerra tiene el deber y el derecho de procurar que en el ejército federal estén completas todas las tropas y se hallen en estado de combate; que se establezca y se mantenga la unidad, así en la organización como en la formación de los cuerpos, así en el armamento como en el mando, así en la instrucción del soldado como en la graduación de los oficiales. -Al efecto, el jefe federal de guerra está autorizado para examinar en todo tiempo, por medio de inspectores, el estado de los diversos contingentes y ordenar que se corrija las faltas que en ellos observen. -El jefe federal de guerra determina el estado que deba tener la división y la organización de los contingentes del ejército federal y el de la organización de la landwehr: fija las guarniciones que deban establecerse dentro del territorio federal, y dicta las órdenes para poner en pie de guerra cada uno de los cuerpos del ejército. -Para mantener la unidad indispensable en la administración, manutención, armamento y equipo de todas las tropas del ejército federal, la Comisión del ejército de tierra y fortificaciones, de que habla el arto 8.°, comunicará a los jefes de todos los contingentes federales, a fin de que se ajusten a ellas, todas las ordenanzas que sobre este punto se haya dictado y dicte.

Art. 64.° Todas las tropas federales deben obediencia absoluta a las órdenes del jefe federal de guerra. Se mentará expresamente esta obligación al hacer el juramento al pié de banderas. Serán del nombramiento del jefe federal de guerra el comandante superior de cada contingente, todos los oficiales que manden tropas de contingentes diversos y los comandantes de las fortalezas. -Los oficiales así nombrados prestarán juramento al pie de banderas al jefe federal de guerra. - El nombramiento de los generales y oficiales para el contingente federal necesitará la aprobación del jefe federal de guerra, o sea del Emperador. - El jefe federal de guerra tiene derecho s nombrar para los puestos del servicio federal, bien en el ejército prusiano, bien en los demás contingentes, a los oficiales de todos los contingentes del ejército federal, haciendo las permutas con o sin ascenso.

Art. 65.º El derecho de establecer fortalezas dentro del territorio federal pertenece al Emperador, que al efecto deberá pedir, con arreglo a la sección 12, los medios que no le facilite el pre· supuesto ordinario.

Art. 66.º Cuando otra cosa no dispongan convenios particulares, los príncipes o los senados federales nombrarán a los oficiales de sus contingentes con la restricción consignada en el art. 64. Son los jefes natos de las tropas pertenecientes a su territorio, y gozan de los honores anejos al cargo. Tienen principalmente el derecho constante de inspección y además de las relaciones ordinarias sobre los cambios verificados en vista de esta Constitución, recibirán comunicaciones oficiales sobre los ascensos y nombramientos relativos a sus tropas. Tienen también el derecho de emplear para fines de policía, no sólo sus propias tropas, sino también las del ejército federal que estén de guarnición en su país.

Art. 67.º Las economías que se haga en el presupuesto no aprovecharán a los gobiernos particulares, sino a la Caja Federal.

Art. 68.º Puede el emperador, o sea el jefe federal de guerra, cuando esté amenazada la seguridad pública en cualquier parte del territorio federal, proclamar en ella el estado de sitio. Interin no se dicte una ley federal que arregle las condiciones, las formas y los efectos de esta declaración, se estará a lo prescrito en la ley prusiana de 4 de Junio de 1851.

APÉNDICE AL CAPITULO XI

Las prescripciones de este capítulo no son aplicables a Baviera sino con la restricción del tratado de alianza de 23 de Noviembre de 1870, ni a Wurtemberga sino con la del convenio militar del 21 al 25 de Noviembre del mismo año.

XII.- Hacienda del Imperio.

Art. 69. Se calculará todos los años los ingresos y los gastos de la Confederación y se los consignará en los presupuestos federales. Se fijará estos presupuestos por una ley, antes de empezar su ejercicio, con arreglo a los principios siguientes:

Art. 70. Para cubrir los gastos comunes servirán, ante todo, los sobrantes que haya de los años anteriores y los ingresos comunes que procedan de los derechos de aduana, contribuciones comunes de consumos, correos y telégrafos. Si no bastan estos ingresos a cubrir los gastos, ínterin no se establezca otros impuestos federales, deberá cada Estado contribuir al pago de lo que falte en proporción al número de sus habitantes. La cuota que les corresponda se fijará por una ley federal, y el Canciller del Imperio ordenará el cobro hasta el total importe de la cuota fijada en el presupuesto.

Art. 71. Los gastos comunes se entienden siempre aprobados por un año, pero podrán serlo en casos particulares para más largos períodos. - Durante el período transitorio de que se habla en el art. 60, el presupuesto por capítulos de los gastos del ejército federal no pasará al Consejo Federal y al Reichstag sino para conocimiento y memoria de las dos Asambleas.

Art. 72. El canciller del Imperio dará anualmente al Reichstag y al Consejo Federal cuenta del uso que haya hecho de todos los ingresos.

Art. 73. En casos de necesidad extraordinaria se podrá por una ley levantar empréstitos, o dar garantías a cargo de la Confederación.

APÉNDICE AL CAPÍTULO XII

En lo concerniente a los gastos del ejército bávaro no son aplicables los artículos 69 y 71 sino con arreglo A las disposiciones del tratado de 23 de Noviembre de 1870, citado en el Apéndice al capítulo XI. El arto 72 no lo es sino en el sentido de que se debe justificar las sumas necesarias para el ejército bávaro ante los delegados bávaros del Consejo Federal y del Reichstag.

XIII.- Conflictos y disposiciones penales.

Art. 74. Todo acto contra la existencia, la integridad, la seguridad o la Constitución del Imperio, todas las ofensas al Consejo Federal, al Reichstag, a las autoridades y a los funcionarios públicos de la Confederación, bien en el acto de ejercer sus cargos, bien con motivo de sus funciones, sean ofensas de palabra, escritas, impresas, representadas por imágenes o signos o de cualquiera otro modo, serán sometidas a juicio en los diversos Estados federales y castigadas con arreglo a las leyes que en ellos existan o en adelante se promulgue y penen los actos contra aquel Estado, contra su Constitución, sus Cámaras, sus autoridades y sus funcionarios.

. Art. 75. Para todos los actos del arto 68 que vayan dirigidos contra el Imperio y serían calificados de alta traición si fuesen contra un Estado particular, será tribunal competente y los juzgará en primera y única instancia el tribunal superior común de apelación de la tres ciudades libres anseáticas, que tiene su asiento en Lubeck. -Determinará una ley, con la mayor precisión posible, la competencia y el procedimiento del tribunal superior; e ínterin esto no se haga, se estará a lo prescrito sobre la competencia de los tribunales que existen en los diversos Estados de la Confederación y sobre la manera de proceder de estos tribunales.

Art. 76. Las cuestiones entre los Estados federales que no sean de derecho privado, ni por lo tanto de la competencia de los tribunales ordinarios, serán juzgadas por el Consejo Federal a instancia de una de las partes. - Las cuestiones sobre la Constitución que se suscite en los Estados federales donde no haya autoridad competente para decidirlas, las arreglará amistosamente el Consejo Federal a instancia de cualquiera de las partes, y si no lo alcanzare, las resolverán las Cámaras.

Art. 77. Si en un Estado federal se negaran a hacer justicia y no se pudiese remediar el hecho por las vías legales, se podrá recurrir en queja al Consejo Federal, que la apreciará según las leyes que en aquel Estado existan y hará que el gobierno motivo de la queja remedie judicialmente la falta.

XIV.- Disposiciones generales.

Art. 78. Esta Constitución podrá ser modificada por una ley. Se considerará rechizadas las reformas que se proponga cuando en el Consejo Federal tengan 14 votos en contra.- Las disposiciones de esta Constitución que establezcan derechos especiales para ciertos Estados respecto a la totalidad de la Confederación no se las podrá reformar sin el asentimiento de aquellos Estados.

APÉNDICE SEGUNDO

Constitución de los Estados-Unidos de América

Nosotros, el pueblo de los Estados-Unidos, con el fin de hacer más perfecta nuestra unión, establecer la justicia, asegurar la tranquilidad interior, atender a la común defensa, promover el bienestar general y afirmar los beneficios de la libertad para nosotros y nuestros descendientes, ordenamos y establecemos esta Constitución para los Estados-Unidos de América.

ARTÍCULO 1°
Sección primera

Todas las facultades legislativas otorgadas por esta Constitución corresponderán a un Congreso de los Estados-Unidos, que constará de un Senado y una Cámara de representantes.

Sección segunda.

Se compondrá la Cámara de representantes de los individuos que cada dos años elija el pueblo de los diferentes Estados, y serán electores de cada Estado los que reúnan las cualidades que en él se exija para serlo del más numeroso cuerpo de su Poder Legislativo.

No podrá ser representante el que no haya cumplido la edad de veinticinco años, no haya sido durante siete ciudadano de los Estados-Unidos y no sea al tiempo de la elección habitante del Estado en que se le elija.

Se repartirá el número de los representantes y el importe de las contribuciones directas entre los diferentes Estados según la respectiva población de cada Estado, que se computará añadiendo a la suma total de las personas libres, inclusas las que sólo temporalmente estén dedicadas al servicio ajeno y exc1uídos los indios que no paguen tributo, las tres quintas partes de las demás personas. Se hará el primer censo dentro de los tres años a contar desde la primera reunión del Congreso de los Estados Unidos; los demás de diez en diez años en la forma que prescriban las leyes. No habrá más de un diputado por cada 30.000 habitantes; pero cada Estado tendrá por lo menos uno. Interin no esté formado el censo, podrá elegir tres representantes el Estado de Nueva-Hampshire, ocho el de Massachusetts, uno el de Rhode-Island y Providence-Plantations, cinco el de Connecticut, seis el de Nueva-York, cuatro el de Nueva Jersey, ocho el de Pensylvania, uno el de Delaware, seis el de Maryland, ocho el de Virginia, cinco el de la Carolina del Norte, cinco el de la Carolina del Sur y tres el de Georgia.

Cuando ocurran vacantes en la representación de un Estado, convocará los comicios para llenarlas el Poder Ejecutivo de aquel Estado.

Elegirá la Cámara de los representantes su *speaker* (su presidente) y los demás oficiales. Podrá sólo acusar a los individuos del Poder Ejecutivo.

Seccion tercera.

Se compondrá el Senado de los Estados-Unidos de dos senadores por cada Estado. El Poder legislativo de cada Estado los elegirá por seis años. Cada senador tendrá un voto.

Inmediatamente después de reunidos los primeros senadores se dividirán en tres secciones lo más iguales posible. Al espirar el segundo año vacarán las plazas de la primera, al espirar el cuarto las de la segunda, yal espirar el sexto las de la tercera, de modo que se elija cada dos años la tercera parte de los senadores. Si por renuncia o por cualquiera otra cosa ocurriesen vacantes cuando no estuviese reunido el Poder Legislativo de un Estado, las llenará provisionalmente el Poder Ejecutivo del mismo por el tiempo que tarde en reunirse el Legislativo, que las cubrirá definitivamente.

No podrá ser senador el que no haya cumplido treinta años, no haya sido durante nueve ciudadano de los Estados-Unidos y no sea al tiempo de la elección habitante del Estado por el que se le elija.

Será presidente del Senado el vicepresidente de los Estados-Unidos, pero no tendrá voto sino en los casos de empate.

Elegirá el Senado sus oficiales y además un presidente *pro tempore* en ausencia del vicepresidente; también cuando éste desempeñe el cargo de presidente de los Estados-Unidos.

Solo el Senado podrá conocer de las acusaciones formuladas por la Cámara de los Representantes. Cuando al efecto se constituyan en tribunal, prestarán los senadores el juramento o darán la formal palabra de llenar fielmente su cometido. Si el acusado fuere el presidente de los Estados-Unidos, presidirá el Jefe de la Justicia *(The Chief-Justice)*. Nadie podrá ser condenado sino por los votos de las dos terceras parees de los senadores presentes.

El Senado, en estos casos, no podrá por su sentencia imponer otras penas que la de destitución y la de inhabilitación para todos los cargos retribuidos y para los de honor o confianza de los Estados-Unidos. No concluirá aquí, sin embargo, la responsabilidad de la persona condenada: podrá ser, además, objeto de querella, juicio, sentencia y castigo con arreglo a las leyes.

Sección cuarta.

Fijará el Poder Legislativo de cada Estado el tiempo, el lugar y la manera de hacer las elecciones de senadores y representantes; pero podrá en todo tiempo el Congreso de los Estados-Unidos hacer o reformar por una ley estas reglas, menos en lo relativo al lugar donde se deba elegir a los senadores.

Se reunirá el Congreso a lo menos una vez por año. Se reunirá el primer lunes del mes de Diciembre, a no ser que por una ley se fije otro día.

Sección quinta.

Cada Cámara conocerá de las actas, recuento de votos y aptitud legal de sus propios individuos. Reunidos éstos en mayoría, podrán desde luego constituirse y deliberar; en minoría, aplazar de día en día sus sesiones y compeler a la asistencia a los ausentes de la manera y bajo las penas que cada Cámara establezca.

Hará cada Cámara su reglamento, castigará a los individuos que no se contengan dentro de los límites del orden y la conveniencia, y los expulsará siempre que lo acuerden las dos terceras partes.

Llevará cada Cámara un diario de sesiones y lo publicará de vez en cuando, omitiendo lo que a su juicio exija secreto. Insertará en el *Diario* las votaciones nominales sobre cualquiera cuestión, siempre que lo pida la quinta parte de sus individuos presentes.

Ninguna de las dos Cámaras podrá, durante la legislatura del Congreso, suspender, sin consentimiento de la otra, las sesiones por más de tres días ni reunirse en otro lugar que el destinado a las dos Cámaras.

Sección sexta.

Recibirán los senadores y los representantes por sus servicios una retribución que la ley fijará y pagará el Tesoro de los Estados-Unidos. No podrá ninguno ser preso, como no sea por los delitos de traición, felonía y rebelión, ni durante su asistencia a la Cámara, ni mientras vaya a ella, ni cuando regrese a sus hogares. Fuera de la Cámara no podrá tampoco ninguno ser reconvenido por lo que en ella haya dicho.

Ningún senador ni representante podrá, durante el tiempo por que se le haya elegido, ser nombrado para cargo alguno civil de los Estados-Unidos que se cree o cuyo sueldo se aumente durante el mismo periodo. Nadie que ejerza cargo por los Estados-Unidos podrá tampoco ser individuo de una ni otra Cámara mientras lo siga ejerciendo.

Sección séptima.

Todos los proyectos de ley para imponer tributos se presentarán a la Cámara de Representantes. El Senado tendrá, sin embargo, el derecho de proponer enmiendas como en los demás proyectos.

Todo proyecto de ley, después de aprobado por la Cámara de Representantes y el Senado, se presentará antes de ser ley al Presidente de los Estados-Unidos, que lo firmará, si a su vez lo aprueba, y, si no, lo devolverá con sus objeciones a la Cámara de su origen. La Cámara, en este caso, insertará íntegras en su *Diario* las objeciones del presidente, y examinará de nuevo el proyecto. Si después de examinado están por que pase las dos terceras partes de aquella Cámara, se le pasará con las objeciones a la otra, que procederá también a un segundo examen. Si en esta Cámara saliere asimismo aprobado el proyecto por las dos terceras partes de votos, será desde luego ley. En todos estos casos serán nominales las votaciones de ambas Cámaras y se publicará en el respectivo *Diario* los nombres de las personas que hayan votado en pro y en contra. Será también ley el proyecto, del mismo modo que si se lo sancionare, cuando no lo devuelva el presidente a los diez días de habérselo presentado, sin contar el domingo, a menos que no haya podido devolverlo por haber suspendido el Congreso sus sesiones. En este caso no será ley.

Toda orden, resolución o votación que exija la aprobación del Senado y la Cámara de Representantes, salvo cuando se trate de la suspensión de las sesiones, se presentará también al Presidente de los Estados-Unidos. No surtirán efecto que éste no los haya aprobado, o desaprobándolos él, no los hayan confirmado las dos terceras partes de senadores y representantes en conformidad a las reglas y limitaciones prescritas para los proyectos de ley.

Sección octava.

Podrá el Congreso :
Imponer y recaudar contribuciones, derechos, impuestos y sisas para satisfacer las deudas y atender a la común defensa y el general bienestar de

334

los Estados-Unidos, siempre que sean uniformes para todos los Estados las deudas, las sisas y los impuestos.

Levantar empréstitos sobre el crédito de los Estados-Unidos;

Regular el comercio con las naciones extranjeras, con las tribus indias y de Estado a Estado;

Establecer en todos los Estados-Unidos reglas uniformes de naturalización y leyes uniformes sobre bancarrotas;

Acuñar moneda, determinar el valor de la nacional y el de la extranjera y dar la norma de los pesos y las medidas;

Procurar el castigo de los que falsifiquen las obligaciones o el cuño de los Estados-Unidos;

Establecer administraciones de correos y vías postales;

Fomentar el progreso de la ciencia y de las artes útiles, asegurando por tiempo limitado a los autores y a los inventores el exclusivo derecho a sus respectivos escritos y descubrimientos;

Constituir tribunales inferiores al Tribunal Supremo;

Definir y castigar las piraterías y demás crímenes cometidos en alta mar y las violaciones del derecho de gentes;

Declarar la guerra, conceder patentes de represalias y dictar reglas sobre las presas terrestres y marítimas;

Levantar y mantener ejércitos, sin que los créditos para éstos concedidos subsistan más de dos años;

Crear y mantener una armada;

Dictar reglas para el gobierno y el buen régimen de las fuerzas de mar y tierra;

Disponer el llamamiento de la milicia para ejecutar las leyes de la Unión, sofocar las insurrecciones y rechazar toda invasión extranjera; .

Procurar la organización, el armamento y la disciplina de la milicia y el mando de la parte que haya de estar al servicio de los Estados-Unidos, reservando a los respectivos Estados el nombramiento de los oficiales y la autoridad suficiente para acomodar la milicia ¡i la disciplina prescrita por el Congreso;

Ejercer en todo caso el exclusivo derecho de legislar en el distrito, cuando más de diez millas cuadradas, que por cesión de los Estados particulares y aceptación del Congreso sea el asiento del Gobierno de los Estados-Unidos; tener igual autoridad sobre todos los lugares adquiridos con el consentimiento del Poder Legislativo del Estado en que se hallen para construir fortalezas, almacenes, arsenales, astilleros y otros edificios de que necesite; y

Hacer todas las leyes necesarias y convenientes para el uso de dichos poderes y para el de todos aquellos de que por esta Constitución puedan estar investidos el Gobierno de los Estados-Unidos o cualquiera de sus empleados y dependencias.

Sección novena.

Antes del año 1808 no podrá el Congreso prohibir la inmigración o importación de las personas cuya admisión considere conveniente cualquiera de los Estados que ahora existen; pero podrá imponer sobre esta inmigración un tributo o derecho que no pase de 10 duros por persona.

No se suspenderá el privilegio del auto del *Habeas Corpus* sino cuando, en los casos de rebelión o invasión, lo exija 1a seguridad pública.

No pasará proyecto alguno de ley ni de hará ley alguna *ex post facto,* es decir, con efecto retroactivo.

No se impondrá capitación ni tributo alguno directo sino en proporción al censo que por esta misma Constitución está prescrito que se levante.

No se impondrá contribución ni derecho alguno sobre los artículos que se exporte de cualquiera Estado.

En ningún reglamento fiscal o de comercio se dará preferencia alguna a los puertos de un Estado sobre los de otro; tampoco se obligará a buque alguno a que vaya con rumbo a un Estado o de él salga a entrar en otro, ni a sufrir reconocimientos ni a pagar derechos.

No se hará por el Tesoro pago alguno que no tenga por una ley su respectivo crédito. Se publicará periódicamente el estado regular y la cuenta de los ingresos y gastos públicos.

No se dará por los Estados-Unidos título alguno de nobleza, ni nadie que por ellos desempeñe cargo de lucro o de confianza recibirá, sin autorización del Congreso, regalo, emolumento, destino ni título de ninguna clase de rey, príncipe ni Estado extranjeros.

Sección décima.

Ningún Estado hará por sí tratado, alianza ni confederación alguna. ni dará patentes de corso ni de represalias, ni acuñará moneda, ni emitirá documentos de crédito, ni permitirá que se admita en pago de derechos otra cosa que el oro y la plata acuñadas, ni dejará pasar proyectos de ley con efecto retroactivo, ni ley que altere las obligaciones de los contratos o conceda título alguno de nobleza.

Ningún Estado, sin autorización del Congreso, impondrá sobre las exportaciones contribución ni derechos, como no sean los absolutamente necesarios para la ejecución de sus leyes interiores. El producto neto de todos los impuestos y derechos que cobre cualquier Estado sobre importaciones y exportaciones, estará a disposición del Tesoro de los Estados Unidos. Todas las leyes que sobre este punto se dicte estarán sometidas a la revisión y a la inspección del Congreso.

Ningún Estado, sin autorización del Congreso, impondrá derecho alguno de tonelaje ni tendrá en tiempo de paz tropas ni buques de de guerra, ni entrará en pactos ni convenios con otro Estado ni con poder alguno extranjero, ni se empeñará en guerra alguna como no tenga ya invadido su territorio o en tan inminente peligro que no admita dilación la defensa.

ARTÍCULO 2 °
Sección primera

El Poder Ejecutivo residirá en un presidente de los Estados-Unidos de América. Desempeñará éste el cargo durante cuatro años, y junto con el vicepresidente, que lo será por igual tiempo, serán elegidos del siguiente modo:

Cada. Estado nombrará, de la manera que su Poder Legislativo prescriba, un número de electores igual al número total de senadores y representantes que le corresponda en el Congreso. No podrá nombrar al efecto a ningún senador, ni a ningún representante, ni a persona alguna que desempeñe cargo retribuido o comisión por los Estados-Unidos.

El Congreso fijará el tiempo en que deban ser nombrado esos electores y el día en que hayan de dar su voto, día que será el mismo para todos los Estados.

No podrá ser presidente el que no haya nacido en los Estados-Unidos o no sea ciudadano de los mismos al proclamarse esta Constitución: tampoco el que no haya cumplido la edad de treinta y cinco años y no lleve catorce de residencia en la República.

Si fuese destituido el presidente, o muriese, o renunciase, o se incapacitase para ejercer su autoridad y llenar los deberes de su cargo, le sustituirá el vicepresidente. Podrá el Congreso por una ley prevenir el caso en que presidente y vicepresidente sean destituidos, mueran, renuncien o se incapaciten, declarar qué funcionario haya de hacer entonces las veces de presidente y determinar cuáles hayan de ser sus facultades ínterin desaparezca la incapacidad o se elija nuevo presidente.

Recibirá el presidente por sus servicios, en los plazos que se fije, un sueldo que no se aumentará ni disminuirá durante el tiempo por que se le haya elegido. No podrá durante este tiempo percibir ningún otro emolumento ni de los Estados-Unidos ni de ninguno de los Estados que los componen.

Antes de entrar en el ejercicio de su cargo prestará el siguiente juramento, o dirá bajo su palabra: "Juro o digo solemnemente que desempeñaré con lealtad el cargo de presidente y guardaré, protegeré y defenderé lo mejor que sepa la Constitución de los Estados-Unidos."

Sección segunda.

El Presidente será el general en jefe del ejército y la armada de los Estados-Unidos; lo será también de la milicia de los diferentes Estados cuando sea llamada al servicio activo de la República. Podrá exigir dictamen por escrito al principal funcionario de cada dependencia del Poder Ejecutivo sobre cualquier materia relativa a los deberes del respectivo cargo, y también suspender la ejecución de sentencias y conceder indultos por ofensas a los Estados-Unidos, excepto en los casos de acusación por la Cámara de Representantes.

Podrá, con anuencia y consentimiento del Senado, celebrar tratados siempre que lo voten las dos terceras partes de los senadores. Designará y con anuencia y consentimiento del Senado nombrará a los embajadores y a los demás diplomáticos y cónsules, a los ministros del Tribunal Supremo y a todos los demás funcionarios de los Estados-Unidos cuyos nombramientos no esté aquí prescrito que se hagan de otro modo y cuyos cargos existan por una ley; mas el Congreso podrá por una ley confiar el nombramiento de los empleados inferiores que le parezca, ya al presidente, ya a los tribunales, ya a los jefes de departamento.

Podrá el presidente llenar las vacantes que ocurran mientras no esté reunido el Senado, dando las plazas en comisión. Expirarán esas comisiones al concluir la próxima legislatura.

Sección tercera.

De cuando en cuando informará acerca del Estado de la Unión al Congreso y le recomendará las medidas que estime necesarias y convenientes. En ocasiones extraordinarias podrá convocar las .dos Cámaras o una de ellas, y cuando estén discordes las dos sobre el tiempo en que hayan de suspender sus sesiones, las podrá suspender por el tiempo que crea oportuno. Recibirá a los embajadores y a los demás diplomáticos, cuidará del fiel cumplimiento de las leyes y dará las comisiones que quiera a todos los funcionarios de los Estados-Unidos.

Sección cuarta.

Serán destituidos de sus respectivos cargos el Presidente, el Vicepresidente y todos los funcionarios civiles de los Estados-Unidos cuando estén acusados y convictos de traición, cohecho u otros graves crímenes y delitos.

ARTÍCULO 3 °

Sección primera

El poder judicial de los Estados-Unidos residirá en el Tribunal Supremo y en tantos tribunales inferiores como el Congreso vaya ordenando y estableciendo. Los jueces, así los del Tribunal Supremo como los de los tribunales inferiores, conservarán sus cargos mientras observen buena conducta, y recibirán por sus servicios, en los períodos que se fije, un sueldo que no se les podrá disminuir mientras continúen prestándolos.

Sección segunda.

Se extenderá el poder judicial a todos los casos, ya de justicia, ya de equidad, previstos en esta Constitución, en las leyes de los Estados-Unidos y en los tratados hechos o que por su autoridad se haga; a todos los que afecten a embajadores, otros ministros públicos y cónsules; a todos los del almirantazgo y jurisdicción marítima; a las controversias en que sean parte los Estados-Unidos; a las que nazcan entre dos o más Estados, entre un Estado y los ciudadanos de otro Estado, entre ciudadanos de diferentes Estados, entre ciudadanos del mismo Estado que reclamen concesiones de tierras de diferentes Estados, y entre un Estado o los ciudadanos del mismo y los Estados, ciudadanos o súbditos extranjeros.

De las causas que afecten a embajadores, otros diplomáticos y cónsules y de aquellas en que sea parte un Estado, conocerá en primera instancia el Tribunal Supremo. De todas las demás antes mencionadas, conocerá en grado de apelación, lo mismo sobre el derecho que sobre el hecho, con las excepciones que establezca y bajo los reglamentos que haga el Congreso.

Corresponderá al Jurado el juicio de todos los crímenes, salvo los que hayan sido objeto de acusación por la Cámara de Representantes. Se seguirá el juicio en el Estado en que se haya cometido el crimen, y si éste no se hubiere cometido dentro de ningún Estado, en el lugar o los lugares que por una ley haya designado el Congreso.

Sección tercera.

No habrá traición contra los Estados-Unidos sino en el hecho de levantar gente contra ellos o unirse a sus enemigos, prestándoles ayuda y socorro.

No podrá nadie ser condenado como traidor sino por la declaración de dos testigos sobre un mismo hecho o por confesión en juicio público.

Podrá el Congreso declarar el castigo que corresponda a los traidores, pero ninguna sentencia de traición llevará infamia ni confiscación sino por el tiempo que dure la vida del delincuente.

ARTÍCULO 4 °

Sección primera.

En cada Estado se dará plena fe y crédito a las actas públicas, documentos y procedimientos judiciales de los demás Estados. Podrá el Congreso por leyes generales determinar cómo se haya de justificar estas actas, documentos y procedimientos y cuáles hayan de ser sus efectos.

Sección segunda.

Los ciudadanos de cada Estado tendrán derecho a todos los privilegios e inmunidades de que gocen los ciudadanos en los diferentes Estados.

Toda persona que, acusada de traición, felonía o cualquiera otro crimen en un Estado haya conseguido escaparse, en cualquiera otro Estado en que se la encuentre se la entregará a instancia del Poder Ejecutivo del Estado de que haya huido para que se la traslade al Estado a que corresponda el juicio de aquel delito.

Ninguna persona sujeta al servicio o al trabajo en un Estado bajo las leyes que en aquel Estado rijan, si se escapa a otro Estado, podrá por ley ni reglamento alguno de este Estado quedar exento de aquel trabajo o servicio; se la deberá entregar a instancia de la parte a quien el servicio o el trabajo se deban.

Sección tercera.

Podrá el Congreso admitir a la Unión nuevos Estados; pero no se podrá formar ningún Estado nuevo dentro de la jurisdicción de otro Estado, ni ningún Estado nuevo por la unión de dos o más Estados o parte de Estados sin el consentimiento del Poder Legislativo de aquellos Estados y el del Congreso.

Podrá el Congreso disponer libremente del territorio o de cualquiera otra propiedad perteneciente a los Estados-Unidos, y dictar sobre ellos cuantas leyes y reglamentos considere necesarios. No se podrá jamás interpretar esta Constitución de modo que puedan perjudicarse los derechos de los Estados-Unidos ni los de ningún Estado.

Sección cuarta.

Los Estados-Unidos garantirán a cada Estado de la Union la forma republicana y le protegerán contra todo género de invasiones. Le protegerán también contra los desórdenes interiores si lo pide el Poder Legislativo de aquel Estado, o el Ejecutivo cuando aquél no pudiere reunirse.

ARTÍCULO 5 °

El Congreso, siempre que lo estimen necesario las dos terceras partes de los individuos de ambas Cámaras, propondrá enmiendas a esta Constitución o convocará una convención para proponerlas a instancia del Poder Legislativo de las dos terceras partes de los diferentes Estados. En uno y otro casos valdrán las enmiendas como parte de esta Constitución, si las ratifica el Poder Legislativo de las tres cuartas partes de los Estados o las convenciones reunidas en las tres cuartas partes de los mismos, según el Congreso haya prescrito el uno o el otro modo de ratificarlas, con tal que ninguna enmienda hecha antes del año 1808 altere el primero ni el cuarto párrafo de la sección tercera del art. 1.°, ni Estado alguno pierda sin su consentimiento los votos a que en el Senado tiene derecho.

ARTÍCULO 6.º

Todas las deudas y todas las obligaciones contraídas antes de promulgarse esta Constitución contra los Estados-Unidos, tendrán por esta Constitución la misma fuerza que tenían por la Confederación.

Esta Constitución, las leyes de los Estados-Unidos que en su consecuencia se dicte y todos los tratados hechos o que se haga bajo la autoridad de los Estados-Unidos, serán la suprema ley del país: con ella deberán los jueces de cada Estado conformar sus actos, dígase lo que se quiera en la Constitución o en las leyes de aquel Estado.

Los senadores y los representantes anteriormente mencionados, los individuos de las Cámaras de los diferentes Estados y todos los funcionarios del orden ejecutivo., el orden judicial, así de los Estados-Unidos como de los diversos Estados que los componen, se obligarán bajo juramento o palabra de honor a mantener esta Constitución¡ mas no podrá exigirse profesión alguna de fe para obtener en los Estados-Unidos cargos públicos ni puestos de confianza.

ARTÍCULO 7º

Bastará la ratificación de las convenciones de nueve Estados para el establecimiento de esta Constitución entre los Estados que la ratifiquen.

La hemos hecho en convencían por el unánime consentimiento de los Estados presentes el día 17 de Septiembre del año 1787 de Nuestro Señor Jesucristo, segundo de la independencia de los Estados-Unidos de América. En testimonio de lo cual la hemos suscrito.

JORGE WASHINGTON, *presidente y diputado por Virginia.*

NUEVA HAMPSHIRE
Juan Langdon

MASSACHUSETS
Nataniel Gorham
Rufo King

CONNECTICUT
Guillermo Samuel Johnson

DELAWARE
Jorge Read
Cunning Bedfort
Juan Dickinson
Ricardo Basset
Jacobo Broom

MARYLAND
Jaime M'Henry

Rogerio Sherman

NUEVA-YORK
Alejandro Hamilton
NUEVA-JERSEY
Guillermo Livingston
David Brearley
Guillermo Paterson
Jonatas Dayton

PENSILVANIA
Benjamin Franklin
Tomas Mifflin
Roberto Morris
Jorge Elymer
Tomas Fitrsimons
Jared Ingersoll
Jaime Wilson
Gobernador Morris

DOY FE.

Daniel de Sto. Tomas Jenifer
Daniel Carroll
VIRGINIA
Juan Blair
Jaime Madison

CAROLINA DEL NORTE
Guillermo Blount
Ricardo Dobbs Spaight
Hugo Williamson

CAROLINA DEL SUR
Juan Rutledge
Carlos Cotesworth Pinckney
Pierce Butler

GEORGIA
Guillermo Few
Abraham Badwin

GUILLERMO JACKSON,
SECRETARIO

ENMIENDAS A LA CONSTITUCIÓN DE LOS ESTADOS UNIDOS, RATIFICADAS CON ARREGLO A LO PRESCRITO EN EL ART. 5.º DE LA MISMA

ARTÍCULO 1 °

No hará el Congreso ley alguna por la que se establezca una religión, o se prohíba ejercerla, o se limite la libertad de la palabra, o la de la prensa o el derecho del pueblo a reunirse pacíficamente y pedir al Gobierno la reparación de sus agravios.

ARTÍCULO 2 °

Siendo necesaria una bien ordenada milicia para la seguridad de los Estados libres, no se atentará contra el derecho del pueblo a tener y llevar armas.

ARTÍCULO 3.°

En tiempo de paz no se alojará a ningún soldado en casa alguna sin el consentimiento del propietario; en tiempo de guerra sólo en la forma que prescriben las leyes.

ARTÍCULO 4.°

Es inviolable el derecho de los ciudadanos a la seguridad de sus personas, casas, papeles y efectos contra irracionales pesquisas y embargos. No se decretará pesquisa alguna sin motivo fundado y corroborado por palabras de honor o juramentos; tampoco sin que se determine el lugar que deba ser objeto de reconocimiento y las personas o cosas que hayan de ser detenidas o embargadas.

ARTÍCULO 5.°

A nadie se podrá obligar a responder de un crimen que lleve consigo pena capital o infamante sino por auto que dicte el gran jurado a virtud de denuncia o querella, como no se trate de delitos cometidos en tiempo de guerra o de público peligro por las fuerzas de mar y tierra o por la milicia en activo servicio; a nadie se someterá por un mismo hecho a un segundo juicio que pueda ocasionarle perdimiento de la vida o de alguno de sus miembros; a nadie se podrá compeler a que en ninguna causa criminal declare contra sí mismo; a nadie privar de la vida, la libertad ni la propiedad sin formación de causa; a nadie expropiar, sin la debida indemnización, por razón de utilidad pública.

ARTÍCULO 6.º

En todo procedimiento criminal tendrá el acusado derecho a que se le juzgue pronto y públicamente por un jurado imparcial del Estado y del distrito en que se haya cometido el crimen, distrito que de antemano habrán debido determinar las leyes; a que se le haga saber la naturaleza y la causa de la acusación; a que se le caree con los testigos que contra él depongan; a que se le concedan medios obligatorios de obtener testimonios en su favor, y a que se le dé abogado que le defienda.

ARTÍCULO 7 º

Los pleitos que se haya de decidir por la ley común, se lo podrá someter al juicio del jurado siempre que su cuantía pase de veinte duros. No podrá hecho alguno sobre que recaiga sentencia del jurado ser objeto de nuevo examen por tribunal alguno de los Estados-Unidos, como no sea con arreglo a la misma ley común.

ARTÍCULO 8.º

No se exigirá ni fianzas excesivas ni excesivas multas. No se impondrá tampoco crueles ni inusitados castigos.

ARTÍCULO 9.º

No se dará jamás a la enumeración de los derechos en esta Constitución consignados una interpretación que niegue o derogue los que se haya reservado el pueblo.

ARTÍCULO 10.º

Corresponden a los respectivos Estados o al pueblo las facultades que no se haya delegado por la Constitución a los Estados-Unidos ni se haya expresamente prohibido a los Estados que los componen.

ARTÍCULO 11.º

El poder judicial de los Estados-Unidos no se entenderá nunca .que tenga jurisdicción para conocer por vía de equidad o de justicia de los negocios incoados o seguidos contra uno de los Estados por ciudadanos de otro Estado o por ciudadanos o súbditos de un Estado extranjero.

ARTÍCUL0 12.º

Se reunirán los electores en sus respectivos Estados y votarán por cédulas al Presidente y al vicepresidente, uno de los cuales, por lo menos, deberá ser habitante de otro Estado. Nombrarán en una cédula a la persona que quieran para presidente, y en otra a la que quieran para vicepresidente, y harán listas distinta de las personas votadas para presidente y de las votadas para vicepresidente, consignando en cada una el respectivo número de votos. Firmarán y certificarán estas listas y las enviarán selladas al punto donde esté el Gobierno de los Estados-Unidos, con dirección al presidente del Senado. El presidente del Senado, en presencia del Senado y de la Cámara de Representantes, abrirá estos certificados y se procederá al recuento de los votos. La persona que resulte tener para presidente mayor número de votos, será presidente si este número constituye la mayoría del número total de los lectores nombrados; y si no la constituye, la Cámara de Representantes elegirá por cédula al presidente entre las tres personas que para este cargo hayan obtenido mayor número de votos. Pero al elegir así al presidente, se votará por Estados y no tendrá sino un voto la representación de cada Estado. Bastará para proceder a la elección, que las dos terceras partes de los Estados tengan, cuando menos, en la Cámara un representante; pero sólo por la mayoría de todos los Estados será la elección válida. Si la Cámara de Representantes, cuando viniere a recaer en ella el derecho de elegir presidente, no le eligiere antes del día 4 del inmediato mes de Marzo, hará el vicepresidente las veces de presidente, como cuando el presidente muere o por cualquier causa constitucional se inhabilita. La persona que tenga mayor número de votos para vicepresidente, será vicepresidente, si éste número constituye la mayoría de los electores nombrados; si no la constituye, el Senado elegirá al vicepresidente entre las dos personas que hayan reunido mayor número de votos. Bastará en este caso, para proceder a la eleccion, que estén reunidas las dos terceras partes del número total de senadores; pero será válida la elección sólo cuando reúna la mayoría de los senadores todos. El que no sea por la Constitución elegible para el cargo de presidente, no lo será tampoco para el de vicepresidente de los Estados-Unidos.

ARTÍCULO 13.°

Sección primera

Ni en los Estados-Unidos, ni en lugar alguno sujeto a su jurisdicción, se consentirá ni la esclavitud ni la servidumbre involuntaria, a menos que se las sufra como castigo de un crimen del que haya sido el paciente declarado en forma legal reo convicto.

Sección segunda.

Queda autorizado el Congreso para poner en vigor este artículo por medio de las oportunas leyes.

ARTÍCULO 14.°

Sección primera.

Todas las personas nacidas o naturalizadas en los Estados-Unidos y a su jurisdicción sujetos, son ciudadanos de los Estados Unidos y del Estado en que residan. Ningún Estado podrá dictar ni poner en vigor ley alguna que reduzca los privilegios o las inmunidades de los ciudadanos de los Estados-Unidos ni privar a nadie de la vida, ni de la libertad, ni de la propiedad sin la debida formación de causa, ni denegar ni escatimará nadie, dentro de su territorio jurisdiccional, la protección de las leyes.

Sección segunda.

Para los efectos electorales, se repartirá el número de representantes entre los diversos Estados a prorrata del respectivo número de sus habitantes. Se contará en cada Estado a los habitantes todos, menos los indios que no paguen tributo. Mas si en cualquiera elección para nombrar, ya a los que hayan de elegir al presidente yal vicepresidente de los Estados-

Unidos, ya a los representantes del Congreso, ya a los empleados del Poder Ejecutivo o del Poder Judicial de un Estado, ya a los individuos del Poder Legislativo del mismo, se denegare o en algún modo se limitare el derecho de sufragio a habitantes varones de aquel Estado que tuvieren la edad de veintiún años y fueren ciudadanos de los Estados-Unidos, como no fuere por haber tomado parte en rebeliones u otros crímenes, se reducirá en aquel Estado la base de la representación en la proporción que guarde el número de estos habitantes varones con la totalidad de los habitantes varones mayores de veintiún años que haya en aquel Estado.

Sección tercera.

No podrá ser senador ni representante en el Congreso ni elector para presidente y vicepresidente, ni desempeñar por los Estados-Unidos, ni por ningún Estado, cargo civil ni militar el que, habiendo previamente jurado o prometido mantener la Constitución de los Estados-Unidos, bien como individuo del Congreso, bien como empleado de los Estados-Unidos, bien como miembro del Poder Legislativo de un Estado, bien como funcionario administrativo o judicial del mismo, haya tomado parte en la insurrección contra la Constitución jurada o haya prestado ayuda o socorro a los que la combatieron. Podrá, sin embargo, el Congreso dispensar esta incapacidad por el voto de las dos terceras partes de individuos de cada una de las dos Cámaras.

Sección cuarta.

Es indiscutible la validez de la Deuda pública de los Estados-Unidos que haya sido autorizada por una ley. Irá incluida en ella la contraída para el pago de pensiones y recompensas por servicios prestados en sofocar insurrecciones o rebeliones. Las deudas u obligaciones contraídas para ayuda de insurrecciones o rebeliones contra los Estados-Unidos, así como las reclamaciones por la pérdida o la emancipación de los esclavos, no las cubrirán ni las pagarán ni los Estados-Unidos ni ningún Estado. Se tendrá por ilegales y vanas todas estas deudas, obligaciones y reclamaciones.

Sección quinta.

Podrá el Congreso dictar las oportunas leyes para la ejecución de las prescripciones de este artículo.

ARTÍCULO 15.º

Sección primera.

No negarán ni limitarán ni los Estados-Unidos ni ningún Estado el derecho de sufragio a ciudadano alguno de los Estados-Unidos ni por motivos de raza ni de color, ni por haber sido esclavo.

Sección segunda.

Podrá el Congreso dictar, para la ejecución de este artículo, las oportunas leyes.

APÉNDICE TERCERO

LEYES FUNDAMENTALES DEL IMPERIO AUSTRÍACO

- I -

Ley fundamental del Imperio Austriaco sobre los derechos generales de los ciudadanos, promulgada en 21 de Diciembre de 1867, aplicable a los reinas y territorios representados en el REICHSRATH (Consejo del Imperio), con fuerza ejecutiva para Bohemia, Dalmacia, Gallitzia y Lodomeria, Cracovia, Austria aquende y allende el Ems, Salzburgo, Stiria. Carinthia, Carniola, Bukowina Moravia, Silesia, Tirol, Vorarlberga, Istria, Goricia, Gradisca, la ciudad de Trieste y su territorio.

Artículo 1.º Existe un derecho general de ciudadanía austriaca para todos los que pertenecen a los reinos y territorios representados en el *Reichsrath* (Consejo del Imperio).

La ley determinará el modo de adquirir, ejercer y perder este derecho.

Art. 2.º Todos los ciudadanos son iguales ante la ley.

Art. 3.º Todos los ciudadanos son admisibles al ejercicio de los empleos y cargos públicos. La admisión de los extranjeros a estos cargos depende de la adquisición del derecho de ciudadanía.

Art. 4.º No está sometida a restricción de ningún género la entrada de las personas y la introducción de su fortuna en el territorio del Estado.

Los ciudadanos que residan accidentalmente en un municipio donde paguen los impuestos a proporción de sus bienes raíces, industria o rentas, poseen el derecho de elegir y ser elegidos para dicho municipio bajo las mismas condiciones que los avecindados en el mismo.

No se restringirá la libertad de emigración sino para hacer efectivo el servicio militar.

En lo sucesivo sólo se establecerá excepciones para este principio en los casos de reciprocidad con las demás naciones.

Art. 5.º La propiedad es inviolable. La expropiación contra la voluntad del propietario no se verificará sino en los casos y según las reglas determinadas por la ley.

Art. 6.º Todo ciudadano puede fijar su residencia y establecer su domicilio en cualquier punto del territorio del Estado, adquirir en él toda clase de bienes raíces, disponer de ellos libremente y ejercer bajo iguales condiciones todas las industrias.

Respecto a las manos muertas, se podrá restringir el derecho de adquirir bienes raíces y disponer de ellos con arreglo a la ley en la proporción que exijan los intereses públicos.

Art. 7.º No habrá en lo sucesivo bienes feudales ni de vasallaje. Se declara redimible toda obligación o censo anejos al título de una propiedad territorial. Queda prohibida en lo sucesivo la imposición de censos u obligaciones irredimibles sobre los bienes inmuebles.

Art. 8.º Garantiza el Estado la libertad individual. A consecuencia de esta disposición, formará parte de la presente ley fundamental del Estado la vigente de 27 de Octubre de 1862 en favor de la libertad de las personas.

Todo arresto arbitrario o que ilegalmente se prolongue, obliga al Estado a la indemnización de perjuicios.

Art. 9.º El domicilio es inviolable. A consecuencia de esta disposición, formará parte de la presente ley fundamental del Estado la vigente de 27 de Octubre de 1862, que reconoce este derecho.

Art. 10.º El secreto de la correspondencia es inviolable. No podrán ser recogidas las cartas con arreglo a las leyes vigentes, salvo los casos de arresto legal o pesquisa domiciliaria, sino en tiempo de guerra o en virtud de mandamiento judicial.

Art. 11.º Toda persona tiene el derecho de peticiono Las corporaciones o asociaciones legalmente reconocidas son las únicas que pueden dirigir peticiones colectivas.

Art. 12.º Los ciudadanos austriacos tienen derecho a reunirse y constituir asociaciones. Regularán el ejercicio de estos derechos, leyes especiales.

Art. 13.º Todo individuo tiene el derecho de expresar libremente sus opiniones de palabra, por escrito, por medio de la imprenta o cualquier otro género de estampación dentro de los límites impuestos por la ley, pero sin que en ningún caso rija la previa censura ni haya necesidad de autorización previa para las publicaciones. Las prohibiciones postales que emanen de la administración no son aplicables a los impresos del país.

Art. 14.º Garantiza el Estado a todas las personas la libertad completa y absoluta de religión y de conciencia.

El ejercicio de los derechos civiles y políticos es independiente de las creencias religiosas que se profese. El ejercicio de la libertad religiosa no podrá, sin embargo, eximir en ningún caso del cumplimiento de los deberes de ciudadano.

No se podrá obligar a nadie a verificar acto alguno dispuesto por la Iglesia, ni a tomar parte en ninguna solemnidad religiosa, como no se halle sometido a la autoridad de persona revestida por la ley de este derecho.

Art. 15.º Toda Iglesia o sociedad religiosa legalmente reconocida puede practicar en comunidad los ejercicios de su culto, arreglar y administrar sus asuntos interiores con absoluta independencia, y permanecer en posesión de los establecimientos, fundaciones y sumas destinadas al culto, a la enseñanza o a obras de caridad; pero queda sometida, como toda asociación, a las leyes del Estado.

Art. 16.º Los que profesen religión o secta que no se halle legalmente reconocida pueden ejercer dentro de su domicilio las prácticas de su culto, con tal que no sean contrarias a la ley ni a las buenas costumbres.

Art. 17.º Se declara libres la ciencia y su enseñanza.

Se autoriza a todo ciudadano para fundar establecimientos de enseñanza superior o elemental, siempre que haga constar legalmente su capacidad para el objeto.

No estará sujeta a esta condición la enseñanza privada. La enseñanza religiosa en las escuelas pertenece a la Iglesia o a la corporación religiosa de que dependan.

El Estado tiene la suprema dirección e inspección de toda clase de establecimientos de enseñanza pública.

Art. 18.º Todo ciudadano puede elegir libremente su profesión y aprenderla como mejor le parezca.

Art. 19.º Todas las razas de los pueblos del Estado poseen iguales derechos y tienen el de conservar y cultivar su nacionalidad y su respectivo idioma.

El Estado reconoce el derecho de usar, en la enseñanza y los negocios públicos, todos los idiomas que se habla dentro del Imperio.

En los países donde haya muchas razas, se organizará las escuelas públicas de modo que cada una tenga a su disposición los medios necesarios para la enseñanza de su respectivo idioma, sin que pueda emplearse ninguna medida coercitiva para que aprendan otro.

Art.20.º Una ley especial determinará los casos en que puedan ser objeto de suspensión temporal y local los derechos consignados en los artículos 8.º, 9.º, 10, 12 y 13.

- II -

Ley fundamental del Imperio A austriaco sobre la representación del Imperio, promulgada en 21 de Diciembre de 1867 para los reinos de Bohemia, Gallitzia, Dalmacia y Lodomeria, el gran ducado de Cracovia, el archiducado de Austria aquende y allende el Ems, los ducados de Salzburgo, Stiria, Carinthia, Carniola y Bukowina, el margraviato de Moravia., el ducado de la. Alta y Baja Silesia, el condado soberano del Tirol, el territorio de Vorarlberga, el margraviato de Istria, el condado soberano de Goricia y Gradisca, la ciudad de Trieste y su territorio.

Articulo 1.° El *Reischrath* representa el Imperio. Consta de dos Cámaras: la de los Señores y la de los Diputados.

Nadie puede ser simultáneamente individuo de las dos.

Art. 2.° Los príncipes de la familia imperial, mayores de edad, pertenecen por derecho de nacimiento a la Cámara de los señores.

Art. 3.° Pertenecen a la misma Cámara, con derecho hereditario, los jefes mayores de edad de las familias nobles indígenas importantes por la extensión de sus dominios, a quienes el emperador conceda el título de individuos hereditarios de la Cámara de los señores.

Art. 4.° Pertenecen a la misma Cámara, en virtud de su elevada dignidad eclesiástica, todos los Arzobispos y Obispos que tengan el título de príncipes del Imperio.

Art. 5.° El emperador se reserva el derecho de elegir individuos vitalicios de la misma Cámara a los hombres eminentes que se distingan por sus servicios al Estado, a la Iglesia, a las ciencias o a las artes.

Art. 6.° La Cámara de los diputados se compondrá de 203 individuos, que serán elegidos por los diferentes reinos y provincias en la proporción siguiente:

Por el reino de Bohemia, 54; por el de Dalmacia, 5; por el de Gallitzia y Lodomeria, con el gran ducado de Cracovia, 38; por el archiducado de Austria aquende el Ems, 18; por el de Austria allende el Ems, 10; por el ducado de Salzburgo, 3; por el de Stiria, 13; por el de Carinthia, 5; por el de Carniola, 6; por el de Bukowina, 5; por el margraviato de Moravia, 22; por el ducado de la Alta y Baja Silesia, 6; por el condado soberano del Tirol, 10; por el Vorarlberga, 2; por el margraviato de Istria, 2; por Goricia y Gravisca, 2; por la ciudad de Trieste y su territorio, 2.

Art. 7.° Los diputados de cada provincia serán elegidos por los individuos de cada Dieta provincial.

La elección se verificará por mayoría absoluta de votos, de modo que los individuos de la Cámara de diputados, sea cual fuere el número repartido entre los diversos territorios, ciudades y corporaciones, provengan de las, Dietas provinciales establecidas para los mismos territorios, corporaciones y ciudades.

No puede modificarse de modo alguno la distribución de las circunscripciones ni la de los diputados que hayan de elegirse sino a propuesta de las Dietas provinciales y por medio de una ley fundamental.

El emperador se reserva el derecho de proceder a elecciones directas en los territorios, ciudades o corporaciones cuando por efecto de circunstancias excepcionales las Dietas de las provincias no pudieran enviar diputados a la Cámara.

Esta elección directa se verificará de modo que el número de individuos de la Cámara de diputados establecido para una circunscripción sea designado por los ciudadanos que, en la misma circunscripción, concurran a las elecciones de la Dieta provincial. Las disposiciones ulteriores para llevar a cabo esta elección directa y la distribución de las circunscripciones electorales, serán objeto de una ley fundamental.

Art. 8.º Los funcionarios públicos y los agentes del Gobierno elegidos para la Cámara de diputados no necesitan licencia de sus jefes para ir a desempeñar su mandato.

Art. 9.º El emperador nombra el presidente y vicepresidente de la Cámara de los Señores entre los individuos de la misma. Verifica el nombramiento al principio de cada legislatura. La Cámara de los diputados elige entre sus individuos el presidente y los vicepresidentes. El nombramiento de los demás individuos que constituyen la mesa en ambas Cámaras pertenece a las Cámaras mismas.

Art. 10.º El emperador convocará todos los años el *Reischrath,* procurando, en cuanto sea posible, que se reúna en los meses de invierno.

Art. 11.º La competencia del *Reischrath* se extiende a todo lo concerniente a los derechos, deberes e intereses de todos los reinos y territorios representados en el *Reischrath,* no a los asuntos que no sean comunes a estos reinos y territorios y a los demás países de la monarquía incorporados a la corona húngara.

Competen al *Reischsrath* las siguientes materias:

(a) El examen y sanción de los tratados políticos o de comercio que lleven consigo en todo o en parte cargas para el Imperio, o impongan obligaciones a los ciudadanos, o den lugar a un cambio de territorio en los reinos y países representados por el *Reischrath.*

(b) Todas las cuestiones relativas al desempeño, reglamento y duración del servicio militar, determinación anual de las fuerzas permanentes, y suministro de bagajes, víveres y alojamiento de tropas.

(c) Todos los negocios de Hacienda, particularmente los presupuestos y la revisión de cuentas, el resultado de la administración financiera, la emisión de nuevos valores, la conversión de la Deuda existente, la enajenación, cambio y aumento del dominio público, la legislación de

regalías, y en general todos los asuntos de Hacienda y crédito que sean comunes a todos los reinos y territorios representados en el *Reischrath.*

(d) El reglamento de todo lo relativo a la acuñación de moneda y emisión de billetes de Banco; las cuestiones de aduanas, comercio, telegrafía, correos, ferrocarriles, navegación y cualquiera otra clase de comunicaciones.

(e) Las leyes sobre crédito, Bancos, privilegios industriales, pesos, medidas, modelos y contraseñas de fábrica.

(f) Las leyes sanitarias; las leyes contra las epidemias y la peste bovina.

(g) Las leyes sobre los derechos de naturalización y ciudadanía, sobre la policía de los extranjeros, sobre los pasaportes y sobre el censo de población.

(h) Las relaciones entre las diversas comuniones religiosas, el derecho de reunión y asociación, la imprenta, la propiedad literaria, el reglamento de los principios de instrucción pública para las universidades, escuelas y liceos que no sean de carácter privado.

(i) Las leyes sobre los tribunales correccionales y de dolida y los de derecho civil, exceptuando la legislación sobre objetos que, en virtud de las leyes provinciales y la presente ley fundamental, competen a las Dietas; las leyes sobre el derecho mercantil, el marítimo, las minas y los feudos.

(j) Las bases orgánicas de las disposiciones relativas a las autoridades administrativas y judiciales.

(k) Las leyes necesarias para la ejecución de las fundamentales relativas a los derechos generales de los ciudadanos, al tribunal del Imperio y a los poderes judicial y ejecutivo.

(l) Las leyes sobre todo lo concerniente a relaciones entre los diversos países.

(m) Las leyes sobre la forma en que hayan de tratarse los asuntos reconocidos como comunes a los países de la corona de Hungría.

Art. 12.° Todas las demás cuestiones legislativas que en virtud de la presente ley no se hallen reservadas exclusivamente al *Reischrath,* competen a las Dietas particulares de los reinos y territorios en él representados. Las deciden las Dietas con arreglo a la Constitución. Si con todo una Dieta acuerda que un asunto legislativo sometido a su deliberación debe ser objeto de discusión y acuerdo por parte del *Reischrath,* tendrá éste competencia para resolverlo, aunque sólo en aquel caso especial y por la misma Dieta.

Art. 13.° El Gobierno presenta al *Reischrath* los proyectos de ley; pero puede también éste presentarlos por su propia iniciativa en los asuntos que son de su competencia.

Para que un acuerdo tenga fuerza de ley, se necesita siempre el voto conforme de las dos Cámaras y la sanción del emperador.

Si las dos Cámaras no llegan a un acuerdo después de repetidas deliberaciones, y se trata de un crédito o de la cifra del contingente para el servicio militar» se considerará como válida la cifra más baja.

Art. 14.º Si durante las vacaciones del *Reischrath* se necesita tomar medidas urgentes en asunto de sus atribuciones, podrá tomárselas por un decreto imperial, bajo la responsabilidad de todo el ministerio y la condición de que esas medidas no impliquen ni derogación de la ley fundamental, ni cargas duraderas para el Tesoro público, ni enajenación del dominio del Estado. Las disposiciones a que se refiere este artículo tienen provisionalmente fuerza de ley, si van firmadas por todo el ministerio y están contenidas dentro de los límites aquí trazados.

Perderán estas disposiciones su fuerza de ley, si el Gobierno deja de dar cuenta de ellas al inmediato *Reischrath* en una exposición razonada que deberá presentar en la Cámara de los diputados cuatro semanas des pues de la convocatoria. Caducarán también si cualquiera de las dos Cámaras les niega su aprobación. Debe el ministerio, bajo su responsabilidad, anular sus decretos cuando hayan perdido el carácter de leyes provisionales.

Art. 15.º Para que un acuerdo sea válido en el *Reischrath* se necesita, por lo menos, la presencia de cien individuos en la Cámara de los diputados, la de cuarenta en la de los señores, y la mayoría absoluta de votantes en una y otra Asamblea.

Para las reformas de la ley fundamental sobre los derechos generales de los ciudadanos de los reinos y territorios representados en el *Reischrath,* sobre el establecimiento de un tribunal del Imperio, sobre el Poder judicial y sobre el ejercicio del Poder ejecutivo, se necesita por lo manos en cada Cámara una mayoría compuesta de las dos terceras partes de sus individuos.

Art. 16.º Los diputados no reciben de sus electores ningún mandato imperativo. Los individuos del *Reischrath* fuera de su respectiva Cámara no son nunca responsables por los votos que den en el ejercicio de sus funciones, ni por las palabras que en el mismo concepto pronuncien: sólo lo son ante la Cámara a que pertenezcan.

Ningún individuo del *Reischrath* puede ser preso ni perseguido judicialmente durante la legislatura sin el consentimiento de la Cámara a que pertenezca, como no sea cogido *in fraganti delicto.*

Aun en el caso de ser cogido *in fraganti,* debe el tribunal participar inmediatamente la prisión al presi dente de la Cámara.

Si ésta lo exige, será puesto en libertad el considerado como reo, y se detendrá el curso de los procedimientos mientras dure la legislatura. Asiste el mismo derecho a la Cámara cuando se trata del arresto verificado o de la causa formada contra cualquiera de sus individuos estando cerradas las Cortes.

Art. 17.º Todos los individuos del *Reischrath* deben votar personalmente.

Art. 18.º El mandato de los diputados elegidos caduca definitivamente el día en que se convoca una nueva Dieta.

Los diputados pueden ser reelegidos. Se procederá a nueva elección cuando fallezcan, cuando pierdan su capacidad, cuando se vean imposibilitados largo tiempo para tomar asiento en el *Reischrath,* cuando presenten su dimisión, o cuando por cualquiera otro concepto dejen de pertenecer a la Cámara.

Art. 19.º El emperador suspende, siempre que lo tiene a bien, las sesiones del *Reischrath* y disuelve la Cámara de los diputados.

En este caso se procede a nuevas elecciones, con arreglo a lo establecido en el arto 7.º

Art. 20.º Los ministros y los jefes de los servicios centrales pueden tomar parte en todas las discusiones del *Reischrath* y formular proposiciones por sí o por medio de un diputado.

Las dos Cámaras pueden reclamar la presencia de los ministros.

Se concederá la palabra a los ministros siempre que la pidan, pero sólo tendrán derecho de votar en la Cámara a que pertenezcan.

Art. 21.º Cada una de las dos Cámaras del *Reischrath* puede interpelar a los ministros sobre todos los asuntos que les competan, someter a examen sus actos, pedirles explicaciones sobre las solicitudes presentadas, nombrar comisiones que les pidan cuantos datos y documentos necesiten y expresar su opinión en mensajes y acuerdos solemnes.

Art. 22.º La investigación y el examen de la Deuda pública será objeto de una ley especial.

Art. 23.º Las sesiones de ambas Cámaras del *Reischrath* son públicas. Las Cámaras pueden, sin embargo, reunirse excepcionalmente en sesión secreta a propuesta del presidente o de diez individuos por lo menos, si así lo acuerda la Cámara, luego que se haya retirado el público.

Art. 24.º Un reglamento especial determinará la marcha de los asuntos y las recíprocas relaciones de las dos Cámaras.

- III -

Ley fundamental del Imperio Austriaco, relativa a los asuntos comunes a todos los países de la monarquía, y al modo de tratarlos, promulgada en 21 de Diciembre de 1867.

Artículo 1.º Se declaran comunes a los reinos y países representados en el *Reischrath* y a los de la corona de Hungría los asuntos siguientes:

(a) Los negocios extranjeros, entre ellos la representación diplomática y comercial en las demás naciones y los tratados internacionales, cuya sanción, necesaria con arreglo a la ley fundamental del Estado, se reserva a los cuerpos representativos de ambas partes del Imperio *(El Reischrath y la Dieta Húngara);*

(b) Los asuntos militares, entre ellos los de la marina imperial. Se exceptúa la ley que fije el contingente para el servicio militar, las disposiciones relativas a la administración y situación del ejército y el reglamento de las relaciones, derechos y deberes de los individuos que militen en sus filas;

(c) Los asuntos de Hacienda en todo lo que se refiere a los gastos comunes, sobre todo la votación del presupuesto anual y el examen de cuentas.

Art. 2.º Se discutirá, no con arreglo a lo dispuesto en el artículo anterior, pero sí con sujeción a principios comunes, las materias siguientes:

(a) Los asuntos de comercio, especialmente los relativos a la legislación de aduanas;

(b) Las leyes sobre impuestos indirectos enlazados estrechamente con la producción industrial;

(c) El sistema monetario y la tasa del interés;

(d) Los reglamentos concernientes a los ferrocarriles que interesen a las dos partes del Imperio;

(e) Los medios de defensa.

Art. 3º Las dos partes del Imperio sufragan proporcionalmente los gastos comunes a entrambas por medio de una suma que en épocas determinadas acordarán los dos cuerpos representativos del Imperio *(el Reischrath y la Dieta Húngara)* y deberá someterse a la sanción del emperador. En el caso de que ambos cuerpos no lleguen a una avenencia, el emperador determinará la cifra a que haya de ascender dicha suma, pero sólo por término de un año.

Corresponde exclusivamente a cada una de las dos partes del Imperio acordar sus particulares empréstitos.

Para atender a los gastos comunes a entrambas, podrá, sin embargo, verificarse un empréstito común: en este caso, se tratará mancomunadamente de todo lo relativo al empréstito, a su inversión y a su reembolso.

La representación de cada una de las dos partes del Imperio acordará separadamente si ha lugar o no a verificar un empréstito de esta especie.

Art. 4.º Por un convenio entre ambas partes del Imperio se determinará la proporción en que deba contribuir cada una a las obligaciones de la Deuda pública actual.

Art. 5.º La administración de los asuntos comunes a entrambas partes quedará a cargo de un ministerio especial responsable, que no podrá dirigir a la vez los negocios particulares de cada parte del Imperio.

Las medidas concernientes a la dirección, mando y organización de toda la fuerza armada, competen exclusivamente al emperador.

Art. 6.º El derecho de legislar perteneciente a los dos cuerpos representativos de las dos partes del imperio *(el Reischrath y la Dieta Húngara)*, será ejercido por delegaciones que envíen los dos susodichos cuerpos para tratar de los asuntos comunes.

Art. 7.º La delegación del *Reischrath* se compondrá de sesenta individuos, de los cuales será elegida la tercera parte por la Cámara de los señores y las otras dos por la de los diputados.

Art. 8.º La Cámara de los señores elige entre sus individuos, por mayoría absoluta de votos, a los veinte que han de formar parte de la delegación. La Cámara de los diputados elige a los cuarenta que para el mismo objeto le corresponden, de manera que los diputados de las diferentes Dietas los envíen con arreglo a la siguiente lista, bien que con la facultad de elegir entre ellos o entre los diputados todos de la Cámara. Serán elegidos por mayoría absoluta de votos: por el reino de Bohemia, diez delegados; por el reino de Dalmacia, uno; por el de Gallitzia y Lodomeria con el gran ducado de Cracovia, siete; por el archiducado de Austria aquende el Ems, tres; por el de Austria allende el Ems, dos; por el ducado de Salzburgo, uno; por el ducado de Stiria, dos; por el ducado de Carinthia, uno; por el ducado de Bukowina, uno; por el margraviato de Moravia, cinco; por el ducado de Silesia (Alta y Baja), uno; por el condado soberano del Tirol, dos; por el país de Vorarlberga, uno; por el margraviato de Istria, uno; por el condado soberano de Goricia y Gradiska, uno; por la ciudad de Trieste y su territorio, uno: total, cuarenta.

Art. 9.º Del mismo modo elegirá cada una de las Cámaras del *Reischrath* los suplentes de los delegados, nombrando al efecto diez la Cámara de los señores y veinte la de los diputados.

El número de suplentes que haya de elegir esta última será el de un suplente, si son de uno a tres los delegados, y el de dos suplentes si los delegados son cuatro o más.

Los suplentes serán elegidos uno por uno.

Art. 10.º Se renovará los delegados y los suplentes todos los años en las dos Cámaras del *Reischrath*. Ni unos ni otros pueden ser reelegidos.

Art. 11.º El emperador convoca todos los años las delegaciones, designando el punto en que deban reunirse.

Art. 12.º La delegación del *Reischrath* elige entre sus individuos al presidente, al vicepresidente, a los secretarios y a los demás individuos de la mesa.

Art. 13.º La competencia de las delegaciones se extiende a todas las cuestiones sobre los asuntos comunes. Las demás cuestiones no son de su incumbencia. ,

Art. 14.º Las proposiciones del Gobierno serán trasmitidas separadamente por el ministerio común a cada una de las dos delegaciones.

Cada delegación tiene derecho para presentar proposiciones sobre los asuntos de su competencia.

Art. 15.º Para todas las leyes sobre asuntos que competan a las delegaciones, se necesita el acuerdo de cada una; si éste no existe, se reúnen las dos en un solo cuerpo para adoptar una determinación definitiva. Esta, se la deberá someter en todo caso a la sanción del emperador.

Art. 16.º Pertenece a las delegaciones el derecho de acosar al ministerio común.

En el caso de violación de una ley constitucional vigente para los asuntos comunes, cada delegación puede formular una proposición y comunicarla a la otra, a fin de que sea acusado el ministerio común o cualquiera de sus individuos. Se declarará haber lugar a la acusación, si cada delegación la acuerda separadamente, o si las dos lo determinan congregadas en una sola junta.

Art. 17.º Cada delegación propone entre los ciudadanos independientes y los jurisconsultos de las dos partes del Imperio que a ella no pertenezcan, 24 jueces, de los que 12 pueden ser recusados por la otra delegación. El acusado, o los acusados todos colectivamente, pueden recusar 12 jueces de los propuestos; de manera, sin embargo, que resulte recusado igual número de los presentados por la una y la otra delegación.

Los jueces restantes forman el tribunal que ha de conocer del el proceso.

Art. 18.º Una ley especial sobre la responsabilidad del ministerio común determinará la forma de la acusación y el procedimiento.

Art. 19.º Cada una de las dos delegaciones procede, discute y toma sus acuerdos en sesiones separadas. Las excepciones a esta regla vienen determinadas en el art. 31 de la presente ley fundamental.

Art. 20.º Para que un acuerdo sea válido se necesita por lo menos la presencia del presidente y treinta individuos de la delegación, y la mayoría absoluta de votos entre los presentes.

Art. 21.º Los delegados del *Reischrath* y sus suplentes no pueden recibir de sus electores mandato alguno imperativo.

Art. 22.º Los delegados del *Reischrath* deben ejercer personalmente sus derechos; el art. 25 de la presente ley fundamental determina los casos en que pueden ser sustituidos por sus respectivos suplentes.

Art. 23.º Los delegados del *Reischrath* gozan, en el concepto de tales, la inviolabilidad e irresponsabilidad a que tienen derecho como individuos del

Reischrath por el art. 16 de la ley fundamental sobre la representación del Imperio.

Los derechos que esta misma ley concede a la Cámara con relación a los diputados son aplicables a la delegación, por lo que hace a los individuos que la componen, cuando el *Reischrath* no está reunido.

Art. 24.° El individuo que deje de formar parte del *Reischrath* deja también de pertenecer a la delegación.

Art. 25.° En el caso de faltar un individuo de la delegacion o un suplente, se procede a nueva elección.

Si el *Reischrath* no está reunido, el suplente reemplaza al delegado.

Art. 26.° Al disolverse la Cámara de los diputados caducan igualmente los poderes de la delegación del *Reischrath*.

El *Reischrath* nuevamente constituido elige nueva delegacion.

Art. 27.° Luego que la delegación termina sus tareas, el presidente cierra la legislatura con anuencia del emperador. .

Art. 28.° Los individuos del ministerio común pueden tomar parte en todas las discusiones de la delegación y presentar proposiciones en persona o por medio de delegado. Serán también oídos siempre que lo soliciten.

La delegación tiene derecho a dirigir interpelaciones al ministerio común o a cualquiera de sus individuos; reclamar datos y documentos, y nombrar comisiones, que faciliten cuantos datos les pidan para el desempeño de su tarea.

Art.29.° Las sesiones de la delegación son públicas. Podrá, sin embargo, suspenderse esta publicidad, a propuesta del presidente o de cinco individuos, si la Asamblea lo acuerda, luego que el público se haya retirado de las tribunas: el acuerdo debe tomarse en sesión pública.

Art.30.° Las dos delegaciones se comunican mutuamente sus acuerdos y los motivos que tuvieron para adoptarlos.

Estas comunicaciones irán escritas en alemán por parte de la delegacion del *Reischrath* y en húngaro por parte de la delegación de la Dieta húngara: llevarán todas adjunta una traducción auténtica en el idioma de la delegación a que se dirijan.

Art. 31.° Cada delegación tiene el derecho de reclamar que se resuelva una cuestión por las dos delegaciones reunidas en un solo cuerpo. No puede rechazarlo la otra delegación después de tres comunicaciones seguidas sin resultado.

Los dos presidentes de común acuerdo, determinarán el día y lugar en que haya de celebrarse la primera sesión de las dos delegaciones reunidas.

Art. 32.° En las sesiones de las dos delegaciones reunidas en una sola, corresponde alternativamente la presidencia a los presidentes de las dos delegaciones.

La suerte decidirá cuál de los dos presidentes deba ser el primero que ocupe la presidencia: en todas las siguientes será presidida la Asamblea por el presidente de la delegacion que no haya presidido la anterior.

Art. 33.º Para que sea válido un acuerdo tomado por la Asamblea de las dos delegaciones reunidas en una sola, se necesita por lo menos la presencia de las dos terceras partes de los individuos que constituyen cada delegación. El acuerdo se toma por mayoría absoluta de votos.

Si hubiere presentes más individuos de una delegacion que otra, aquella cuyos individuos presentes sean más, procurará que haya las abstenciones necesarias para restablecer la igualdad en el número de votantes de cada delegacion. Para saber los indivíduos que hayan de abstenerse de votar, se procederá al sorteo.

Art. 34.º Las sesiones de las dos delegaciones reunidas en una sola son públicas. El acta se extenderá por los dos secretarios en ambos idiomas, y será leída y aprobada en esta forma.

Art. 35.º Los demás pormenores concernientes a la marcha de los asuntos en la delegación del *Reischrath* se determinarán por el reglamento que forme la misma delegación.

Art. 36.º Respecto a los asuntos que no deban considerarse comunes, pero que hayan de resolverse con arreglo a unos mismos principios, se adoptará el acuerdo en los términos siguientes: o bien se extenderá un proyecto de ley por los ministros responsables, se lo someterá separadamente a los cuerpos representativos de las dos partes del Imperio y después de una resolución acorde de ambas se lo elevará a la sanción del emperador; o bien se procederá en cada una de las dos delegaciones a elegir una comisión compuesta de igual número de individuos por parte, y esta comisión, después de oír a los dos ministerios, preparará el correspondiente proyecto de ley. Este proyecto será comunicado por los ministerios respectivos a las dos Asambleas, a fin de que lo discutan en debida forma; luego que se adopte una resolución unánime, se someterá a la sanción del emperador.

Habrá de seguirse especialmente este segundo método para llegar a un acuerdo en lo relativo al presupuesto de gastos comunes.

Art. 37.º Regirá inmediatamente como ley la presente, que modifica la fundamental del Estado promulgada en 26 de Febrero 1861 sobre la representación del Imperio. Se la pondrá en vigor al mismo tiempo que las leyes fundamentales sobre los derechos generales de los ciudadanos, el poder ejecutivo, el judicial y el establecimiento de un tribunal del Imperio.

- IV-

Ley fundamental del Imperio Austriaco, promulgada en 21 de Diciembre de 1867, sobre ejercicio del Poder ejecutivo.

Artículo 1.° La persona del emperador es sagrada, inviolable e irresponsable.

Art. 2.° El emperador ejerce el poder ejecutivo por medio de ministros responsables y de funcionarios a las órdenes de los ministros.

Art. 3.° El emperador nombra y destituye los ministros y dispone de todos los empleos en todos los ramos del Estado, con arreglo a lo que sus ministros le proponen, como no lo disponga de otro modo la ley.

Art. 4.° El emperador confiere los títulos, las condecoraciones y las demás distinciones del Estado.

Art. 5.° El emperador es el jefe supremo de la fuerza armada, declara la guerra y celebra la paz.

Art.6.° El emperador celebra tratados políticos. Para la validez de estos tratados, si imponen cargas al Imperio o a cualquiera de los países que lo componen u obligaciones a los ciudadanos, o se refieren a asuntos de comercio, se necesita el consentimiento del *Reischrath.*

Art. 7.° El derecho de acuñar moneda se ejerce en nombre del emperador.

Art. 8.° Al subir al trono, presta el emperador el siguiente juramento en presencia de las dos Cámaras del *Reischrath: Juro guardar inviolablemente las leyes fundamentales de los reinos y territorios representados en el Reischrath, y gobernar con arreglo a ellas y a las leyes generales.*

Art. 9.° Los ministros son responsables de la legalidad y la constitucionalidad de los actos del Gobierno en todo lo que se refiere al ejercicio de sus funciones.

Esta responsabilidad, la constitución del tribunal de justicia que haya de juzgar a los ministros acusados y las reglas del procedimiento, se determinarán por una ley especial.

Art. 10.° La promulgación de las leyes se hace en nombre del emperador, con el consentimiento de los cuerpos representativos y con la firma de un ministro responsable.

Art. 11.° En el límite de sus atribuciones, las autoridades públicas pueden promulgar decretos y órdenes, y hacerlos observar, aun a viva fuerza, del mismo modo que los reglamentos legales, por los funcionarios destinados al efecto.

Leyes particulares determinarán los derechos que correspondan a las autoridades administrativas en lo tocante a la ejecución de las leyes y al uso de la fuerza organizada con carácter permanente o convocada en casos particulares para sostener el orden y la seguridad pública.

Art. 12.º Todos los funcionarios del Estado en el ejercicio de sus funciones son responsables de la observancia de las leyes fundamentales, de las demás del Imperio y de las de la provincia.

La obligación de hacer efectiva esta responsabilidad incumbe desde luego a los agentes del poder ejecutivo, bajo cuya vigilancia y disciplina sirvan al país dichos funcionarios.

El procedimiento contra los funcionarios responsables de violaciones del derecho cometidas por medio de disposiciones contrarias a las leyes será objeto de una ley.

Art. 13.º Todos los agentes de la autoridad pública prestarán juramento de observar inviolablemente las leyes fundamentales del Estado.

- V -

Ley fundamental del Estado, promulgada en 21 de Diciembre de 1867, sobre el ejercicio del Poder judicial.

Artículo 1.º La justicia se administra en nombre del emperador: y en su nombre se pronuncia todos los fallos y sentencias.

Art. 2.º La organización y la competencia de los tribunales serán determinadas por la ley.

No podrán establecerse, sino en los casos previamente establecidos por las leyes, tribunales extraordinarios.

Art. 3.º La competencia de los tribunales militares será determinada por una ley especial.

Art.4.º La ley establecerá igualmente la jurisdicción que deba conocer de todo lo relativo a las infracciones de los reglamentos de policía.

Art. 5.º Los jueces son nombrados, o por el emperador, o en su nombre, con carácter vitalicio e inamovible.

Art. 6.º Los jueces son libres e independientes. No pueden ser destituidos sino en los casos previstos por la ley, y sólo en virtud de sentencia ejecutoria. No podrá tener efecto la suspensión de un juez sino por orden del presidente del tribunal o de su superior respectivo, remitiéndose al mismo tiempo el asunto a la jurisdicción competente. Esta misma disposición es aplicable a la traslación o jubilación contra la voluntad del interesado, pues sólo podrán tener efecto por sentencia ejecutoria en los casos y con arreglo a las formas determinadas por la ley.

Esta disposición no es aplicable a las traslaciones o cesantías que resulten indispensables a consecuencia de reformas introducidas en la organización de los tribunales.

Art. 7.º No corresponde a los tribunales la apreciación de la fuerza obligatoria que hayan de tener las leyes promulgadas en regla; pero pueden juzgar de la validez de los fallos pronunciados en las diferentes instancias legales.

Art.8.º Al prestar juramento los funcionarios del orden judicial, incluirán en él la observancia inviolable de las leyes fundamentales del Estado.

Art. 9.º Los funcionarios del orden judicial pueden ser acusados por ilegalidades cometidas en el ejercicio de sus funciones, o por haber procedido sin sujeción a los medios legales que determina el enjuiciamiento. Este derecho de acusación será objeto de una ley especial.

Art. 10.º Los debates jurídicos ante los tribunales son orales y públicos, tanto en lo civil como en lo criminal. La ley determinará las excepciones de esta regla.

En las causas criminales actuará el ministerio público.

Art.11.º La culpabilidad del acusado en los delitos castigados con penas graves por la ley, en todos los políticos y en los cometidos por medio de la prensa, la determinarán los jurados.

Art. 12.º Habrá en Viena un Tribunal Supremo y otro de casación para los reinos y países representados en el *Reischrath*.

Art. 13.º El emperador tiene el derecho de decretar amnistías, e indultar plena o parcialmente de las penas impuestas legalmente por los tribunales; pero con reserva de las excepciones que establece la ley en materia de responsabilidad ministerial.

Art. 14.º En ninguna instancia podrán confundirse las cuestiones del orden judicial con las del orden administrativo.

Art. 15.º Siempre que una autoridad administrativa tenga derecho para decidir pretensiones contradictorias entre particulares, con arreglo a las leyes vigentes o con las que lo estén en lo sucesivo, la parte lastimada en sus derechos por la disposición de dicha autoridad administrativa puede repetir contra la parte contraria por la vía ordinaria judicial. Si fuera de estos casos se creyese alguno lesionado en sus derechos por determinación de una autoridad administrativa, puede recurrir ante el tribunal administrativo contra el que le represente, con debate público y oral. Una ley especial determinará los negocios en que sea competente el tribunal de justicia administrativa, y los procedimientos a que haya de ajustarse para su tramitación.

- VI -

Ley fundamental del Imperio Austriaco, *promulgada* en 21 de *Diciembre de* 1867, *sobre el establecimiento* de *un Tribunal del Imperio.*

Artículo 1.º Se establece un tribunal del Imperio para dirimir las cuestiones de competencia y las materias litigiosas de derecho público en los reinos y países representados en el *Reischrath*.

Art.2.º El tribunal decide en última instancia las competencias:

(a) Entre las autoridades judiciales y administrativas, sobre si un asunto corresponde a la jurisdicción ordinaria o a la administrativa, en los casos determinados por la ley;

(b) Entre una Dieta provincial y las autoridades superiores gubernativas, cuando cada una reclama para sí el derecho de conocer de un negocio administrativo.

(c) Entre las autoridades autónomas provinciales de los diferentes países respecto a los asuntos sometidos a su administración y vigilancia.

Art.3.º El tribunal del Imperio decide además:

(a) Sobre las pretensiones suscitadas por los diferentes reinos y territorios representados en el *Reischrath* contra la reunión de esta asamblea, y recíprocamente; sobre las pretensiones de uno de estos reinos y territorios contra otro y sobre las reclamaciones de los municipios, corporaciones p particulares, contra uno de estos reinos o territorios, en el caso de que no puedan ventilarse por la vía judicial ordinaria;

(b) Sobre las quejas formuladas por los ciudadanos respecto a la violación de los derechos políticos garantidos por la Constitución, cuando el negocio haya sido remitido por la vía administrativa con arreglo a la ley.

Art. 4.º El tribunal es el único juez para decidir si un asunto es de su competencia: y sus fallos excluyen toda apelación ulterior, y aun el recurso por la vía judicial ordinaria. Si el tribunal remite un asunto para su conocimiento a los jueces ordinarios o a una autoridad administrativa, ni ésta ni aquéllos pueden declinar su conocimiento so pretexto de incompetencia.

Art. 5.º El tribunal del Imperio reside en Viena. Se compone de un presidente y de un vicepresidente vitalicios, nombrados por el emperador, Y de doce individuos y cuatro suplentes, nombrados también por el emperador, vitalicios. La elección de éstos debe hacerla el emperador de modo que seis individuos y los suplentes sean nombrados entre los candidatos propuestos por la Cámara de los diputados, y los otros seis con los suplentes entre los candidatos propuestos por la Cámara de los señores.

La presentación se verifica designando tres candidatos para cada plaza, versados en la jurisprudencia.

Art. 6.º Una ley especial determinará ulteriormente la organización del tribunal, los procedimientos a que ha de ajustarse y el modo de ejecutar sus sentencias. la libertad

APÉNDICE CUARTO

Constitución de la República Federal de Suiza

En nombre de Dios Omnipotente, la Confederación Suiza, deseando consolidar la alianza de los confederados y mantener y robustecer la unidad, la fuerza y el honor de la nación, adopta la Constitución federal siguiente:

CAPITULO PRIMERO

DISPOSICIONES GENERALES

Artículo primero. Forman la Confederación Suiza los pueblos de los veintidós cantones soberanos unidos por la presente alianza: Zurich, Berna, Lucerna, Uri, Schwyz, Unterwalden (el alto y el bajo), Claris, Zoug, Friburgo, Soleure, Basilea (ciudad y campo), Schaffhouse, Appenzell (las dos Rhodas), Saint-Gall, Los Grisones, Argovia, Thurgovia, Tesino, Vaud, Valais, Neuchatel y Ginebra.

Art. 2. La confederación tiene por objeto asegurar la independencia de la patria contra el extranjero, mantener en lo interior la tranquilidad y el orden, proteger la libertad y los derechos de los confederados y aumentar la prosperidad común.

Art. 3. Los cantones son soberanos en todo lo que no está limitada su soberanía por esta Constitución: como tales, ejercen todos los derechos que no se ha delegado al poder federal.

Art. 4. Todos los suizos son iguales ante la ley. No hay en Suiza ni vasallos, ni privilegios locales, ni privilegios de nacimiento, ni privilegios personales, ni privilegios de familia.

Art. 5. Los cantones tienen garantidos por la confederación su territorio, su soberanía (dentro de los límites establecidos por el arto 3.°), sus Constituciones, la libertad y los derechos del pueblo, los derechos constitucionales de los ciudadanos, y también los derechos y las atribuciones que el pueblo ha conferido a sus autoridades.

Art. 6. ° Los cantones deben solicitar de la confederación la garantía de sus Constituciones.

Se la otorgará la confederación:

a. Siempre que estas Constituciones nada contengan que sea contrario a las disposiciones de la Constitución federal;

b. Siempre que aseguren el ejercicio de los derechos políticos bajo formas republicanas, representativas o democráticas;

c. Siempre que las haya aceptado el pueblo y sean susceptibles de reforma cuando lo acuerde la mayoría absoluta de los ciudadanos.

Art. 7.º No pueden los cantones celebrar entre sí alianzas particulares ni tratados de carácter político.

Pueden, en cambio, los cantones celebrar entre sí convenios sobre materias de legislación, administración o justicia, poniéndolos en conocimiento de la autoridad federal. Si encierran estos convenios algo que sea contrario a la confederación o a los derechos de los de mas cantones, puede la autoridad federal impedir que se los lleve a cabo. Cuando esto no suceda, pueden los cantones contratantes reclamar para el cumplimiento de lo convenido la cooperación de las autoridades federales.

Art. 8.º El derecho de declarar la guerra y de ajustar la paz corresponde exclusivamente a la confederación. Sólo a la confederación corresponde también celebrar con los Estados extranjeros alianzas y tratados, principalmente si los tratados son arancelarios o de comercio.

Art. 9. Por excepción conservan los cantones el derecho de celebrar con los Estados extranjeros convenios sobre cosas relativas a la economía pública y a las relaciones de vecindad y de policía. No deben contener esos tratados nada contrario a la confederación o a los derechos de los demás cantones.

Art. 10. Los cantones se entienden oficialmente con los Gobiernos extranjeros o sus representantes por medio del Consejo federal.

Pueden, sin embargo, entenderse directamente con las autoridades inferiores y los funcionarios de naciones extranjeras, siempre que se trate de los asuntos consignados en el artículo anterior.

Art. 1 l. No caben capitulaciones militares.

Art. 12. Ni los individuos de las autoridades federales, ni los empleados civiles y militares de la confederación, ni los representantes, ni los comisarios federales, pueden recibir de ningún Gobierno extranjero pensiones, sueldos, títulos, regalos, ni condecoraciones.

Si poseen ya pensiones, títulos p condecoraciones, deben renunciar al goce de las pensiones, y al uso de las condecoraciones y los títulos por todo el tiempo que dure el ejercicio de sus cargos.

El Consejo federal puede, con todo, autorizar a los empleados inferiores para que continúen recibiendo sus pensiones.

En el ejército federal no se permite llevar condecoración ni título alguno otorgados por Gobiernos extranjeros. Ningún oficial, sargento ni soldado podrán aceptar distinciones de este género.

Art. 13. La confederación no puede tener a su servicio tropas permanentes.

Ningún cantón ni medio cantón pueden tener más de 300 hombres de tropas permanentes sin autorización del poder federal. No van comprendidos en este número los gendarmes.

Art. 14. Si se suscitan diferencias entre cantones, se abstendrán los Estados de recurrir a toda vía de hecho y a todo armamento. Con arreglo a las prescripciones federales, se someterán a la decisión que sobre tales diferencias recaiga.

Art. 15. Si un cantón se encuentra de súbito en peligro por causas exteriores, su Gobierno debe exigir el socorro de los Estados confederados y ponerlo inmediatamente en conocimiento de la autoridad federal, sin perjuicio de las medidas que adopte. Los cantones a quienes se dirija están obligados a socorrerle. Los gastos corren a cargo de la confederación.

Art. 16. Si ocurren disturbios interiores o procede de otro cantan el peligro, el Gobierno del cantón amenazado debe ponerlo inmediatamente en conocimiento del Consejo federal, a fin de que éste pueda tomar las medidas necesarias dentro de los límites de su competencia, o convocar la Asamblea de la confederación. Si el caso es urgente, el Gobierno está autorizado, poniéndolo en conocimiento del Consejo federal, a exigir el socorro de otros Estados de la confederación, que están en el deber de dárselo.

Cuando el Gobierno se encuentre en la imposibilidad de pedir este socorro, la autoridad federal competente puede intervenir sin instancia de parte. Deberá hacerlo siempre que los disturbios comprometan la seguridad de Suiza.

En el caso de intervención las autoridades federales velan por la observancia de las disposiciones prescritas en el arto 5.°

Corren los gastos a cargo del cantón que ha pedido el socorro o ha dado motivo a la intervención, a menos que decida otra cosa la Asamblea federal, atendiendo a particulares circunstancias.

Art. 17. En los casos de los dos anteriores artículos, todo cantón está obligado a dejar libre paso a las tropas, que estarán desde luego al mando de la confederación.

Art. 18. Todo suizo está obligado al servicio militar.

Los militares que por razón del servicio federal pierden la vida o ven alterada su salud de un modo permanente, tienen derecho a que la confederación los socorra a ellos y a sus familias, si carecen de recursos.

Todo soldado recibe gratis sus primeras prendas de armamento, equipo y uniforme. Queda el arma en manos del soldado bajo las condiciones que fije la legislación federal.

La confederación dictará reglas uniformes sobre el precio de redención del servicio militar.

Art. 19. El ejército federal se compone:

a. De las fuerzas militares de los cantones;

b. De todos los suizos que sin pertenecer a tales fuerzas vengan obligados al servicio militar.

Corresponde a la confederación el derecho de disponer así del ejército como del material de guerra previsto por la ley.

En caso de peligro, la confederación tiene, además, el derecho de disponer exclusiva y directamente de los hombres que no estén en el ejército federal y de todos los demás recursos militares de los cantones.

Los cantones disponen de las fuerzas militares de su territorio en todo lo que no esté limitado este derecho por la Constitución o las leyes federales.

Art. 20. Corresponden a la confederación las leyes sobre la organización del ejército. La ejecución de las leyes militares se verifica, sin embargo, en los cantones por las autoridades cantonales bajo la vigilancia de la confederación, dentro de los límites que fije la legislación federal.

La instrucción militar y el armamento corresponden en su conjunto a la confederación.

Son de la competencia cantonal las forraituras y la conservación de equipos y uniformes. Los gastos que esto ocasiona los abonará, no obstante, la confederación a los cantones, en conformidad a las reglas que establezca la legislación federal.

Art. 21. Cada cuerpo debe estar formado de tropas de un mismo cantón, siempre que no lo impidan graves consideraciones militares.

La composición de estos cuerpos, el cuidado de cubrir sus bajas y el nombramiento y la promoción de los oficiales pertenecen a los cantones. La confederación podrá, con todo, dictar y trasmitirles sobre este punto las prescripciones generales que crea convenientes.

Art. 22. Mediante indemnización equitativa, tiene la confederación derecho a servirse o hacerse propietaria de las plazas fuertes, de los edificios con destino militar que existen en los cantones, y los de accesorios. Las leyes federales regularán las condiciones de la indemnización.

Art. 23. Puede la confederación hacer a sus expensas o fomentar por medio de subvenciones las obras públicas que sean de interés para toda Suiza o para considerable parte del país.

Al efecto, puede ordenar la expropiación forzosa mediante justa indemnización. La legislación federal dictará sobre este punto las disposiciones que crea convenientes.

La Asamblea federal puede prohibir las obras públicas que lastimen los intereses militares de la confederación.

Art. 24. Corresponde a la confederación el derecho de intervenir en la construcción de los diques y en la policía de los bosques de las altas regiones.

Concurrirá a la corrección y al encauce de los torrentes y a la repoblación forestal de las regiones en que tomen origen. Dictará las medidas necesarias para asegurar la conservación de estas obras y la de los bosques existentes.

Art. 25. Puede la confederación regular por medio de leyes el ejercicio de la pesca y la caza, atendiendo principalmente a conservar la caza mayor en los montes y proteger los pájaros útiles a la agricultura y a la selvicultura.

Art. 26. Corresponde a la confederación legislar sobre la construcción y aprovechamiento de los ferrocarriles.

Art. 27. Tiene derecho la confederación a crear, además de la actual escuela politécnica, una universidad federal y otros establecimientos de enseñanza superior; lo tiene también a conceder subvenciones para la creación de establecimientos análogos.

Está a cargo de los cantones la instrucción primaria, que debe ser completa y estar exclusivamente bajo la dirección de la autoridad civil. Esta enseñanza es obligatoria, y en las escuelas públicas gratuita.

Han de poder frecuentar las escuelas públicas los creyentes de todas las religiones, sin que se les lastime en manera alguna su libertad de conciencia o de creencia.

Tomará la confederación las medidas necesarias contra los cantones que no llenen estos deberes.

Art. 28. Todo lo relativo a la importación y a la exportación de productos depende de la confederación. Puede ésta imponer derechos de entrada y derechos de salida.

Art. 29. La creación de esta clase de impuestos federales obedecerá a los siguientes principios:

1.º Respecto a los derechos de importación:

a. Se impondrá los derechos más bajos posible sobre las materias necesarias para la industria y la agricultura del país;

b. Se hará otro tanto con los artículos necesarios para la vida;

c. Se gravará con los derechos más altos los artículos de lujo.

A no impedirlo insuperables obstáculos, se seguirá los mismos principios cuando se celebre tratados de comercio con naciones extranjeras.

2.º Los derechos de exportación serán lo más moderados posible.

3.º La legislación arancelaria asegurará por acertadas disposiciones el comercio de las fronteras y el de los mercados suizos.

Los anteriores preceptos no impiden que la confederación, en circunstancias extraordinarias, tome temporalmente medidas excepcionales.

Art. 30. El producto de los derechos arancelarios pertenece a la confederación.

Quedan suprimidas las indemnizaciones que hasta ahora se pagaba a los cantones por el rescate de derechos de entrada y salida, derechos de portazgos y de pontazgos, derechos de aduana y otros emolumentos análogos.

Los cantones de Uri, de los Grisones, del Tesino y del Valais reciben excepcionalmente, por razón de sus caminos internacionales al través de los Alpes, una indemnización anual, cuya cifra, tomadas en cuenta las circunstancias todas, se fija en los siguiente términos:

Uri, 80.000 francos

Grisones, 200.000 fr.

Tesino, 200.000 fr.

Valais, 50.000 fr.

Los cantones de Uri y del Tesino recibirán además, por barrer las nieves del camino de San Gotardo, una indemnización anual de 40.000 francos, ínterin no sea reemplazado este camino por un ferrocarril.

Art. 31. En todo el territorio de la confederación son libres el comercio y la industria.

Se mantiene en pie:

a. La regalía de la sal y de la pólvora, los derechos federales de importación y exportación, los de entrada sobre los vinos y demás bebidas espirituosas y todos los demás de consumos que, a tenor del art. 32, están formalmente reconocidos por la confederación;

b. Las medidas de policía sanitaria contra las epidemias y las epizootias;

c. Las disposiciones relativas al ejercicio de las profesiones mercantiles e industriales, los impuestos que a ellos se refieren y la policía de los caminos.

Estas disposiciones no pueden contener nada contrario a la libertad de comercio y de industria.

Art. 32. Están autorizados los cantones para recaudar los derechos de entrada sobre los vinos y las demás bebidas espirituosas previstas en el art. 31, letra *a,* con las siguientes restricciones:

a. La recaudación de estos derechos no debe en manera alguna gravar la circulación debe dejar en la mayor libertad posible el comercio, al cual no se podrá imponer ningún otro derecho;

b. Si se exporta de nuevo los objetos importados para el consumo en un cantón, se restituirá sin más gravamen los derechos que se haya satisfecho por la entrada.

c. Se gravará más los productos extranjeros que los de origen suizo;

d. Los actuales derechos de entrada sobre los vinos y las demás bebidas espirituosas de origen suizo, no los podrá aumentar ninguno de los cantones donde se los perciba. Los cantones que hoy no los tengan, no podrán establecerlos.

e. Las leyes y las providencias de los cantones sobre la recaudación de los derechos de entrada, antes de ponérselas en ejecución, habrán de ser aprobadas por la autoridad federal, a fin de que pueda en caso necesario hacer observar las precedentes disposiciones.

Todos los derechos de entrada que actualmente perciban los cantones y todos los análogos que perciban los municipios, desaparecerán sin indemnización al espirar el año 1890.

Art. 33. Los cantones pueden exigir pruebas de capacidad a los que quieran ejercer profesiones liberales.

La legislación federal procura que éstos obtengan al efecto certificados de capacidad que sean válidos en toda la confederación.

Art. 34. La confederación tiene derecho a dictar medidas uniformes sobre el trabajo de los niños en las fábricas, las horas que haya de durar en ellas el trabajo de los adultos y la protección que deba darse a los artesanos contra el ejercicio de las industrias insalubres y peligrosas.

Están sujetas a la inspección y a la legislación federales las operaciones de los agentes de emigración y de las empresas de seguros no establecidas por el Estado.

Art. 35. Queda prohibido abrir casas de juego. Las que hoy existen quedarán cerradas el día 31 de Diciembre de 1877.

Las concesiones que se haya otorgado o renovado desde el principio del año 71 son nulas.

La confederación puede también adoptar, respecto a las loterías, las medidas necesarias.

Art. 36. Los correos y los telégrafos son del dominio federal en todo el territorio de Suiza.

El producto de unos y otro corresponde a la caja federal.

En toda Suiza se fijará las tarifas por unos mismos principios y se procurará que sean lo más equitativas posible.

Son inviolables así los telegramas como la correspondencia.

Art. 37. La confederación tiene el derecho de inspección sobre los caminos y los puentes cuya conservación le interesa.

Retendrá la autoridad federal las sumas debidas a los cantones según el art. 30 por sus caminos internacionales al través de los Alpes, siempre que esos caminos no estén debidamente conservados.

Art. 38. La confederación ejerce todos los derechos comprendidos en la regalía monetaria.

Sólo ella acuña moneda.

Fija el sistema monetario y puede, si conviene, dictar disposiciones sobre la regulación del valor de las monedas extranjeras.

Art. 39. La confederación puede por la vía legislativa dictar disposiciones generales sobre la emisión y el reintegro de los billetes de Banco.

No puede, sin embargo, crear monopolio alguno para la emisión de esos billetes ni hacer forzosa la circulación.

Art. 40. La confederación determina el sistema de pesas y medidas.

Los cantones, bajo la vigilancia de la confederación, ejecutan las leyes sobre la materia.

Art.41. Pertenece exclusivamente a la confederación en toda Suiza la fabricación y la venta de la pólvora.

No vienen comprendidas en esta regalía las composiciones mineras que no sirven para las armas de fuego.

Art. 42. Se cubre los gastos de la confederación:

a. Con el producto de los bienes federales;

b. Con el de los derechos de importación y exportación percibidos en las fronteras suizas;

c. Con el de los correos y telégrafos;

d. Con el del estanco de la pólvora;

e. Con la mitad del producto bruto del impuesto sobre redenciones militares que perciben los cantones;

f. Con los tributos de los cantones que regule la legislación federal, tomando principalmente en cuenta la riqueza y los recursos imponibles de que cada uno dispone.

Art. 43. Todo ciudadano de un cantón es ciudadano suizo.

Puede como tal en el lugar de su domicilio concurrir a todas las elecciones y votaciones en materia federal siempre que haya debidamente justificado su cualidad de elector.

Nadie puede ejercer derechos políticos en más de un cantan.

Todo suizo establecido goza en el lugar de su domicilio de todos los derechos de los ciudadanos del cantón y, con éstos, de todos los derechos de los vecinos del municipio. Se exceptúa de estos derechos la participación en los bienes de las municipalidades y las corporaciones, y el derecho de voto en los negocios puramente vecinales, a menos que otra cosa esté dispuesta por la legislación cantonal.

En materia cantonal y municipal se es elector después de tres meses de residencia.

Están sometidas a la sanción del Consejo federal las leyes cantonales sobre vecindad y sobre los derechos electorales que poseen en materia municipal los ciudadanos ya vecinos.

Art. 44. Ningún cantón puede extrañar de su territorio a ninguno de sus hijos ni privarle del derecho de naturaleza ni del de ciudadanía.

La legislación federal determinará las condiciones de naturalización para los extranjeros, y las de renuncia de nacionalidad y naturalización en país extranjero para los suizos.

Art. 45. Todo ciudadano suizo tiene el derecho de establecerse en cualquier punto del territorio de la República mediante la presentación de un certificado de naturaleza o de cualquiera otro documento análogo.

Excepcionalmente se puede negar o retirar este derecho a los que por sentencia criminal no gocen de sus derechos de ciudadanía.

Puede también privarse de este derecho a los que hayan sido reiteradamente castigados por delitos graves, y a los que estén permanentemente a cargo de la beneficencia pública y les niegue, ya su municipio, ya el cantón de su naturaleza, los socorros suficientes despues de haberse invitado oficialmente, bien al cantón, bien al municipio, a señalárselos y abonárselos.

En los cantones donde exista la asistencia domiciliaria, si se trata de hijos del cantón, puede establecerse, para permitir el establecimiento de un forastero, la condición de que sea apto para el trabajo y no haya estado permanentemente en el antiguo domicilio del cantón de su origen a cargo de la beneficencia pública.

Toda negativa por causa de indigencia debe ser ratificada por el Gobierno del cantón del domicilio y comunicada previamente al del cantón de origen.

El cantón en que un suizo establece su domicilio no puede con este motivo exigirle fianza ni imponerle carga alguna especial. Tampoco los municipios pueden imponer a los suizos domiciliados en su territorio sino las contribuciones que imponga a sus propios hijos.

Una ley federal fijará el máximum de los derechos de cancillería que haya de pagarse para obtener el permiso de establecerse.

Art. 46. Las personas establecidas en Suiza están sujetas, por regla general, a la jurisdicción y a la legislación del lugar de su domicilio en todo lo concerniente a las relaciones de derecho civil.

La legislación federal dictará las disposiciones necesarias para la aplicación de este principio y para impedir que los ciudadanos sean objeto de dobles juicios.

Art. 47. Una ley federal determinará la diferencia entre el domicilio y la residencia, y fijará a la vez las reglas a que estén sujetos los suizos residentes respecto a sus derechos políticos y a sus derechos civiles.

Art. 48. Una ley federal dictará las disposiciones necesarias para regular lo concerniente a los gastos de enfermedad y de sepultura de los hijos pobres de un cantón que hayan caído enfermos o hayan muerto en otro.

Art.49. La libertad de conciencia y creencia es inviolable.

No se puede obligar a nadie a formar parte de ninguna asociación religiosa, ni a recibir enseñanza religiosa de ningún género, ni a realizar actos religiosos, ni a sufrir penas de ningún género por opiniones religiosas.

La persona que ejerza la patria potestad o la tutela, tiene el derecho de disponer, conforme a los principios aquí sentados, de la educación religiosa de los niños hasta la edad de los 16 años cumplidos.

El ejercicio de los derechos civiles o políticos no puede ser restringido por ninguna clase de prescripciones o condiciones de carácter eclesiástico o religioso.

Nadie puede por sus opiniones religiosas eximirse del cumplimiento de ninguno de sus deberes cívicos.

Nadie viene obligado a pagar impuestos cuyo producto esté especialmente destinado a los gastos del culto de una iglesia a que no pertenezca. Se reserva a la legislacion federal la ulterior ejecución de este principio.

Art. 50. Es libre el ejercicio de todos los cultos compatibles con el orden público y las buenas costumbres.

Los cantones y la confederación pueden tomar las medidas necesarias así para mantener el orden público y la paz entre los individuos de las diversas iglesias, como para impedir las invasiones de las autoridades eclesiásticas sobre los derechos de los ciudadanos y del Estado.

Las cuestiones de derecho público o de derecho privado a que dé origen la creación de nuevas iglesias o la división de las existentes, pueden ir en apelación a las autoridades federales competentes.

No se puede erigir obispado alguno en territorio suizo sin que lo apruebe la confederación.

Art. 51. No se puede admitir en parte alguna de Suiza, ni la orden de los jesuitas, ni las sociedades a ella afiliadas. Se prohíbe a los individuos que las componen toda injerencia en la iglesia y en la escuela.

Puede extenderse esta prohibición por decreto federal a cualesquiera otras órdenes religiosas que sean un peligro para el Estado o turben la paz entre las diferentes iglesias.

Art. 52. Se prohíbe fundar conventos u órdenes religiosas y restablecer los ya suprimidos.

Art. 53. El estado civil y los registros a él relativos, son de la competencia de las autoridades civiles. La legislación federal dictará sobre este punto las oportunas disposiciones.

El derecho de disponer de los cementerios pertenece a la autoridad civil, que debe procurar el decente enterramiento de toda persona que muere.

Art. 54. El derecho de matrimonio está bajo la protección de la confederación.

No se puede fundar impedimento alguno al matrimonio, ni en motivos religiosos, ni en la indigencia de uno u otro de los novios, ni en su conducta, ni en motivo alguno de policía.

Se reconocerá como válido en toda la confederación el matrimonio que se celebre en cualquiera de los cantones o en el extranjero conforme a la legislación allí vigente.

La mujer adquiere por el matrimonio el derecho de ciudadanía y vecindad de su marido.

Los hijos nacidos antes del matrimonio quedan legitimados por el subsiguiente matrimonio de sus padres.

No se puede exigir ni al uno ni al otro cónyuges derecho alguno de admisión, ni otro derecho análogo.

Art. 55. La prensa es libre.

Las leyes cantonales establecen, sin embargo, las medidas necesarias para la represión de los abusos. Necesitan estas leyes la aprobación del Consejo federal.

La confederación puede también establecer penas para reprimir los abusos que se cometa contra ella o contra sus autoridades.

Art. 56. Los ciudadanos pueden formar todo género de asociaciones, con tal que ni en el objeto de estas asociaciones ni en los medios por ellas puestos en ejercicio, haya nada ilícito ni peligroso para el Estado. Las leyes cantonales establecen las medidas necesarias para la represión de los abusos.

Art. 57. Todos los ciudadanos tienen el derecho de petición.

Art. 58. No se podrá arrancar a nadie de su juez natural. No cabe, por lo tanto, establecer tribunales extraordinarios.

Queda abolida la jurisdicción eclesiástica.

Art. 59. Para el ejercicio de las acciones personales se citará al deudor solvente con domicilio en Suiza ante el juez de su domicilio. Sus bienes no pueden, por consecuencia, ser embargados ni ejecutados por acciones personales fuera del cantón en que esté domiciliado.

Para los negocios relativos a los extranjeros quedan en pie las disposiciones de los tratados internacionales.

Se declara abolida la prisión por deudas.

Art. 60. Todos los cantones deben tratar a los ciudadanos de los demás Estados de la confederación como a los de su propio Estado en materia de legislación y de procedimientos.

Art. 61. Las sentencias firmes dictadas en un cantón son ejecutorias en toda Suiza.

Art. 62. Quedan abolidos en lo interior de Suiza los derechos de entrada y salida de las mercancías, y el de retracto de los ciudadanos de un cantón contra los de otros cantones.

Art 63. Queda también abolido. el derecho. de entrada y salida de las mercancías sin reserva alguna de reciprocidad respecto a los países extranjero.

Art. 64. Son de la competencia de la confederación las leyes:

Sobre la capacidad civil;

Sobre todas las materias de derecho relativas al comercio y a las transacciones de bienes muebles (es decir, sobre el derecho de las obligaciones, incluso el mercantil y el de cambio);

Sobre la propiedad literaria y artística;

Sobre la persecución Por deudas y las quiebras.

Queda a los cantones la administración de justicia; salvas las atribuciones del Tribunal federal.

Art. 65. Queda abolida la pena de muerte.

Continúan, sin embargo., vigentes para los tiempos de guerra las disposiciones del Código penal militar.

Quedan abolidas las penas personales.

Art. 66. La legislación federal fija los límites dentro de los cuales se puede privar de los derechos políticos a un ciudadano suizo.

Art. 67. La legislación federal regula la extradición de los acusados de uno a otro cantones: no se hará obligatoria la extradición ni por los delitos Políticos ni por los de imprenta.

Art. 68. Regulará la ley federal las medidas que deba tomarse para incorporar a las perso.nas sin patria e impedir nuevos casos de este género.

Art. 69. Son del dominio. de la confederación las leyes relativas a las medidas de Policía sanitaria contra las epidemias y las epizootias de general peligro.

Art. 70. La confederación tiene derecho a expulsar de su territorio a los extranjeros que comprometan la seguridad interior o exterior de Suiza.

CAPITULO II

Autoridades Federales

I.- ASAMBLEA FEDERAL

Art. 71. Salvos los derechos del pueblo y de los cantones, ejerce la autoridad suprema de la confederación la Asamblea Federal, que consta de dos secciones o Consejos:

A. El Consejo Nacional;

B. El Consejo de los Estados.

A. Consejo Nacional.

Art. 72. El Consejo Nacional se compone de los diputados del pueblo suizo elegidos a razón de uno por cada 20.000 almas de la población total. Las fracciones que pasan de 10.000 almas cuentan como 20.000.

Cada cantón, y en los cantones divididos cada semi-cantón, elige por lo menos un diputado.

Art.73. Las elecciones para el Consejo Nacional son directas. Se las verifica en colegios electorales federales que no pueden componerse de partes de diferentes cantones.

Art. 74. Tiene derecho a tomar parte en las elecciones y votaciones todo suizo mayor de veinte años que no esté excluido de los derechos de ciudadanía por las leyes del cantón en que esté domiciliado.

Podrá, sin embargo, la legislación federal uniformar el ejercido de este derecho.

Art.75. Es elegible para diputado del Consejo Nacional todo ciudadano suizo lego y con voto.

Art.76. Se elige al Consejo Nacional por tres años, y se lo renueva totalmente.

Art.77. Los individuos del Consejo de los Estados, los del Consejo Federal y los funcionarios por él nombrados, no pueden ser a la vez diputados del Consejo Nacional.

Art. 78. El Consejo Nacional elige entre sus diputados para cada legislatura ordinaria o extraordinaria, un presidente y un vicepresidente.

El que haya sido presidente en una legislatura no puede obtener en la otra ni el mismo cargo ni el de vicepresidente.

Nadie puede ser tampoco vicepresidente en dos legislaturas sucesivas.

En los empates decide el presidente; en las elecciones vota vomo los demás diputados.

Art. 79. El Tesoro Federal retribuye por vía de indemnización a los diputados del Consejo Nacional.

B. Consejo de los Estados.

Art. 80. El Consejo de los Estados se compone de cuarenta y cuatro diputados de los cantones: cada cantón nombra dos diputados; cada medio cantón, uno.

Art. 81. Los individuos del Consejo Nacional y los del Consejo Federal no pueden formar parte del Consejo de los Estados.

Art. 82. El Consejo de los Estados elige entre sus propios individuos para cada legislatura ordinaria o extraordinaria un presidente y un vicepresidente.

No pueden ser elegidos ni el presidente ni el vicepresidente entre los diputados del cantón de que haya salido el presidente de la legislatura anterior.

Los diputados de un mismo cantón no pueden ejercer el cargo de vicepresidente en dos legislaturas sucesivas.

En los empates decide el presidente; en las elecciones vota como los demás diputados.

Art. 83. Los individuos del Consejo de los Estados reciben de los cantones su indemnización.

C. Atribuciones de la Asamblea Federal.

Art. 84. El Consejo Nacional y el Consejo de los Estados deliberan sobre todos los asuntos que la presente Constitución declara de la competencia de la confederación y no están confiados s otra autoridad federal.

Art. 85. Los asuntos de la competencia de los dos Consejos son especialmente los que siguen:

1.º Las leyes sobre la manera de organizar y elegir a las autoridades federales;

2.º Las leyes y las prescripciones sobre las materias que pone la Constitución bajo la competencia federal;

3.º El sueldo y la indemnización de los individuos que componen las autoridades de la confederación y la cancillería federal; la creación de empleos federales permanentes y la determinación de los sueldos;

4.º La elección del Consejo Federal, del Tribunal Federal, del canciller federal y del general en jefe del ejército federal. Las leyes federales podrán otorgar a la Asamblea Federal la elección o la aprobación de otros cargos;

5.º Las alianzas y los tratados con las naciones extranjeras y la aprobación de los tratados que los cantones celebren entre sí o con otros Estados. Los tratados de los cantones no van, sin embargo, a la Asamblea Federal sino cuando lo reclame el Consejo Federal u otro cantón;

6.º Las medidas para la seguridad exterior y para mantener la independencia y la neutralidad de Suiza; las declaraciones de guerra y la celebración de la paz;

7.º La garantía de las Constituciones y del territorio de los cantones, la intervención que esta garantía ocasione, las medidas para la seguridad interior de Suiza, la conservación de la tranquilidad y el orden, las amnistías y el derecho de gracia;

8.º Las medidas para hacer respetar la Constitución Federal y garantir de las Constituciones cantonales y las leyes que tienen por objeto obtener el cumplimiento de los deberes que la confederación impone;

9.º El derecho de disponer del ejército federal;

10.º Los presupuestos anuales, la aprobación de las cuentas del Estado y las autorizaciones para levantar empréstitos;

11.º La inspección suprema de la administración y la justicia federales;

12.º Las reclamaciones contra los acuerdos del Consejo Federal que se refieran a negocios administrativos;

13.º Las cuestiones de competencia entre autoridades federales;

14.º La reforma de la Constitución Federal.

Art. 86. En el día fijado por el reglamento se reúnen en sesión ordinaria los dos Consejos una vez por año.

Los puede convocar a sesión extraordinaria el Consejo Federal, siempre que lo pida, o la cuarta parte de los diputados del Consejo Nacional, o la cuarta parte de los cantones.

Art. 87. No puede deliberar ninguno de los dos Consejos sino cuando esté presente la mayoría absoluta del número total de sus individuos.

Art. 88. Tanto en el Consejo Nacional como en el de los Estados, se toma los acuerdos por mayoría absoluta de votos.

Art. 89. Las leyes. los decretos y las resoluciones federales necesitan el acuerdo de los dos Consejos.

Se somete las leyes federales a la aprobación del pueblo siempre que lo pidan 30.000 ciudadanos activos u ocho cantones. Se hace otro tanto con las resoluciones federales que sean de interés general y no tengan carácter de urgentes.

Art. 90. Las leyes federales determinarán las formas y los plazos para las votaciones populares.

Art. 91. Los diputados de los dos Consejos votan sin mandato previo.

Art. 92. Cada Consejo delibera separadamente. Cuando se trata, sin embargo, de las elecciones de que habla el núm. 4.º del artículo 85, o de ejercer el derecho de gracia o de decidir cuestiones de competencia, se reúnen los dos Consejos para deliberar juntos bajo la dirección del presidente del Consejo Nacional. Se toma entonces los acuerdos por la mayoría de votos de los diputados de ambos Consejos.

Art. 93. Corresponde el derecho de iniciativa a cada uno de los dos Consejos y a cada uno de los individuos que los componen.

Los cantones pueden ejercerlo por escrito.

Art. 94. Por regla general, las sesiones de los Consejos son públicas.

II.- CONSEJO FEDERAL

Art. 95. Un Consejo Federal, compuesto de siete individuos, ejerce la autoridad directiva y ejecutiva superior de la confederación.

Art. 96. Los Consejos reunidos eligen por tres años a los individuos del Consejo Federal entre los ciudadanos suizos elegibles para el Consejo Nacional. No se puede elegir dos individuos de un mismo cantón.

Se renueva todo el Consejo Federal cada vez que se renueva el Nacional.

Siempre que falta un individuo del Consejo Federal dentro del período de los tres años, le reemplaza la Asamblea Federal en la primera legislatura por otro que ejerce el cargo hasta la conclusión de este período.

Art. 97. Los individuos del Consejo Federal no pueden, durante el ejercicio de sus cargos, recibir otro empleo de la confederación ni de ninguno de los cantones, ni seguir otra carrera, ni ejercer ninguna profesión.

Art. 98. El presidente de la confederación preside el Consejo Federal. Hay un vicepresidente.

La Asamblea Federal nombra por un año entre los individuos del Consejo al presidente de la confederación y al vicepresidente del Consejo Federal.

El presidente que sale no puede ser elegido presidente ni vicepresidente el año que sigue.

No puede un mismo individuo ejercer el cargo de vicepresidente dos años seguidos.

Art. 99. El presidente de la confederación y los demás individuos del Consejo Federal reciben sueldo del Tesoro de la confederación.

Art. 100. El Consejo Federal no puede deliberar sino estando presentes cuatro de sus individuos.

Art. 101. Los individuos del Consejo Federal tienen voz consultiva en las dos secciones de la Asamblea Federal. Pueden, además, presentar proposiciones sobre los asuntos objeto de su deliberación.

Art. 102. Las atribuciones y los deberes del Consejo Federal dentro de los límites de esta Constitución son especialmente los que siguen:

1.º Dirige los negocios federales t:onforme a las leyes y los acuerdos de la confederación.

2.º Vela por la observancia de la Constitución, de las leyes y de los acuerdos de la confederación, y por la de las prescripciones de los concordatos federales; toma por sí o a instancia de parte las medidas necesarias para hacerlas observar cuando la cuestión no es de las que pertenecen al Tribunal Federal, a tenor del art. 113.

3.º Vela por la garantía de las Constituciones cantonales. 4.º Presenta proyectos de leyes o de acuerdos a la Asamblea Federal, y da dictamen sobre las proposiciones que le dirigen o los cantones o los Consejos.

5.º Ejecuta y hace ejecutar las leyes y los acuerdos de la confederación, los fallos del Tribunal Federal y las transacciones o sentencias arbitrales sobre contiendas entre cantones.

6.º Hace los nombramientos que no corresponden a la Asamblea Federal, al Tribunal Federal ni a ninguna otra autoridad.

7.º Examina los tratados de cantón a Cantón y los de los cantones con el extranjero, y los aprueba cuando por el núm. 5.º del artículo 85 no se los haya de someter a la Asamblea Federal.

8.º Vela por los intereses exteriores de la confederación, especialmente por la observancia de las relaciones internacionales: está en general encargado de las relaciones exteriores.

9.º Vela por la seguridad exterior de Suiza, y por la conservación de su independencia y su neutralidad.

10.º Vela también por la seguridad interior de la confederación, y el sostén de la tranquilidad y el orden.

11.º En casos urgentes, no estando reunida la Asamblea Federal, puede levantar las tropas necesarias y disponer de ellas; debe, no obstante, convocar inmediatamente a los dos Consejos si pasa de 2.000 el número de los soldados puestos sobre las armas y permanecen en pie de guerra más de tres semanas.

12.º Está encargado de todo lo que se refiere a la milicia federal y de los demás ramos administrativos que corresponden a 1a confederación.

13.º Examina las leyes y las ordenanzas de los cantones que se deba someter a su aprobación, y ejerce la oportuna vigilancia sobre los ramos de la administración cantonal que están sujetos a su inspección.

14.º Administra la Hacienda de la confederación, forma los presupuestos y presenta las cuentas de ingresos y gastos.

15.º Vela por la buena gestión de todos los empleados de la administración federal.

16.º Da cuenta de sus actos a la Asamblea Federal en cada legislatura, le presenta una Memoria sobre el estado de la confederación, tanto en lo interior como en lo exterior, y le llama la atención sobre las medidas que cree útiles para el fomento de la prosperidad común.

Presenta, además, Memorias especiales cuando se las pide la Asamblea Federal o una de sus secciones.

Art. 103. Se reparte por ramos los negocios del Consejo Federal entre los individuos que lo componen. Este reparto tiene sólo por objeto facilitar el examen y el despacho de los negocios: las decisiones parten todas del Consejo Federal como autoridad.

Art. 104. El Consejo Federal y sus departamentos pueden recurrir a peritos en negocios especiales.

III.- CANCILLERÍA FEDERAL

Art. 105. Está encargado de la secretaría de la Asamblea Federal y de la del Consejo Federal una cancillería federal, dirigida por el canciller de la confederación.

La Asamblea Federal elige por tres años al canciller al mismo tiempo que al Consejo Federal.

La cancillería está bajo la vigilancia especial de este Consejo.

Una ley federal determina todo lo que se refiere a la organización de la cancillería.

IV.- TRIBUNAL FEDERAL

Art. 106. Hay un Tribunal Federal para la administración de justicia en materia federal.

Hay además un jurado para las causas criminales.

Art. 107. La Asamblea Federal nombra A los magistrados en propiedad y A los suplentes del Tribunal Federal, procurando que estén representadas en él las tres lenguas nacionales.

Se determina por una ley la organización del Tribunal Federal y sus secciones, el número de sus propietarios y suplentes, la duración de sus funciones y su sueldo.

Art. 108. Puede ser nombrado para el Tribunal Federal todo ciudadano suizo elegible para el Consejo Nacional.

No pueden formar parte del Tribunal Federal ni los individuos de la Asamblea Federal, ni los funcionarios nombrados por estas autoridades.

Los individuos del Tribunal Federal durante el ejercicio de sus cargos no pueden admitir ni de la confederación ni de ninguno de los cantones ningún otro empleo; tampoco seguir otra carrera ni ejercer profesión alguna.

Art. 109. El Tribunal Federal organiza su cancillería y nombra el personal.

Art. 110. El Tribunal Federal conoce de las cuestiones de derecho civil:

1.º Entre la confederación y los cantones;

2.º Entre la confederación por una parte y corporaciones o particulares por otra, siempre que estos particulares o estas corporaciones sean los demandantes y el litigio alcance la cuantía que determine la legislación federal;

3.º Entre cantones;

4.º Entre cantones por una parte y corporaciones o particulares por otra, cuando lo pida una de las partes y el pleito sea de la cuantía que la legislación federal determine.

Conoce también de las cuestiones relativas al estado de los vagabundos o gente sin patria, y de los que surjan entre municipios de diferentes cantones respecto al derecho de ciudadanía.

Art. 111. El Tribunal Federal está además obligado a conocer de cualesquiera otras causas cuando las partes convengan en darle fianza, y la cuantía del pleito sea la que determinen las leyes federales.

Art. 112. El Tribunal Federal, junto con el jurado, que resuelve las cuestiones de hecho, conoce en materia criminal:

1.º De los casos de alta traición contra la confederación, y de los de rebelión o atentado contra las autoridades federales;

2.º De los crímenes y de los delitos contra el derecho de gentes;

3.º De los crímenes y de los delitos políticos que son origen o consecuencia de los disturbios en que la confederación ha debido intervenir con la fuerza de las armas;

4.º De los actos de que se acusa a funcionarios nombrados por una autoridad federal, cuando esta autoridad así lo reclame.

Art. 113. El Tribunal Federal conoce, por fin:

1.º De las cuestiones de competencia entre las autoridades federales por una parte, y las autoridades cantonales por otra;

2.º De las contiendas entre cantones cuando sean del dominio del derecho púbico;

3.º De las reclamaciones por violación de los derechos constitucionales de los ciudadanos, y también de las reclamaciones de particulares por violación de concordatos o tratados.

Sobre las cuestiones administrativas determinarán las leyes federales.

En todos los casos arriba mencionados el Tribunal Federal aplicará las leyes votadas por la Asamblea Federal y los acuerdos de esta Asamblea de general intereso Se atendrá igualmente a los tratados que la Asamblea Federal ratifique.

Art. 114. Además de los casos de que se hace mención en los artículos 110, 112 y 113, puede la legislación federal poner otros bajo la competencia del Tribunal Federal; puede particularmente dar a este Tribunal atribuciones que tengan por objeto asegurar la uniforme aplicación de las leyes previstas en el artículo 64.

V.- DISPOSICIONES DIVERSAS

Art. 115. Es objeto de la legislación federal todo lo concerniente al punto de residencia de las autoridades de la confederación.

Art. 116. Son lenguas nacionales de la confederación las tres principales lenguas que se habla en Suiza: el alemán, el francés y el italiano.

Art. I 17. Los empleados de la confederación son responsables de sus actos. Determina una ley federal lo relativo a esta responsabilidad.

CAPITULO III
REFORMA DE LA CONSTITUCION FEDERAL

Art. 118. Puede reformarse en todo tiempo la Constitución Federal.

Art. 119. Se verifican esas reformas del modo que establece la legislación federal.

Art. 120. Cuando una sección de la Asamblea Federal decrete la reforma de la Constitución Federal y la otra sección no la consienta, o cuando la pidan 50.000 ciudadanos con derecho de sufragio, debe someterse a la votación del pueblo suizo por *síes* o por *nóes* la cuestión de si se debe o no hacer la reforma.

Si en el uno o en el otro caso se decide por la afirmativa la mayoría de los ciudadanos suizos que toman parte en la votación, se procederá a nuevas elecciones para que los dos Consejos realicen la reforma.

Art. 121. La Constitución Federal reformada rige desde el momento en que la hayan aceptado la mayoría de los ciudadanos suizos que hayan tomado parte en la votación y la mayoría de los Estados.

Para determinar la mayoría de los Estados se contará por medio voto el voto de un medio Cantón.

El resultado de la votación popular en cada Cantón se considera como voto del Estado.

DISPOSICIONES TRANSITORIAS

Art. 1.º El producto de los correos y de los derechos de aduanas se repartirá conforme a las actuales bases hasta que la confederación tome efectivamente a su cargo los gastos militares cubiertos hasta aquí por los cantones.

Las leyes federales procurarán, además, que la pérdida que puedan ocasionar en su conjunto las modificaciones introducidas por los artículos 20 y 30, el segundo párrafo del 36 y la línea *e* del 42 al fisco de ciertos cantones, sea para éstas gradual y no alcance su máximum sino después de algunos años.

Los cantones que no hayan cumplido en el momento de ponerse en vigor el art. 20 de la Constitución, las obligaciones militares que les impone la Constitución antigua y las leyes federales, estarán obligados a cumplirlas a sus propias expensas.

Art.2.º Queda derogado por el solo hecho de adoptarse esta Constitución, o por la promulgación de las leyes que esta Constitución previene, todo lo dispuesto en las leyes federales, los concordatos y las Constituciones o las leyes cantonales que sean contrarias a la presente Constitución.

Art. 3.º No empezarán a regir las nuevas disposiciones relativas a la organización y a la competencia del Tribunal Federal hasta despues de promulgadas las leyes federales que a ellas se refieren.

Art. 4.º Se concede a los cantones un plazo de cinco años para hacer gratuita la primera enseñanza pública.

Art.5.º Las personas que ejerzan una profesión liberal ya antes de promulgarse la ley federal prevista en el arto 33, o hayan obtenido un título o certificado de capacidad, bien de un cantón, bien de una autoridad que represente a muchos cantones, pueden ejercer esta profesión en todo el territorio federal.

———————————

Esta Constitución fue aprobada por el Consejo Nacional y el de los Estados el día 31 de Enero de 1874; votada por el pueblo y los cantones el día 19 de Abril y definitivamente decretada el 29 de Mayo. Votaron en pro de la Constitución 340.199 ciudadanos y 14 y medio Estados, y en contra 198.013 ciudadanos y 7 Estados y medio.

APÉNDICE QUINTO

EL PACTO

Después de la segunda edición de este libro surgió entre los federales una disidencia sobre la cual tengo por indispensable escribir algunas palabras. Sostenían unos como principios fundamentales de la federación la autonomía y el pacto, y otros no más que la autonomía.

Resalta desde luego la inconsecuencia de los últimos. Seres autónomos no se asocian ni entran en relaciones sino por su propio albedrío: dejan de serlo como otra voluntad los una. No es autónomo el mancebo a quien se impone una esposa. No lo es el hijo mientras vive bajo la potestad del padre. No lo es el ciudadano en naciones regidas por el absolutismo. No lo son los pueblos que se agregue por la violencia o la autoridad de los príncipes.

Se reconoce hoy autónomos la nación y el individuo. Porque lo es el individuo, se está de acuerdo en que no se le puede obligar a que forme parte ni de ninguna iglesia, ni de ningún gremio, ni de ningún municipio, ni de ningún reino o república. Aun permaneciendo en España puede solicitar y obtener de otro país carta de naturaleza. Porque es autónoma la nación, se conviene también en que no cabe obligarla a que se confedere ni se alíe con otras por más que lo reclamen la razón y el derecho. Declaradas aquí autónomas las provincias, ¿por qué regla de lógica ni de justicia se las había de llevar mañana, sin su consentimiento, a una confederación española o ibérica?

No se ha concebido nunca alianza sin pacto, y la federación no es más que una alianza general y permanente. Se alían las naciones para la guerra u otro cualquiera objeto; se confederan para todos los servicios y fines comunes: que se alíen, que se confederen, lo hacen siempre por pactos. Por un pacto de alianza fuimos con Inglaterra y Francia a Méjico; por un pacto federal se unieron en nuestros días los pueblos alemanes. Hasta en sí misma lleva embebida la palabra federación la idea de pacto: deriva de la voz romana *faedus,* que significa pacto, estipulación, concordia.

Sobre que el pacto es el legítimo origen de todas las relaciones jurídicas entre los hombres que han llegado a la plenitud de la razón y de la vida. Sólo en virtud de pactos podemos obtener los unos de los otros el cambio de servicios y de productos. Sólo en virtud de pactos nos unimos varón y hembra y constituimos la familia. Sólo por pactos se agrupan legítimamente las familias y se funda los pueblos.

Yerran los que ponen por encima del pacto la autoridad y el derecho. Ni la autoridad surge espontánea y fatalmente, como afirman, ni el derecho obliga mientras no gana el entendimiento y el corazón de los pueblos y se formula en leyes. Conozco multitud de pueblos bárbaros que hace siglos viven sin estar sometidos a nadie: o no conocen jefes o no les concedieron jamás poder ni aun para reprimir y castigar el crimen. Buscan para la guerra y la caza quien los dirija, no quien los mande. Orgullosos de su libertad, no la sacrifican ni al que más victorias les dio por sus hazañas o sus consejos. Si otros tienen caudillos o reyes, ¿a qué lo deben sino al pacto o la fuerza?

Por la fuerza o el pacto gobiernan también los que están a la cabeza de pueblos cultos, donde realmente no se concibe la vida social sin algo que la rija. Podrá aquí parecer necesario el poder; no su ejercicio por determinadas personas ni con invariables condiciones. Así, importa poco o nada que se lo usurpe invocando el nombre de Dios o el derecho de conquista: no se lo considera legítimamente adquirido sino cuando lo fue por el pacto o vino el pacto a borrar su vicio de origen.

No se me cite la autoridad del padre. Nacida para formar hombres y no para gobernarlos, ni se extiende nunca fuera del círculo de la familia, ni subsiste desde el momento en que son hombres los ayer niños. Es grande error equipararla a la autoridad política, de la que estoy por decir que es la verdadera antítesis. ¿Tuvo nunca la autoridad política ni por causa la naturaleza, ni por estímulo y medio el amor, ni por fin la crianza y la educación de las generaciones que van llegando a la vida?

El derecho absoluto no ha regido todavía en nación alguna ni manifestados en la frente de nadie. Rígese el mundo por un derecho relativo, que se desarrolla lenta y gradualmente y se modifica según el clima y el carácter de los pueblos. No puede tampoco este derecho realizar sus evoluciones por otro medio legítimo que la voluntad de las sociedades. Lejos de estar sobre el pacto, aun después de convertido en ley, tiene sobre sí toda estipulación que no ofenda la moral ni lastime los intereses de menores. *Pacta sunt servanda,* decían los antiguos romanos; y nosotros decimos: *pactos rompen leyes.*

Puede sin duda el derecho, lo mismo que la autoridad, adquirir vida por la fuerza; mas ¿han de querer nunca legitimar institución alguna por la fuerza los demócratas que me combaten?

Entre la fuerza y el pacto no hay término posible. Así, enemigo de la fuerza, opto por el pacto, y lo quiero lo mismo para erigir poderes que para constituir naciones.

« Para las nuevas naciones, se dice, admitimos todos el pacto; no para las que formó la lenta acción de los siglos. Son obra a que concurrieron tanto la naturaleza como la política. Las hizo posibles, la afinidad de lengua, de raza, de religión, de leyes, de costumbres; las fueron realizando, movidos por más o menos generosos sentimientos, los caudillos de los pueblos. Sellada con sangre de héroes tenemos la nuestra: hemos debido reconquistar, a fuerza de armas, el suelo de la patria. Sería verdaderamente insensato exponerla a que la disolviese o mermase la voluntad de las provincias.» Hasta hijas de Dios ha llamado no ha muchos días a las viejas naciones uno de nuestros más distinguidos oradores.

Imposible parece que tal digan hombres que blasonan de revolucionarios y se titulan demócratas. Hace un siglo había para todos los españoles un Dios, una Iglesia, un dogma. Sagrados e inviolables, no cabía ni discutirlos. Hoy se los examina y aun se los niega, y puede cada cual seguir el culto a que su corazón le incline. Hace un siglo gobernaban sin freno los reyes. Hoy viven sujetos a Constituciones escritas por los súbditos; y, aunque irresponsables, bajan del trono en castigo de propias y aun de ajenas culpas. Hace un siglo estaban villas de importancia a merced de señores que ejercían sobre ellas mero y mixto imperio y cobraban sobre la tierra pingües tributos. Hoy quedan escasísimos restos de aquel feudalismo. Hace un siglo eran los bienes raíces, en sus dos tercios, patrimonio del clero y la nobleza. Hoy, por la desamortización y las leyes desvinculadoras, el clero los ha perdido y la nobleza los va perdiendo. Hace un siglo la propiedad, apenas sometida a condiciones ni gravámenes, se extendía hasta el centro de la tierra. Hoy la invaden las obras públicas, la roe el fisco y la limita por minuciosos reglamentos la policía. Hoy el subsuelo es del Estado.

Poder de la propiedad, mayorazgos, derechos reales de la Iglesia, señoríos, autoridad absoluta de los reyes, catolicismo, todo era obra de los siglos, y por seculares Códigos venía sancionado y prescrito. En todo, sin embargo, pusimos osadamente la mano, unas veces invocando la simple conveniencia, y otras la justicia. Y ¿hemos de creer ahora santas las naciones? ¿ Sólo las naciones? Se hicieron, se deshicieron, se rehicieron y se volvieron a deshacer muchas veces en el dilatado curso de la Historia; sólo en lo que va de siglo unas cayeron, otras se levantaron, otras vieron ya reducidas, ya ensanchadas sus fronteras. ¿Por dónde las hemos de considerar, no sólo inviolables, sino también indiscutibles?

En la Península que ocupamos hubo un tiempo cien naciones que no enlazaba vínculo alguno social ni político; bajo el yugo de Roma, dos o más provincias;   a la irrupción de los bárbaros, tres reinos; más tarde, la monarquía visigoda, que se extendió por la vecina Francia; luego, el califato de Córdoba; al caer de los califas, multitud de emiratos independientes a Mediodía y seis naciones cristianas a Occidente y Norte; bajo los Reyes Católicos, Portugal y España; en los días de Felipe II, un solo pueblo; sesenta años después, los dos reinos de ahora, poblados de muchas y muy distintas gentes. ¿Cuándo fueron sagradas estas naciones ni para los extranjeros ni para los indígenas? Intentaron más de una vez hacerse soberanos los antiguos condes de Galicia. Por dos veces rompió sus lazos con Castilla la independiente Lusitania. Cataluña peleó por emanciparse reinando Felipe IV. Conspiraba en aquellos mismos años el duque de Medinasidonia por coronarse rey de Andalucía. Vinieron aquí y lo hollaron y lo avasallaron todo cartagineses, latinos, vándalos, suevos, alanos, godos, árabes, franceses; y en los no lejanos días de nuestros padres, s no ser tan soberbio Napoleón, habrían dejado de ser españolas todas las provincias allende el Ebro. ¡Donosa idea la de querer sustituir por la inviolabilidad de las naciones la de los antiguos dioses!

Ni es tampoco cierto que sean las naciones obra de la naturaleza. Se unen pueblos de diferente raza y diferente lengua, y se dividen los de una misma lengua y una misma raza. Viven juntos pueblos que se rigen por diversas leyes; y separados, pueblos que obedecen a unos mismos Códigos. Ocupa aquí un solo pueblo las dos vertientes de una cordillera o las dos márgenes de un rio; y está allí derramada multitud de pueblos por una sola vertiente o por una sola margen. ¿Qué sucede en España? Los que en ella vivimos, ¿somos de la misma raza? ¿ hablamos la misma lengua? ¿estamos sometidos a un mismo fuero? ¿observamos los mismos usos ni las mismas costumbres? No cruzan de Oriente a Occidente nuestro territorio los solos montes Pirineos; y aun éstos distaron de ser por mucho tiempo el límite de nuestras naciones. El Rosellón formó ya parte de la monarquía visigoda y del imperio de los árabes: desde el año 1172 al 1642 la formó sucesivamente de las coronas de Aragón y de Castilla.

Nada menos que diez provincias regulan aquí la propiedad y la familia por otras leyes que las de la Recopilacion y las Partidas; nada menos que diez y ocho expresan en otra lengua que la castellana sus pensamientos. Las costumbres varían, no ya de provincia a provincia, sino de municipio a municipio. Difieren las leyes en materias tan graves como la sucesión hereditaria, la sociedad entre cónyuges, el poder de los padres y las condiciones del dominio; las lenguas, hasta el punto de que la vasca no guarde relación alguna ni con las de origen latino ni con las de origen germánico, las lemosinas sean mucho más afines a la de Francia que a la de Castilla, y la gallega y la bable no se aparten menos de la española que la portuguesa; las costumbres, hasta el extremo de que, recorriendo España, apenas se comprenda cómo pueden ser tan diversas en pueblos separados por cortísimas distancias. La unidad que en algunas cosas tenemos, adviértalo bien el que me lea, efecto fue, y no causa, de la nacionalidad española. Observación que puede muy bien hacerse extensiva a todas las naciones.

No olvido la unidad religiosa. No fue en España efecto de la nacionalidad, pero tampoco la produjo. Por motivos puramente políticos, cuando no de familia, se fueron aquí agregando las naciones cristianas. El catolicismo, como fuerza cohesiva, no hubiera, por otra parte, podido nevamos sino a la destrucción de las nacionalidades y a la monarquía universal de Hildebrando. Entre pueblos que adoraban todos a su Dios, eran miembros vivos de su iglesia y se regían por sus principios morales, ¿cómo había de prestarse a levantar barreras?

La reconquista del suelo contra los árabes fue precisamente la que trajo la división de la Península en multitud de naciones y emiratos. Citarla para hacer sagrada la nación de ahora es verdaderamente un contrasentido. Duró siete siglos, y es probable que hubiese durado setecientos, si hubiese debido llevarla a cabo el solo reino que fundó Pelayo. La hizo, no la nación española, sino las de Asturias y León, la de Castilla, la de Navarra, las de Cataluña y Aragón, y la de Portugal, separadas por sus rivalidades y sus odios más aún que por sus fronteras. Tomó la de Aragón las islas Baleares, y bajando por Valencia, llevó hasta Murcia sus vencedoras armas.

Pero ¿a qué cansarme: Si la fuerza es medio legítimo para la formación de las naciones, preciso es confesar que tan legítimas eran la España visigoda y la España árabe como la de nuestros días. Legítimo fue el imperio de Alejandro el Grande, el de Carlo-Magno, el de Napoleón Bonaparte. Legítimos han sido el reparto de Polonia, el robo de los ducados del Elba, la disolución de la república de Fráncfort y el reino de Hannover, la anexión de la Alsacia y la Lorena, las incesantes depredaciones de Rusia en Asia y Europa. Por la fuerza ganamos a Portugal, y pues por la fuerza lo perdimos, por la fuerza podemos recobrarlo. ¿Admiten esto los demócratas? No lo creo, por más que no deje de abrir campo a dudas el entusiasmo con que, prescindiendo de sus antiguos principios, abogan hoy por el servicio obligatorio y los numerosos ejércitos, y hablan de llevar la guerra al África y de adquirir nuevamente el prestigio que por nuestro mal conseguimos en los reinados de Carlos I y Felipe II.

Es evidente que descansan todavía en la fuerza las naciones constituidas por enlaces de príncipes. Negarlo sería afirmar que los pueblos son patrimonio de los reyes. No creo tampoco lo afirme nadie, como no sean los partidarios del absolutismo: establecen lo contrario todas las Constituciones modernas.

¿Qué es entonces o que legitima la formación de las naciones? Se repite que el derecho; mas ¿dónde está? ¿quién lo formuló? ¿qué tribunal lo aplica? ¿qué naciones lo tienen por base? ¿qué pueblos lo consultaron jamás al reunirse en un solo cuerpo y un solo espíritu? Reto a todos mis adversarios a que, fuera de las naciones federales, me enseñe una, una sola, que deba su origen a tan imaginario derecho.

El verdadero lazo jurídico de las naciones, hay que desengañarse, está en el pacto. Repúblicas como la de Washington y la de Suiza, esas son las sólida y legítimamente formadas. Porque en el pacto descansan, fueron la una y la otra fuertes contra los separatistas. No fuimos nosotros nunca tan afortunados. Después de diez años de guerra con Cataluña, hubimos de ganarla por medios que en nada honraron las armas de Castilla. Después de veinte años de lucha con Portugal, hubimos de dejarlo en paz, rotos y sonrojados de vergüenza. ¿Podríamos hoy más? Es muy dudoso. En las dos guerras civiles de este siglo, Navarra y las Provincias Vascas nos han enseñado, con lo que hicieron sin sus capitales ni sus fortalezas, lo que podrían hacer mañana con sus fortalezas y sus capitales. Serían probablemente invencibles. En los pueblos que no deben su origen al pacto ¿por qué no decirlo? cuando se encienden guerras como la de Portugal, el derecho está en las provincias contra la nación, y no en la nación contra las provincias. Contra la fuerza hay siempre la fuerza, y sobre la fuerza está siempre la soberanía de todo ser humano.

No es ese uno de los menos poderosos motivos que me inducen a buscar en el pacto la base de las naciones. Yo defiendo el pacto, primeramente porque lo lleva consigo la idea federal, que es mi idea política; luego, porque no acierto a descubrir otro medio legítimo de relación entre entidades libres y autónomas; finalmente, porque quiero dar a todas las nacionalidades, en especial a la española, más seguro y firme asiento. Todo pacto, como enseña el derecho, obliga a cuantas personas jurídicas lo celebran o lo suscriben; es indiscutible que no cabe ni rescindido ni modificarlo por la sola voluntad de una de las partes. Da el pacto federal a las naciones una estabilidad que inútilmente se pediría a la fuerza.

Es verdaderamente peregrino admitir el pacto como base de las nuevas y no de las viejas naciones. Si, como acabo de probar, es la única base legítima, las naciones que en él no descansan adolecen, a no dudarlo, de un vicio de origen, y se debe corregirlo. Si no es la única, ¿cuál es la otra? La cuestión viene a quedar siempre encerrada en el mismo dilema: o la fuerza, o el pacto.

Temer que por el pacto se disgreguen en España las provincias es, por fin, abrigar la idea de que permanecen unidas por el solo vínculo de la fuerza. ¿No lo están por otros lazos? Antes del año 1866 lo estaban por lazos mucho más débiles los Estados de Alemania, y entraron todos en la nueva Confederación. Antes del año 1787 no lo estaban por lazos más estrechos las colonias británicas de la América del Norte; y, lejos de negarse ninguna a ratificar la confederación que habían hecho mientras peleaban por su independencia, la fortalecieron y formaron definitivamente la república de los Estados-Unidos. En nuestra misma España se hicieron el año 1808 independientes las antiguas provincias, y cuatro meses después creaban la Junta Central. ¿Qué hombre de fe ni de conciencia retrocedió jamás, por otro lado, ante los peligros que pueda entrañar la realización de sus principios? Se da hoy a las nacionalidades una importancia que a mis ojos distan de cohonestar la razón y la historia.

Mas ¿qué es el pacto? se pregunta. El pacto a que principalmente me refiero en este libro es el espontáneo y solemne consentimiento de más o menos provincias o Estados en confederarse para todos los fines comunes, bajo condiciones que estipulan y escriben en una Constitución. Cuando se reorganice España según nuestro sistema, el pacto, por ejemplo, será el espontáneo y solemne consentimiento de nuestras regiones o provincias en confederarse para todos los fines comunes bajo las condiciones estipuladas y escritas en una Constitución federal. Como donde no hay libertad no hay consentimiento, sobra en la definición la palabra «espontáneo»; la pongo a fin de que nunca se olvide que el pacto federal excluye toda idea de coacción y de violencia. Creo inútil añadir lo que sería el pacto provincial o regional: bajo condiciones estipuladas y escritas en otra Constitución particular, consentirían espontánea y solemnemente municipios o provincias en formar un Estado.

¿Qué hay en todo esto ni de irracional ni de contrario a los principios del derecho? ¿No es así, por ventura, como se constituyen todas las sociedades, inclusa la familia? ¿No es así como se unen entre nosotros los pueblos mismos con el fin de llenar comunes atenciones? De tiempo inmemorial existen en España comunidades de pueblos para regadíos, para pastos, para disfrute y aprovechamiento de montes. Lejos de contrariarlas ni de crearles obstáculos, la ley municipal las autoriza y aun las fomenta. ¡Y qué! ¿no descansan en pactos? ¿no deben al pacto su origen? De aquí a la formación de las provincias por igual procedimiento, es corta la distancia; no sería mucho más larga la que mediase de aquí a la reorganización de España por la voluntad de las provincias. Podría haberla para los que derivan de Dios la autoridad y el derecho; no para los que conmigo los derivan del hombre.

Mas es tiempo ya de poner fin a este apéndice. Incurren, a no dudarlo, en gravísima contradicción los que, diciéndose federales, niegan el pacto. Negar el pacto es sobreponer la autonomía de la nación a las de la provincia y el municipio, cuando a la luz de nuestras doctrinas todo ser humano en su vida interior es igualmente autónomo. No por otra razón esos disidentes, queriendo o no, van a caer todos en lo que tanto un día combatieron: en la soberanía nacional del partido progresista. Han de reconocer, mal que les pese, en la nación la fuente de todos los poderes, es decir, el principio unitario. Fuera del pacto se puede ser descentralizador, no federal; y de ahí que cada día me afirme más y más en el pacto.

APÉNDICE SEXTO

PROGRAMA DEL PARTIDO FEDERAL

QUEREMOS LOS FEDERALES EN EL ORDEN HUMANO:

Libres el pensamiento, la conciencia, los cultos; respeto a todas las religiones, preferencia ni privilegios a ninguna; suprimidas las obligaciones del culto y el clero; dotados los sacerdotes de todas las iglesias de los mismos derechos que los demás ciudadanos, atenidos a los mismos deberes, y sujetos a la misma jurisdicción y las mismas leyes; civiles el matrimonio, el registro, el cementerio;

Garantizamos la vida y el trabajo; inviolables la personalidad, el domicilio y la correspondencia; abolida la pena de muerte, perseguida sin piedad la vagancia.

QUEREMOS EN EL ORDEN POLÍTICO:

La voluntad del pueblo como el único origen legítimo del poder público; los tres poderes limitados, el Legislativo a legislar, el Ejecutivo a ejecutar, el Judicial a juzgar; punible la invasión de cualquiera de los tres en las atribuciones de los otros;

El poder Legislativo representado por dos Cámaras; el Ejecutivo por un Presidente responsable; el Judicial por el Jefe de un Tribunal Supremo;

El Congreso elegido por toda la Nación y el Senado por las Asambleas regionales; el Congreso sin otros límites a su facultad legislativa que los derechos del individuo, los de las regiones y los del Municipio, y el Senado circunscrito a intervenir las negociaciones diplomáticas y ver si las resoluciones del Congreso son o no atentatorias contra las autonomías locales o contra la Constitución del Estado; el Congreso periódicamente renovable en su totalidad y el Senado sólo en sus dos terceras partes;

Las dos Cámaras reunidas por su propio derecho en día fijo del año y representadas, cuando suspendan sus sesiones, por una Comisión mixta que pueda extraordinariamente convocarlas cuando, a su juicio, lo exija la salud de la República;

El sufragio, universal; las leyes fundamentales, sometidas a la sanción del pueblo;

El régimen parlamentario sustituido por el régimen representativo;

La República por forma de Gobierno; la Federación por sistema;

La Nación dividida en regiones y las regiones en municipalidades; las municipalidades y las regiones autónomas a par de la Nación en todo lo que a su vida interior corresponda;

El Estado Central, que ha de tener a su cargo el régimen de la vida nacional en lo político, lo económico y lo administrativo, con los siguientes atributos: 1°, las relaciones extranjeras, y, por tanto, la diplomacia y los consulados, los aranceles de aduanas, la paz y la guerra, el Ejército y la Armada; 2°, el juicio y fallo de todas las cuestiones interregionales; 3°, el restablecimiento del orden donde el desorden, a juicio del Senado, comprometa la vida nacional y no basten los poderes de la región a contenerlo; 4°, la defensa de los derechos políticos y de la forma y del sistema de gobierno contra todo Estado regional que los suprima o los amengüe; 5°, la legislación penal sobre delitos federales y la creación de tribunales federales, así criminales como civiles; 6°, la regulación del comercio interior y todo lo a él inherente: códigos mercantil, marítimo y fluvial, vías generales, correos y telégrafos, moneda, pesos y medida; 7°, las disposiciones indispensables para la difusión y la generalización de la primera enseñanza en todo el territorio de la República; 8°, las dirigidas a que en todo el territorio de la República sean válidos los contratos y las ejecutorias las sentencias que en cualquiera de las regiones se celebre o pronuncie.

Los Estados regionales, que han de tener a su cargo el régimen de la vida regional en lo político, lo económico y lo administrativo, con los atributos siguientes: la garantía y la defensa de la libertad y el orden; el juicio y el fallo de las cuestiones entre Municipios; la organización de las milicias regionales, subordinadas al Estado Central, sólo en casos de guerra con el extranjero; la legislación civil y la de procedimientos; la legislación penal para todos los delitos que no sean calificados de delitos federales; la organización de los tribunales correspondientes; la imposición de la cobranza de los tributos;

Los Estados municipales, que han de tener a su cargo el régimen de la vida municipal en lo político, lo económico y lo administrativo, con las siguientes atribuciones: la garantía y la defensa de la libertad y el orden; la organización de guardias municipales; la formación y promulgación de ordenanzas; el juicio y el castigo de los que las quebrantan; la imposición y cobranza de tributos para sus especiales gastos y los que la región les imponga;

Las atribuciones que expresamente no se hayan conferido al Estado Central, reservadas a los Estados regionales; las no conferidas a los Estados regionales, reservadas a los Municipios;

El jefe de cada región ejecutor de las resoluciones nacionales; el Jefe de cada Municipio, ejecutor de las regionales.

QUEREMOS EN EL ORDEN ADMINISTRATIVO:

Separada de la política la administración; convertidos en carreras especiales sus diversos ramos; cerrada la puerta a la ineptitud y el favoritismo; menor el número de los ministros y mayor el de los directores generales; con responsabilidad efectiva los unos y los otros; constituido el Consejo de Estado por los directores, y atenido sólo a evacuar las consultas que el Gobierno le dirija; sometidos los asuntos contenciosos al Tribunal Supremo; amovibles los funcionarios todos por faltas cometidas en el ejercicio de sus cargos; suprimidas las vacaciones; suprimidas también las licencias, como no sean por enfermedad probada de manera fehaciente; perdido el puesto en el escalafón del ramo por pase a otro ramo, al servicio de particulares o al de las regiones o los municipios; inacumulables en absoluto los empleos; regulados por una tramitación fija los expedientes y abiertos siempre a los interesados en las horas del día que se designe;

Sustituidas por consulados generales las embajadas; dirigidas las negociaciones diplomáticas a fortalecer los vínculos con las demás naciones y allanar las dificultades que la diferencia de leyes opone a la buena marcha de los negocios, logrando por ejemplo, la mutua validez de los contratos y la mutua ejecución de las sentencias.

Dependientes del Tribunal Supremo todos los Tribunales federales; inamovibles los jueces y los magistrados, como no sea por haber incurrido en responsabilidad, por negligencia probada o por ascenso legítimo; ampliada a delitos graves y libre de delitos leves la jurisdicción del Jurado; establecida en los juicios civiles la instancia única; quitada toda fuerza de doctrina legal a las sentencias del Supremo Tribunal y prohibida, por lo tanto la cita de las hasta aquí dictadas como motivos de casación contra las de los Tribunales inferiores; simplificados los procedimientos sobre todo en los juicios universales; gratuita la justicia durante el curso de los negocios y condenando en costas el litigante temerario; caducados la instancia y el recurso de casación a los dos meses de no haberse instado su curso, como no se acredite que fue debida la suspensión a dificultades invencibles; válidas y ejecutivas las sentencias de los Tribunales extranjeros, cuando a juicio del llamado a ejecutarlas hayan sido proferidas en la forma determinada por las leyes del país de que procedan.

Voluntario el Ejército en tiempo de paz y obligatorio en tiempo de guerra; iguales las diversas armas; convertido en carrera el servicio, lo mismo para el soldado que para el oficial y el jefe; conferidos los ascensos por antigüedad, como no se los gane por señaladísimos méritos, a juicio de los militares de su empleo y grado; incorporados a los estudios de primera enseñanza la gimnástica y el manejo de las armas; reducido el contingente militar activo a lo que reclamen la conservación del orden y la guarda de las fronteras.

Montado el Ejército de mar sobre bases análogas.

Limitados el procedimiento y los Tribunales militares a delitos militares cometidos por militares en activo servicio con ocasión del servicio mismo; derogado el fuero de atracción para los Tribunales de guerra; válido para los Tribunales civiles cuando no quepa dividir la contienda de la causa.

Admitidos a informar en los consejos de guerra los defensores que el reo elija, sean o no militares.

Fomentadas la agricultura, las artes, el comercio, las obras públicas, principalmente los medios de comunicación y los canales de riego.

Atendida especialmente la instrucción pública; libre y laica la enseñanza; libres las profesiones todas; sostenidos sin embargo, y puestos al nivel de los mejores los establecimientos del Estado, principalmente, para los que quieran adquirir títulos académicos; gratuita y obligaría la instrucción primera; alimentados los que la reciban; relegado de la segunda enseñanza el estudio de las lenguas muertas e incluido entre los preparatorios de las Facultades de Derecho, Medicina, Farmacia, Filosofía y Ciencias; convertidos los institutos en escuelas elementales de Letras, Artes y Ciencias; práctico, eminentemente práctico, el sistema de instrucción en todas las escuelas.

Aplicados a la enseñanza y las obras públicas los 40 millones del culto y del clero; estimulada la publicación de los libros que pongan los conocimientos humanos al alcance de mayor número de inteligencias.

Asidua la instrucción; destituidos, aunque hayan ganado por oposición sus cátedras, los profesores que las descuiden y las dejen sin causa a los suplentes.

Autónomas las colonias, a par de las regiones de la Península.

QUEREMOS EN EL ORDEN ECONÓMICO:

La conversión de todas las deudas en deuda interior; la renta, siendo a la vez, premio y amortización del capital.

Gradualmente reducidos los actuales haberes pasivos; abolidas las jubilaciones, los retiros y las cesantías para todos los que en adelante entren al servicio del Estado.

Nivelados los presupuestos; limitada la deuda flotante a anticipos sobre los rendimientos del ejercicio corriente.

Ampliada la acción de la Caja de Depósitos; para el Estado los beneficios todos de la moneda fiduciaria.

En arrendamiento las minas y demás propiedades del Estado; arrendados también los servicios; por administración la cobranza de contribuciones e impuestos.

La sucesiva unificación de los tributos; la abolición de todo gravamen sobre los artículos indispensables para la vida;

Reservados al Gobierno central los siguientes tributos: los derechos de Aduanas, los obvencionales de los Consulados, el producto de los monopolios y servicios hoy a su cargo; el de sus propiedades y derechos; el del impuesto sobre los pagos que verifique; el del descuento a sus empleados; el del que imponga sobre la renta de sus títulos de la deuda, igual en tipo al que la propiedad pague; el de todos los que se cobre en el territorio federal; el del gravamen que hoy pesa sobre los títulos y las grandezas de Castilla, mientras no se los suprima;

Derramada por las regiones según la población y la riqueza de cada una, la diferencia que resulte entre el importe total de los gastos del Tesoro;

Con facultad la regiones para recaudar por los tributos y medios que crean más fáciles y menos costosos la cuota que por este concepto les corresponda;

Sustituido en el reparto de las contribuciones el sistema proporcional pro el progresivo;

Transformado el presupuesto; destinado lo que hoy se aplica a gastos superfluos, a las nuevas necesidades de los presentes tiempos.

QUEREMOS EN EL ORDEN SOCIAL:

Subordinado siempre el disfrute de la tierra, como propia de todos los hombres, a los intereses generales:

Entregadas a comunidades obreras las tierras públicas, las que los propietarios hayan dejado incultas por más de cinco años y las que convenga se expropie por el sistema que empleó Rusia para la emancipación de los siervos y propuso Gladstone para resolver la cuestión territorial de Irlanda;

Establecido el crédito agrícola principalmente para esas comunidades;

Transformado en censo redimible a plazos respecto a la tierra el contrato de arrendamiento, considerados como enfiteusis perpetuas, redimibles también a plazos, los foros y la rabassa morta;

Entregados los servicios y las obras públicas a asociaciones obreras, donde por su organización las haya capaces de llevarlas a cabo, facilitándose a estas asociaciones el crédito por Bancos públicos;

El poder del Estado las minas, las aguas y los ferrocarriles;

Adoptada desde luego la jornada de las ocho horas en los establecimientos y en las obras del Estado, ya se las haga por Administración, ya por contrato; incluida esta condición en todas las concesiones que el Estado otorgue, aunque no se asigne a los concesionarios otro beneficio que el de la expropiación por causa de utilidad pública;

Extensiva la jornada de ocho horas a las minas;

Prohibido para los trabajos subterráneos de las minas el empleo de las mujeres y el de los niños menores de doce años;

Excluidas del taller y de la fábrica las madres de familia y los niños menores de doce años que no sepan la lectura, la escritura, y las cuatro operaciones fundamentales de la Aritmética,

Sujetes los talleres, las fábricas y las minas a inspectores nombrados por los mismos obreros;

Establecido por una escala de población el mínimo de los salarios;

Estimulada y recompensada por el fisco la transformación del salario en participación de beneficios;

Indemnizados en sus personas o en las de sus herederos los trabajadores que se inutilicen en el ejercicio de sus profesiones;

Bolsas y agremiaciones del trabajo;

Escuelas profesionales, en que los jornaleros aprendan teórica prácticamente la integridad del arte que ejerzan;

Sometidos a Jurados mixtos las cuestiones entre el trabajo y el capital;

Reformado el Código Civil, principalmente en lo relativo a tutelas, sucesiones, contratos de obras y servicios, prescripción y derechos de los hijos legítimos.

QUEREMOS EN EL ORDEN INTERNACIONAL:

La confederación de las naciones;

La creación de un poder que rija las relaciones internacionales, hoy materia de múltiples tratados;

Ínterin este poder no exista, la decisión de todas las discordias por el arbitraje;

Desde luego las más amistosas relaciones de letras y de comercio con las Repúblicas latinas de América, y cuantas facilidades y concesiones puedan contribuir a que Portugal se avenga a ser una región de España;

El apoyo y el estímulo de cuanto pueda agrandar en el hombre la idea de la Patria y hacer que la Humanidad constituya un todo orgánico;

La civilización de los pueblos incultos, no por la fuerza, sino por la colonización pacífica y el establecimiento de las relaciones mercantiles;

La sustitución, en una palabra, de la guerra por la paz, de las armas por la razón y el derecho.

Madrid, 22 de junio de 1894

Por acuerdo del Consejo
El Presidente,
F. PI Y MARGALL

TAMBIÉN EN
Lecturas hispánicas
www.lecturas-hispanicas.com

- ✓ Abogados (Servando Gotor)
- ✓ Noli me tangere (José Rizal)
- ✓ Diálogos del Orador (Marco Tulio Cicerón, con notas de Servando Gotor)
- ✓ Aequilibrium (Ángel Ferrer)
- ✓ Esta sombra no es mía (Juan Serrano)
- ✓ Merodeando el desnudo femenino (Narciso de Alfonso)
- ✓ Entre las ruinas del cielo (Servando Gotor)
- ✓ Todo amor es grande (Propercio en la versión de Mariano Berdusán)
- ✓ La invención de la Taberna (Antonio Envid)
- ✓ El color de mi cristal (Mariano Berdusán Cabellos)
- ✓ Bárbara Blomberg (Servando Gotor)
- ✓ Serafita (Honoré de Balzac, con traducción de Narciso de Alfonso)
- ✓ Confusión de confusiones (José de la Vega, edición y notas a cargo de Antonio Envid)
- ✓ El guacamayo azul (Narciso de Alfonso y Servando Gotor)
- ✓ La tía Tula (Miguel de Unamuno)
- ✓ ¿Crisis? Nunca pasa nada (Servando Gotor)
- ✓ Niebla (Miguel de Unamuno)
- ✓ Aura o las violetas (J. M. Vargas Vila)
- ✓ Cajal. Cuentos y enredos (Servando Gotor)
- ✓ El Greco (Manuel B. Cossío).
- ✓ El amor y las moiras (Servando Gotor)
- ✓ El tenue aroma de la acacia (Antonio Envid)
- ✓ Ossa Árida - El Papa Luna (Servando Gotor)
- ✓ La ciudad sin faro (Servando Gotor)
- ✓ Los amantes de Teruel: las dos versiones íntegras y una reseña crítica de Larra (J. E. Hartzenbusch).